Peter Recht, Philipp Schade
Lebensversicherungstechnik algebraisch verstehen

Peter Recht, Philipp Schade

Lebensversicherungstechnik algebraisch verstehen

———

Grundstruktur der Kalkulation von
Lebensversicherungsverträgen

DE GRUYTER
OLDENBOURG

Mathematics Subject Classification 2020
15-01, 15A06, 91-01, 91G05, 91G80, 97M10, 97M30, 97M40, 97M50

ISBN 978-3-11-074071-4
e-ISBN (PDF) 978-3-11-074090-5
e-ISBN (EPUB) 978-3-11-074103-2

Library of Congress Control Number: 2021942343

Bibliografische Information der Deutschen Nationalbibliothek
Die Deutsche Nationalbibliothek verzeichnet diese Publikation in der Deutschen
Nationalbibliografie; detaillierte bibliografische Daten sind im Internet über
http://dnb.dnb.de abrufbar.

© 2021 Walter de Gruyter GmbH, Berlin/Boston
Einbandabbildung: Peter Recht und Philipp Schade, Fotografische Gestaltung Christian Ahuis
Druck und Bindung: CPI books GmbH, Leck

www.degruyter.com

Den Benediktinermönchen der Abtei Königsmünster in Meschede
für ihre Gastfreundschaft

Inhalt

Einleitung

Seht ihr den Mond dort stehen?
Er ist nur halb zu sehen
und ist doch rund und schön!
So sind wohl manche Sachen,
die wir getrost belachen,
weil unsre Augen sie nicht sehn.

aus „Abendlied"
Matthias Claudius, 1779

Der Aufbau der bestehenden deutschen Literatur zur Lebensversicherungstechnik erfolgt üblicherweise nach einem stets ähnlichen Schema: Beginnend mit einer Einführung in die Zins- und Zinseszinsrechnung und in die Zeitrentenrechnung gewöhnlicher, zeitdiskreter Zahlungsströme wird anschließend auf den Begriff der *Leibrente* mit Hilfe von eingeführten stochastischen Lebensdauerverteilungen eingegangen. Über Sterbewahrscheinlichkeiten werden dabei allgemein erste Grundlagen für die Kalkulation von Lebensversicherungsverträgen geschaffen.

Darauf aufbauend werden als technische Hilfsmittel üblicherweise Kommutationswerte und verschiedene Barwertfaktoren vorgestellt, aus denen sich dann bestimmte Formen von Lebensversicherungsverträgen zusammensetzen lassen (etwa eine Kapitallebensversicherung oder eine Rentenversicherung). Zunächst steht dabei allerdings die Betrachtung der vereinbarten Leistungen im Vordergrund, an die sich die Betrachtung von Beiträgen anschließt. Das *versicherungsmathematische Äquivalenzprinzip* folgt daraufhin unmittelbar bei der Zusammenführung der Beitrags- und Leistungsseite mit dem Ziel, die Beitrags- und Leistungsseite wertmäßig in „Einklang" zu bringen.

Letzteres wiederum stellt die Grundlage für die Bestimmung eines angemessenen Beitrags zur Finanzierung der vereinbarten Versicherungsleistungen dar und liefert das Fundament für die Kalkulation. Mit diesen Vorbereitungen trifft der Leser traditioneller versicherungstechnischer Literatur dann üblicherweise auf die Definition der *Deckungsrückstellung* bzw. des *Deckungskapitals*.

Wurden bis dahin keinerlei Kosten innerhalb der Kalkulation berücksichtigt (sogenannte *Nettokalkulation*), so werden anschließend die in der Lebensversicherung typischerweise vorzufindenden Kostensysteme eingeführt. Die Berücksichtigung der Kosten führt damit zur sogenannten *Bruttokalkulation*. Für verschiedene Typen von Lebensversicherungen erfolgt dann in der Regel die Bereitstellung von – auf den jeweiligen Vertragstyp bezogen – Formelapparaten, mit denen eine solche Bruttokalkulation und die Ermittlung entsprechender Deckungsrückstellungen operationalisiert werden kann. Die Auseinandersetzung mit der Systematik der Überschussbeteiligung und der Umgang mit versicherungsvertraglichen Änderungen runden den behandelten Stoff üblicherweise ab.

https://doi.org/10.1515/9783110740905-001

Erwähnt werden sollten in diesem Zusammenhang die mittlerweile „betagten" Grundlagenwerke, nämlich [Sax55; Sax58], [Sch41] und [Sch43]. Diese gaben offenbar die heute übliche inhaltliche Struktur vor. In zahlreichen für die Versicherungsmathematik bzw. Versicherungstechnik einführenden, deutschsprachige Grundlagen- und Standardwerken (wie etwa [Wol97], [Bow+97], [MH99], [Kah18; Ort16; IM13; Alb07; Sch09; Kol00; Rei87; Ges78; Wol70; LG51]) findet man – grosso modo – dieses Vorgehen. Aber auch die englischsprachige Literatur, wie etwa bei [Nor99], [DHW09], [Pro14] oder [Bow+97], orientiert sich normalerweise an einer derartigen Darstellungsstruktur, auch wenn diese – formal vielleicht bereits „moderner" – daraus dann Modelle auf der Grundlage von MARKOV-Ketten mit endlichen Zustandsräumen benutzt (siehe beispielsweise [Hoe69]).

Warum ein weiteres Grundlagenbuch der Versicherungstechnik?
Vor diesem Hintergrund fragt sich der Leser berechtigterweise nach unserem Motiv, der offensichtlich umfangreichen, bestehenden Lehr- und Grundlagenliteratur im Bereich der Lebensversicherungstechnik ein weiteres Buch zur Seite zu stellen. Bewogen hat uns zu diesem Schritt die Beschäftigung mit den Überlegungen zum Satz von CANTELLI, die REICHEL in [Rei90] vorgenommen hat (siehe dazu auch [Can14]) und bei denen er sich auf Arbeiten von SCHÄRF bezog.

In [Sch41] und [Sch43] hatte sich SCHÄRF mit sogenannten *Variationsproblemen* beschäftigt und grundlegende Ausführungen dazu unter Verwendung von „Grund- und Hilfszahlen" gemacht. Die nähere Analyse seines Vorgehens erwies dabei, dass mit diesen Objekten eine Reihe von Sachverhalten der (Lebens-) Versicherung (so wie beispielsweise der Satz von CANTELLI) auf eine von der Stochastik unabhängigen Weise beschrieben werden können. Er selbst bemerkte zu seinem Vorgehen in [Sch41]: *„In der vorliegenden Abhandlung soll nun eine neue Methode entwickelt werden, die vollständige Klarheit über die bestehenden Verhältnisse schafft und den gleichzeitig allgemeinsten und einfachsten Weg zur Behandlung der einschlägigen Probleme weisen dürfte. Diese Methode stützt sich auf die Erkenntnis, dass die erwähnten Relationen keineswegs für Deckungskapitalien von Einzelversicherungen charakteristisch sind, sondern formelle Eigenschaften gewisser Summen- bzw. Integraldarstellungen ausdrücken, die für jede (endliche oder unendliche) Zahlenfolge bzw. jede Funktion mit beschränkter Variation Geltung besitzen."*

In [Sax55] oder auch [Rei90] wurde auf SCHÄRFs methodisches Vorgehen für die Untersuchung von Variationsproblemen noch einmal punktuell Bezug genommen – ohne dann allerdings dessen Vorgehensweise fortzuentwickeln, etwa um weitergehende, allgemein gültige algebraische Strukturen innerhalb der Lebensversicherungstechnik offenzulegen.

Obwohl es sich bei den beiden Werken von SCHÄRF und SAXER aus heutiger Sicht eigentlich um „in die Jahre" gekommene Publikationen handelt, erscheint uns die in [Sch41] angesprochene *„neue Methode"* auch heute (noch) modern und wert, sie aufzugreifen. Jedenfalls liefert sie uns den Ansatzpunkt, die Versicherungstechnik einmal „auf eine andere Weise" als die herkömmliche zu betrachten und sie so aus einem allgemeinen, vor allem algebraisch geprägten Blickwinkel zugänglich zu machen.

Eine solch algebraische Sichtweise wollen wir zunächst dadurch ausreichend motivieren, indem wir uns im ersten Teil des Buches – gewissermaßen als Vorbereitung auf den Teil II – mit den wesentlichen (bekannten) Inhalten der Lebensversicherungstechnik befassen, diese aber bereits „anders" aufbereiten. Im zweiten Teil werden diese Inhalte dann in ein allgemeineres algebraisches Konzept „eingebettet". In diesem Sinne geht das Buch also „induktiv" vor.

Idee und Inhalt des ersten Teils

Wir werden die Einführung in die Technik der Lebensversicherung im ersten Teil auf eine Weise präsentieren, die sich formal von der Darstellungsart in den „traditionellen" Büchern unterscheidet. So werden wir in diesem Buch konsequent sämtliche Einflussgrößen, welche – aus technischer Sicht – einen Lebensversicherungsvertrag charakterisieren, als Vektoren im reellen Vektorraum $\mathbb{R}^{n+1}$ auffassen. Die Zahl n entspricht hierbei der Laufzeit des Versicherungsvertrages. Sofern derartige Vektoren einen Bezug zur Lebensversicherung aufweisen, werden wir dann speziell von *Profilen* (in $\mathbb{R}^{n+1}$) sprechen. Es zeigt sich recht schnell, dass sich dieser vektorielle Zugang auch für die Praxis bereits viel „allgemeiner", d. h. in einem gewissen Sinne auch viel „mächtiger" (und unseres Erachtens auch viel „eleganter" und „moderner") präsentiert, als die in der herkömmlichen Literatur verwendeten Zugänge zur Lebensversicherungstechnik.

Ein solches Konzept erfolgt – zugegebenermaßen – dann allerdings auf Kosten der Verwendung der üblichen aktuariellen Nomenklatur. Dabei sollte anerkannt werden, dass auch in der bisherigen, einführenden Literatur zur Versicherungstechnik bereits „vektorielle Ansätze" erkennbar waren und sind (siehe etwa [Wol97], wo an manchen Stellen von bestimmten „Spektren" die Rede ist) oder Hinweise auf die Bedeutung des THIELE'schen Gleichungssystems (bzw. von Gleichungssystemen überhaupt) erfolgen, etwa in [Neu74; Bra86; Rei88; Kor93; MH99; Dis01; Ort16]. Diese vektorielle Betrachtungsweise wurde dort dann allerdings nicht weitergehend verfolgt oder für die Praxis vertieft. Möglicherweise geschah Derartiges auch deshalb nicht, weil dies sehr schnell zu „Kollisionen" mit den standardisierten aktuariellen Notationen und Formalismen geführt hätte.

Mit dem vorliegenden Buch sprechen wir bewusst zwei Zielgruppen als Leserschaft an. Wir wenden uns an

- diejenigen Leser zum einen, die bereits über Kenntnisse und Erfahrungen der Versicherungstechnik verfügen und dazu eine „klassische" aktuarische Ausbildung erfahren haben,

- darüber hinaus sprechen wir jene Personen als Leser an, die sich zum ersten Mal der Versicherungstechnik – etwa im Rahmen eines Studiums – diesem Themengebiet nähern.

Bei diesen beiden Zielgruppen sehen wir den Praktiker im Vordergrund, weswegen bewusst eine diskontinuierliche zeitliche Darstellung gewählt wurde.

Für denjenigen Leser, der bereits die aktuariellen Zusammenhänge der Lebensversicherung kennt, liefert der erste Teil des Buches – zumindest aus inhaltlicher Sicht – eigentlich Altbekanntes. Der strukturelle Aufbau ist allerdings bewusst etwas anders gewählt: Bei der Bewertung von Kapitalanlagen gehen wir von Zinsstrukturen aus, die nicht unbedingt „flach" sein müssen (d. h. nicht unbedingt einen konstanten Rechnungszinssatz unterstellen). Auch negative Periodenzinssätze sollen dabei erlaubt sein – ein Sachverhalt, der mit Blick auf realistische Kapitalmarktbedingungen mittlerweile durchaus seine Berechtigung finden kann. Bei den Ausscheideordnungen erlauben wir Sterbetafeln, welche die oft vorausgesetzte „Stationarität" nicht unbedingt erfüllen müssen. Die Rechnungsgrundlagen einer Lebensversicherung lassen sich in unserer Konzeption allgemein über sieben Vektoren im $\mathbb{R}^{n+1}$ beschreiben, wobei fünf davon als Kostensatzprofile fungieren. Sie führen auch dazu, die „Kosten" einer Lebensversicherung als spezielle Leistungsprofile (zusätzlicher Versicherungen) zu interpretieren.

Die vielleicht überraschende Tatsache, dass wir „das Deckungskapital" *nicht* – wie üblich – definitorisch einführen, sondern es sich als ein Profil erweist, durch welches das versicherungstechnische Äquivalenzprinzip formal charakterisiert wird, stellt den *zentralen* Sachverhalt her, auf den dann sämtliche Kalkulationen einer Lebensversicherung zurückgeführt werden.

Bei den Arten der Kalkulation differenzieren wir hinsichtlich des Zeitpunkts „im Leben" eines Versicherungsvertrages. Mit Rechnungsgrundlagen 1. Ordnung wird – wie üblich – die *Erstkalkulation* zu Beginn des Vertrages durchgeführt. Neubewertungen erfolgen dann (etwa mit Rechnungsgrundlagen 2. Ordnung) typischerweise als *Kalkulation während der Vertragslaufzeit*. Die dann durchzuführenden Kalkulationen werden entweder durch sich ergebende oder bewusst vorzunehmende (technische) Änderungen bei den in Frage kommenden Profilen bestimmt.

Möglicherweise erscheint die im ersten Teil des Buches vorzufindende Form und die Art der Präsentation aktuarieller Sachverhalte ohne die im Normalfall verwendeten Instrumente wie Kommutationswerte und Barwertfaktoren auch dem Kenner der Materie „neu" – zumindest vielleicht aber „gewöhnungsbedürftig". Dies allerdings ist von uns genauso gewollt.

Wir hoffen, dadurch einen Zugang in die Versicherungstechnik präsentiert zu haben, durch den schnell deutlich wird, dass sich damit eine weit umfangreichere Palette an Lebenversicherungsprodukten mit viel größerer „Flexibilität" bei Kosten und Zinsstrukturen auf eine einheitliche Weise kalkulieren und analysieren lassen, als dies bisher der Fall ist. Die Darstellungsweisen und Formalismen, die man aus der herkömmlichen Literatur (mit den dort üblichen Notationen) für die „herkömmlichen" Lebensversicherungsprodukte kennt, ergeben sich dann als „einfache" Spezialfälle unseres Zugangs.

Aus diesem Grund werden die üblichen, standardisierten versicherungstechnischen Größen (wie Kommutationswerte und Barwertfaktoren) nicht explizit benutzt, sondern zum Schluss (des ersten Teils) lediglich aufgelistet. Die Auflistung erfolgt bewusst nur der (traditionellen) Vollständigkeit halber. Als ein notwendiges aktuarielles Instrumentarium für die Kalkulation und Analyse von Lebensversicherungen erachten wir diese Größen nachweislich nicht (mehr).

Für einen „aktuariellen Novizen", also denjenigen (Studenten), der bisher noch keinerlei Kontakt mit dem Themenbereich der Lebensversicherungstechnik hatte, soll der erste Teil des Buches die Möglichkeit bieten, dahingehend eine Einführung zu erhalten. Wir glauben, dass die von uns in diesem Teil gewählte inhaltliche Struktur in diesem Sinne einen Lehrbuchcharakter hat und sowohl die notwendige versicherungstechnische Terminologie als auch die Technik bei der Verwendung der entsprechenden Kalkulations- und Analyseinstrumentarien auf konstruktive und sachlogisch nachvollziehbare Weise vermittelt.

Dieser Teil sollte somit einen angemessenen Einstieg in einige grundlegende Sachverhalte im aktuariellen Alltag eines Lebensversicherungsunternehmens liefern. Wie bereits betont, kommt in unserem Ansatz allerdings eine Tatsache zu kurz, die in sämtlichen Versicherungsunternehmen immer noch zum aktuariellen Standardwerkzeug gehört: die Verwendung von Kommutationswerten und Barwertfaktoren. Von einem angehenden Aktuar wird erwartet, mit diesen „traditionellen Werkzeugen" bei der Kalkulation und Analyse von Lebensversicherungen entsprechend solide umgehen zu können. Dementsprechend gehören sie immer noch zu den „Konstanten" aktuarieller Lehrpläne und spielen von daher in jedem anderen Lehrbuch eine prominente Rolle.

Wir haben hier bewusst darauf verzichtet, um einem „Neuling" unmittelbar einen Zugang in die Lebensversicherungstechnik zu geben, mit dem eine breite Palette von „flexiblen" und „kundenindividuell gestaltbaren" Lebensversicherungsprodukten kalkuliert und analysiert werden kann. Die Verwendung dieser traditionellen Objekte würde einen solchen Zugang sehr einschränken. Jeder, der die hier präsentierten kalkulatorischen Zusammenhänge mit dem von uns gewählten einheitlichen mathematischen Formalismus nachvollziehen und verstehen kann, wird sich gegebenenfalls das traditionelle Instrumentarium der Kommutationswerte bzw. Barwertfaktoren schnell selbst aneignen können und dabei auch deren „Begrenztheit" unmittelbar erkennen.

Idee und Inhalt des zweiten Teils

Eine allgemeinere Sichtweise auf die Lebensversicherungstechnik findet der Leser dann im zweiten Teil des Buches. Losgelöst von einem inhaltlichen Bezug zur Versicherungstechnik präsentieren wir dort zunächst ein allgemeineres formales Konzept. Dazu betrachten wir Vektoren im EUKLIDischen Vektorraum $(\mathbb{R}^{n+1}, \langle \cdot, \cdot \rangle)$ zusammen mit dem HADAMARD-Produkt „∘" und erhalten auf diese Weise eine Algebra ($\mathbb{R}^{n+1}$, ∘). HADAMARD-invertierbare Vektoren φ (kurz H-invertierbare Vektoren) und zugehörige Orthogonalräume $\varphi^\perp$ sind die wesentlichen Objekte, mit denen wir Vektoren $T \in \mathbb{R}^{n+1}$ bewerten, zerlegen bzw. charakterisieren – kurz – mit denen wir „arbeiten" wollen. Mit Bezug auf den Praktiker beschränken wir unsere Darstellung auch in diesem allgemeinen Teil bewusst auf eine diskontinuierliche Darstellung.

Es wird sich dabei herausstellen, dass oft rein algebraische Charakterisierungen und Eigenschaften zu Resultaten und Zusammenhängen führen, wie sie in speziellen Situationen aus der Lebensversicherungstechnik (etwa im ersten Teil) allzu bekannt sind. Indem man beispielsweise

- bestimmte Rechnungsgrundlagen als HADAMARD-invertierbare Vektoren auffasst,
- Bewertungen mittels des Skalarprodukts darstellt,
- Lebensversicherungen als Elemente bestimmter Orthogonalräume interpretiert,
- Elemente eines Orthogonalraumes über algebraischen Verallgemeinerungen von THIELE'schen Gleichungssystemen charakterisiert,
- das Deckungskapital als spezielles Element eines affinen Raumes identifiziert,
- Zerlegungen von HADAMARD-invertierbaren Vektoren mit der Berücksichtigung mehrerer Ausscheideursachen in einen Zusammenhang bringt,
- technische Änderungen als Projektionsabbildungen auffasst,
- „Expansionen" von Vektoren für die Darstellung unterjähriger Zahlweise benutzt,

lassen die im zweiten Teil präsentierten Resultate und Zusammenhänge dann häufig den Schluss zu, dass nicht (nur) stochastische oder finanzmathematische Eigenschaften die Ursache für bekannte aktuarielle Ergebnisse sind, sondern sich diese aus einer zugrunde liegenden allgemeinen algebraischen Struktur (auf oft einfache Weise) ergeben. Wir versuchen, diese Tatsachen durch zahlreiche Beispiele zu illustrieren und zu untermauern, indem wir immer wieder auf schon Bekanntes aus Teil I verweisen.

Dabei ahnen wir, dass ein solcher algebraischer Zugang für die Versicherungstechnik keineswegs „ausgereizt" ist und sich noch weitere versicherungstechnische Zusammenhänge aus diesem allgemeinen algebraischen Blickwinkel beschreiben lassen – insbesondere vor dem Hintergrund, dass sich auch die klassische Versicherungstechnik weitergehend noch in kontinuierliche Konzepte einbetten lässt. Insofern erachten wir aus unserem Verständnis heraus den zweiten Teil des Buches keinesfalls als „vollständig".

Zum Schluss gehen wir – wie bereits am Ende des ersten Teils – noch einmal auf Kommutationswerte und Barwertfaktoren ein. Mittels Skalarprodukten lassen sich einerseits Verallgemeinerungen dieser „traditionellen" Objekte angeben und andererseits eine „einheitliche" Systematik in der Darstellung bzw. „Linearität" bei ihrer rechentechnischen Verwendung erzielen.

Teil I: Technische Kalkulation von Lebensversicherungsverträgen

Einführung

Die gängigen (deutschen) Einführungswerke zur Lebensversicherungsmathematik und Lebensversicherungstechnik beginnen, basierend auf Wahrscheinlichkeiten, mit der Festlegung von zentralen Zufallsvariablen, bspw. für das Alter x oder die fernere Lebenserwartung (siehe dazu bspw. [GGM78; Rei89; Kol00]). Das Herausstellen wahrscheinlichkeitstheoretischer Grundlagen ist verständlich, sind die Ereignisse rund um das Leben einer versicherten Person doch in natürlicher Weise zufällig, d. h. in diesem Sinne unsicher.

Neben einer solchen „stochastischen Basis", die die versicherungstechnische Literatur üblicherweise zur Verfügung stellt, werden traditionell auch grundlegende finanzmathematische Sachverhalte aufgezeigt, wird eine Lebensversicherung doch auf essenzielle Weise durch zahlreiche zu bewertende Finanzströme gekennzeichnet (in der Vergangenheit wurde hier allerdings oft der Eindruck vermittelt, dass ein solcher Bezug methodisch eher von untergeordneter Bedeutung ist). Aufbauend auf derartigen Betrachtungen, ergeben sich dann daraus normalerweise die den Beitrags- bzw. Leistungszahlungsströmen zugeordneten zentralen Begriffe, wie etwa „Barwert" (der Leistungs- bzw. Prämienbarwert) oder „Deckungskapital" als Erwartungswert bestimmter, unsicherer Finanzströme.

In der Tat zeigt sich immer mehr, dass sowohl sophistizierte stochastische Konzepte als auch entsprechend detailreiche finanzmathematische Modellierungsmethoden von zentraler Bedeutung für die zeitgemäße Kalkulation und Analyse moderner Lebensversicherungsprodukte sind. Die dahingehende versicherungsmathematische Literatur macht dabei klar, wie beide Konzeptionen im aktuariellen Bereich mittlerweile zueinander „konvergieren" (siehe etwa [Var01; MS07]): „Insurance mathematics and financial mathematics have converged during the last few decades of the twentieth century and this convergence is expected to continue in the future." ([MS07])

Ein Buch, welches die Versicherungs*technik* „verständlich" machen will, sollte dies dementsprechend eigentlich berücksichtigen. Wir wollen im Rahmen dieser Ausarbeitung allerdings bewusst weder die wahrscheinlichkeitstheoretischen Grundlagen, die für derartige versicherungsmathematische Zusammenhänge in der traditionellen Literatur entwickelt wurden und werden, noch die aktuellen finanzmathematischen Modellierungskonzepte in den Vordergrund rücken.

Indem wir die für Kalkulationen und Analyse nötigen *technischen* Informationen, die sich mit derartigen Methoden ermitteln bzw. praktisch verwenden lassen, als durch „Blackbox"-Prozesse gewonnen und somit als gegeben voraussetzen, wollen wir – ebenso ganz bewusst – den Fokus in eine andere Richtung lenken. Dies möchten wir deshalb, um hervorzuheben, dass – neben den prinzipiellen wahrscheinlichkeitstheoretischen und finanzmathematischen Bezügen – die Lebensversicherungstechnik auch durch grundlegende algebraische Strukturen geprägt wird. Damit soll bereits in diesem ersten Teil des Buches ein zusätzlicher Blickwinkel und ein alternatives

https://doi.org/10.1515/9783110740905-002

Verständnis der Lebensversicherungstechnik erzeugt werden. Auf diese Weise wird sich herausstellen, dass sich herkömmliche versicherungstechnische Darstellungen (und auch die entsprechenden Inhalte) als Spezialisierungen eines viel allgemeineren Zugangs ergeben.

Um diesen Zugang zu motivieren, wird das Hauptaugenmerk im folgenden Kapitel zunächst auf Grundlagen für das Verständnis der technischen Kalkulation von Lebensversicherungsverträgen gelegt. So beginnen wir in Kapitel 1 mit der Vorstellung sogenannter *Profile*, mit denen alle quantitativen Größen eines Lebensversicherungsvertrages beschrieben werden sollen. Wir unterscheiden dabei zunächst zwischen Profilen für die sogenannten Rechnungsgrundlagen (siehe Abschnitt 1.2) und Profilen für die Beschreibung von Leistungen und Beiträgen (siehe Abschnitt 1.4). Auffällig dabei wird sein, dass wir bei der Kalkulation *aus technischer Sicht* nicht zwischen den originären Versicherungsleistungen und den Kosten des Vertrages differenzieren werden. Entgelte, die das Unternehmen für „die Organisation" der Versicherungsverträge benötigt, werden als spezielle Versicherungsleistungen behandelt. Wie dann derartige Profile quantitativ zu bewerten sind und in welcher Beziehung sie zueinander stehen, führen wir zentral in Kapital 2 ein.

Auf Grundlage all der Profile, die einen Versicherungsvertrag aus technischer Sicht beschreiben, sind wir im Anschluss daran in Kapitel 3 in der Lage, die *Erstkalkulation* eines Lebensversicherungsvertrages durchzuführen. Hierbei wird die zentrale Bedeutung des Deckungskapitalprofils bei der Kalkulation und Analyse von Lebensversicherungen deutlich: Das Deckungskapitalprofil stellt *das* strukturelle Objekt dar, welches eine Lebensversicherung aus technischer Sicht charakterisiert.

Während der Laufzeit eines Lebensversicherungsvertrages wird es zu bestimmten Zeitpunkten aus verschiedenen Gründen erforderlich sein, den Lebensversicherungsvertrag „neu zu bewerten" und technisch entsprechend zu behandeln. Typische Anlässe für derartige Neubewertungen und die mit ihnen verbundenen *Kalkulationen während der Vertragslaufzeit* stellen wir im Kapitel 4 dar.

In der Einleitung hatten wir bereits darauf hingewiesen, dass wir in unserem Zugang auf die standardisierte Kommutationswert- und Barwertfaktorschreibweise verzichten. Dies, um den Blick auf die technischen Zusammenhänge nicht unnötig zu verdecken und um so allgemeinere Strukturen erkennen zu können. In Folge dessen verlassen wir ebenfalls bewusst die gängige aktuarielle Notation. Diese herkömmliche Darstellung versicherungstechnischer Zusammenhänge werden wir häufig als *traditionelle* oder *klassische Lebensversicherungstechnik* bezeichnen. Nur der Vollständigkeit halber beenden wir den ersten Teil des Buches in Kapitel 5 mit der Auflistung der klassischen Kommutationswerte und Barwertfaktoren.

Wir betrachten hier die Kalkulation und die Analyse von Lebensversicherungsverträgen ausschließlich aus technisch-formaler Sicht mit dem Ziel, die Zusammenhänge der beteiligten Profile zu beleuchten und die versicherungstechnische Kalkulation solcher Verträge in einer möglichst allgemeinen – aber betont technischen – Weise vorzustellen.

Derartige Verträge sind – neben den Informationen welche sich aufgrund dieser Kalkulationen ergeben – natürlich auch durch zahlreiche juristische Details und Aspekte gekennzeichnet. Auf jene rechtliche Bedingungen oder Besonderheiten wollen wir im vorliegenden Buch nicht eingehen, es sei denn, sie führen zu speziellen Formen der Kalkulation innerhalb eines Vertrages (so beispielsweise bei der Ermittlung von sogenannten Rückkaufswerten). Auch die bilanziellen Regelungen und Richtlinien werden nicht betrachtet und damit auch nicht Besonderheiten wie etwa die Ermittlung eines Sicherungsbedarfs, von Solvenzquoten usw. Ebenso die unternehmerische Frage, ob bestimmte Lebensversicherungsverträge, die man technisch zwar kalkulieren kann, in einem Markt dann auch tatsächlich „verkaufbar" sind, interessieren uns zunächst nicht. Wir denken aber, dass die hier dargestellte strukturelle Einführung in die Lebensversicherungstechnik die Anwendung des vermittelten Instrumentariums zur Kalkulation und zur Behandlung von Fragestellungen dann auch für diese Bereiche erlaubt.

1 Profile als technische Grundlage der Kalkulation

Durch den Abschluss eines *Versicherungsvertrages* zwischen einem *Versicherungsnehmer* einerseits und einem *Versicherungsunternehmen* bzw. einem *Versicherer* andererseits, lässt sich der Versicherungsnehmer gegen das Versprechen der Bezahlung von Entgelten, den vereinbarten *Versicherungsbeiträgen* oder den so bezeichneten *Versicherungsprämien*, von dem Versicherungsunternehmen vereinbarte *finanzielle* Leistungen, die *Versicherungsleistungen*, für sich oder für einen Dritten zusagen. Dies für den Fall, dass während des Zeitraumes der Gültigkeit des Vertrages, der *Laufzeit*, ein bestimmter *Versicherungsfall* eintritt. Hierunter wird ein *fest definiertes*, eine *lebende Person betreffendes*, *zukünftiges Ereignis* verstanden, dessen *Eintrittszeitpunkt ungewiss, d. h. zufällig* ist. Die Person, auf die sich das Eintreten des Versicherungsfalls bezieht, bezeichnen wir als die *versicherte Person*. Den Empfänger der Versicherungsleistung bezeichnet man als den *Bezugsberechtigten*.

Der Versicherungsnehmer befürchtet den Eintritt dieses Ereignisses und wünscht, die wirtschaftlichen Konsequenzen aus dessen Eintritt einzugrenzen (*Versicherungsschutz*). Durch den Abschluss eines (Lebens-) Versicherungsvertrages „transferiert" der Versicherungsnehmer während der Laufzeit des Vertrages den Umgang mit diesem Risiko. Für die Art dieses Risikotransfers „unterhält" und „organisiert" das Versicherungsunternehmen ein hinreichend großes *Kollektiv* „gleichartiger" Versicherungsverträge. Mit Abschluss des Versicherungsvertrages wird dieser Bestandteil des Kollektivs, mit dem Ausscheiden der versicherten Person endet diese Zugehörigkeit, spätestens aber am Ende der Vertragslaufzeit.

Zusammen mit der Organisation eines Kollektivs gehören die *Kalkulation* und die *quantitative Analyse* der zugeordneten Lebensversicherungsverträge zu den fundamentalen Aufgaben eines Lebensversicherungsunternehmens und stehen im Zentrum der *Lebensversicherungstechnik*. Genauer wollen wir unter diesem Terminus die Ermittlung und Darstellung der funktionalen Zusammenhänge bestimmter *quantitativer* „Leistungsgrößen" eines Versicherungsvertrages verstehen. Die zahlreichen *qualitativen* „Leistungsgrößen" (z. B. organisatorische oder juristische Bedingungen), die einen einzelnen Versicherungsvertrag betreffen können, sollen im Rahmen unseres Zugangs hier keine zentrale Beachtung finden. Es sei denn, derartige Regelungen beeinflussen die Kalkulation oder die Analyse eines Lebensversicherungsvertrages unmittelbar.

In den folgenden Unterabschnitten werden wir zunächst grundlegende Prinzipien im Zusammenhang mit der Kalkulation von Lebensversicherungsverträgen rekapitulieren. Anschließend wird das Instrumentarium bereitgestellt, mit dem eine umfangreiche und flexible Palette an Lebensversicherungsverträgen kalkuliert und analysiert werden kann. Bei der Präsentation dieser „versicherungstechnischen Werkzeuge" lösen wir uns in der Herangehensweise in einigen Punkten bewusst vom traditionellen Zugang, wie er in der Regel in der bestehenden deutschsprachigen versicherungstechnischen Literatur gewählt wird.

https://doi.org/10.1515/9783110740905-003

1.1 Anforderungen an eine Kalkulation

Typischerweise stehen in der Lebensversicherungstechnik zunächst die vom Versicherungsnehmer zu erbringenden Beiträge (Prämien) sowie die für den Versicherungsfall vereinbarten Leistungen im Vordergrund der Betrachtung. Die Beschreibung und Analyse der funktionalen Zusammenhänge derartiger Leistungs- und Beitragsgrößen eines Versicherungsvertrages wollen wir *Beitrags- bzw. Leistungskalkulation* oder kurz *Kalkulation* nennen.

Für die Durchführung der Kalkulation verlangen wir die Gültigkeit bestimmter Grundsätze:

(i) Gültigkeit des *Kollektivprinzips*: das betrachtete Kollektiv (gleichartiger Versicherungsverträge) muss durch sämtliche zu erwartende Beitragszahlungen „seiner" Versicherungsnehmer in die Lage versetzt werden, dauerhaft alle vereinbarte Leistungen zu erbringen („Risikoausgleich im Kollektiv"). Die Grundlage einer Kalkulation stellt also das Kollektiv *als Ganzes* dar.

Aus einem ökonomischen Blickwinkel heraus betrachten wir ein solches Kollektiv als einen Geldmittelbestand, der aus den Prämien aller bestehenden und neu hinzukommenden Versicherungsverträge „gespeist" wird, und dessen Finanzmittel für das Erbringen der dort zugesagten Leistungen verwendet werden. Die Forderung, das Kollektivprinzip zu erfüllen, bedeute dann, die Kalkulation so vorzunehmen, dass der „Prämienzufluss" der Versicherungsnehmer und der Geldmittelbestand *stets* ausreichen sollen, um *dauerhaft* sämtliche Leistungsversprechen einzuhalten (*dauernde Erfüllbarkeit*).[1]

Indem wir diese Sichtweise zugrunde legen,

- entrichten die einzelnen Versicherungsnehmer die vereinbarten Versicherungsprämien *an das Kollektiv* und
- erbringt *das Kollektiv* die vereinbarten Versicherungsleistungen an die Bezugsberechtigten.

Vor einem solchen Hintergrund besteht die zentrale Aufgabe des Versicherungsunternehmens darin, diesen Geldmittelbestand derart „zu organisieren", dass das Kollektivprinzip erfüllt wird. Insbesondere ist darunter dann die Durchführung einer geeigneten Kalkulation zu verstehen.

(ii) Erfülltsein des *Individualprinzips*: Für einen derartigen Risikoausgleich im Kollektiv erscheint es ausreichend, sich an individuellen „Risikomerkmalen" der im Kollektiv versicherten Personen zu orientieren.

Eine das Kollektivprinzip sicherstellende Kalkulation erlaubt also ihre Durchführung auf (vertrags-) individueller Ebene. Zur Problematik dieser Forderung siehe u. a. [Alb84; Nic95; Nic03]. Üblicherweise wird ein solches Vorgehen vor dem

---

1 Vgl. § 138 Versicherungsaufsichtsgesetz (VAG).

Hintergrund einer zentralen Annahme – nämlich der Gültigkeit des Gesetzes der großen Zahlen – für das entsprechende Kollektiv als gerechtfertigt angesehen.

Für die vom Versicherungsunternehmen vorzunehmende Kalkulation führen diese beiden *qualitativ formulierten* Forderungen zu der Notwendigkeit, Beiträge und Leistungen auf vertragsindividueller Ebene jeweils *quantitativ zu bewerten*, so dass das Kollektivprinzip sichergestellt ist. Eine solche Vorgehensweise wird über das sogenannte *Äquivalenzprinzip* gewährleistet (siehe auch [Nic03]). In Kapitel 2 werden wir auf die entsprechende Bewertung von Beiträgen und Leistungen konkret eingehen.

Nicht nur aufgrund der Ungewissheit über den Eintritt der einzelnen Versicherungsfälle innerhalb des Kollektivs, sondern auch weil

- die Versicherungsleistungen und
- die Versicherungsprämien

zu Vertragsbeginn als *bindend vereinbart* werden und diese Vereinbarungen – zumindest seitens des Versicherungsunternehmens – später nicht mehr ohne Weiteres verändert werden können, hat eine solche quantitative Bewertung *vorsichtig* zu erfolgen, damit die dauernde Erfüllbarkeit sichergestellt werden kann (*Vorsichtsprinzip*)[2].

Das Erfülltsein des Äquivalenzprinzips stellt (zusammen mit dem Vorsichtsprinzip) in der Lebensversicherungstechnik also das *grundlegende Postulat* dar, auf dem das Versicherungsunternehmen eine Beitrags- und Leistungskalkulation durchzuführen hat. Gemeinsam spiegeln diese beiden Prinzipien den Anspruch wider,

- bezogen auf einen beliebigen Zeitpunkt, die Gesamtheit aller dann im Kollektiv zu erwartenden, vereinbarten Versicherungsleistungen erfüllen zu können

und systematisch dafür Sorge zu tragen, dass diese Leistungsversprechen

- ausschließlich aus der Gesamtheit der an das Kollektiv zu erbringenden Beitragszahlungen und des im Kollektiv vorhandenen Geldbestandes erfolgen können.

Auch viele weitere „technische Eingriffe" in einen Lebensversicherungsvertrag ordnen sich diesen beiden Prinzipien unter. Sie formulieren damit die Grundregeln zwischen der Zusage von Beitragszahlungen, die *an das Kollektiv* geleistet werden und der Verpflichtung zur Erbringung der Versicherungsleistungen *durch dieses Kollektiv*. Die Formalisierung dieser Grundregeln erfolgt auf *individueller* Ebene.

---

2 Vgl. § 252 Abs. 1 Nr. 4 Handelsgesetzbuch (HGB).

1.2 Rechnungsgrundlagen und deren Darstellung als Profile

Für die Kalkulation wird ein individueller Versicherungsvertrag einer versicherten/zu versichernden Person mit einer vereinbarten *Laufzeit* betrachtet. Die Laufzeit soll hierbei die Zeitspanne darstellen, für die der Versicherungsvertrag aus kalkulatorischer Sicht abgeschlossen wird. Für die quantitative Bewertung der für diesen Zeitraum vereinbarten Beitrags- und Leistungsversprechen wird eine Reihe von Parametern, die sogenannten *Rechnungsgrundlagen* herangezogen, die wir im Einzelnen durch entsprechende *Profile* beschreiben wollen:

(i) *biometrische Profile* geben dabei Informationen über das Verbleiben (bzw. das Ausscheiden) der versicherten/der zu versichernden Person im Kollektiv wieder,

(ii) *finanzmathematische Profile* enthalten Informationen zu einer *monetären* Bewertung der Beitrags- bzw. Leistungsversprechen,

(iii) *Kostensatzprofile* beschreiben die Informationen, die zur Quantifizierung der Entgelte für all diejenigen Dienstleistungen nötig sind, welche das Versicherungsunternehmen im Rahmen der Organisation des betreffenden Kollektivs erbringt.

Die ersten beiden Profiltypen erweisen sich aus Sicht des Versicherungsunternehmens als stärker *exogen* bestimmt und sind oft nur mittelbar vom Unternehmen zu beeinflussen. Hingegen stellen Kostensatzprofile unmittelbare, durch das Versicherungsunternehmen selbst festzulegende Parameter dar.

Mit Bezug auf den Anlass bzw. den Zeitpunkt, zu dem ein Versicherungsvertrag kalkuliert oder analysiert wird und auch hinsichtlich der Informationen, über die das Versicherungsunternehmen dann verfügt, unterscheiden wir für diese Profiltypen weiter sogenannter *Ordnungen von Rechnungsgrundlagen*, die entsprechend heranzuziehen sind. Rechnungsgrundlagen

■ *1. Ordnung* stellen eine Menge von „vorsichtig" gewählten Profilen dar. Sie werden üblicherweise für die *Erstkalkulation*, d. h. für die Kalkulation *zum* Abschluss des Versicherungsvertrages herangezogen,

■ *2. Ordnung* beschreiben eine Menge von Profilen, die für eine Kalkulation des Vertrages *während seiner Laufzeit* herangezogen werden, um den Versicherungsvertrag dann zu analysieren (etwa im Rahmen eines laufenden „Bestandscontrollings" oder zur Bestimmung von sogenannten technischen Überschüssen bzw. für die Kalkulation bestimmter so bezeichneter technischer Änderungen).

Unabhängig von den Anlässen einer Kalkulation beruht das diesem Buch zugrunde liegende versicherungstechnische Kalkulationsmodell in unserem Verständnis auf den folgenden wesentlichen Charakteristika:

(i) Die Kalkulation erfolgt *zeitdiskret* und wird für eine zum Beginnzeitpunkt des Versicherungsvertrages x-jährige Person (*versicherte Person mit Eintrittsalter x*) durchgeführt ($x \in \mathbb{N}_0$). Dieser (individuelle) Beginnzeitpunkt sei im Folgenden jeweils technisch der Zeitpunkt $t = 0$, was für den betreffenden Versicherungsvertrag dem Zeitpunkt „*heute*" entspricht. Die (kalkulatorische) *Laufzeit* der Versicherung betrage $n \geq 1$ Jahre ($n \in \mathbb{N}$) und sei in n Jahresperioden zerlegt. Die einzelnen Perioden sind hierbei durch die „Jahrestage" $j = 0, 1, 2, \ldots, n$ bezüglich des Abschlusses des Versicherungsvertrages festgelegt. Es handelt sich also um eine *diskontinuierliche* Betrachtung.

Die Jahresperiode $j + 1$ beschreibt den Zeitraum zwischen dem Jahrestag j (einschließlich) und $j + 1$ (ausschließlich) des Versicherungsvertrages. Der Zeitpunkt n, zu dem der Vertrag kalkulatorisch endet, ist der (kalkulatorische) *Ablaufzeitpunkt* (des Versicherungsvertrages). Der Ablaufzeitpunkt n selbst soll dabei noch zur Vertragslaufzeit gehören. Angemerkt sei, dass Lebensversicherungsverträge typischerweise eine „lange Laufzeit" besitzen, d. h. n üblicherweise „groß" ist.

Für eine Versicherung mit Laufzeit n werden wir im Rahmen der Kalkulation verschiedene Vektoren des Typs

$$T = (T_0, T_1, T_2, \ldots, T_n) \in \mathbb{R}^{n+1}$$

im reellen Vektorraum $\mathbb{R}^{n+1}$ betrachten. Sofern die Informationen eines solchen Vektors *inhaltlich einen Bezug* zur Kalkulation eines Versicherungsvertrages haben, sprechen wir von einem *Profil* (der Versicherung). Ein Eintrag $T_j \in \mathbb{R}$ in einem Profil T kann dabei eine quantitative, inhaltliche Information sowohl *für den Zeitpunkt j* aber auch *für die Periode j + 1*, d. h. den Zeitraum zwischen den beiden Zeitpunkten j (einschließlich) und $j + 1$ (ausschließlich), also für das Zeitintervall $[j, j + 1[$, wiedergeben.

(ii) Um eine Kalkulation durchzuführen, gehen wir davon aus, dass für die Zeitpunkte $j = 0, 1, 2, \ldots$ bestimmte Größen

$$_jp_x \quad \text{und} \quad _jr_x$$

vorliegen. Hierbei beschreibt

- die Größe $_jp_x$ wahrscheinlichkeitstheoretische Informationen bezüglich der Zugehörigkeit der versicherten Person zum Kollektiv *im Zeitpunkt j*, also mit vollendetem Alter $x + j$. Wir nehmen an, dass $_0p_x = 1$ gilt (die versicherte/zu versichernde Person soll bei Beginn des Versicherungsvertrages ($t = 0$) „mit Sicherheit" zum entsprechenden Kollektiv gehören) und dass die Folge der $(_jp_x)_{j \geq 0}$ (bezüglich j) monoton fällt.
  Darüber hinaus nennen wir jede ganze Zahl $j \geq 1$ mit $_jp_x > 0$ eine *kalkulatorisch zulässige Laufzeit* für die Versicherung.
- der Wert $_jr_x$ den j-jährigen *finanzmathematischen Kapitalwertfaktor*, also den Wert, den eine zum Zeitpunkt $t = 0$ getätigte Kapitalanlage der Höhe „1" (mit

einer Laufzeit von j Jahren) zum (späteren) Zeitpunkt j besitzt. Wir nehmen an, dass $_0 r_x = 1$ und dass $_j r_x > 0$ für alle j gilt. Ein vollständiger Kapitalverzehr sei also nicht möglich.

Die obigen Größen $_j p_x$ und $_j r_x$ induzieren für einen Versicherungsvertrag der kalkulatorisch zulässigen Laufzeit n dann zwei Profile, nämlich

- ein *Verbleibensprofil* für die heute x-jährige versicherte Person

$$p(x, n) := (_0 p_x, {}_1 p_x, \ldots, {}_j p_x, \ldots, {}_n p_x) \in \mathbb{R}^{n+1} \tag{1.1}$$

als biometrische Rechnungsgrundlage und

- ein *Kapitalanlageprofil* für die heute x-jährige versicherte Person mit

$$r(x, n) := (_0 r_x, {}_1 r_x, \ldots, {}_j r_x, \ldots, {}_n r_x) \in \mathbb{R}^{n+1} \tag{1.2}$$

als finanzmathematische Rechnungsgrundlage.

(iii) Die Rechnungsgrundlagen C für die Ermittlung der Entgelte, die das Versicherungsunternehmen für die „Organisation des Kollektivs" erhalten soll, werden durch die Festlegung von *fünf* sogenannten *Kostensatzprofilen*

$$C := (\alpha^z, \alpha^\gamma, \beta, \gamma, L^\sigma)$$

wiedergegeben. Die Profile

$$\alpha^z, \alpha^\gamma, \beta, \gamma, L^\sigma \in \mathbb{R}^{n+1}$$

beschreiben jeweils Kostensätze, die für die unterschiedlichen Dienstleistungen, welche das Unternehmen im Rahmen seiner Organisationsaufgaben gegenüber dem Kollektiv erbringt, zeitpunkt- bzw. periodenabhängig für den Versicherungsvertrag in Ansatz gebracht werden sollen.

In Verbindung mit den Modellcharakteristika und den eingeführten Profilen sind die folgenden Anmerkungen zum weiteren Verständnis wesentlich:

- Üblicherweise werden in der Lebensversicherungstechnik *Ausscheideordnungen* (z. B. Periodensterbetafeln, Generationentafeln bzw. Grundtafeln mit Altersverschiebung, Richttafeln) für die Kalkulation herangezogen. Aus den dafür zur Verfügung gestellten Informationen, auf Grund bestimmter „Ausscheideursachen" das Kollektiv während einer bestimmten Periode zu verlassen (z. B. wegen Tod, Berufsunfähigkeit, Pflegebedürftigkeit usw.), ergeben sich dann für sämtliche Alter $x = 0, 1, 2, \ldots$ (also einem möglichen Alter zum Zeitpunkt $t = 0$ des Vertragsabschlusses) zunächst die einjährigen Verbleibenswahrscheinlichkeiten $_1 p_x$ der x-jährigen Person. Aus einer solchen Ausscheideordnung kann für jedes fixierte Alter x und jeden Zeitpunkt $j = 1, 2, \ldots, n$ der Laufzeit die Größe $_j p_x$ durch

$$_j p_x = {}_{j-1} p_x \cdot {}_1 p_{x+(j-1)} \tag{1.3}$$

(mit $_0 p_x := 1$) gewonnen werden.

Zu beachten ist, dass eine derartige induktive Festlegung der Größen $_j p_x$ auf einer *Stationaritätsannahme* beruht (siehe etwa [MH99]). Ein solcher Ansatz unterstellt nämlich, dass die Wahrscheinlichkeit eines *heute x-Jährigen*, zum Zeitpunkt j dem Kollektiv noch anzugehören, genauso groß ist wie die Wahrscheinlichkeit einer heute x-jährigen Person, zum Zeitpunkt $j - 1$ dem Kollektiv anzugehören und als *heute (x + j − 1)*-Jähriger noch ein Jahr lang im Kollektiv zu verbleiben.

Ein von uns unterstelltes Verbleibensprofil $p(x, n)$ erlaubt, dass eine derartige Stationarität vorliegen *kann*, aber *nicht* notwendigerweise vorliegen *muss*. Die Verwendung von Verbleibensprofilen gemäß (1.1) als Rechnungsgrundlage lässt damit ausdrücklich auch geburtsjahrgangsbezogene, also kohortenspezifische Ausscheideordnungen zu, wie sie mittlerweile zunehmend in der Lebensversicherungspraxis verwendet werden (siehe beispielsweise [Lie99; HHD05; Heu18]).

Es ist ausdrücklich *nicht* Gegenstand des Buches darzulegen, mit welchem methodischen Instrumentarium die Größen $_j p_x, j = 0, 1, \ldots$ *ermittelt* werden können bzw. wie sie ermittelt wurden. Wir gehen davon aus, dass für eine konkrete Kalkulation ein Verbleibensprofil $p(x, n)$ (als exogen gegeben) vorliegt. Für die Gewinnung von Ausscheideordnungen sei zum Beispiel auf [Kak+85; Loe94; Bow+97; Akt05; Bau+08; MRC18] verwiesen, für die Herleitung von Generationentafeln siehe auch [HHD05; Heu18].

Zum Zeitpunkt n, also mit Vollendung des Alters $x + n$, endet der Vertrag aus kalkulatorischer Sicht. Spätestens nach Erreichen des Ablaufzeitpunkts n gehört die heute x-jährige Person (mit *diesem* Versicherungsvertrag) dem Kollektiv *kalkulatorisch* also nicht mehr an. Obwohl $n + 1$ möglicherweise eine kalkulatorisch zulässige Laufzeit einer Versicherung für die heute x-jährige Person wäre (falls nämlich $_{n+1} p_x > 0$), so lässt sich diese „Nicht-Mehr-Zugehörigkeit" technisch durch die (formale) *Festlegung*

$$_{n+1} p_x := 0$$

für diesen Versicherungsvertrag „erzwingen". Die in der Versicherungstechnik traditionell als *kalkulatorisches Höchstalter* verwendete Größe ω ist hier also als der Spezialfall $n + 1 = \omega - x + 1$ anzusehen. Tritt speziell dieser Fall auf, also $n = \omega - x$, so sprechen wir von einer (im kalkulatorischen Sinne) *lebenslangen Lebensversicherung*.

- In der Lebensversicherung haben „Marktbewertungen" von Verträgen innerhalb der Kollektive zunehmend Einfluss auf die Kalkulation und technische Analyse. Dies macht in der aktuariellen Praxis einen entsprechenden Umgang mit moderneren finanzmathematischen Methoden notwendig. Hierin spielen *Zinsstrukturkurven* eine entscheidende Rolle.

Durch die Berücksichtigung von periodenabhängigen Zinssätzen (diskreten Zinsstrukturkurven) wollen wir dieser Tatsache innerhalb unserer Modellstruktur Rechnung tragen. Mit der Unterstellung, dass ein dadurch induziertes Kapitalanlageprofil $r(x, n)$ vorliegt, entfernen wir uns bewusst von häufig verwendeten *flachen Zinsstrukturkurven.*

Vor allem in der traditionellen deutschsprachigen Einführungsliteratur wird bei der Darstellung der Kalkulations- und Analysekonzepte typischerweise angenommen, dass die (finanzmathematische) Entwicklung monetärer Größen im Zeitablauf im Wesentlichen durch einen konstanten jährlichen Zinssatz $i > 0$ (*konstanter Rechnungszinssatz*) bestimmt ist (siehe dazu [Wol97; Ort16] u. v. m.). Diese aus heutiger Sicht strenge Annahme unterstellt damit einen von der Laufzeit n und vom Alter x der versicherten Person unabhängigen Rechnungszinssatz. Für eine derartige Situation ergibt sich ein zugehöriges Kapitalanlageprofil $r(x, n)$ durch die Setzung

$$_j r_x := (1 + i)^j, \quad j = 0, 1, \ldots, n.$$

Im Rahmen unseres Kalkulationsmodells *dürfen* also durchaus solch spezielle Anlageprofile vorliegen, dies ist *allerdings nicht zwingend.*

Auf analoge Weise ließe sich ein (von dem Alter x unabhängiges) Kapitalanlage-profil $r(x, n)$ aus einer vorgegebenen (diskreten) Zinsstruktur über

$$_j r_x := (1 + i_1) \cdot (1 + i_2) \cdot \ldots \cdot (1 + i_j), \quad j = 1, 2, \ldots, n$$

angeben, wobei hierbei i_t beispielsweise einen Zinssatz für das jeweils t-te Jahr der Versicherungslaufzeit beschreibt (*forward rates*). Die – aus technischer Sicht – schwache Forderung

$$_j r_x > 0, \quad j = 0, 1, \ldots, n$$

erlaubt damit auch das Vorliegen steigender, fallender oder unregelmäßiger Zins-strukturkurven. Sie lässt offensichtlich auch die Möglichkeit von „Kapitalminde-rungen" zu (falls etwa $_j r_x < 1$).

Uns ist ebenso bewusst, dass (derzeit) ein vom Alter x abhängiges Kapitalanlage-profil $r(x, n)$ in der Realität ungewöhnlich erscheinen mag. Der Grund, es dennoch in dieser Weise darzustellen, liegt darin, auf strukturelle Ähnlichkeiten zu Verblei-bensprofilen hinzuweisen und diese Analogien zu verwenden.

Wiederum sei an dieser Stelle noch einmal ausdrücklich betont, dass es *nicht* Ge-genstand des Buches ist, darzulegen, mit welchen methodischen Instrumentarien Kapitalanlageprofile ermittelt werden können bzw. ermittelt werden. Wenn immer von einem Kapitalanlageprofil $r(x, n)$ die Rede ist, so liegt dieses für alle unsere weiteren Betrachtungen – wie auch bereits Verbleibensprofile $p(x, n)$ – als *exogen gegeben* vor.

Für die Gewinnung derartiger (diskreter) Zinskurven/Zinsmodelle (speziell im Lebensversicherungsbereich), aus denen sich dann Kapitalanlageprofile ableiten lassen, sei – zumindest exemplarisch – dennoch etwa auf [Cai18; Fil09] oder [MS07] hingewiesen.

- Es ist üblich, bei der Kalkulation Abschluss- und Verwaltungskostensätze zu berücksichtigen. In der traditionellen versicherungstechnischen Literatur handelt es sich typischerweise um eindimensionale (also skalare) Größen. Diese werden dann (als Prozent bzw. Promille oder absolute monetäre Größen) häufig durch α_z, α_γ, β, γ_1, γ_2 oder σ – zusammen mit entsprechenden Bezugsgrößen – zur Festlegung der tatsächlichen Entgelthöhen angegeben. Davon abweichend ziehen wir anstelle dieser eindimensionalen Größen hier einzelne Kostensatzprofile (also Vektoren der Dimension $n + 1$)

$$\alpha^z := (\alpha_0^z, 0, 0, \ldots, 0) \quad \text{und} \quad \alpha^\gamma := (0, \alpha_1^\gamma, \ldots, \alpha_n^\gamma)$$

bzw.

$$\beta := (\beta_0, \beta_1, \ldots, \beta_n), \quad \gamma = (\gamma_0, \gamma_1, \ldots, \gamma_n) \quad \text{und} \quad L^\sigma := (L_0^\sigma, L_1^\sigma, \ldots, L_n^\sigma)$$

heran. Die Einträge α_j^z, α_j^γ, β_j, γ_j in den jeweiligen Profilen entsprechen ebenfalls Kostensätzen, werden hier aber jeweils als vom Zeitpunkt j bzw. von Periode $j + 1$ abhängig angenommen. Dies erlaubt sowohl bei der Erstkalkulation, vor allem aber auch bei der Analyse von Lebensversicherungsverträgen (im Rahmen der Kalkulation mit Rechnungsgrundlagen 2. Ordnung), unterschiedliche Kostenarten in den verschiedenen Perioden in unterschiedlichen Höhen zu berücksichtigen. Auf diese Weise können auch „Stückkosten" (traditionell σ-Kosten) – also absolute monetäre Größen – in variabler Höhe während der Vertragslaufzeit angesetzt werden (hier als Profil L^σ). Auch mit Verwaltungskostensätzen (traditionell β- und γ-Kostensätze) kann durch die Verwendung entsprechender Profile bei der Kalkulation bzw. Analyse eines Vertrages „zeitlich variabel" umgegangen werden. Die Nomenklatur der Kostensatzprofile orientiert sich bewusst an den „traditionellen" Bezeichnungen, um eine Assoziation mit den bekannten Kostenarten herzustellen. Dies auch, da sich die traditionelle Situation „eindimensionaler" Kostensätze als Spezialfall der fünf „Profildarstellungen" ergibt.
Auf welche Weise dann die Kostensatzprofile $C := (\alpha^z, \alpha^\gamma, \beta, \gamma, L^\sigma)$ im Rahmen einer Kalkulation zur Bestimmung der Entgelte herangezogen werden, wird ausführlich in den Kapiteln 1.5 und 3.4 behandelt.

Die im Verbleibensprofil $p(x, n)$, im Kapitalanlageprofil $r(x, n)$ sowie in den fünf Kostensatzprofilen von C enthaltenen Informationen notieren wir zukünftig als eine Menge

$$\mathcal{R} := \{p(x, n), r(x, n), C\}$$

und sprechen von den *Rechnungsgrundlagen eines Lebensversicherungsvertrages*. Wenn wir speziell auf die Ordnung die Rechnungsgrundlagen hinweisen wollen (also Grundlagen 1. oder 2. Ordnung), so symbolisieren wir dies durch einen hochgestellten Index, also $\mathcal{R}^{(1)}$ oder $\mathcal{R}^{(2)}$.

1.3 Mit den Rechnungsgrundlagen zusammenhängende Profile

Mit den beiden ersten Komponenten der Rechnungsgrundlagen $\mathcal{R}$, dem Verbleibens- bzw. dem Kapitalanlageprofil, hängen unmittelbar weitere Rechengrößen zusammen, die bei der Kalkulation ebenfalls Verwendung finden. Ausgehend von einem Verbleibensprofil

$$p(x, n) := ({}_0p_x, {}_1p_x, \ldots, {}_jp_x, \ldots, {}_np_x)$$

(und der formalen Setzung ${}_{n+1}p_x := 0$) gewinnt man die folgenden Größen

$$p_{x:j} := \frac{{}_{j+1}p_x}{{}_jp_x}, \quad j = 0, 1, \ldots, n. \tag{1.4}$$

Ein solcher Quotient beschreibt für das $(j + 1)$-te Jahr der Versicherung die (einjährige) *Veränderungsrate* des Verbleibens im Kollektiv für die (heute) x-jährige Person. Da die Folge der ${}_jp_x$ als monoton fallend vorausgesetzt wird, gilt $p_{x:j} \leq 1$. Wir wollen diese Größe $p_{x:j}$ als die Wahrscheinlichkeit *interpretieren*, dass die heute x-jährige Person während des vollendeten Alters $x + j$ (d. h. für die Dauer einer Periode) dem Kollektiv angehört, sofern sie zum Zeitpunkt j dem Kollektiv angehört hat (*bedingte, einjährige Verbleibenswahrscheinlichkeit*).

In der Bezeichnung $p_{x:j}$ wählen wir bewusst eine neue Notation. Mit dieser *Doppelpunkt-Notation* wollen wir ausdrücken, dass es sich

- um eine Information handelt, welche die *Periode* $j + 1$ betrifft (im Gegensatz zu einer zeit*punkt*bezogenen Information) und
- welche heute, also zum Zeitpunkt $t = 0$, für die dann $(x+j)$-jährige Person Gültigkeit besitzt.

Der Doppelpunkt zwischen x und j im Index soll diese zeitliche Translation von „heute" (Abschluss des Vertrages zum Zeitpunkt $t = 0$) um j Jahre ausdrücken. Wird – etwa auf Basis einer Sterbetafel – Stationarität unterstellt, so gilt natürlich

$$p_{x:j} = p_{x+j}.$$

Diese einzelnen Quotienten beschreiben damit ein *Profil*

$$p_{x:} := (p_{x:0}, p_{x:1}, \ldots, p_{x:j}, \ldots, p_{x:n-1}, 0) \in \mathbb{R}^{n+1} \tag{1.5}$$

der (bedingten) einjährigen Verbleibenswahrscheinlichkeiten einer heute x-jährigen Person. Da der Vertrag zum Zeitpunkt n kalkulatorisch endet, verbleibt die versicherte Person „mit Sicherheit" während des vollendeten Alters $x + n$ nicht mehr im Kollektiv ($p_{x:n} = 0$).

Die sich aus $p_{x:j}$ unmittelbar ergebenden Größen

$$q_{x:j} := 1 - p_{x:j}, \quad j = 0, 1, \ldots, n$$

entsprechen in ihrer Interpretation der Wahrscheinlichkeit der heute x-jährigen Person, während des vollendeten Alters $x + j$ (also innerhalb der Vertragsperiode $j + 1$) aus dem Kollektiv auszuscheiden, sofern sie zum Zeitpunkt j zum Kollektiv gehörte (*bedingte, einjährige Ausscheidewahrscheinlichkeiten*). Diese Größen induzieren dann ein *Profil*

$$q_{x:} = (q_{x:0}, q_{x:1}, \ldots, q_{x:j}, \ldots, q_{x:n-1}, 1) \in \mathbb{R}^{n+1} \tag{1.6}$$

der einjährigen Ausscheidewahrscheinlichkeiten (der heute x-jährigen Person). Gemeinhin wird in der versicherungstechnischen Literatur mit der Verwendung des Buchstabens „q" die Ausscheideursache „Tod" verbunden. In unserem Verständnis besitzt der Buchstabe „q" lediglich die Bedeutung, ein Ausscheiden aus dem Kollektiv zu beschreiben, dahinter liegende Ausscheideursachen seien dabei zunächst unerheblich.

Sollte anstelle eines Verbleibensprofils $p(x, n)$ ein Profil $p_{x:}$ (einjähriger Verbleibenswahrscheinlichkeiten) oder – dazu alternativ – ein Profil $q_{x:}$ (einjähriger Ausscheidewahrscheinlichkeiten) vorgegeben sein, so induziert $p_{x:}$ (bzw. $q_{x:}$) durch

$$_j p_x := {}_{j-1} p_x \cdot p_{x:j-1}, \quad j = 1, 2, \ldots, n \quad \text{und} \quad _0 p_x := 1 \tag{1.7}$$

bzw.

$$_j p_x := {}_{j-1} p_x \cdot (1 - q_{x:j-1}), \quad j = 1, 2, \ldots, n \quad \text{und} \quad _0 p_x := 1$$

ein Verbleibensprofil $p(x, n)$. Wir sprechen dann von dem *durch $p_{x:}$ (bzw. $q_{x:}$) kanonisch induzierten Verbleibensprofil*.

Betrachten wir nun ein Kapitalanlageprofil $r(x, n) \in \mathbb{R}^{n+1}$, so lassen sich dazu in analoger Weise, wie wir es für $p(x, n)$ gesehen haben, bestimmte weitere Profile ableiten. Zunächst beschreiben wir mit

$$r_{x:j} := \frac{_{j+1} r_x}{_j r_x} > 0, \quad j = 0, 1, \ldots, n - 1$$

die prospektive, einjährige *Veränderungsrate* der Entwicklung des Kapitals in der $(j+1)$-ten Vertragsperiode für die (heute) x-jährige Person. Wir *interpretieren* diese Veränderungsrate als den *(einjährigen) finanzmathematischen Aufzinsungsfaktor* eines Kapitals für das $(j+1)$-te Jahr, sofern es bereits bis zum Zeitpunkt j angelegt wurde. Da für die Einträge $_j r_x$ keine Monotonie bezüglich j gefordert wird, bedeutet $r_{x:j} > 1$, dass in Periode $j + 1$ eine Kapitalvermehrung und entsprechend im Fall $r_{x:j} < 1$ eine Kapitalminderung stattfindet.

Auch hier verwenden wir wiederum die Doppelpunkt-Notation. Diese erlaubt uns, eine Verzinsung auf ein Kapital darzustellen, welches eine *heute* x-jährige Person für $j + 1$ Jahre anlegt, welche – aus Sicht von heute – allerdings nicht identisch sein muss mit der Verzinsung des Kapitals über j Jahre (mit Kapitalwertfaktor $_{j+1} r_x$) und der anschließenden Anlage für ein weiteres Jahr mit Kapitalwertfaktor $_1 r_{x+j}$. Ein von uns vorausgesetztes Anlageprofil $r(x, n)$ ermöglicht wiederum, dass ein derartiger Zusammenhang vorliegen *kann*, aber *nicht* notwendigerweise vorliegen *muss*.

Die obigen Größen induzieren dann

$$r_{x:} = (r_{x:0}, r_{x:1}, \ldots, r_{x:j}, \ldots, r_{x:n-1}, 0) \in \mathbb{R}^{n+1}$$

als das *Profil der jährlichen Aufzinsungsfaktoren*.

Für einen Vertrag der zulässigen Laufzeit n gibt es eine Periode $n + 1$ kalkulatorisch nicht. Daher legen wir dann stets $_{n+1}r_x := 0$ fest. Technisch gesehen fände also für ein von heute bis zum Zeitpunkt n angelegtes Kapital bei einer Weiteranlage während der (nicht zur Vertragslaufzeit gehörenden) Periode $n + 1$ ein vollständiger Kapitalverzehr statt.

Eine weitere sich aus $r_{x:j}$ unmittelbar ergebende Größe

$$i_{x:j} := r_{x:j} - 1, \quad j = 0, 1, \ldots, n \tag{1.8}$$

interpretieren wir als den *Periodenzinssatz* der Periode $j + 1$ einer Kapitalanlage (der Laufzeit n) für die heute x-jährige Person. Für $j < n$ gilt offenbar $i_{x:j} > -1$. Diese Periodenzinssätze induzieren dann das *Profil der Zinssätze*

$$i_{x:} = (i_{x:0}, i_{x:1}, \ldots, i_{x:j}, \ldots, i_{x:(n-1)}, -1) \in \mathbb{R}^{n+1}. \tag{1.9}$$

Sollten statt eines Kapitalanlageprofils $r(x, n)$ ein Profil $r_{x:}$ (bzw. ein Profil $i_{x:}$ der Zinssätze) vorgegeben sein, so induziert $r_{x:}$ (bzw. $i_{x:}$) durch

$$_j r_x := _{j-1} r_x \cdot r_{x:j-1}, \quad j = 1, 2, \ldots, n \quad \text{und} \quad _0 r_x := 1 \tag{1.10}$$

bzw.

$$_j r_x := _{j-1} r_x \cdot (1 + i_{x:j-1}), \quad j = 1, 2, \ldots, n \quad \text{und} \quad _0 r_x := 1$$

ein Kapitalanlageprofil $r(x, n)$. Wir sprechen dann von dem *durch $r_{x:}$ (bzw. $i_{x:}$) kanonisch induzierten Kapitalanlageprofil*.

Durch das Kapitalanlageprofil $r(x, n)$ wird ein weiteres Profil

$$v(x, n) := (_0 v_x, _1 v_x, \ldots, _j v_x, \ldots, _n v_x), \tag{1.11}$$

mit

$$_j v_x := _j r_x^{-1}$$

induziert. Hierin stellt $_j v_x$ den *j-jährigen finanzmathematischen Barwertfaktor* dar. Er beschreibt „retrospektiv" den Wert, den ein Kapital zum Zeitpunkt $t = 0$ besitzen muss, damit es – bei Anlage mit dem Anlageprofil $r(x, n)$ – zum Zeitpunkt j den Wert „1" besitzt. Mit der wiederum rein technischen Festlegung $_{n+1} v_x := 0$ können wir die Größen

$$v_{x:j} := \frac{_{j+1} v_x}{_j v_x} = \frac{_j r_x}{_{j+1} r_x}, \quad j = 0, 1, \ldots, n \tag{1.12}$$

als die *(einjährigen) finanzmathematischen Abzinsungsfaktoren* bzw. *Diskontierungsfaktoren* für das $(j + 1)$-te Jahr interpretieren. Sie induzieren mit

$$v_{x:} := (v_{x:0}, v_{x:1}, \ldots, v_{x:j}, \ldots, v_{x:n-1}, 0) \in \mathbb{R}^{n+1} \tag{1.13}$$

das *Profil der (jährlichen) Abzinsungsfaktoren*.

Nachfolgend sollen ein Verbleibens- und ein Kapitalanlageprofil beispielhaft dargestellt werden. Die aufgelisteten biometrischen und finanzmathematischen Rechnungsgrundlagen dienen zusammen mit den aus ihnen abgeleiteten Profilen auch als Grundlage für eine Reihe späterer Beispiele.

Beispiel 1.1

Wir betrachten die Situation für eine $x = 25$-jährige Person, die Laufzeit betrage $n = 8$ Jahre. Als biometrische bzw. finanzmathematische Rechnungsgrundlagen seien Verbleibens- bzw. Kapitalanlageprofile

$$p(25, 8) := (1{,}000000,\ 0{,}999219,\ 0{,}998469,\ 0{,}997742,\ 0{,}997030,$$
$$0{,}996326,\ 0{,}995621,\ 0{,}994904,\ 0{,}994167)$$

bzw.

$$r(25, 8) := (1{,}000000,\ 1{,}016000,\ 1{,}025144,\ 1{,}037446,\ 1{,}048857,$$
$$1{,}044662,\ 1{,}042573,\ 1{,}048828,\ 1{,}057219)$$

zugrunde gelegt. Aus diesen Profilen ergeben sich dann unmittelbar

- das zugehörige Profil einjähriger Verbleibenswahrscheinlichkeiten

$$p_{25:} = (0{,}999219,\ 0{,}999249,\ 0{,}999272,\ 0{,}999286,\ 0{,}999294,$$
$$0{,}999292,\ 0{,}999280,\ 0{,}999259,\ 0),$$

- das zugehörige Profil einjähriger Ausscheidewahrscheinlichkeiten

$$q_{25:} = \frac{1}{1.000} \cdot (0{,}781,\ 0{,}751,\ 0{,}728,\ 0{,}714,\ 0{,}706,$$
$$0{,}708,\ 0{,}720,\ 0{,}741,\ 1),$$

- das zugehörige Profil der jährlichen Aufzinsungsfaktoren

$$r_{25:} = (1{,}016000,\ 1{,}009000,\ 1{,}012000,\ 1{,}010999,\ 0{,}996000,$$
$$0{,}998000,\ 1{,}006000,\ 1{,}008000,\ 0),$$

- das Profil zugehöriger Periodenzinssätze

$$i_{25:} := (1{,}6000\,\%,\ 0{,}9000\,\%,\ 1{,}2000\,\%,\ 1{,}0999\,\%,\ -0{,}4000\,\%,$$
$$-0{,}2000\,\%,\ 0{,}6000\,\%,\ 0{,}8000\,\%,\ -1),$$

- das Profil der jährlichen Abzinsungsfaktoren

$$v_{25:} = (0{,}984252,\ 0{,}991080,\ 0{,}988142,\ 0{,}989121,$$
$$1{,}004016,\ 1{,}002004,\ 0{,}994036,\ 0{,}992063,\ 0),$$

- das Profil der finanzmathematischen Barwertfaktoren

$$v(25,8) = (1,\ 0{,}984252,\ 0{,}975473,\ 0{,}963906,\ 0{,}953419,$$
$$0{,}957247,\ 0{,}959165,\ 0{,}953445,\ 0{,}945878).$$

Hinweis: Die Einträge in den aus $r(25,8)$ bzw. $p(25,8)$ abgeleiteten Profilen wurden jeweils geeignet gerundet, wobei Geldbeträge stets zwei Nachkommastellen aufweisen.

Bemerkung 1.2.

(i) *Da bei der Kalkulation von Lebensversicherungen die funktionalen Zusammenhänge monetärer Größen (Beitrags- bzw. Leistungsversprechen) im Vordergrund stehen, lässt sich ein Eintrag $_j p_x$ im Verbleibensprofil $p(x, n)$ auch „monetär" auffassen: Wir interpretieren die Größe $_j p_x$ als den Erwartungswert im Zeitpunkt j für ein Zahlungsversprechen, das der Versicherungsnehmer (bzw. das Versicherungsunternehmen) zum Zeitpunkt $t = 0$ für eine heute x-jährige versicherte Person abgibt. Das Versprechen besteht darin, zum Zeitpunkt j den Betrag der Höhe „1" zu leisten, sofern die Person dem Kollektiv angehört, und „0", falls eben nicht. Da dieser Wert offenbar durch die biometrischen Informationen des „Verbleibens" der versicherten Person beschrieben wird, wollen wir $_j p_x$ deshalb manchmal auch als den biometrischen Kapitalwertfaktor im Zeitpunkt j bezeichnen.*

(ii) *Aus diesem Blickwinkel erscheint es dann naheliegend, bei $_j p_x^{-1}$ von einem j-jährigen biometrischen Barwertfaktor im Zeitpunkt j zu sprechen und das Profil*

$$p(x, n)^{-1} := (_0 p_x^{-1},\ _1 p_x^{-1},\ \ldots,\ _j p_x^{-1},\ \ldots,\ _n p_x^{-1}) \tag{1.14}$$

als das Profil biometrischer Barwertfaktoren zu interpretieren. Eine Größe $_j p_x^{-1}$ lässt sich dann als die Höhe des Zahlungsversprechens im Zeitpunkt $t = 0$ auffassen, das zu einem biometrischen Kapitalwert der Höhe „1" zum Zeitpunkt j führt.

(iii) *Entsprechend lässt sich die (bedingte) einjährige Verbleibenswahrscheinlichkeit $p_{x:j}$ als Erwartungswert für ein Zahlungsversprechen für den Zeitpunkt $j + 1$ auffassen, das eine heute x-jährige Person (bzw. das Kollektiv gegenüber einer heute x-jährigen*

Person) zum Zeitpunkt j abgibt (sofern sie zu diesem Zeitpunkt dem Kollektiv angehört). Das Versprechen besteht dabei darin, zum Zeitpunkt j + 1 den Betrag der
Höhe „1" zu leisten, sofern die Person dann dem Kollektiv angehört, und wiederum
„0", falls sie dann dem Kollektiv nicht mehr angehört.

(iv) Die Größen $p_{x;j}^{-1}$ stellen dementsprechend die Höhe eines Zahlungsversprechens dar,
das jeweils zum Zeitpunkt j für den Zeitpunkt j + 1 abgegeben werden muss, damit
in j + 1 erwartungsgemäß eine Zahlung der Höhe „1" erfolgt. Er lässt sich also als ein
einjähriger biometrischer Barwertfaktor **auffassen.**

1.4 Beitragsprofile und Profile von Versicherungsleistungen

Als weitere Komponenten des Kalkulationsmodells betrachten wir nun solche Profile,
mit denen wir einerseits die vereinbarten Beitragszahlungen und andererseits die
vereinbarten Leistungsversprechen des Versicherungsvertrages darstellen wollen. Wir
gehen davon aus, dass der Vertrag mit einer kalkulatorisch zulässigen Laufzeit von n
Jahren für eine heute x-jährige Person abgeschlossen werden soll.

Unter dem *(vereinbarten) Beitragsprofil* (bzw. *Prämienprofil*) B verstehen wir den
Vektor

$$B = (B_0, B_1, \ldots, B_j, \ldots, B_n) \in \mathbb{R}^{n+1}. \tag{1.15}$$

Ein Eintrag $B_j \geq 0$ beschreibt darin die Höhe des Beitrags, den der Versicherungsnehmer *zum Zeitpunkt j* entrichten wird, sofern die heute x-jährige versicherte Person zu
diesem Zeitpunkt dem Kollektiv angehört. Es handelt sich also um ein *Zahlungsversprechen*, durch welches der vereinbarte Beitrag nur dann entrichtet wird, sofern die
versicherte Person dem Kollektiv (noch) angehört. In diesem Sinne beschreibt B_j eine
„bedingte Zahlung".

Wir verzichten bei der Darstellung eines Beitragsprofils auf die Verwendung der
Doppelpunkt-Notation. Wesentlich sind hier die Zeitpunkte (hervorgehoben durch den
Index j) der Beitragszahlung. Der Bezug zum Alter x ergibt sich später implizit durch
die Verwendung von Profilen $p(x, n)$ bzw. $r(x, n)$.

Beispiel 1.3

Für einen Lebensversicherungsvertrag der Laufzeit $n = 8$ sollen verschiedene
Möglichkeiten einer Beitragszahlung in Betracht gezogen werden:

- Im Rahmen eines sogenannten *Einmalbeitragsprofils* solle zu Beginn der
  Vertragslaufzeit ein einmaliger Betrag (hier in Höhe von 13.020 €) geleistet werden. Weitere Beitragszahlungen erfolgen nicht. Das entsprechende

Prämienprofil hat dann die Gestalt

$$B = (13.020, 0, 0, 0, 0, 0, 0, 0, 0) \in \mathbb{R}^9.$$

- Sollen zu Beginn einer jeden Periode während der gesamten Vertragslaufzeit gleichbleibende Beitragszahlungen in Höhe von 1.200 € geleistet werden, so entspricht dies dem Beitragsprofil

$$B = (1.200, 1.200, 1.200, 1.200, 1.200, 1.200, 1.200, 1.200, 0) \in \mathbb{R}^9$$

  als das *Profil laufender Beiträge in gleichbleibender Höhe*.
- Eine jährlich zu Periodenbeginn vorgesehene Beitragszahlung in Höhe von jeweils 2.400 €, die allerdings nur für die ersten vier Jahre vereinbart wurde, wird durch das *Profil laufender Beiträge in gleichbleibender Höhe mit abgekürzter Beitragszahlung*

$$B = (2.400, 2.400, 2.400, 2.400, 0, 0, 0, 0, 0) \in \mathbb{R}^9$$

  beschrieben.
- Eine Beitragszahlung, die *Zahlungen in unterschiedlicher Höhe* zu einzelnen Zahlungszeitpunkten j vorsieht, könnte etwa durch

$$B = (1.200, 0, 2.400, 0, 500, 1.000, 200, 1.100, 0) \in \mathbb{R}^9$$

vereinbart worden sein.

In Analogie zu einem Beitragsprofil wollen wir ein *Leistungsprofil L* als einen Vektor

$$L = (L_0, L_1, \ldots, L_j, \ldots, L_n) \in \mathbb{R}^{n+1} \tag{1.16}$$

darstellen. Hierbei gilt:

- Ist $j \leq n - 1$, so stellt die Größe L_j den *Wert* (bezogen auf den Zeitpunkt j) der vom Kollektiv *für die Periode $j + 1$* im Versicherungsfall zu erbringenden Leistungen dar, sofern die versicherte Person im Zeitpunkt j dem Kollektiv angehört.
- Ist $j = n$, so stellt L_n den *Wert* (bezogen auf den Zeitpunkt n) der *für den Zeitpunkt n* vom Kollektiv zu erbringenden Leistung dar, sofern die versicherte Person zum Ablaufzeitpunkt n dem Kollektiv angehört.

Um später (in Kapitel 2) die Einträge L_j im Leistungsprofil L detailliert zu quantifizieren, nehmen wir an dieser Stelle zunächst eine Typisierung von möglichen Leistungsversprechen für die Periode $j + 1$ vor. Dabei verzichten wir in der Schreibweise wiederum auf den Bezug zum Alter x sowie auf die Doppelpunkt-Notation.

Grundsätzlich können für die Periode $j + 1$ zwei verschiedene „Leistungskategorien" (einzeln oder in Kombination) vereinbart werden. Diese wollen wir im Folgenden inhaltlich entsprechend als *Verbleibens-* bzw. *Ausscheideleistungen* bezeichnen und mit $L_j^{(0)}$ bzw. $L_j^{(1)}$ notieren:

- *Verbleibensleistungen* $L_j^{(0)}$: Eine Verbleibensleistung $L_j^{(0)} \geq 0$ stellt den *Wert zum Zeitpunkt j* eines Leistungsversprechens *für den Zeitpunkt j* dar. Die Verbleibens- leistung $L_j^{(0)}$ wird dabei „fällig", d. h. muss vom Kollektiv sicher erbracht werden, sofern die versicherte Person zum Zeitpunkt *j* dem Kollektiv angehört. Für *j* < *n* wird also $L_j^{(0)}$ zu Beginn der Periode *j* + 1, also perioden-*vorschüssig* fällig. Für den speziellen Zeitpunkt *j* = *n* heißt die Verbleibensleistung $L_n^{(0)}$ die *Ablaufleistung* der Versicherung.

  Auf diese Weise erhalten wir das *Profil der (vereinbarten) Verbleibensleistungen*

$$L^{(0)} = (L_0^{(0)}, L_1^{(0)}, \ldots, L_j^{(0)}, \ldots, L_n^{(0)}) \in \mathbb{R}^{n+1}. \tag{1.17}$$

- *Ausscheideleistungen* $L_j^{(1)}$: Eine Ausscheideleistung $L_j^{(1)} \geq 0$ stellt den *Wert zum Zeitpunkt j* eines Leistungsversprechens *für die Periode j* + 1 dar, welcher vom Kollektiv sicher erbracht werden muss, sofern die versicherte Person zum Zeitpunkt *j* dem Kollektiv angehört *und* sie innerhalb der Periode *j* + 1 (*j* + 1 ≤ *n*) aus dem Kollektiv ausscheidet.

  Im Rahmen unseres Kalkulationsmodells unterstellen wir, dass eine für die Periode *j*+1 vereinbarte Ausscheideleistung $L_j^{(1)}$ – sofern überhaupt – am Ende der Periode, d. h. zum Zeitpunkt *j* + 1, also perioden-*nachschüssig* fällig wird.

  Da der Versicherungsvertrag spätestens zum Zeitpunkt *n* endet, kann eine Aus- scheideleistung für die Periode *n* + 1 nicht vereinbart werden. Wir *setzen* deshalb technisch stets $L_n^{(1)} := 0$. Auf diese Weise erhalten wir, analog zum Profil der Verbleibensleistungen, ein *Profil der (vereinbarten) Ausscheideleistungen*

$$L^{(1)} = (L_0^{(1)}, L_1^{(1)}, \ldots, L_j^{(1)}, \ldots, L_{n-1}^{(1)}, 0) \in \mathbb{R}^{n+1}. \tag{1.18}$$

Eine *notwendige* Bedingung für das Fälligwerden der Leistung $L_j^{(0)}$ (bzw. $L_j^{(1)}$) ist also stets, dass die versicherte Person zum Zeitpunkt *j* dem Kollektiv angehört. In diesem Sinne handelt es sich bei $L_j^{(0)}$ bzw. $L_j^{(1)}$, ähnlich wie auch bei B_j, ebenfalls jeweils um ein *bedingtes Leistungsversprechen*.

Die hochgestellten Indizes „(0)" bzw. „(1)" in $L_j^{(0)}$ und $L_j^{(1)}$ sollen anzeigen, dass es sich jeweils um ein vorschüssig bzw. nachschüssig fälliges Leistungsversprechen für die Periode handelt, welches also im Zeitpunkt „*j* + 0" bzw. „*j* + 1", fällig wird. *Wann, an wen* und *auf welche Weise* fällige Versicherungsleistungen dann tatsächlich „ausgezahlt" werden, soll dabei aus kalkulatorischer Sicht (zunächst) noch keine Rol- le spielen. So kann beispielsweise eine fällig gewordene Versicherungsleistung $L_j^{(0)}$ (bzw. $L_j^{(1)}$) nicht unmittelbar zu deren Fälligkeitstermin, sondern erst (viel) später zur tatsächlichen Auszahlung kommen. Der Anspruch, der mit dem Fälligwerden auf eine solch spätere Auszahlung erworben wird, bezeichnet man als sogenannte *Anwartschaft* auf die entsprechende Leistung (siehe [Wag17]).

Beispiel 1.4

Für einen Lebensversicherungsvertrag werden zunächst zwei verschiedene Verbleibensleistungsprofile angegeben:

- Ein Profil, bei dem eine sofort beginnende, alle zwei Jahre zahlbare Verbleibensleistung von jeweils unterschiedlicher Höhe vereinbart wurde, könnte die folgende Gestalt (Zahlen in €)

$$L^{(0)} = (1.000,\ 0,\ 1.010,\ 0,\ 980,\ 0,\ 1.320,\ 0,\ 4.030) \in \mathbb{R}^9$$

besitzen. Sofern die versicherte Person das Ende der Vertragslaufzeit erlebt, sieht diese Versicherung also eine Ablaufleistung in Höhe von 4.030 € vor.
- Würde neben einer Ablaufleistung in Höhe von $L_8^{(0)}$ = 20.000 € vereinbart, dass ab dem fünften Vertragsjahr jährlich verschiedene Verbleibensleistungen zwischen 200 € und 500 € zu erbringen wären, so ergäbe sich das entsprechende Profil der vereinbarten Verbleibensleistung wie folgt als

$$L^{(0)} = (0,\ 0,\ 0,\ 0,\ 200,\ 400,\ 300,\ 500,\ 20.000) \in \mathbb{R}^9.$$

Im Profil $L^{(1)}$ werden die Ausscheideleistungen für die einzelnen Perioden festgelegt. Unterstellen wir, dass für einen Lebensversicherungsvertrag der Laufzeit $n = 8$ die Ausscheideursache „Tod" festgelegt wird, so geben wir auch hierfür Beispiele für $L^{(1)}$ an:

- Es sollen während der gesamten Laufzeit des Vertrages Ausscheideleistungen für den Todesfall vereinbart werden, die mit Leistungen in Höhe von 40.000 € im ersten Jahr beginnen, im zweiten Jahr steigen, im dritten und vierten Jahr dann wieder einen fallenden Verlauf haben. Ab dem fünften Jahr der Laufzeit sollen bei Ausscheiden wegen Tod dann wieder steigende Leistungen vorgesehen werden. Ein solches Leistungsprofil könnte dann das Aussehen

$$L^{(1)} = (40.000,\ 70.000,\ 60.000,\ 50.000,\ 60.000,$$
$$75.000,\ 80.000,\ 93.000,\ 0) \in \mathbb{R}^9$$

besitzen.
- Würde man etwa Todesfallleistungen in jeweils unterschiedlicher Höhe für die einzelnen Perioden vereinbaren, wobei ein Todesfallschutz im ersten, im dritten und im sechsten Jahr ausgesetzt sein soll, so könnte ein zugehöriges Profil der Ausscheideleistungen entsprechend

$$L^{(1)} = (0,\ 4.000,\ 0,\ 12.000,\ 8.000,\ 0,\ 12.000,\ 20.000,\ 0) \in \mathbb{R}^9$$

aussehen.

- Alternativ werde eine Ablaufleistung in Höhe von $L_8^{(0)} = 20.000\,€$ festgelegt. Als Todesfallleistung für die einzelnen Perioden werde vereinbart, dass diese in den ersten Jahren 50 % der Ablaufleistung entspricht, in den letzten vier Vertragsjahren dann aber in vorgegebener Weise auf die Höhe der Ablaufleistung ansteigt. Neben dem Profil

$$L^{(0)} = (0, 0, 0, 0, 0, 0, 0, 0, 20.000) \in \mathbb{R}^9$$

von Verbleibensleistungen könnte das Profil $L^{(1)}$ der zugehörigen Ausscheideleistungen für diese Versicherung dann durch

$$L^{(1)} = (10.000, 10.000, 10.000, 10.000, 12.500,$$
$$13.750, 16.900, 20.000, 0) \in \mathbb{R}^9$$

ausgedrückt werden.

1.5 Aufwandsentgelte als Leistungsprofile

Im Rahmen seines Versicherungsbetriebs erfüllt das Versicherungsunternehmen die zentrale Aufgabe, ein Kollektiv in umfassender Weise „zu organisieren". Dazu gehört beispielsweise

- für eine hinreichende Anzahl an neuen Versicherungsverträgen („Neuzugänge") zu sorgen und das jeweilige „Versicherungsrisiko" der neu im Kollektiv zu versichernden Personen (individuell) zu beurteilen, um das Erfülltsein des Kollektivprinzips sicherzustellen,
- die bestehenden Versicherungsverträge des Kollektivs in allen Belangen zu administrieren sowie
- dafür Sorge zu tragen, dass die Kapitalanlagen für das Kollektiv dem zugrunde gelegten Kapitalanlageprofil (mindestens) entsprechen.

Der Aufwand für derartige „Dienstleistungen am Kollektiv" soll dem Versicherer angemessen entgolten werden. Die Höhe der Entgelte, die das Versicherungsunternehmen für seine Aufwendungen fordert, kann es dabei prinzipiell selbst und in eigenem Ermessen festlegen (sofern nicht im Einzelnen rechtliche Bedingungen dagegen sprechen). Diese Entgelte werden in der versicherungstechnischen Terminologie üblicherweise als *Kosten* bezeichnet.

Vor dem Hintergrund des Kollektiv- bzw. des Individualprinzips, welche unterstellen, dass für eine individuelle Kalkulation das „Kollektiv als Ganzes" zu betrachten ist, erscheint es gerechtfertigt, diese Entgelte zunächst als *„Leistungen des Kollektivs an den Versicherer"* zu interpretieren. Diese Entgelte würden damit – aus technischer Sicht – als ein spezieller Typus von „zusätzlichen Versicherungsleistungen" aufzufassen und bei der einzelvertraglichen Kalkulation (und Analyse) individuell entsprechend zu berücksichtigen sein. Diese einzelvertraglich zugeordneten Kosten werden üblicherweise derzeit *nicht explizit* zwischen Versicherungsunternehmen und dem Versicherungsnehmer *vereinbart*, sondern vom Versicherer *einseitig* als zu erbringende Entgelte *festgelegt*. Zum Zeitpunkt ihrer Fälligkeit werden diese „zusätzlichen Versicherungsleistungen" dann an das Versicherungsunternehmen, als den in diesem Fall hierfür Bezugsberechtigten, ausgezahlt.

Eine solche Sichtweise führt *technisch* dazu, die auf den individuellen Versicherungsvertrag bezogenen, anteiligen Entgelte für die Aufwendungen als *zusätzliche Verbleibensleistungen* aufzufassen. Auf diese Weise wird jedem Versicherungsvertrag vom Versicherungsunternehmen ein *Leistungsprofil der Kosten*

$$L^{(K)} := (L_0^{(K)}, L_1^{(K)}, \ldots, L_j^{(K)}, \ldots, L_n^{(K)})$$

zugewiesen. Hierin beschreibt $L_j^{(K)}$ dasjenige Entgelt, welches zum Zeitpunkt j (vom Kollektiv) *an das Versicherungsunternehmen* als den für diese Leistung Bezugsberechtigten fällig (und auch dann gezahlt) wird, sofern die heute x-jährige Person zu diesem Zeitpunkt dem Kollektiv angehört.

Diese zusätzliche Verbleibensleistung $L_j^{(K)}$ wird dann der Größe L_j im Leistungsprofil L des Vertrages kalkulatorisch zugeschlagen, d. h. addiert. Das Ergebnis eines solchen Leistungszuschlags gibt dann das (kalkulatorisch) *ausreichende Leistungsprofil*

$$L^{(a)} := L + L^{(K)} \tag{1.19}$$

wieder.

Für die zusätzlichen Verbleibensleistungen $L^{(K)}$ hat der Versicherungsnehmer auf eine ebenfalls *vom Versicherer festgelegte* Art und Weise „zusätzliche Prämien" (an das Kollektiv) zu entrichten. Sie werden dem Beitragsprofil B, das die Prämien für die zwischen Versicherer und Versicherungsnehmer vereinbarten Versicherungsleistungen angibt, ebenfalls „zugeschlagen". Wir bezeichnen diesen Prämienzuschlag als *Kostenbeiträge* oder *Kostenprämien*. Im *Beitragsprofil der Kosten*

$$B^{(K)} := (B_0^{(K)}, B_1^{(K)}, \ldots, B_n^{(K)})$$

stellt die Größe $B_j^{(K)}$ denjenigen Kostenbeitrag dar, den der Versicherungsnehmer zum Zeitpunkt j (an das Kollektiv) entrichtet, sofern die versicherte Person zu diesem Zeitpunkt dem Kollektiv angehört.

Analog zum ausreichenden Leistungsprofil $L^{(a)}$ beschreibt

$$B^{(a)} := B + B^{(K)}$$

ein *ausreichendes Beitragsprofil*, welches das Profil der Beiträge B (als das Zahlungsversprechen des Versicherungsnehmers für die Erbringung der vereinbarten Versicherungsleistungen $L^{(0)}$ bzw. $L^{(1)}$) und das Beitragsprofil der Kosten $B^{(K)}$ (als das
Zahlungsversprechen des Versicherungsnehmers an das Kollektiv für das Erbringen
der Dienstleistungsentgelte) umfasst. Die ausreichende Prämie $B_j^{(a)}$ stellt also diejenige
Prämie dar, welche letztendlich zum Zeitpunkt j vom Versicherungsnehmer zu zahlen
ist, sofern die versicherte Person zu diesem Zeitpunkt dem Kollektiv angehört.

Bemerkung 1.5. *Wir wollen generell und bewusst zwischen dem „Leistungsprofil der
Kosten" $L^{(K)}$ und dem „Beitragsprofil der Kosten" $B^{(K)}$ differenzieren. Wir unterscheiden uns dadurch von einer traditionellen Sichtweise, bei der „Kosten" vornehmlich als
„Kostenzuschläge auf Beiträge" formuliert werden (siehe dazu beispielsweise [IM13]
mit der Darstellung als „Nettobeitrag zzgl. Kosten" oder [Wol97] mit der Formulierung
„Kosten werden in die Prämie eingerechnet"). Auch in der existierenden Literatur wird
an manchen Stellen aber durchaus ebenfalls erkannt, dass Kostenzuschläge an sich Versicherungsleistungen darstellen – wie beispielsweise: „Die Schwierigkeit besteht dabei
darin, den Kostenbarwert als zusätzliche Versicherungsleistung korrekt zu erfassen."
([Ort16])*
    *Eine solch differenzierte Sichtweise wird später dazu führen, dass die einzelnen –
wie auch immer spezifizierten – Komponenten, aus denen sich das Leistungsprofil der
Kosten $L^{(K)}$ selbst wieder zusammensetzen kann, zumindest technisch als Leistungsprofile „eigenständiger" Versicherungen interpretiert werden können (wir nennen sie
„Kostenversicherungen").*

Während der Laufzeit eines Vertrages fallen die Aufwendungen seitens des Versicherungsunternehmens typischerweise in unterschiedlicher Intensität an. Eine Zielsetzung
des Versicherungsunternehmens könnte es demnach sein, die dem Vertrag zugeordneten Entgelte „verursachungsgerecht", also

- *zeitlich kongruent* zum Anfallen entsprechender Aufwendungen und
- *in ihrer Höhe* dem jeweils entstehende Aufwand *angemessen*

vom Kollektiv einzufordern und die Einträge $L_j^{(K)}$ im Leistungsprofil der Kosten $L^{(K)}$
dementsprechend festzulegen.
    Für die *Bemessung* der Höhe $L_j^{(K)}$ des Entgeltes, welches für den Zeitpunkt j vom
Versicherungsunternehmen festgesetzt wird, sind grundsätzlich eine Vielzahl von
Bezugsgrößen denkbar. Beispielsweise könnten die in den Profilen $L^{(0)}$ bzw. $L^{(1)}$ vereinbarten Verbleibens- bzw. Ausscheideleistungen vom Versicherer als Bezugsgrößen
herangezogen werden. Alternativ (oder auch zusätzlich) könnte man sich an den Profilen B bzw. $B^{(a)}$ (oder daraus abgeleiteten Größen) orientieren. Ebenfalls möglich wäre
es, Entgelte gänzlich unabhängig von speziellen Vertragscharakteristika festzusetzen
(etwa als „Honorare", vulgo: Stückkosten).

Die nähere Analyse, wie Versicherer momentan diese Entgelte in der Praxis festlegen, zeigt eine grundlegende Struktur der Bemessung. So lassen sich derzeit drei Typen von Bezugsgrößen identifizieren, die (typischerweise „in Kombination") herangezogen werden, um $L_j^{(K)}$ zu quantifizieren, nämlich

- die Summe $S := \sum_{j=0}^{n} B_j^{(a)}$ ausreichender Beiträge,
- die „laufenden" ausreichenden Beiträge" $B_j^{(a)}$, $j = 0, 1, \ldots, n$ und
- absolute monetäre Größen.

Die folgenden beiden Abschnitte stellen vor diesem Hintergrund eine allgemeinere Systematik für die Festlegung von $L^{(K)}$ vor und liefern die Struktur, auf welche Art und Weise das Leistungsprofil der Kosten aufgebaut ist. Der Aufbau wird dabei durch die in C festgelegten fünf Kostensatzprofile bestimmt. Er impliziert darüber hinaus bereits Möglichkeiten, später das Beitragsprofil $B^{(K)}$ der Kosten zu strukturieren und damit zu einer differenzierten Darstellung der Beitragszuschläge zu gelangen.

1.6 Beschreibung der Leistungsprofile der Kosten

Zur Operationalisierung der Festlegung des Leistungsprofils der Kosten $L^{(K)}$ werden die im Rahmen der Rechnungsgrundlagen $\mathcal{R}$ gewählten Kostensatzprofile

$$C := (\alpha^z, \alpha^\gamma, \beta, \gamma, L^\sigma)$$

mit

$$\alpha^z, \alpha^\gamma, \beta, \gamma, L^\sigma \in \mathbb{R}^{n+1}$$

herangezogen (siehe S. 18 bzw. 21). Auf der Grundlage dieser Kostensatzprofile lassen sich dann für die verschiedenen Kostenarten die entsprechenden Entgelte als einzelne *Kostenprofile* L^{α^z}, L^{α^γ} für die Abschlusskosten sowie L^β, L^γ bzw. L^σ für die Verwaltungskosten ermitteln.

1.6.1 L^α als Leistungsprofil für Abschluss- und Vertriebsaufwendungen

Das Entgelt für die Abschluss- und Vertriebsaufwendungen, in der herkömmlichen Terminologie Abschluss- und Vertriebskostenzuschlag, wird in der heutigen Praxis in Abhängigkeit von einer durch den Vertrag bestimmten Bezugsgröße S angegeben. Für die Bemessung dieses Leistungszuschlags werden dazu die Beitragszahlungen des Versicherungsnehmers an das Kollektiv herangezogen. Konkret wird hierbei derzeit die Summe der ausreichenden Beiträge, die sogenannte *Beitragssumme*

$$S := \sum_{j=0}^{n} B_j^{(a)},$$

verwendet. Die *Höhe* des Abschluss- und Vertriebsentgelts wird üblicherweise als ein *Anteil* von S angegeben. In der traditionellen Literatur erfolgt dies durch Angabe eines Kostensatzes $\alpha \geq 0$, aus dem sich dann die Größe

$$K^\alpha := \alpha \cdot S$$

als die Höhe der Abschluss- und Vertriebsaufwendungen ergibt, die bei der Kalkulation zu berücksichtigen ist.

Wir wollen hier ebenfalls das Symbol „α" verwenden und damit auf die traditionelle Terminologie der *α-Kosten* als Synonym für die Abschluss- und Vertriebskosten hinweisen. Allerdings werden wir hier, statt eines einzigen Kostensatzes α, als Rechnungsgrundlage für die Festlegung der α-Kosten die beiden *Kostensatzprofile*

$$\alpha^z := (\alpha_0^z, 0, 0, \ldots, 0) \in \mathbb{R}^{n+1} \quad \text{und} \quad \alpha^\gamma := (0, \alpha_1^\gamma, \ldots, \alpha_n^\gamma) \in \mathbb{R}^{n+1}$$

mit

$$\alpha_0^z, \alpha_j^\gamma \geq 0, \quad j = 0, 1, \ldots, n$$

verwenden. Wir sprechen bei diesen beiden Kostensatzprofilen von dem α^z-*Profil* (oder auch ZILLMER-*Profil*) bzw. von dem α^γ-*Profil*. Der Eintrag α_0^z heißt auch der ZILLMER-*Satz*, die Größe $\alpha_0^z \cdot S$ wird als ZILLMER-*Anteil* (an den Abschluss- und Vertriebskosten) bezeichnet. Mit diesen speziellen Bezeichnungen wird auf A. ZILLMER[3] hingewiesen, der eine Konzeption vorgelegt hat, wie das Versicherungsunternehmen mit der Amortisation der Abschlusskosten umgehen kann (siehe dazu der spätere Abschnitt 3.7). Die Höhe der α-Kosten ermittelt sich dann durch

$$K^\alpha := \left(\alpha_0^z + \sum_{j=1}^n \alpha_j^\gamma \right) \cdot S. \tag{1.20}$$

Für $j = 0$ beschreibt die Größe α_0^z bzw. für $j \geq 1$ beschreiben die Größen α_j^γ den *Anteil* an K^α, der zum Zeitpunkt j (vom Kollektiv) als Entgelt für die Abschluss- und Vertriebsaufwendungen an das Versicherungsunternehmen geleistet wird.

Die größten Aufwendungen bei der Akquisition eines Versicherungsvertrages fallen aus Sicht des Versicherungsunternehmens typischerweise *vor* dessen Beginn an. So werden etwa *Abschlussprovisionen*, die das Versicherungsunternehmen mit einer Vertriebsorganisation für die erfolgreiche Akquisitionsleistung des Versicherungsvertrages vereinbart hat, oft (zumindest teilweise) mit dem Zeitpunkt des Vertragsabschlusses, also zum Zeitpunkt $t = 0$, an die Vertriebsorganisation ausgezahlt. Dies wird im *Profil unmittelbarer Abschlusskosten*

$$L^{\alpha^z} := S \cdot \alpha^z \in \mathbb{R}^{n+1}$$

---

3 Deutscher Mathematiker A. ZILLMER, (*1831, †1893).

(auch als α^z-*Kostenprofil* bzw. ZILLMER-*Kostenprofil* bezeichnet) berücksichtigt. Der Eintrag

$$L_0^{\alpha^z} = \alpha_0^z \cdot S \geq 0$$

entspricht also gerade dem ZILLMER-Anteil.

Jener Teil der Abschluss- und Vertriebskosten K^α, der nicht zum Zeitpunkt $t = 0$ ausgezahlt wird, wird auf die Vertragslaufzeit „verteilt". Diese Verteilung wird durch

$$L^{\alpha^\gamma} := S \cdot \alpha^\gamma \in \mathbb{R}^{n+1},$$

dem *Profil verteilter Abschluss- und Vertriebskosten* (oder auch α^γ-*Kostenprofil*), repräsentiert. Über die Größen S, α^z und α^γ lassen sich also durch das α-*Kostenprofil*

$$L^\alpha := L^{\alpha^z} + L^{\alpha^\gamma}$$

sowohl die anteiligen Höhen an den Abschluss- und Vertriebsentgelten als auch die Zeitpunkte festlegen, an denen diese dem Versicherungsunternehmen gegenüber fällig und geleistet werden.

Bemerkung 1.6.

(i) *Das Erbringen der Leistung $L_0^{\alpha^z}$ (durch das Kollektiv) an das Versicherungsunternehmen (als den hierfür Bezugsberechtigten) kann als eine Art „Kredit" der Höhe $\alpha_0^z \cdot S$ angesehen werden, welchen das Kollektiv dem Versicherungsunternehmen zum Zeitpunkt $t = 0$ auszahlt, um eine Abschlussprovision an die Vertriebsorganisation in dieser Höhe zum Abschlusszeitpunkt des neuen Vertrages zu „finanzieren".*

(ii) *Aus der Darstellung (1.20) wird deutlich, dass es zur Bestimmung von K^α technisch genügt, an Stelle der beiden Profile (α^z-Profil bzw. α^γ-Profil), ein einziges „α-Kostensatzprofil" ($\alpha := \alpha^z + \alpha^\gamma$) heranzuziehen. Wir bleiben hier dennoch bei dieser Differenzierung, um – wie in der traditionellen Literatur – zwischen dem ZILLMER-Anteil und den verteilten Abschlusskosten inhaltlich unterscheiden zu können.*

1.6.2 L^β, L^γ und L^σ als Leistungsprofile für Verwaltungsaufwendungen

Eine Systematik für die Festlegung der Entgelte für Verwaltungsaufwendungen („Verwaltungskosten") besteht typischerweise darin, drei relevante Kostenkomponenten zu beschreiben. Dazu werden aus den Rechnungsgrundlagen $\mathcal{R}$ mit $C = (\alpha^z, \alpha^\gamma, \beta, \gamma, L^\sigma)$ die Kostensatzprofile

$$\beta = (\beta_0, \beta_1, \ldots, \beta_n) \quad \text{bzw.} \quad \gamma = (\gamma_0, \gamma_1, \ldots, \gamma_n)$$

und

$$L^\sigma = (L_0^\sigma, L_1^\sigma, \ldots, L_n^\sigma)$$

herangezogen. Es ergeben sich daraus im Einzelnen:

(i) Eine *β-Kosten*-Komponente, die sich auf den zum Zeitpunkt j für die Periode $j + 1$ zu entrichtenden ausreichenden Beitrag $B_j^{(a)}$ bezieht. Mit dem *β-Kostensatzprofil* wird auf diese Weise durch

$$L_j^\beta := \beta_j \cdot B_j^{(a)}$$

das *β-Kostenprofil*

$$L^\beta := (L_0^\beta, L_1^\beta, \dots, L_j^\beta, \dots, L_n^\beta)$$

als erste Kostenkomponente induziert.

(ii) Eine *γ-Kosten*-Komponente, für welche die Summe S ausreichender Beiträge als Bemessungsgröße dient. Mit dem *γ-Kostensatzprofil* wird dann durch

$$L_j^\gamma := \gamma_j \cdot S$$

das *γ-Kostenprofil*

$$L^\gamma := (L_0^\gamma, L_1^\gamma, \dots, L_j^\gamma, \dots, L_n^\gamma)$$

beschrieben.

(iii) Eine Komponente

$$L^\sigma := (L_0^\sigma, L_1^\sigma, \dots, L_j^\sigma, \dots, L_n^\sigma).$$

Die Einträge L_j^σ stellen *absolute* monetäre Größen dar, orientieren sich also nicht an bestimmten Parametern des Versicherungsvertrages. Entsprechend der traditionellen Terminologie nennen wir L^σ das *Stückkostenprofil*.

Auf diese Weise ergibt sich zusammenfassend eine Darstellung des Leistungsprofils der Kosten als

$$L^{(K)} = L^{\alpha^z} + L^{\alpha^\gamma} + L^\beta + L^\gamma + L^\sigma. \tag{1.21}$$

2 Bewertung von Beitrags- und Leistungsprofilen; das Äquivalenzprinzip

In diesem Abschnitt wollen wir die in Unterkapitel 1.1 angesprochenen Anforderungen an die Kalkulation formalisieren und damit das grundlegende Kalkulationsmodell vorstellen. Diese Formalisierung führt zu dem sogenannten *versicherungstechnischen Äquivalenzprinzip*, welches die Zusammenhänge zwischen Leistungsprofilen und (zugehörigen) Beitragsprofilen quantitativ charakterisiert.

Zur Realisierung der Forderung dauernder Erfüllbarkeit, also stets die Gesamtheit aller im Kollektiv zu erwartenden Leistungen durch die zu erwartenden Prämienzahlungen erbringen zu können, ist es notwendig, Leistungen und Prämien *quantitativ zu bewerten*. Die in einem solchen Zusammenhang vorkommenden und zu bewertenden Paare von Zahlungsversprechen werden einerseits durch (vertragsindividuelle) Beitragsprofile, also etwa B, $B^{(K)}$ oder $B^{(a)}$, andererseits durch zugehörige (vertragsindividuelle) Leistungsprofile, also etwa L, $L^{(K)}$ oder $L^{(a)}$ beschrieben.

Hier wollen wir zunächst nur solche Paare von Leistungsprofilen L und „zugehörigen" Beitragsprofilen B betrachten, welche sich aufgrund vereinbarter Versicherungsleistungen ergeben. Die einzelnen Komponenten von Kostenleistungsprofilen $L^{(K)}$ bzw. Kostenbeitragsprofilen $B^{(K)}$ sollen an dieser Stelle noch keine Rolle spielen. In unserer Terminologie bedeutet dies, dass wir zunächst von Rechnungsgrundlagen

$$\mathcal{R} = \{p(x, n), r(x, n), C\} \quad \text{mit} \quad C = (\mathbb{O}, \mathbb{O}, \mathbb{O}, \mathbb{O}, \mathbb{O})$$

ausgehen. Hierbei bezeichne $\mathbb{O} \in \mathbb{R}^{n+1}$ denjenigen Vektor, dessen Einträge sämtlich den Wert 0 besitzen. Haben die Kostensatzprofile in C diese spezielle Darstellung, so sprechen wir auch von *Netto-Rechnungsgrundlagen*. Wir folgen damit dem traditionellen Vorgehen in der versicherungstechnischen Literatur, bei der zunächst jeweils die sogenannten *Nettokalkulation* einer Lebensversicherung vorgestellt wird.

Es wird allerdings sehr schnell deutlich, dass die für B und L dargestellten Kalkulationstechniken und Zusammenhänge struktureller Art sind, und sich als unabhängig von der *inhaltlichen Bedeutung*, die B bzw. L besitzen, erweisen. Das Kalkül für die Berücksichtigung von Kostenleistungsprofilen (und zugehörigen Kostenbeitragsprofilen) kann somit – mutatis mutandis – auf dieselbe Weise erfolgen.

Da wir im Weiteren hauptsächlich mit Profilen (also Vektoren in $\mathbb{R}^{n+1}$) operieren werden, führen wir – neben der bekannten komponentenweisen Addition zweier Profile und der Multiplikation eines Profils mit einer skalaren Größe – die komponentenweise Multiplikation zweier Profile ein. Dazu seien T, $T' \in \mathbb{R}^{n+1}$, d. h.

$$T = (T_0, T_1, \ldots, T_n) \quad \text{bzw.} \quad T' = (T'_0, T'_1, \ldots, T'_n)$$

https://doi.org/10.1515/9783110740905-004

stellen zwei Vektoren im $\mathbb{R}^{n+1}$ dar. Unter dem HADAMARD-*Produkt*[1] von T und T' verstehen wir den Vektor $T \circ T' \in \mathbb{R}^{n+1}$ mit

$$(T \circ T')_j := T_j \cdot T'_j \quad \text{für} \quad j = 0, 1, \ldots, n,$$

der sich also durch eine komponentenweise Multiplikation der Einträge von T und T' ergibt (siehe beispielsweise [Hor90]). Man beachte, dass das HADAMARD-Produkt als Operation kommutativ, assoziativ und distributiv ist, daher gilt für alle $T, T', T'' \in \mathbb{R}^{n+1}$ entsprechend

$$T \circ (T' \circ T'') = (T' \circ T'') \circ T$$

und

$$T \circ (T' + T'') = T \circ T' + T \circ T''.$$

Im Zusammenhang mit dem HADAMARD-Produkt von Vektoren werden wir später häufiger noch einen bestimmten Typ von Vektoren gebrauchen. Wir bezeichnen mit $\mathbb{1}_j$ bzw. $\mathbb{1}$ die Vektoren

$$\mathbb{1}_j := \underbrace{(0, 0, \ldots, 0}_{j\text{-mal}}, 1, 1, \ldots, 1) \in \mathbb{R}^{n+1} \quad \text{bzw.} \quad \mathbb{1} := \mathbb{1}_0. \tag{2.1}$$

Um B bzw. L *für jeden* Zeitpunkt (in unserem Modell also *für jeden* [fixierten] Zeitpunkt $t \in \{0, 1, \ldots, n\}$) quantitativ zu bewerten, werden (spezielle) *Bewertungsfunktionen*

$$_tW_x(\cdot) : \mathbb{R}^{n+1} \longrightarrow \mathbb{R}, \quad t = 0, 1, \ldots, n \tag{2.2}$$

herangezogen. Für ein Beitragsprofil $B = (B_0, B_1, \ldots, B_n)$ des Versicherungsvertrages einer heute x-jährigen versicherten Person beschreibe

$$_tW_x(B) := (_tv_x \cdot {}_tp_x)^{-1} \cdot \sum_{j=0}^{n} {}_jv_x \cdot (_jp_x \cdot B_j) \tag{2.3}$$

$$= (_tv_x \cdot {}_tp_x)^{-1} \cdot \sum_{j=0}^{n} (v(x, n) \circ p(x, n) \circ B)_j$$

den (auf den Zeitpunkt t bezogenen) monetären Wert des durch B und $p(x, n)$ induzierten Prämienzahlungsversprechens (siehe auch Unterkapital 1.2, S. 26).

Offenbar handelt es sich bei $_tW_x(\cdot)$ um lineare Funktionen, d. h. für zwei Beitragsprofile $B, B' \in \mathbb{R}^{n+1}$ und reelle Zahlen a und a' gilt für jedes fixierte $t \in \{0, 1, \ldots, n\}$ stets

$$_tW_x(a \cdot B + a' \cdot B') = a \cdot {}_tW_x(B) + a' \cdot {}_tW_x(B'). \tag{2.4}$$

---

1 Benannt nach dem französischen Mathematiker J. S. HADAMARD, (*1865, †1963).

Für die Bewertungen werden dabei unmittelbar die Informationen aus dem *Kapitalanlageprofil* und dem *Verbleibensprofil* der Rechnungsgrundlagen $\mathcal{R}$ herangezogen. Wir sprechen daher auch von *Bewertungen bezüglich der Rechnungsgrundlagen $\mathcal{R}$*.

Offensichtlich lässt sich $_tW_x(B)$ additiv als

$$_tW_x(B) = \left((_tv_x \cdot {}_tp_x)^{-1} \cdot \sum_{j=0}^{t-1} {}_jp_x \cdot {}_jr_x \cdot B_j \right) + \left((_tv_x \cdot {}_tp_x)^{-1} \cdot \sum_{j=t}^{n} {}_jp_x \cdot {}_jr_x \cdot B_j \right)$$

$$= {}_tW_x \left(B \circ (\mathbb{1} - \mathbb{1}_t) \right) + {}_tW_x (B \circ \mathbb{1}_t) \tag{2.5}$$

zerlegen. In dieser Darstellung bewertet der erste Summand (bezogen auf den Zeitpunkt t) „retrospektiv" das Prämienzahlungsversprechen des Versicherungsvertrages für die ersten t Perioden, während der zweite Summand „prospektiv" eine entsprechende Bewertung für die (ab dem Zeitpunkt t) zukünftigen Perioden vornimmt.

Um in entsprechender Weise eine Bewertung der vereinbarten Versicherungsleistungen durchzuführen, welche das Kollektiv für den Eintritt des Versicherungsfalls zu leisten verspricht, betrachten wir eine Größe $L_j \geq 0$. Sie beschreibt (siehe dazu die Ausführungen zum Leistungsprofil auf S. 28) den auf den Zeitpunkt j bezogenen monetären Wert des Leistungsversprechens seitens des Kollektivs für die Periode $j + 1$, sofern die heute x-jährige Person zum Zeitpunkt j dem Kollektiv angehört (*Versicherungsleistung für die Periode $j + 1$*).

Wäre für die Periode $j + 1$ ausschließlich eine Verbleibensleistung in Höhe von $L_j^{(0)}$ vereinbart, so entspräche der Wert L_j genau dieser vereinbarten Verbleibensleistung, also

$$L_j := L_j^{(0)}.$$

Wäre für die Periode $j + 1$ ausschließlich eine Ausscheideleistung in Höhe von $L_j^{(1)}$ vereinbart, so hätte das Kollektiv – unter Kenntnis, dass die Person zum Zeitpunkt j dem Kollektiv (noch) angehört – zum Zeitpunkt $j + 1$ *erwartungsgemäß* eine Leistung in Höhe von

$$q_{x;j} \cdot L_j^{(1)}$$

zu erbringen (siehe ebenfalls Bemerkung 1.2 (iii)). Bezogen auf den Zeitpunkt j entspräche der monetäre *Wert* dieser für den Zeitpunkt $j + 1$ zu *erwartenden Leistung* gemäß (1.12) gerade der Größe

$$L_j := v_{x;j} \cdot q_{x;j} \cdot L_j^{(1)}. \tag{2.6}$$

In diesem Fall würde also die Größe L_j durch eine *Bewertung* der vereinbarten Ausscheideleistung $L_j^{(1)}$ über die in $\mathcal{R}$ enthaltenen Informationen $q_{x;j}$ bzw. $v_{x;j}$ ermittelt.

Da für die Periode $j + 1$ sowohl eine Verbleibensleistung $L_j^{(0)}$ als auch eine Ausscheideleistung $L_j^{(1)}$ vereinbart sein kann (sofern dies nicht der Fall ist, so setze man entsprechend $L_j^{(0)}$ bzw. $L_j^{(1)}$ gleich Null), erhalten wir insgesamt als *Leistungsprofil (der Versicherungsleistungen)*

$$L = (L_0, L_1, \ldots, L_j, \ldots, L_n) = L^{(0)} + v_{x:} \circ q_{x:} \circ L^{(1)} \in \mathbb{R}^{n+1}. \tag{2.7}$$

Analog zu den Bewertungen eines Beitragsprofils B wird dann für einen fixierten Zeitpunkt $t \in \{0, 1, \ldots, n\}$ durch

$$_tW_x(L) := (_tv_x \cdot {}_tp_x)^{-1} \cdot \sum_{j=0}^{n} {}_jv_x \cdot (_jp_x \cdot L_j) \tag{2.8}$$

$$= (_tv_x \cdot {}_tp_x)^{-1} \cdot \sum_{j=0}^{n} (v(x, n) \circ p(x, n) \circ L)_j$$

der (auf den Zeitpunkt t bezogene) Wert des Versprechens sämtlicher im Versicherungsvertrag vereinbarter Leistungen beschrieben. Die Zusammenhänge (2.4) und (2.5), welche dort für Beitragsprofile B formuliert wurden, gelten natürlich in analoger Weise auch für Leistungsprofile L.

Unter der Prämisse der dauernden Erfüllbarkeit hat das Versicherungsunternehmen sicherzustellen, dass Beitrags- und Leistungsprofile B bzw. L kalkulatorisch derart zusammenhängen, dass für alle $t \in \{0, 1, \ldots, n\}$

$$_tW_x(B) \overset{!}{\geq} {}_tW_x(L) \tag{2.9}$$

gilt (mit der Schreibweise $\overset{!}{\geq}$ wollen wir anzeigen, dass die „$\geq$-Beziehung" *gefordert* werden soll). Andererseits ist für eine Durchführung der Kalkulation auf individueller Ebene auch das Vorhandensein eines „hinreichend großen" Kollektivs notwendig. Dies hat zur Konsequenz, dass das Versicherungsunternehmen nachhaltig dafür Sorge tragen muss, dem Kollektiv weitere Versicherungsverträge zuzuführen. Zusammen mit der Tatsache, dass sich die verschiedenen Versicherungsunternehmen untereinander in einem Prämien- und Leistungswettbewerb um neue Versicherungsverträge befinden, führt dies dazu, im Rahmen einer Beitrags- bzw. Leistungskalkulation die Ungleichungen (2.9) entsprechend mit Gleichheit zu erfüllen.

Das *Äquivalenzprinzip wird für ein Paar (B, L) von Beitrags- und Leistungsprofilen (individuell) bezüglich $\mathcal{R}$ erfüllt*, oder *B und L sind bezüglich $\mathcal{R}$ (versicherungstechnisch) äquivalent*, sofern *für jeden* Zeitpunkt $t \in \{0, 1, \ldots, n\}$

$$_tW_x(B) = {}_tW_x(L) \tag{2.10}$$

gilt. Wir sprechen in diesem Fall auch davon, dass „*zum Beitragsprofil B das Leistungsprofil L (bzw. $L^{(0)}$ und $L^{(1)}$) versichert werden kann*". Falls die Rechnungsgrundlagen $\mathcal{R}$ aus dem Kontext hervorgehen, lassen wir oft den Bezug auf $\mathcal{R}$ weg.

Hilfreich für die technische Realisierung des Äquivalenzprinzips gemäß (2.10) ist die nachfolgende (triviale) Beobachtung, die man für die Bewertungsfunktionen (2.2) machen kann.

Beobachtung 2.1

Es seien B bzw. L ein Beitrags- bzw. Leistungsprofil. Dann sind die folgenden Aussagen gleichwertig:

(i) ${}_tW_x(B) = {}_tW_x(L)$ für *alle* $t \in \{0, 1, 2, \ldots, n\}$.
(ii) ${}_tW_x(B) = {}_tW_x(L)$ für *ein* $t \in \{0, 1, 2, \ldots, n\}$.

Die Forderung nach dem Erfülltsein von (2.10) für einen Zeitpunkt – etwa dem Zeitpunkt $t = 0$ – stellt somit die Gültigkeit des Äquivalenzprinzips sicher.

In diesem Zusammenhang sei noch ein spezieller Fall hervorgehoben: Wir sagen, ein Paar (B, L) von Beitrags- bzw. Leistungsprofilen erfüllt das *Äquivalenzprinzip im strengen Sinne*, falls

$$B_j = L_j \quad \text{für alle } j = 0, 1, 2, \ldots, n \tag{2.11}$$

gilt. Äquivalenz „im strengen Sinne" bedeutet also, dass für jeden Zeitpunkt j das Beitragszahlungsversprechen B_j genauso hoch ist, wie der Wert der für die Periode $j + 1$ zugesagten Versicherungsleistungen L_j. In diesem Fall werden die Beiträge B_j *natürliche Beiträge* für das Leistungsprofil L genannt. Falls ein Paar (B, L) von Beitrags- bzw. Leistungsprofilen das Äquivalenzprinzip im strengen Sinne erfüllt, so sind B und L offensichtlich versicherungstechnisch äquivalent. Die Umkehrung der Aussage gilt natürlich im Allgemeinen nicht.

2.1 Das Äquivalenzprinzip und seine Charakterisierung durch Deckungskapitale

Nach diesen inhaltlichen Vorbereitungen sind wir nun in der Lage, einen zentralen Satz der Lebensversicherungstechnik zu formulieren, mit dem sich Paare (B, L) bezüglich $\mathcal{R}$ äquivalenter Beitrags- bzw. Leistungsprofile charakterisieren lassen.

Satz 2.2: Charakterisierungssatz für Lebensversicherungen

Die folgenden Aussagen sind gleichwertig:

(i) Das Paar (B, L) mit

$$B = (B_0, B_1, \ldots, B_n) \quad \text{und} \quad L = (L_0, L_1, \ldots, L_n)$$

erfüllt das Äquivalenzprinzip bezüglich $\mathcal{R}$.

(ii) Es existiert ein Vektor

$$V_x := (_0V_x, {}_1V_x, \ldots, {}_nV_x)$$

derart, dass für V_x und den durch V_x induzierten Vektor

$$Z_x = (v_{x:0} \cdot p_{x:0} \cdot {}_1V_x,\ v_{x:1} \cdot p_{x:1} \cdot {}_2V_x,$$
$$\ldots, v_{x:n-1} \cdot p_{x:n-1} \cdot {}_nV_x,\ (_nv_x \cdot {}_np_x)^{-1} \cdot {}_0V_x) \quad (2.12)$$

gilt, dass

$$B + V_x = L + Z_x. \quad (2.13)$$

Beweis. *„(i) $\Rightarrow$ (ii)": Sei $_0V_x \in \mathbb{R}$ beliebig gewählt. Indem nacheinander für $j = 0, 1, \ldots, n-1$ die Einträge:*

$$_{j+1}V_x := (B_j + {}_jV_x - L_j) \cdot (v_{x:j} \cdot p_{x:j})^{-1} \quad (2.14)$$

berechnet werden, wird ein Vektor

$$V_x := (_0V_x, {}_1V_x, \ldots, {}_nV_x) \in \mathbb{R}^{n+1}$$

festgelegt. Es wird nun komponentenweise gezeigt, dass mit V_x (und dem entsprechend (2.12) induzierten Vektor Z_x) der Zusammenhang (2.13) erfüllt wird.
Für $j = 0, 1, \ldots, n-1$ gilt aufgrund (2.14)

$$(B + V_x)_j = L_j + v_{x:j} \cdot p_{x:j} \cdot {}_{j+1}V_x = (L + Z_x)_j.$$

Es ist also noch der Fall $j = n$ zu untersuchen. Offenbar gilt für $1 \leq t \leq n$

$$\sum_{j=0}^{t-1} {}_jp_x \cdot {}_jv_x \cdot (B + V_x)_j = \sum_{j=0}^{t-1} {}_jp_x \cdot {}_jv_x \cdot (L + Z_x)_j$$

oder, nach Umordnung der Terme,

$$_0W_x((B-L) \circ (\mathbb{1} - \mathbb{1}_t)) = \sum_{j=0}^{t-1} {}_jp_x \cdot {}_jv_x \cdot (B_j - L_j)$$
$$= \sum_{j=0}^{t-1} {}_jp_x \cdot {}_jv_x \cdot (-_jV_x + p_{x:j} \cdot v_{x:j} \cdot {}_{j+1}V_x)$$
$$= -_0V_x + {}_tp_x \cdot {}_tv_x \cdot {}_tV_x. \quad (2.15)$$

Wegen der Äquivalenz von (B, L) gilt $_0W_x((L - B) \circ \mathbb{1}) = 0$. Somit wird (2.15) für $t = n$:

$$_np_x \cdot {}_nv_x \cdot (L_n - B_n) = {}_0W_x((B-L) \circ (-\mathbb{1}_n)) = {}_0W_x((B-L) \circ (\mathbb{1} - \mathbb{1}_n))$$

$$= - {}_0V_x + {}_np_x \cdot {}_nv_x \cdot {}_nV_x$$

Wegen ${}_np_x \cdot {}_nv_x \neq 0$ *ergibt sich daraus dann unmittelbar*

$$(B + V_x)_n = B_n + {}_nV_x = L_n + ({}_np_x \cdot {}_nv_x)^{-1} \cdot {}_0V_x = (L + Z_x)_n.$$

„(ii) $\Rightarrow$ (i)": Mit der Linearität von ${}_0W_x(\cdot)$ erhält man sofort:

$$
{}_0W_x(B - L) = {}_0W_x(Z_x - V_x) = {}_0W_x(Z_x) - {}_0W_x(V_x)
$$

$$
= {}_0V_x + \sum_{j=0}^{n-1} {}_jp_x \cdot {}_jv_x \cdot v_{x:j} \cdot p_{x:j} \cdot {}_{j+1}V_x - \sum_{j=0}^{n} {}_jp_x \cdot {}_jv_x \cdot {}_jV_x
$$

$$
= {}_0V_x + \sum_{j=1}^{n} {}_jp_x \cdot {}_jv_x \cdot {}_jV_x - \sum_{j=0}^{n} {}_jp_x \cdot {}_jv_x \cdot {}_jV_x = 0.
$$

∎

Bemerkung 2.3.

(i) *Aus dem Beweis des Charakterisierungssatzes 2.2 wird deutlich, dass in der Rekursion* (2.14), *also*

$$
{}_{j+1}V_x := \frac{B_j + {}_jV_x - L_j}{v_{x:j} \cdot p_{x:j}}, \tag{2.16}
$$

nicht notwendigerweise ${}_0V_x$, sondern irgendeine der Größen ${}_jV_x$ frei gewählt werden kann. Nach einer solchen Wahl sind die übrigen Einträge von V_x über (2.14) *dann eindeutig festgelegt.*

(ii) *Man beachte den trivialen Zusammenhang*

$$
{}_0W_x(V_x) = {}_0W_x(Z_x).
$$

Kann man also die Einträge V_x als ein spezielles Beitragsprofil und die Einträge in Z_x als ein spezielles Profil von Versicherungsleistungen interpretieren, dann erfüllt das Paar (V_x, Z_x) das Äquivalenzprinzip, d. h. mit V_x kann Z_x versichert werden.

Aus dem Beweis zum Charakterisierungssatz entnimmt man unmittelbar das folgende Korollar:

Korollar 2.4

Die folgenden Aussagen sind gleichwertig:

(i) $B = (B_0, B_1, \ldots, B_n)$ und $L = (L_0, L_1, \ldots, L_n)$ erfüllen das Äquivalenzprinzip bezüglich $\mathcal{R}$.

(ii) Es existiert ein Vektor

$$
V_x = ({}_0V_x, {}_1V_x, \ldots, {}_nV_x)
$$

derart, dass für jedes $t \in \{0, 1, \ldots, n\}$ die Gleichheiten

$$_tV_x = \left(_tv_x \cdot {}_tp_x\right)^{-1} \cdot \left(_0V_x + \sum_{j=0}^{t-1} {}_jv_x \cdot {}_jp_x \cdot (B_j - L_j)\right) \qquad (2.17)$$

$$= \left(_tv_x \cdot {}_tp_x\right)^{-1} \cdot \left(_0V_x + \sum_{j=t}^{n} {}_jv_x \cdot {}_jp_x \cdot (L_j - B_j)\right) \qquad (2.18)$$

gelten.

Beweis. *Die Gleichheiten ergeben sich unmittelbar aus der Darstellung für $_tV_x$ entsprechend (2.15) und der Tatsache, dass*

$$_tW_x\left((B - L) \circ (\mathbb{1} - \mathbb{1}_t)\right) = {}_tW_x\left((L - B) \circ \mathbb{1}_t\right)$$

gilt. ∎

Im Falle der Setzung von $_0V_x := 0$ beschreibt die Darstellung (2.18) für jedes Jahr $t = 0, 1, \ldots, n$ des Vertrages gerade das aus der traditionellen versicherungstechnischen Literatur bekannte sogenannte *prospektive Deckungskapital* $_tV_x$ zum Zeitpunkt t. Wir bezeichnen den Vektor

$$V_x = (0, {}_1V_x, \ldots, {}_nV_x) \qquad (2.19)$$

daher als das zu B und L gehörige (prospektive) *Deckungskapitalprofil*. In Analogie zur gängigen Notation wurde auch die Bezeichnung V_x gewählt. In diesem Fall wird also (2.18) zu

$$_tV_x = {}_tW_x\left((L - B) \circ \mathbb{1}_t\right). \qquad (2.20)$$

Der Bezug zu dem sogenannten *retrospektiven Deckungskapital*, also der Darstellung von $_tV_x$ entsprechend (2.17), ergibt sich nämlich, wiederum $_0V_x := 0$ vorausgesetzt, auf triviale Weise aufgrund der Gültigkeit von

$$_tW_x\left((B - L) \circ \mathbb{1}\right) = 0$$

für alle $t \in \{0, 1, 2, \ldots, n\}$.

In der traditionellen versicherungstechnischen Literatur wird das (prospektive) Deckungskapital

$$_tW_x\left((L - B) \circ \mathbb{1}_t\right) = \left(_tv_x \cdot {}_tp_x\right)^{-1} \cdot \left(\sum_{j=t}^{n} {}_jv_x \cdot {}_jp_x \cdot (L_j - B_j)\right)$$

typischerweise rein *definitorisch* eingeführt und im Rahmen der Definition ökonomisch formuliert. Etwa so: *„Das Deckungskapital zum Zeitpunkt t entspricht der Differenz aus* *der auf diesen Zeitpunkt abgezinsten Summe zukünftig zu erwartender Leistungen und der Summe zukünftig zu erwartender Beiträge"* (siehe beispielsweise [Ber23; Sax55; Wol70; Wol97; MH99; Kol00; Sch09; IM13; Ort16] u. v. m.).

Durch die Charakterisierung in Satz 2.2 wird nun deutlich, dass sich das Erfüllt-sein des Äquivalenzprinzips für ein Paar (B, L) von Beitrags- bzw. Leistungsprofilen einerseits und die Existenz des Deckungskapitals V_x andererseits formal gegenseitig bedingen. Mit dem Deckungskapital wird also eine „strukturelle Eigenschaft" beschrieben, die sich aus äquivalenten Beitrags- und Leistungsprofilen *ergibt*, die andererseits über die Gleichungen (2.13) eine solche Äquivalenz aber auch *erzeugt*.

Bemerkung 2.5. *Der Zusammenhang* (2.13) *wird als System versicherungstechnischer Bilanzgleichungen bzw. als das* THIELE*'sche Gleichungssystem bezeichnet (siehe dazu auch [Rei88; Ort16]). Für $j = 0, 1, \ldots, n - 1$ spiegeln die Gleichungen*

$$B_j + {}_jV_x = \underbrace{L_j^{(0)} + v_{x:j} \cdot q_{x:j} \cdot L_j^{(1)}}_{L_j} + \underbrace{v_{x:j} \cdot p_{x:j} \cdot {}_{j+1}V_x}_{Z_{x:j}} \tag{2.21}$$

hierbei eine Folge von speziellen, einjährigen Versicherungen wider. Sofern die versicherte Person zum Zeitpunkt j dem Kollektiv angehört, leistet eine solche einjährige Versicherung dann für die Periode j + 1

- *die Verbleibensleistung $L_j^{(0)}$,*
- *die Ausscheideleistung $L_j^{(1)}$ (sofern die versicherte Person während der Periode ausscheidet) sowie*
- *die Ablaufleistung ${}_{j+1}V_x$ (sofern die versicherte Person am Ende der Periode noch zum Kollektiv gehört).*

Die rechte Seite der Gleichung entspricht gerade dem Wert (bezogen auf den Zeitpunkt j) der Leistungen dieser einjährigen Versicherung, die linke Seite dem dafür zu zahlenden (natürlichen) Beitrag.

Die Struktur der versicherungstechnischen Bilanzgleichungen (2.21) veranschaulicht auch, welche Leistungen das Kollektiv im Falle des Ausscheidens der versicherten Person aus dem Kollektiv bzw. im Falle des Verbleibens in dem Kollektiv erbringen muss: Scheidet die versicherte Person aus dem Kollektiv in Periode j + 1 aus, so erbringt das Kollektiv die Ausscheideleistung $L_j^{(1)}$, deren Wert bezogen auf den Zeitpunkt j die Höhe $v_{x:j} \cdot L_j^{(1)}$ besitzt. Verbleibt die versicherte Person dagegen im Kollektiv, so leistet das Kollektiv dann (bezogen auf den Zeitpunkt j) einen Wert von $L_j^{(0)} + {}_{j+1}V_x \cdot v_{x:j}$, d. h. die Verbleibensleistung $L_j^{(0)}$ und sorgt darüber hinaus für die Bereitstellung des Deckungskapitals für die nächste Periode.

Zum Schluss dieses Kapitels formulieren wir noch eine weitere kleinere Beobachtung als Korollar. Sie ist u. a. für die „Zusammensetzung" von Lebensversicherungsverträgen von Bedeutung, aber auch für den späteren Übergang von der sogenannten „Nettokalkulation" zur sogenannten „Bruttokalkulation".

Korollar 2.6

Es seien $B, B', L, L' \in \mathbb{R}^{n+1}$ derart, dass die beiden Paare (B, L) und (B', L') jeweils das Äquivalenzprinzip bezüglich $\mathcal{R}$ erfüllen. V_x bzw. V'_x seien die jeweiligen korrespondierenden Deckungskapitalprofile. Dann gilt:

(i) Es gilt $B = L$ genau dann, wenn $V_x = \mathbb{O}$.

(ii) Das Paar $(\bar{B}, \bar{L})$ mit $\bar{B} := B + B'$ bzw. $\bar{L} := L + L'$ erfüllt das Äquivalenzprinzip und für das zugehörige Deckungskapital $\bar{V}_x$ gilt

$$\bar{V}_x = V_x + V'_x.$$

(iii) Ist speziell $B' = L' = -B$, so gilt

$$\bar{V}_x = V_x,$$

d. h. V_x ist Deckungskapitalprofil zu $(\mathbb{O}, L - B)$.

(iv) Für $a \in \mathbb{R}$ erfüllt das Paar $(\bar{B}, \bar{L}) = (a \cdot B, a \cdot L)$ das Äquivalenzprinzip. Für das zugehörige Deckungskapitalprofil $\bar{V}_x$ gilt

$$\bar{V}_x = a \cdot V_x.$$

(v) Ist speziell B' durch

$$B' := ({}_0W_x(B), 0, 0, \ldots, 0)$$

gegeben und bezeichnen V_x^B bzw. V_x^L die zu den Paaren (B', B) bzw. (B', L) zugehörigen Deckungskapitalprofile, so gilt

$$V_x = V_x^L - V_x^B. \tag{2.22}$$

Beweis. *Die Gültigkeit der Behauptungen (i) bis (iv) ergibt sich unmittelbar aus dem Charakterisierungssatz 2.2 und der Linearität der Funktion ${}_0W_x(\cdot)$.*

Um (v) nachzuweisen, betrachte man

$$\bar{B} := B' - B' = \mathbb{O} \quad und \quad \bar{L} := L - B.$$

Da beide Paare (B', L) und $(-B', -B)$ das Äquivalenzprinzip erfüllen, erfüllt dies ebenfalls das Paar $(\bar{B}, \bar{L})$ und es gilt mit (ii) für das zugehörige Deckungskapitalprofil $\bar{V}_x$

$$\bar{V}_x = V_x^L - V_x^B.$$

Wegen (iii) gilt dann $\bar{V}_x = V_x$. ∎

Bemerkung 2.7. *Das Korollar macht deutlich, dass sich die Additivität äquivalenter Beitrags- bzw. Leistungsprofile auf die Additivität der zugehörigen Deckungskapitalprofile überträgt.*

Weiterhin wird aus dem Zusammenhang (2.22) klar, dass das Deckungskapitalprofil V_x eines jeden Versicherungsvertrages mit Beitragsprofil B und Leistungsprofil L stets als Differenz der Deckungskapitalprofile zweier Einmalbeitragsversicherungen aufgefasst werden kann: Zum Einmalbeitrag $B_0' = {}_0W_x(B)$ wird zum einen das Leistungsprofil L und zum anderen das „Verbleibensleistungsprofil" B versichert. Die Deckungskapitale dieser beiden Versicherungen entsprechen gerade den Profilen V_x^L bzw. V_x^B.

2.2 Beitragszerlegung

Nachdem nun – neben einem äquivalenten Paar (B, L) von Beitrags- und Leistungsprofil – mit V_x ein drittes Profil einen Lebensversicherungsvertrag strukturell charakterisiert, soll dieser Abschnitt kurz aufzeigen, inwieweit das Deckungskapitalprofil V_x die zu erbringenden Leistungskomponenten $L^{(0)}$ bzw. $L^{(1)}$ eines Versicherungsvertrages beeinflusst, und welche Wirkung dieser Einfluss auf die „Struktur" der Prämien im Beitragsprofil B entfaltet.

Um diese Zusammenhänge zu verdeutlichen, ziehen wir wieder eine „jährliche" Betrachtung (im Sinne von Bemerkung 2.5) mittels der versicherungstechnischen Bilanzgleichungen (2.21) heran, d. h. wir untersuchen

$$B_j + {}_jV_x = L_j^{(0)} + v_{x:j} \cdot q_{x:j} \cdot L_j^{(1)} + v_{x:j} \cdot p_{x:j} \cdot {}_{j+1}V_x$$

für $j = 0, 1, \ldots, n - 1$ genauer. Sofern sich die heute x-jährige Person zum Zeitpunkt j im Kollektiv befindet, wird die für diesen Zeitpunkt vereinbarte Verbleibensleistung $L_j^{(0)}$ fällig und das Kollektiv muss zum Zeitpunkt $j + 1$ entweder die vereinbarte Ausscheideleistung $L_j^{(1)}$ (bei tatsächlichem Ausscheiden in Periode $j + 1$) oder die „Ablaufleistung" ${}_{j+1}V_x$ (sofern die Person im Zeitpunkt $j + 1$ verblieben ist) erbringen. Für diese Situation kann dann die folgende Beobachtung gemacht werden:

Beobachtung 2.8: Beitragszerlegung

Gegeben seien ein Beitrags- bzw. Leistungsprofil

$$B = (B_0, B_1, \ldots, B_{n-1}, B_n) \quad \text{bzw.} \quad L = (L_0, L_1, \ldots, L_n),$$

welche das Äquivalenzprinzip bezüglich $\mathcal{R}$ erfüllen. Für $j = 0, 1, \ldots, n - 1$ gilt dann

$$B_j = B_j^{(r)} + B_j^{(s)}. \tag{2.23}$$

Hierbei ist

$$B_j^{(s)} := \left(_{j+1}V_x \cdot v_{x:j} - _jV_x\right) + L_j^{(0)} \tag{2.24}$$

und

$$B_j^{(r)} = v_{x:j} \cdot q_{x:j} \cdot \left(L_j^{(1)} - _{j+1}V_x\right). \tag{2.25}$$

Beweis. *Diese additive Zerlegung von B_j in (2.23) in die Größen $B_j^{(s)}$ und $B_j^{(r)}$ ergibt sich unmittelbar aus den versicherungstechnischen Bilanzgleichungen und der Tatsache, dass $p_{x:j} = 1 - q_{x:j}$ ist.* ∎

Im Ausdruck (2.24) erkennen wir, dass Informationen aus dem Verbleibensprofil $p(x, n)$ in die Darstellung von $B_j^{(s)}$ nicht unmittelbar eingehen (implizit fließt das Verbleibensprofil natürlich über die Größen $_jV_x$ und $_{j+1}V_x$ ein). Schreibt man (2.24) in

$$\left(_jV_x + B_j^{(s)} - L_j^{(0)}\right) \cdot r_{x:j} = _{j+1}V_x \tag{2.26}$$

um, so liefert dies die folgende Interpretation: Der in der Klammer stehende Term beschreibt einen „Kapitalstock" als den individuellen Geldmittelbestand der versicherten Person zum Zeitpunkt j. Dieser wird während Periode $j + 1$ kalkulatorisch mit dem Zinssatz $i_{x:j}$ verzinst. Der Kapitalstock besteht aus dem zum Zeitpunkt j vorhandenen Deckungskapital $_jV_x$, ergänzt um den Beitragsteil $B_j^{(s)}$ und vermindert um die (zum Zeitpunkt j zu erbringende) Verbleibensleistung $L_j^{(0)}$ der Periode $j + 1$. Nach entsprechender einjähriger Verzinsung entspricht die Höhe dieses Kapitalstocks am Ende der Periode gerade dem Deckungskapital $_{j+1}V_x$. Die Größe $B_j^{(s)}$ lässt sich also als derjenige Anteil von B_j interpretieren, der zum Ansparen der „Ablaufleistung" $_{j+1}V_x$, also zum Ansparen des Deckungskapitals beiträgt. Dieser Anteil wird deshalb als *Sparbeitrag (im Zeitpunkt j)* bezeichnet. Das Profil

$$B^{(s)} := \left(B_0^{(s)}, B_1^{(s)}, \ldots, B_{n-1}^{(s)}, 0\right) \in \mathbb{R}^{n+1}$$

nennen wir demgemäß das *Profil der Sparbeiträge* des Versicherungsvertrages.

Wenn man für einen fixierten Zeitpunkt t ($t \leq n - 1$) innerhalb der Vertragslaufzeit den „Prozess des Ansparens" sämtlicher Sparbeiträge $B_j^{(s)}$, $j = 0, 1, \ldots, t$ bis zum Ende der Periode $t + 1$ betrachtet, so ergibt sich (nicht überraschend):

$$\begin{aligned}
_{t+1}r_x \cdot \sum_{j=0}^{t} B_j^{(s)} \cdot _jV_x &= _{t+1}r_x \cdot \sum_{j=0}^{t} \left(_{j+1}V_x \cdot v_{x:j} - _jV_x + L_j^{(0)}\right) \cdot _jV_x \\
&= _{t+1}r_x \cdot \sum_{j=0}^{t} L_j^{(0)} \cdot _jV_x + _{t+1}r_x \cdot \sum_{j=1}^{t+1} {}_jV_x \cdot _jV_x - _{t+1}r_x \cdot \sum_{j=0}^{t} {}_jV_x \cdot _jV_x \\
&= _{t+1}r_x \cdot \sum_{j=0}^{t} L_j^{(0)} \cdot _jV_x + _{t+1}V_x. \tag{2.27}
\end{aligned}$$

Ausdruck (2.27) veranschaulicht, dass durch eine „verzinsliche Ansammlung" sämtlicher Sparbeiträge $B_j^{(s)}$ zu den Zinssätzen $i_{x:0}, i_{x:1}, \ldots, i_{x:t}$ während der t Jahre der Vertragslaufzeit bis zum Zeitpunkt $t + 1$ (ausschließlich) sämtliche Verbleibensleistungen $L_0^{(0)}, L_1^{(0)}, \ldots, L_t^{(0)}$ „finanziert" werden und darüber hinaus das Deckungskapital $_{t+1}V_x$ für den Zeitpunkt $t + 1$ bereitgestellt werden kann.

Die Größe $B_j^{(r)}$, die in (2.25) definiert wurde, kann als der für den Zeitpunkt j ermittelte natürliche Beitrag interpretiert werden, der im Zeitpunkt j zu entrichten ist, um für die dann $(x+j)$-jährige Person eine spezielle *einjährige* Versicherung abzuschließen. Diese Versicherung würde zum Zeitpunkt $j + 1$ den Betrag

$$L_j^{(1)} - {}_{j+1}V_x \tag{2.28}$$

leisten, sofern die Person während dieser Periode (also mit vollendetem Alter $x + j$) aus dem Kollektiv ausscheidet. Die Größe in (2.28) wird als das *riskierte Kapital* für den Versicherungsvertrag in Periode $j + 1$ bezeichnet. Im Falle des tatsächlichen Ausscheidens in Periode $j + 1$ muss das Kollektiv genau diesen Betrag aufbringen, um zum Auszahlungszeitpunkt $j + 1$ das (durch die früheren „verzinslich angesammelten Sparbeitragsteile") dann vorhandene Deckungskapital $_{j+1}V_x$ entsprechend „auffüllen" zu können, damit insgesamt die vereinbarte Ausscheideleistung $L_j^{(1)}$ erbracht werden kann. Dementsprechend nennt man den Beitragsteil $B_j^{(r)}$ von B_j den *Risikobeitrag* bzw. die *Risikoprämie* zum Zeitpunkt j. Das Profil

$$B^{(r)} := (B_0^{(r)}, B_1^{(r)}, \ldots, B_{n-1}^{(r)}, 0) \in \mathbb{R}^{n+1}$$

heißt dementsprechend das *Profil der Risikobeiträge*. Die Darstellung eines (zu L äquivalenten) Beitragsprofils B als $B = B^{(r)} + B^{(s)}$ wird als *Beitragszerlegung von B (in Risiko- und Sparbeitrag)* bezeichnet.

Das nachfolgende Beispiel veranschaulicht für einen fiktiven Versicherungsvertrag die Verläufe des Beitragsprofils sowie der Profile der Spar- und Risikobeiträge.

Beispiel 2.9: Beitragszerlegung in Risiko- und Sparbeitrag

Wir betrachten eine Situation für die zu versichernde Person des Alters $x = 25$ aus Beispiel 1.1 (siehe Seite 25). Die dortigen Kapitalanlage- bzw. Verbleibensprofile induzieren Rechnungsgrundlagen $\mathcal{R} = \{p(25, 8), r(25, 8), C\}$ mit $C = (0, 0, 0, 0, 0)$ und somit (gemäß (2.2)) die Bewertungsfunktionen $_tW_x(\cdot)$.

Für die Bewertung $_0W_x(L)$ des Leistungsprofils L der reinen Ausscheideversicherung mit dem zugehörigen Profil von Ausscheideleistungen

$$L^{(1)} := (40.000, 70.000, 60.000, 50.000, 60.000, 75.000, 80.000, 93.000, 0)$$

ergibt sich dann $_0W_x(L) = {}_0W_x(q_{x:} \circ v_{x:} \circ L^{(1)}) = 368{,}61865$.

- Unterstellt man eine *laufende Beitragszahlung in konstanter Höhe* je Jahr von 47,70 €, also ein Beitragsprofil

$$B = (47{,}70,\ 47{,}70,\ 47{,}70,\ 47{,}70,\ 47{,}70,\ 47{,}70,\ 47{,}70,\ 47{,}70,\ 0),$$

so erhält man $_0W_x(B) = 368{,}61865$, d. h. das Paar (B, L) erfüllt das Äquivalenzprinzip. Aus der nachfolgenden Tabelle können in den zugehörigen Spalten für diese Lebensversicherung u. a. die (entsprechend (2.24) bzw. (2.25) ermittelten) Profile $B^{(s)}$ und $B^{(r)}$ der Spar- und Risikobeiträge abgelesen werden.

$L^{(0)}$	$L^{(1)}$	L	V_x	$B^{(s)}$	$B^{(r)}$	$B^{(s)} + B^{(r)}$
0,00	40.000	30,74803	0,00000	16,97	30,73	47,70
0,00	70.000	52,07238	17,24164	−4,36	52,06	47,70
0,00	60.000	43,16885	12,99978	4,55	43,16	47,70
0,00	50.000	35,29238	17,75920	12,43	35,27	47,70
0,00	60.000	42,53595	30,52536	5,19	42,51	47,70
0,00	75.000	53,17632	35,57666	−5,45	53,15	47,70
0,00	80.000	57,26870	30,06632	−9,55	57,25	47,70
0,00	93.000	68,34529	20,64039	−20,64	68,35	47,70
0,00	0,00	0,00000	0,00000	0,00	0,00	0,00

- Geht man – alternativ – von einer *abgekürzten Beitragszahlung mit Zahlungen in unterschiedlicher Höhe* aus, also etwa vom Beitragsprofil

$$B = (37{,}96,\ 75{,}92,\ 37{,}96,\ 227{,}75,\ 0,\ 0,\ 0,\ 0,\ 0),$$

so stellt man fest, dass für dessen Bewertung ebenfalls gilt $_0W_x(B) = 368{,}61865$. Also kann L auch mit diesem Prämienprofil versichert werden. Die Profile $B^{(s)}$ und $B^{(r)}$ der zugehörigen Spar- und Risikobeiträge sind hierzu als entsprechende Spalten in der nachfolgenden Übersicht aufgelistet:

$L^{(0)}$	$L^{(1)}$	L	V_x	$B^{(s)}$	$B^{(r)}$	$B^{(s)} + B^{(r)}$
0,00	40.000	30,74803	0,00000	7,22	30,74	37,96
0,00	70.000	52,07238	7,33067	23,87	52,05	75,92
0,00	60.000	43,16885	31,47773	−5,19	43,15	37,96
0,00	50.000	35,29238	26,60108	192,61	35,14	227,75
0,00	60.000	42,53595	221,62200	−42,41	42,41	0,00
0,00	75.000	53,17632	178,49581	−53,09	53,09	0,00
0,00	80.000	57,26870	125,15746	−57,22	57,22	0,00
0,00	93.000	68,34529	68,34529	−68,35	68,35	0,00
0,00	0,00	0,00000	0,00000	0,00	0,00	0,00

Bemerkung 2.10. *Die Begriffe „Sparbeitrag" bzw. „Risikobeitrag" mögen sprachlich suggerieren, dass diese Größen $B_j^{(r)}$ bzw. $B_j^{(s)}$ stets positiv sind. Die Darstellungen in den Bestimmungsgleichungen (2.24) und (2.25) und auch das vorherige Beispiel zeigen allerdings, dass es durchaus vorkommen kann, dass für bestimmte Zeitpunkte j die Größen $B_j^{(r)}$ bzw. $B_j^{(s)}$ negativ sind. Dies lässt sich dahingehend interpretieren, dass es sich bei diesen Beitragsteilen nicht zwingend ausschließlich um Zahlungsversprechen seitens des Versicherungsnehmers handelt.*

(i) *Offenbar kann eine Situation $B_j^{(s)} > 0$ („Sparen") auftreten, obwohl für den betreffenden Zeitpunkt keine Beitragszahlung vereinbart wurde ($B_j = 0$). Ist dies beispielsweise für eine Versicherung der Fall, bei der ausschließlich Verbleibensleistungen vereinbart wurden ($L^{(1)} = 0$), ist j ein solch „beitragsfreier Zeitpunkt" und unterstellt man, dass zum Zeitpunkt j + 1 für den Versicherungsvertrag ein positives Deckungskapital $_{j+1}V_x$ vorliegt ist, so ergibt sich:*

$$B_j^{(s)} = -B_j^{(r)} = q_{x:j} \cdot v_{x:j} \cdot {}_{j+1}V_x = q_{x:j} \cdot v_{x:j} \cdot ({}_{j+1}V_x - 0) > 0.$$

Obwohl also im Zeitpunkt j kein Beitrag (genauer: ein Beitrag der Höhe „0") geleistet wird, so wird dennoch ein positiver Sparbeitrag $B_j^{(s)}$ erbracht. Man kann die negative Größe $B_j^{(r)}$ als den natürlichen Beitrag zum Zeitpunkt j interpretieren, den in diesem Fall nicht der Versicherungsnehmer aufbringt, sondern den das Kollektiv „leistet". Dafür wird im Falle des Ausscheidens der versicherten Person während der Periode j + 1 eine Leistung in Höhe von $_{j+1}V_x$ an das Kollektiv ausgezahlt. Der hier demnach durch das Kollektiv bereitgestellte Sparbeitrag $B_j^{(r)}$ stellt also jene „Prämie" dar, die das Kollektiv zum Zeitpunkt j „bezahlt", damit es im Falle des Ausscheidens der versicherten Person in Periode j + 1 das Deckungskapital $_{j+1}V_x$ vollständig „behalten darf". Man spricht in diesem Fall auch davon, dass das Deckungskapital $_{j+1}V_x$ „an das Kollektiv vererbt wird".

(ii) *Umgekehrt kann auch die Situation $B_j^{(s)} < 0$ auftreten. Dies ist beispielsweise bei einem Versicherungsvertrag gegen Einmalbeitrag (also $B_j = 0$ für $j \geq 1$) der Fall, der Ausscheideleistungen $L_j^{(1)} > 0$ für $0 \leq j < n$, aber keine Verbleibensleistungen vorsieht ($L^{(0)} = 0$). Hier gilt für j > 0, dass*

$$B_j^{(s)} = -B_j^{(r)} = q_{x:j} \cdot \underbrace{({}_{j+1}V_x - L_j^{(1)})}_{<0} \cdot v_{x:j} = ({}_{j+1}V_x \cdot v_{x:j} - {}_jV_x) < 0.$$

Der Sparbeitrag $B_j^{(s)}$ „entspart" hier das Deckungskapital $_jV_x$. Er wird dabei als natürliche Prämie $B_j^{(r)}$ (für eine einjährige Versicherung) verwendet, das riskierte Kapital $L_j^{(1)} - {}_{j+1}V_x$ der Periode j + 1 zu versichern.

Das riskierte Kapital $L_j^{(1)} - {}_{j+1}V_x$ einer Periode j + 1 spielt eine wesentliche Rolle für den sogenannten *Periodenverlust* eines Versicherungsvertrages. Wir betrachten dazu die Periode j + 1 für eine heute x-jährige Person. Diese gehöre zum Zeitpunkt j dem

Kollektiv an. Sofern sie innerhalb der Periode $j + 1$ im Kollektiv verbleibt, so muss das Kollektiv für diese Periode Finanzmittel im Wert von

$$\Theta_j^{(1)} := L_j^{(0)} + v_{x:j} \cdot {}_{j+1}V_x - (B_j + {}_jV_x)$$

bereitstellen (die Bewertung ist hier auf den Zeitpunkt j bezogen): Das Kollektiv erbringt sowohl die Verbleibensleistung $L_j^{(0)}$ (zu Beginn der Periode) als auch das Deckungskapital ${}_{j+1}V_x$ zum Ende der Periode. Zur Verfügung stehen dazu die Prämie B_j sowie das Deckungskapital ${}_jV_x$.

Scheidet die Person hingegen während dieser Periode aus (d. h. $L_j^{(0)}$ und $L_j^{(1)}$ werden fällig), so hat das Kollektiv Finanzmittel im Wert von

$$\Theta_j^{(2)} := L_j^{(0)} + v_{x:j} \cdot L_j^{(1)} - (B_j + {}_jV_x)$$

für die Erfüllung der im Vertrag vereinbarten Ausscheide- und Verbleibensleistungen aufzubringen (ebenfalls bezogen auf den Zeitpunkt j), da auch in dieser Situation die Prämie B_j sowie das Deckungskapital ${}_jV_x$ zur Verfügung stehen.

Offenbar gilt (wegen $p_{x:j} = 1 - q_{x:j}$):

$$\Theta_j^{(1)} = L_j^{(0)} + v_{x:j} \cdot {}_{j+1}V_x - (B_j^{(r)} + B_j^{(s)} + {}_jV_x) = -B_j^{(r)}$$
$$= -v_{x:j} \cdot q_{x:j} \cdot (L_j^{(1)} - {}_{j+1}V_x)$$

und

$$\Theta_j^{(2)} = L_j^{(0)} + v_{x:j} \cdot L_j^{(1)} - (B_j^{(r)} + B_j^{(s)} + {}_jV_x)$$
$$= -B_j^{(r)} + v_{x:j} \cdot (L_j^{(1)} - {}_{j+1}V_x)$$
$$= v_{x:j} \cdot p_{x:j} \cdot (L_j^{(1)} - {}_{j+1}V_x).$$

Würde also die heute x-jährige Person speziell in Periode $t + 1$ ausscheiden, so gilt dann für frühere bzw. spätere Perioden $j \in \{0, 1, \ldots, n - 1\}$

$$\Theta_j := \begin{cases} \Theta_j^{(1)}, & j < t, \\ \Theta_j^{(2)}, & j = t, \\ 0, & j > t. \end{cases} \tag{2.29}$$

Mit der Größe Θ_j wird der (durch t bedingte) *Periodenverlust* des Vertrages für die Periode $j + 1$ bezeichnet. Unter der Größe

$$\Omega := \sum_{j=0}^{n-1} {}_jV_x \cdot \Theta_j$$

versteht man den (durch t bedingten) *Gesamtverlust* des Versicherungsvertrages für das Kollektiv. Es gilt dann die folgende Aussage:

Satz 2.11: Satz von HATTENDORF

Es sei $k < j < n$.

(i) Für den zu erwartenden Periodenverlust $E(\Theta_j)$ der Periode $j + 1$ ergibt sich

$$E(\Theta_j) = 0. \tag{2.30}$$

(ii) Für die Kovarianzen der Periodenverluste Θ_k bzw. Θ_j zweier verschiedener Perioden ($k < j$) gilt:

$$\mathrm{Cov}(\Theta_k, \Theta_j) = E(\Theta_k \cdot \Theta_j) = \Theta_k^{(1)} \cdot E(\Theta_j) = 0. \tag{2.31}$$

(iii) Die Varianz des Gesamtverlustes Ω hat die Darstellung

$$\mathrm{Var}(\Omega) = \sum_{j=0}^{n-1} (v_{x:j+1})^2 \cdot \mathrm{Var}(\Theta_j)$$

$$= \sum_{j=0}^{n-1} (v_{x:j+1})^2 \cdot {}_j p_x \cdot (L_j^{(1)} - {}_{j+1}V_x)^2 \cdot p_{x:j} \cdot q_{x:j}. \tag{2.32}$$

Beweis. *Einen Beweis dazu findet man etwa in [Kol00] mit der dort verwendeten Nomenklatur.* ■

Der *Satz von HATTENDORF* [Hat86] stellt eines der klassischen Theoreme der Versicherungsmathematik dar. Interessant dabei ist vor allem, dass HATTENDORF bereits in den 1880er-Jahren als Hauptresultat eine Eigenschaft bewiesen hat, welche heutzutage mit Methoden stochastischer Prozesse behandelt wird. Das HATTENDORF'sche Theorem besagt in seiner klassischen Version, dass das Kollektiv in keiner Periode Verluste zu erwarten hat und, dass die Verluste verschiedener Perioden miteinander unkorreliert sind.

2.3 Mehrere Ausscheideursachen; der Satz von CANTELLI

In den bisherigen Betrachtungen sind wir stets davon ausgegangen, dass eine heute x-jährige Person innerhalb einer bestimmten Periode der Vertragslaufzeit entweder im Kollektiv „verbleibt" oder „nicht verbleibt", d. h. „ausscheidet". Die Ursache des Ausscheidens war aus dem Blickwinkel unserer Überlegungen dabei zunächst unerheblich.

   In diesem Abschnitt wollen wir annehmen, dass das Versicherungsunternehmen zu einem gegebenen Verbleibensprofil $p(x, n)$ mehrere (etwa $m \geq 2$) verschiedene Ursachen kennt, aufgrund derer die heute x-jährige Person aus dem Kollektiv ausscheiden kann (bspw. „Unfalltod", „Tod [aus sonstigen Gründen]", „Invalidität", „Kündigung des Vertrages", „sonstige Ursache"). Um etwa $m \geq 2$ verschiedene Ausscheidegründe bei der Kalkulation einer Lebensversicherung zu berücksichtigen, seien die jeweiligen *Ausscheideursachen* durch Profile

$$q_{x:}^{(k)} := \left(q_{x:0}^{(k)}, q_{x:1}^{(k)}, \ldots, q_{x:j}^{(k)}, \ldots, q_{x:n-1}^{(k)}, 0 \right) \in \mathbb{R}^{n+1}, \quad k = 1, 2, \ldots, m$$

einjähriger Ausscheidewahrscheinlichkeiten quantifiziert. Ein Eintrag $q_{x:j}^{(k)}$ beschreibt für eine Person in der Generation der heute x-jährigen die Wahrscheinlichkeit, in Periode $j + 1$ *aufgrund der Ursache k* das Kollektiv zu verlassen. Unter der Annahme, dass die verschiedenen Ausscheideursachen stochastisch voneinander unabhängig sind, lässt sich das durch $p(x, n)$ implizierte Profil $q_{x:}$ dann darstellen als

$$q_{x:} = \sum_{k=1}^{m} q_{x:}^{(k)} + \mathbb{1}_n.$$

Um für die verschiedenen Ausscheideursachen auch unterschiedliche Höhen von Versicherungsleistungen berücksichtigen zu können, wird man – in Analogie zu (1.18) (siehe S. 29) – für die einzelnen Ausscheideursachen jeweils Profile

$$L^{(k,1)} = (L_0^{(k,1)}, L_1^{(k,1)}, \ldots, L_j^{(k,1)}, \ldots, L_{n-1}^{(k,1)}, 0) \in \mathbb{R}^{n+1}$$

von *Ausscheideleistungen aufgrund von Ursache k* vereinbaren. Die Größe $L_j^{(k,1)} \geq 0$ stellt hierbei den Wert des Leistungsversprechens dar, welcher vom Kollektiv im Zeitpunkt $j + 1$ sicher erbracht werden muss, sofern die versicherte Person zum Zeitpunkt j dem Kollektiv angehört und innerhalb der Periode $j + 1$ *aufgrund der Ursache k* aus dem Kollektiv ausscheidet.

Ist zudem ein Kapitalanlageprofil $r(x, n)$ bekannt und stellt $L^{(0)} \in \mathbb{R}^{n+1}$ ein Profil von Verbleibensleistungen dar, so können wir, wie in (2.7) (siehe S. 42), das Leistungsprofil der Versicherungsleistungen eines solchen Versicherungsvertrages als

$$L = L^{(0)} + v_{x:} \circ \sum_{k=1}^{m} q_{x:}^{(k)} \circ L^{(k,1)} \in \mathbb{R}^{n+1}$$

festlegen. Auf Basis der Rechnungsgrundlagen $\mathcal{R} = \{p(x, n), r(x, n), C\}$ mit den Kostensatzprofilen $C = (0, 0, 0, 0, 0)$ sei B ein zu L äquivalentes Beitragsprofil. Analog zu den Feststellungen in Abschnitt 2.2 machen wir damit die

---

Beobachtung 2.12: Beitragszerlegung bei mehreren Ausscheideursachen

Gegeben seien ein Beitrags- bzw. Leistungsprofil

$$B \quad \text{bzw.} \quad L = L^{(0)} + v_{x:} \circ \sum_{k=1}^{m} q_{x:}^{(k)} \circ L^{(k,1)}$$

derart, dass das Paar (B, L) das Äquivalenzprinzip bezüglich $\mathcal{R}$ erfüllt. V_x sei das zugehörige Deckungskapital. Für $j = 0, 1, \ldots, n - 1$ gilt dann

$$B_j = B_j^{(s)} + \sum_{k=1}^{m} B_j^{(k,r)}. \tag{2.33}$$

Hierbei ist

$$B_j^{(s)} := L_j^{(0)} + ({}_{j+1}V_x \cdot v_{x:j} - {}_jV_x) \tag{2.34}$$

und

$$B_j^{(k,r)} := v_{x:j} \cdot q_{x:j}^{(k)} \cdot \left(L_j^{(k,1)} - {}_{j+1}V_x \right). \tag{2.35}$$

Beweis. *Genau wie in Beobachtung 2.8 ergibt sich für $j = 0, 1, \ldots, n - 1$ die additive Zerlegung (2.33) der Prämie B_j in die Größen $B_j^{(s)}$ und $B_j^{(k,r)}$, $k = 1, 2, \ldots, m$ unmittelbar aus dem System versicherungstechnischer Bilanzgleichungen (2.13) und der Tatsache, dass $p_{x:j} = 1 - q_{x:j} = 1 - \sum_{k=1}^{m} q_{x:j}^{(k)}$ ist:*

$$
\begin{aligned}
B_j + {}_jV_x &= L_j + v_{x:j} \cdot p_{x:j} \cdot {}_{j+1}V_x \\
&= L_j^{(0)} + v_{x:j} \cdot \sum_{k=1}^{m} q_{x:j}^{(k)} \cdot L_j^{(k,1)} + v_{x:j} \cdot \left(1 - \sum_{k=1}^{m} q_{x:j}^{(k)} \right) \cdot {}_{j+1}V_x \\
&= L_j^{(0)} + ({}_{j+1}V_x \cdot v_{x:j} - {}_jV_x) + {}_jV_x + \sum_{k=1}^{m} v_{x:j} \cdot q_{x:j}^{(k)} \cdot \left(L_j^{(k,1)} - {}_{j+1}V_x \right) \\
&= B_j^{(s)} + \sum_{k=1}^{m} B_j^{(k,r)} + {}_jV_x.
\end{aligned}
$$

∎

Die entsprechenden Profile $B^{(s)} \in \mathbb{R}^{n+1}$ bzw. $B^{(k,r)} \in \mathbb{R}^{n+1}$ beschreiben dann die Sparbeiträge (siehe hierzu auch den Zusammenhang in (2.24)) bzw. die *Risikobeiträge für die Ausscheideursache k*. Die Größen

$$L_j^{(k,1)} - {}_{j+1}V_x, \quad k = 1, 2, \ldots, m \tag{2.36}$$

drücken das *hinsichtlich der Ursache k in Periode $j + 1$ riskierte Kapital* aus. Die Überlegungen, die wir zur Beitragszerlegung in Abschnitt 2.2 gemacht haben, gelten in dieser Situation entsprechend.

Nun wollen wir für jeden der Zeitpunkte $j = 0, 1, \ldots, n - 1$ jeweils eine der m Ausscheideursachen besonders hervorheben, etwa die Ursache k_j. Weiterhin sei für j eine Zahl a_j mit $0 \leq a_j \leq 1$ vorgegeben. Wir betrachten dann eine Darstellung von L_j

als

$$L_j = L_j^{(0)} + v_{x:j} \cdot \underbrace{\sum_{k \neq k_j} q_{x:j}^{(k)} \cdot L_j^{(k,1)} + (1 - a_j) \cdot v_{x:j} \cdot q_{x:j}^{(k_j)} \cdot L_j^{(k_j,1)}}_{=:L_j'} + a_j \cdot v_{x:j} \cdot q_{x:j}^{(k_j)} \cdot L_j^{(k_j,1)}$$

$$= L_j' + a_j \cdot v_{x:j} \cdot q_{x:j}^{(k_j)} \cdot L_j^{(k_j,1)}$$

(2.37)

und das hierdurch induzierte Leistungsprofil

$$L' := (L_0', L_1', \dots, L_{n-1}', L_n).$$

Mit der Festlegung

$$p_{x:j}' := \left(1 - \sum_{k \neq k_j} q_{x:j}^{(k)} - (1 - a_j) \cdot q_{x:j}^{(k_j)} \right) = p_{x:j} + a_j \cdot q_{x:j}^{(k_j)}, \quad j = 0, 1, \dots, n-1$$

wird ein Profil

$$p_{x:}' = (p_{x:0}', p_{x:1}' \dots, p_{x:j}', \dots, p_{x:n-1}', 0)$$

erzeugt, in welchem wir die Einträge $p_{x:j}'$ als Wahrscheinlichkeiten für eine Person in der Generation der heute x-Jährigen auffassen können, als $(x + j)$-Jährige eine weitere Periode zum Kollektiv zu gehören, da sie in Periode $j + 1$ das Kollektiv aufgrund der Ursache k_j nun, statt mit Wahrscheinlichkeit $q_{x:j}^{(k_j)}$, mit Wahrscheinlichkeit $a_j \cdot q_{x:j}^{(k_j)}$ verlässt. Entsprechend der Vorschrift (1.7) induziert $p_{x:}'$ dann auf kanonische Weise ein Verbleibensprofil $p'(x, n)$ und somit Rechnungsgrundlagen $\mathcal{R}' := \{p'(x, n), r(x, n), C\}$ mit zugehörigen Bewertungsfunktionen $_t W_x'(\cdot)$. Bezüglich der Rechnungsgrundlagen $\mathcal{R}'$ sei nun ein zu L' äquivalentes Prämienprofil B' gegeben, V_x' sei das zu (B', L') gehörende Deckungskapital.

Es liegen also zwei Lebensversicherungsverträge vor:

- Das Paar (B, L) ist äquivalent bezüglich $\mathcal{R}$ mit Deckungskapitalprofil V_x.
- Das Paar (B', L') ist äquivalent bezüglich $\mathcal{R}'$ mit Deckungskapitalprofil V_x'.

Der Zusammenhang zwischen diesen beiden Lebensversicherungsverträgen lässt sich durch das folgende auf F. CANTELLI [Can14] zurückgehende Resultat charakterisieren. In [Sax55] oder auch [Rei90] wird mit der dort jeweils verwendeten Nomenklatur ein allgemeinerer Beweis dazu geführt.

In unserer Terminologie formulieren wir den Zusammenhang wie folgt:

Satz 2.13: Satz von CANTELLI

Die nachstehenden beiden Aussagen sind gleichwertig:

(i) $V_x = V'_x$ genau dann, wenn $B = B'$.

(ii) $a_j \cdot B_j^{(r,k_j)} = 0$, für $j = 0, 1, \ldots, n - 1$.

Beweis. *Da das Paar (B, L) dem Äquivalenzprinzip (bezüglich der Rechnungsgrundlagen $\mathcal{R}$) gehorcht, gilt mit (2.37) und (2.13), für $j = 0, 1, \ldots, n - 1$:*

$$B_j + {}_jV_x = L'_j + a_j \cdot q_{x:j}^{(k_j)} \cdot v_{x:j} \cdot L_j^{(k_j,1)} + p_{x:j} \cdot v_{x:j} \cdot {}_{j+1}V_x$$

$$= L'_j + a_j \cdot q_{x:j}^{(k_j)} \cdot v_{x:j} \cdot L_j^{(k_j,1)} + (p'_{x:j} - a_j \cdot q_{x:j}^{(k_j)}) \cdot v_{x:j} \cdot {}_{j+1}V_x$$

$$= L'_j + a_j \cdot q_{x:j}^{(k_j)} \cdot v_{x:j} \cdot L_j^{(k_j,1)} + p'_{x:j} \cdot v_{x:j} \cdot {}_{j+1}V_x - a_j \cdot q_{x:j}^{(k_j)} \cdot v_{x:j} \cdot {}_{j+1}V_x \quad (2.38)$$

$$= L'_j + p'_{x:j} \cdot v_{x:j} \cdot {}_{j+1}V_x + a_j \cdot q_{x:j}^{(k_j)} \cdot v_{x:j} \cdot \left({}_{j+1}V_x - L_j^{(k_j,1)}\right)$$

$$= L'_j + p'_{x:j} \cdot v_{x:j} \cdot {}_{j+1}V_x + a_j \cdot B_j^{(r,k_j)}$$

bzw.

$$B_n + {}_nV_x = L_n = L'_n.$$

(i) $\Rightarrow$ (ii): Es sei also vorausgesetzt, dass für $j = 0, 1, \ldots, n - 1$ sowohl

$$B_j + {}_jV_x = L_j + p_{x:j} \cdot v_{x:j} \cdot {}_{j+1}V_x \quad (2.39)$$

als auch

$$B_j + {}_jV_x = L'_j + p'_{x:j} \cdot v_{x:j} \cdot {}_{j+1}V_x \quad (2.40)$$

gültig ist. Indem wir die rechten und linken Seiten der einzelnen Gleichungen in (2.40) jeweils von denen in (2.39) subtrahieren, erhalten wir für $j = 0, 1, \ldots, n - 1$:

$$0 = L_j - L'_j + (p_{x:j} - p'_{x:j}) \cdot v_{x:j} \cdot {}_{j+1}V_x$$

$$= a_j \cdot q_{x:j}^{(k_j)} \cdot v_{x:j} \cdot L_j^{(k_j,1)} - a_j \cdot q_{x:j}^{(k_j)} \cdot v_{x:j} \cdot {}_{j+1}V_x$$

$$= a_j \cdot B_j^{(r,k_j)}.$$

Also gilt (ii).

(ii) $\Rightarrow$ (i): Es sei also vorausgesetzt, dass $a_j \cdot B^{(r,k_j)} = 0$ für $j = 0, 1, \ldots, n - 1$. Dann wird das System von Gleichungen (2.38) offenbar zu

$$B_j + {}_jV_x = L'_j + p'_{x:j} \cdot v_{x:j} \cdot {}_{j+1}V_x, \quad j = 0, 1, \ldots, n - 1 \quad (2.41)$$

und

$$B_n + {}_nV_x = L'_n.$$

Das heißt aber wiederum, dass nicht nur das Paar (B', L'), sondern auch das Paar (B, L') das Äquivalenzprinzip bezüglich der Rechnungsgrundlagen $\mathcal{R}'$ erfüllt. Mit (2.16) bedeutet dies also für $j = 0, 1, \ldots, n - 1$:

$$_{j+1}V'_x := \frac{B'_j + {}_jV'_x - L'_j}{v_{x:j} \cdot p'_{x:j}} \quad und \quad _{j+1}V_x := \frac{B_j + {}_jV_x - L'_j}{v_{x:j} \cdot p'_{x:j}}.$$

Mit ${}_0V_x = {}_0V'_x = 0$ folgern wir aus diesen Rekursionen: Ist $B = B'$ so ist $V_x = V'_x$ und umgekehrt.

∎

In der versicherungstechnischen Literatur ist der Satz von CANTELLI mit der Frage verbunden, unter welchen Bedingungen zwei Versicherungen trotz unterschiedlicher Ausscheideordnungen zu gleichen Prämien abgeschlossen werden können und auch dieselben Deckungskapitale liefern (siehe [Can14; Sax55; Rei87; Wol70]). Das Gleichungssystem (2.38) lässt sich für die beiden Rechnungsgrundlagen $\mathcal{R}$ und $\mathcal{R}'$ in dieser Hinsicht recht gut für entsprechende Aussagen heranziehen:

(i) Offenbar gilt für L'_j in (2.37)

$$L'_j = L_j^{(0)} + v_{x:j} \cdot \sum_{k \neq k_j} q_{x:}^{(k)} \cdot L_j^{(k,1)} + v_{x:j} \cdot q_{x:j}^{(k_j)} \cdot \underbrace{(1 - a_j) \cdot L_j^{(k_j,1)}}_{=L_j'^{(k_j,1)}}.$$

Wird also im Profil L' als Ausscheideleistung für die Periode $j + 1$ aufgrund der Ursache k_j speziell die Größe $L_j'^{(k_j,1)} := (1 - a_j) \cdot {}_{j+1}V_x$ vereinbart, so bedeutet dies, dass in $L_j'^{(k_j,1)}$ gilt: $L_j^{(k_j,1)} = {}_{j+1}V_x$. Somit ist in (2.38) $a_j \cdot B_j^{(r,k_j)} = 0$.
Also ändern sich Prämien- und Deckungskapitalprofile für dieses modifizierte Leistungsprofil L' gegenüber denen der ursprünglichen Versicherung mit Leistungsprofil L nicht. Mit B kann also auch L' versichert werden und die Deckungskapitalprofile V_x bzw. V'_x beider Versicherungen sind identisch.

(ii) War im „alten" Leistungsprofil L des bezüglich $\mathcal{R}$ äquivalenten Paares (B, L) vereinbart, dass bei Ausscheiden in Periode $j + 1$ aufgrund der Ursache k_j keine Ausscheideleistung erbracht wird (d. h. $L_j^{(k_j,1)} = 0$) und wird „neu" (also in L') vereinbart, stattdessen nunmehr die Leistung $L_j'^{(k_j,1)} := a_j \cdot {}_{j+1}V_x$ zu erbringen, dann ändern sich Prämien- und Deckungskapitalprofile für dieses so modifizierte Leistungsprofil des „neuen" Versicherungsvertrages (in dem (B', L') bezüglich $\mathcal{R}'$ äquivalent ist) gegenüber denen des „alten" Versicherungsvertrages auch hier nicht. Mit

$$L'_j := L_j + q_{x:j}^{(k_j)} \cdot v_{x:j} \cdot a_j \cdot {}_{j+1}V_x$$

wird nämlich dann das System (2.38) für $j = 0, 1, \ldots, n-1$ zu

$$B_j + {}_jV_x = L_j + p'_{x:j} \cdot v_{x:j} \cdot {}_{j+1}V_x + a_j \cdot q^{(k_j)}_{x:j} \cdot v_{x:j} \cdot ({}_{j+1}V_x - \underbrace{L^{(k_j,1)}_j}_{=0})$$

$$= L_j + q^{(k_j)}_{x:j} \cdot v_{x:j} \cdot a_j \cdot {}_{j+1}V_x + p'_{x:j} \cdot v_{x:j} \cdot {}_{j+1}V_x$$

$$= L'_j + p'_{x:j} \cdot v_{x:j} \cdot {}_{j+1}V_x$$

bzw.

$$B_n + {}_nV_x = L_n = L'_n,$$

entspricht damit also dem System (2.41), bei dem $a_j \cdot B^{(r,k_j)}_j = 0$ gilt.

Auf den Satz von Cantelli kommen wir später noch einmal zurück. Vorher wollen wir uns mit der Erstkalkulation einer Lebensversicherung beschäftigen.

3 Erstkalkulation eines Versicherungsvertrages

Die Erstkalkulation stellt die Kalkulation von Beitrags- und Leistungsprofilen zu Beginn eines Versicherungsvertrages dar. Wir sprechen in diesem Zusammenhang auch von einer sogenannten Tarifkalkulation. Einige der im Rahmen einer solchen Erstkalkulation ermittelten Beitrags- bzw. Leistungsprofile gehen als „vertragsrelevante Größen" in den Lebensversicherungsvertrag ein. Sie dürfen während der Laufzeit des Vertrages – zumindest seitens des Versicherungsunternehmens – nicht ohne Weiteres verändert, d. h. „neu festgesetzt" oder „angepasst", werden.[1]

Dieses „Anpassungsverbot" wird begleitet von der Tatsache, dass es sich bei Lebensversicherungsverträgen typischerweise um langfristig abgeschlossene Verträge handelt (die Laufzeit n ist dementsprechend „groß"). Zusätzlich ist das Versicherungsunternehmen mit der Informationsunsicherheit vor oder zu Vertragsbeginn hinsichtlich der genauen Wertveränderungen in der zukünftigen Kapitalanlage bzw. dem Verbleiben des Versicherten im Kollektiv konfrontiert, aber auch mit der Unsicherheit über die zukünftige (unternehmensspezifische) Kostenentwicklung.

Sich dies vor Augen haltend, führt die Forderung nach der *dauernden Erfüllbarkeit* der Verträge und die Verpflichtung, die Rechnungsgrundlagen „angemessen" festzulegen[2] beim Versicherungsunternehmen zu einer „konservativen Kalibrierung" des Verbleibensprofils $p(x, n)$, des Kapitalanlageprofils $r(x, n)$ und der Profile der Kostensätze $C = (\alpha^z, \alpha^\gamma, \beta, \gamma, L^\sigma)$. Entsprechend „vorsichtig" erfolgt die Erstkalkulation eines Lebensversicherungsvertrages, d. h. die Festlegung von vertragsrelevanten Beitrags- und Leistungsprofilen zum Vertragsabschluss mit den „vorsichtigen" Rechnungsgrundlagen 1. Ordnung.

In den nachfolgenden Abschnitten 3.1 und 3.2 gehen wir bei der Darstellung einer Tarifkalkulation von solchen entsprechend vorsichtig gewählten Rechnungsgrundlagen $\mathcal{R}^{(1)} = \{p(x, n), r(x, n), C\}$ aus. Für die Kostensatzprofile wählen wir anfänglich speziell $C = (0, 0, 0, 0, 0)$. Die Kosten sollen hier also zunächst (noch) nicht berücksichtigt werden. Dies entspricht zwar keiner „vorsichtigen Festlegung" der vom Versicherungsunternehmen einzufordernden Entgelte, wir folgen damit allerdings dem Vorgehen in der traditionellen Literatur. Dort fällt die Kalkulation von Prämien, mit denen vereinbarte Verbleibens- bzw Ausscheideleistungen versichert werden können und bei der die Kosten „keine Rolle spielen", unter den Begriff der *Nettokalkulation*.

Auch wir wollen diesen Terminus hier übernehmen und sprechen daher von einem *Profil der (Netto-) Beiträge* bzw. einem *(Netto-) Beitragsprofil B*, wenn ein Beitragsprofil gemeint ist, mit dem ausschließlich ein Profil L von Versicherungsleistungen versichert werden kann und Kosten keine Berücksichtigung finden. Beide Profile zusammen beschreiben als Paar (B, L) die sogenannte *Nettoversicherung*.

---

1 Vgl. § 163 Versicherungsvertragsgesetz (VVG).
2 Vgl. etwa § 138 VAG.

https://doi.org/10.1515/9783110740905-005

Wie bereits in Kapitel 2 angemerkt, wird in diesem Abschnitt wiederum deutlich, dass die für L und B dargestellten Kalkulationszusammenhänge *struktureller Art* sind. Sie sind damit auch hier wiederum unabhängig von der *inhaltlichen Bedeutung*, die L bzw. B zugesprochen wird. Die Kalkulation hängt strukturell nur von den durch $p(x, n)$ bzw. $r(x, n)$ induzierten $n + 1$ Bewertungsfunktionen $_tW_x(\cdot)$ ab. Die Durchführung einer Erstkalkulation, bei der „Kosten" (in unserer Terminologie also Kostenleistungsprofile $L^{(K)}$ und deren zugehörige Kostenbeitragsprofile $B^{(K)}$) berücksichtigt werden, kann später damit prinzipiell auf analoge Weise erfolgen, wie bei der Nettokalkulation. Wir stellen dies ausführlich in den anschließenden Abschnitten 3.4 und 3.5 dar.

Im Zusammenhang mit der Tarifkalkulation treten prinzipiell die folgenden Situationen auf:

- Entweder zu einem gegebenen Profil von Verbleibensleistungen $L^{(0)}$ und/oder einem Profil $L^{(1)}$ von Ausscheideleistungen (damit also zu einem zugehörigen Leistungsprofil L) sind geeignete (Netto-) Beitragsprofile B zu bestimmen, zu denen L versichert werden kann (*Ermittlung von Beitragsprofilen*) oder
- zu einem gegebenen Beitragsprofil B ist ein Profil $L^{(0)}$ von Verbleibensleistungen und/oder ein Profil $L^{(1)}$ von Ausscheideleistungen festzulegen, welche mit B versichert werden können (*Ermittlung von Leistungsprofilen*).

Auf Grundlage des (Netto-) Beitragsprofils B sowie des Leistungsprofils L lässt sich in beiden Situationen dann das zugehörige *(Netto-) Deckungskapitalprofil V_x* ermitteln.

3.1 (Netto-) Beitragskalkulation

Im Rahmen der (Netto-) Beitragskalkulation wird als Ausgangssituation angenommen, dass ein Verbleibensleistungsprofil $L^{(0)}$ und/oder ein Ausscheideleistungsprofil $L^{(1)}$ als gegeben vorliegt. Dadurch wird über (2.7) das Leistungsprofil L mit

$$L = L^{(0)} + v_{x:} \circ q_{x:} \circ L^{(1)}$$

induziert. Festzulegen ist nun ein *(Netto-) Beitragsprofil B* derart, dass L durch B versichert werden kann, d. h. das Paar (B, L) gehorcht dem Äquivalenzprinzip bezüglich $\mathcal{R}^{(1)}$.

Für eine technische Ermittlung eines solchen (Netto-) Beitragsprofils B nutzen wir im Weiteren üblicherweise ein sogenanntes *Zahlungsprofil*

$$u = (u_0, u_1, \ldots, u_j, \ldots, u_n) \neq \mathbb{0}, \quad u_j \geq 0, \quad j = 0, 1, \ldots, n \tag{3.1}$$

zusammen mit einer skalaren Größe $b \geq 0$ derart, dass B die Darstellung

$$B = b \cdot u = (b \cdot u_0, b \cdot u_1, \ldots, b \cdot u_j, \ldots, b \cdot u_n) \tag{3.2}$$

besitzt. Wir nennen die skalare Größe b in einem solchen Fall den (zu u gehörenden) *(Netto-) Referenzbeitrag*. Ein Eintrag u_j im Zahlungsprofil u beschreibt also die *Zahlungsintensität* der Prämie für den Zeitpunkt j der Vertragslaufzeit, sofern die Person zu diesem Zeitpunkt dem Kollektiv angehört. Ohne die Allgemeinheit einzuschränken, gehen wir davon aus, dass (sofern $B \neq \emptyset$) mindestens einer der Einträge u_j in u auf den Wert 1 normiert ist, z. B. $u_0 := 1$.

Mit einem Zahlungsprofil u lassen sich Lebensversicherungsverträge hinsichtlich der *Beitragszahlungsweise* und *Intensität der Beitragszahlung* typisieren, wie die nachfolgenden Beispiele illustrieren.

Beispiel 3.1: Zahlungprofile

- Das Zahlungsprofil

$$u = (1, 1, \ldots, 1, 0) \in \mathbb{R}^{n+1}$$

  beschreibt die Beitragszahlungsweise einer *Versicherung gegen vorschüssige, laufende Beitragszahlung in konstanter Höhe*.
- Eine *Versicherung gegen Einmalbeitrag* lässt sich durch das Zahlungsprofil

$$u = (1, 0, \ldots, 0, 0) \in \mathbb{R}^{n+1}$$

  wiedergeben.
- Mit dem Zahlungsprofil

$$u = (1, 0, 1, 0, 1, 0, 1, \ldots) \in \mathbb{R}^{n+1}$$

  wird die Prämienzahlungsweise einer Versicherung dargestellt, bei der Prämien in gleichbleibender Höhe alle zwei Perioden (Jahre) entrichtet werden.
- Durch die Vereinbarung eines Zahlungsprofils

$$u = (\underbrace{1, 1 \cdot (1{,}03), \ldots, 1 \cdot (1{,}03)^{k-1}}_{k\text{-mal}}, 0, 0, \ldots, 0) \in \mathbb{R}^{n+1}$$

  wird eine Versicherung mit vorschüssig zahlbaren, jährlich um 3 % dynamisch steigenden Prämien (*Versicherung mit Beitragsdynamik*) und auf $k \geq 1$ Jahre *abgekürzter Beitragszahlungsdauer* charakterisiert.
- Wird ein Zahlungsprofil

$$u = \mathbb{1} - \mathbb{1}_k = (\underbrace{1, 1, \ldots, 1}_{k\text{-mal}}, 0, 0, \ldots, 0) \in \mathbb{R}^{n+1}$$

zugrunde gelegt, so beschreibt dieses eine *Versicherung mit abgekürzter, vorschüssiger Prämienzahlungsweise* (bei konstanter Prämienhöhe) über $1 \leq k < n$ Jahre.

- Das Zahlungsprofil

$$u = (\underbrace{1/8, \; 1/8, \ldots, 1/8}_{k\text{-mal}}, 1, 1, \ldots, 1) \in \mathbb{R}^{n+1}$$

beschreibt die vorschüssige Beitragszahlungsweise einer Versicherung gegen laufende Beiträge, bei der die Prämien für die ersten k Jahre 12,5 % der Höhe der Beiträge entsprechen, welche für die restlichen Jahre zu entrichten sind. Es handelt sich um die Beitragszahlung einer *Versicherung mit reduzierten Anfangsprämien*.

Nutzt man – bei gegebenem Leistungsprofil L – für ein Zahlungsprofil $u \neq \mathbb{O}$ den Ansatz

$$B = b \cdot u,$$

so liefert die Forderung nach Gültigkeit von (2.10) den Ausdruck

$$b = \frac{{}_0 W_x(L)}{{}_0 W_x(u)}, \tag{3.3}$$

also den Referenzbeitrag b, mit welchem das Beitragsprofil $B = b \cdot u$ äquivalent zu L ist.

Dieser „Typ von Formel" für die Beitragsberechnung wird in traditionellen versicherungstechnischen Lehrbüchern üblicherweise für die Prämienermittlung (bei gegebener Leistung) angegeben (siehe beispielsweise [Ort16] oder [Wol97]). Aufgrund der in einem solchen Ausdruck standardmäßig verwendeten Kommutationswerte bzw. Barwertfaktoren wird eine Prämienberechnung allerdings dort auch nur für ein enges Spektrum an speziell strukturierten Versicherungsleistungen (in unserer Terminologie also speziellen Leistungsprofilen L) bzw. Beitragszahlungsweisen (also speziellen Zahlungsprofilen u) durchgeführt.

Durch die zahlreichen Möglichkeiten einer a priori Festlegung von u ergibt sich mit dem einfachen Zusammenhang (3.3) für das Versicherungsunternehmen – zumindest technisch – eine Vielfalt von zu L äquivalenten Beitragsprofilen B und damit eine „Beitragsvielfalt", nämlich ein und dasselbe Leistungsversprechen L (gegeben durch spezielle Leistungsprofile $L^{(0)}$ und/oder $L^{(1)}$) zu unterschiedlichen Prämienkonditionen zu versichern.

Wegen der Darstellungen (2.3) und (2.8) ist natürlich auch der Zusammenhang

$$b = \frac{{}_t W_x(L)}{{}_t W_x(u)} \quad \text{für } t \in \{0, 1, \ldots, n\} \tag{3.4}$$

unmittelbar klar, d. h. der Referenzbeitrag b beschreibt *für einen beliebig fixierten Zeitpunkt t* das Verhältnis der auf diesen Zeitpunkt bezogenen Werte des Leistungsprofils L und des Zahlungsprofils u.

Das nachfolgende Beispiel 3.2 soll bei vorgegebenen Rechnungsgrundlagen $\mathcal{R}^{(1)}$ die Ermittlung des Nettobeitragsprofils eines Lebensversicherungsvertrages illustrieren. Hierbei sind bewusst Profile von Versicherungsleistungen vorgegeben, die (aus traditioneller Sicht) „unüblich" erscheinen mögen.

Beispiel 3.2: Kalkulation von Netto-Beitragsprofilen

Wir betrachten die Situation aus Beispiel 1.1 für die zu versichernde Person des Alters $x = 25$ (siehe S. 25). Bei den dort unterstellten Verbleibens- bzw. Kapitalanlageprofilen $p(25, 8)$ und $r(25, 8)$ soll es sich um vorsichtige Rechnungsgrundlagen 1. Ordnung handeln. Kosten sollen noch nicht berücksichtigt werden, also wiederum $C = (0, 0, 0, 0, 0)$. Mit den durch $\mathcal{R}^{(1)} = \{p(25, 8), r(25, 8), C\}$ gemäß (2.2) induzierten Bewertungsfunktionen ${}_t W_x(\cdot)$ lassen sich Bewertungen ${}_0 W_x(L)$ bzw. ${}_0 W_x(u)$ vornehmen (siehe Gleichheit (2.8)), die über den Zusammenhang (3.3) zu einem Referenzbeitrag b und somit letztlich zum zugehörigen Beitragsprofil B führen.

- **Leistungsprofil 1:** Bei dieser Versicherung soll es sich um eine reine Ausscheideversicherung handeln (d. h. $L^{(0)} = 0$). Als Profil $L^{(1)}$ sei hierzu

$$L^{(1)} := (40.000, 70.000, 60.000, 50.000, 60.000,$$
$$75.000, 80.000, 93.000, 0)$$

(in €) vereinbart. Der Vertrag sieht also Ausscheideleistungen im Todesfall mit einem bei 40.000 € beginnenden, im nächsten Jahr steigenden, dann zunächst aber wieder fallenden Verlauf vor. Ab dem fünften Jahr der Laufzeit sind bei Ausscheiden wegen Tod wieder steigende Leistungen vereinbart. Mit den Rechnungsgrundlagen $\mathcal{R}^{(1)}$ errechnet sich aus $L^{(1)}$ zunächst das Leistungsprofil

$$L = q_{x:} \circ v_{x:} \circ L^{(1)} = (30{,}74803,\ 52{,}07238,\ 43{,}16885,\ 35{,}29238,$$
$$42{,}53595,\ 53{,}17632,\ 57{,}26870,\ 68{,}34529,\ 0) \in \mathbb{R}^9$$

und auch dessen Bewertung zum Zeitpunkt $t = 0$:

$${}_0 W_x(L) = 368{,}61865.$$

(i) Hinsichtlich der Beitragszahlung werde eine auf vier Jahre abgekürzte Beitragszahlungsdauer mit Intensität

$$u := (1/2, 1, 1/2, 3, 0, 0, 0, 0, 0)$$

vereinbart. In diesem Fall errechnen sich dann

$$_0W_x(u) = 4{,}85566 \quad \text{und} \quad b = \frac{_0W_x(L)}{_0W_x(u)} = 75{,}91525.$$

Somit ergibt sich als Beitragsprofil (in €)

$$B = b \cdot u = (37{,}96, \ 75{,}92, \ 37{,}96, \ 227{,}75, \ 0, \ 0, \ 0, \ 0, \ 0).$$

Vergleiche dazu auch das Prämienprofil in Beispiel 2.9 auf S. 51.

(ii) Soll für das Leistungsprofil L eine Beitragszahlung gegen laufende Beiträge mit vorschüssiger Beitragszahlung in konstanter Höhe vorgesehen werden, so entspricht dies dem Zahlungsprofil

$$u := (1, 1, 1, 1, 1, 1, 1, 1, 0).$$

In dieser Situation ergibt sich dann

$$_0W_x(u) = 7{,}72706 \quad \text{und} \quad b = \frac{_0W_x(L)}{_0W_x(u)} = 47{,}70,$$

also (siehe ebenfalls Bsp. 2.9) das Prämienprofil (in €)

$$B = (47{,}70, \ 47{,}70, \ 47{,}70, \ 47{,}70, \ 47{,}70, \ 47{,}70, \ 47{,}70, \ 47{,}70, \ 0).$$

(iii) Sollen die durch $L^{(1)}$ vereinbarten Todesfallleistungen gegen Zahlung eines Einmalbeitrags versichert werden, so führt das zugehörige Zahlungsprofil

$$u := (1, 0, 0, 0, 0, 0, 0, 0, 0)$$

zu

$$_0W_x(u) = 1, \quad \text{also} \quad B = (368{,}62, \ 0, \ 0, \ 0, \ 0, \ 0, \ 0, \ 0, \ 0).$$

- **Leistungsprofil 2:** Zusätzlich zu dem oben festgelegten Ausscheideleistungsprofil $L^{(1)}$ seien noch Verbleibensleistungen durch das Profil

$$L^{(0)} = (1.000, \ 0, \ 1.010, \ 0, \ 980, \ 0, \ 1.320, \ 0, \ 4.300) \in \mathbb{R}^9$$

vereinbart (siehe auch Beispiel 1.4, S. 30). Es ist also vorgesehen, dass neben den vereinbarten Todesfallleistungen alle zwei Jahre eine bestimmte Verbleibensleistung (in unterschiedlichen Höhen) und darüber hinaus noch eine

Ablaufleistung in Höhe von 4.030 € erbracht werden soll. Als Leistungsprofil L dieser Versicherung ergibt sich dann

$$L = L^{(0)} + q_{x:} \circ v_{x:} \circ L^{(1)}$$
$$= (1.030{,}74803,\ 52{,}07238,\ 1.053{,}16885,\ 35{,}29238,$$
$$1.022{,}53595,\ 53{,}17632,\ 1.377{,}26870,\ 68{,}34529,\ 4.300{,}00000),$$

d. h.

$$_0W_x(L) = 8.588{,}01748$$

als Bewertung von L zum Zeitpunkt $t = 0$. Legt man nun hierzu wieder die drei obigen Zahlungsprofile zugrunde, so ergibt sich

(i) für das Zahlungsprofil $u := (\tfrac{1}{2}, 1, \tfrac{1}{2}, 3, 0, 0, 0, 0, 0)$:

$$_0W_x(u) = 4{,}85566, \qquad b = \frac{_0W_x(L)}{_0W_x(u)} = 1.768{,}66114$$

und somit

$$B = b \cdot u = (884{,}33,\ 1.768{,}66,\ 884{,}33,\ 5.305{,}98,\ 0,\ 0,\ 0,\ 0,\ 0).$$

(ii) bei laufender Prämienzahlung in konstanter Höhe, d. h. für das Zahlungs-profil $u := (1, 1, 1, 1, 1, 1, 1, 1, 0)$:

$$_0W_x(u) = 7{,}72706, \qquad b = \frac{_0W_x(L)}{_0W_x(u)} = 1.111{,}42096$$

und somit

$$B = (1.111{,}42,\ 1.111{,}42,\ 1.111{,}42,\ 1.111{,}42,\ 1.111{,}42,$$
$$1.111{,}42,\ 1.111{,}42,\ 1.111{,}42,\ 0).$$

(iii) Sollen die vereinbarten Leistungen gegen Zahlung einer Einmalprämie versichert werden, d. h. $u := (1, 0, 0, 0, 0, 0, 0, 0, 0)$, so erhält man hier wieder

$$_0W_x(u) = 1,$$

in diesem Fall also

$$B = (8.588{,}02,\ 0,\ 0,\ 0,\ 0,\ 0,\ 0,\ 0,\ 0).$$

3.2 (Netto-) Leistungskalkulation

Für die *(Netto-) Leistungskalkulation* eines Lebensversicherungsvertrags besteht die Ausgangssituation darin, dass ein (Netto-) Beitragsprofil B als gegeben vorliegt. Festzulegen bzw. zu ermitteln sind nunmehr Profile von Verbleibensleistungen $L^{(0)}$ und/oder Ausscheideleistungen $L^{(1)}$ derart, dass diese durch B versichert werden können, also in dem Sinne, dass B und das Leistungsprofil

$$L = L^{(0)} + v_{x:} \circ q_{x:} \circ L^{(1)}$$

dem Äquivalenzprinzip bezüglich $\mathcal{R}^{(1)}$ gehorchen.

Für eine technische Darstellung von $L^{(0)}$ bzw. $L^{(1)}$ erweisen sich – ähnlich wie bei der Darstellung eines Beitragsprofils mit Hilfe eines Zahlungsprofils u – hier sogenannte *Fälligkeitsprofile*

$$h^{(0)} = (h_0^{(0)}, h_1^{(0)}, \ldots, h_n^{(0)}) \geq \mathbb{0} \tag{3.5}$$

und/oder

$$h^{(1)} = (h_0^{(1)}, h_1^{(1)}, \ldots, h_{n-1}^{(1)}, 0) \geq \mathbb{0} \tag{3.6}$$

als geeignet. Ein Fälligkeitsprofil $h^{(0)}$ bzw. $h^{(1)}$ beschreibt hier die *Leistungsintensität* der Verbleibens- bzw. Ausscheideleistungen für die einzelnen Zeitpunkte/Perioden der Vertragslaufzeit, sofern die Person zu einem solchen Zeitpunkt dem Kollektiv (noch) angehört. Gilt, zusammen mit den beiden skalaren Größen $l^{(0)} \geq 0$ bzw. $l^{(1)} \geq 0$,

$$L^{(0)} = l^{(0)} \cdot h^{(0)} \qquad \text{bzw.} \qquad L^{(1)} = l^{(1)} \cdot h^{(1)}, \tag{3.7}$$

so nennen wir $l^{(0)}$ (bzw. $l^{(1)}$) die zu $h^{(0)}$ (bzw. $h^{(1)}$) gehörende *Referenzleistung*.

Liegen für ein zu bestimmendes Profil $L^{(0)}$ von Verbleibensleistungen und/oder für ein zu bestimmendes Profil $L^{(1)}$ von Ausscheideleistungen Fälligkeitsprofile $h^{(0)}$ bzw. $h^{(1)}$ vor, so *ergibt* sich durch

$$h := h^{(0)} + q_{x:} \circ v_{x:} \circ h^{(1)} \tag{3.8}$$

ein spezielles Profil, das wir als das *durch $h^{(0)}$ und $h^{(1)}$ induzierte Leistungsintensitätsprofil* der Versicherungsleistungen nennen.

Mit den Fälligkeitsprofilen $h^{(0)}$ (bzw. $h^{(1)}$) lassen sich Lebensversicherungsverträge also hinsichtlich der *Intensität* ihrer Leistungen typisieren. Die nachfolgenden Beispiele sollen hierzu einen entsprechenden Eindruck vermitteln.

Beispiel 3.3: Fälligkeitsprofile

- Mit dem Fälligkeitsprofil

$$h^{(0)} = \mathbb{1}_m = (\underbrace{0, 0, \ldots, 0}_{m\text{-mal}}, 1, 1, \ldots, 1, 0) \in \mathbb{R}^{n+1}$$

lässt sich eine *um m Jahre aufgeschobene Rentenversicherung* mit jährlich vorschüssiger Zahlung von Rentenleistungen in konstanter Höhe beschreiben. Der Beginn der Rentenzahlungen ist der Zeitpunkt m.

- Mit den *beiden* Fälligkeitsprofilen

$$h^{(0)} = (0, 0, \ldots, 0, 1) \in \mathbb{R}^{n+1}$$

und

$$h^{(1)} = (1, 1, \ldots, 1, 0) \in \mathbb{R}^{n+1}$$

werden die Leistungen einer Versicherung beschrieben, bei der entweder eine Ablaufleistung oder – im Fall des Ausscheidens während der Vertragslaufzeit – eine Ausscheideleistung in derselben Höhe fällig wird.

- Das Fälligkeitsprofil

$$h^{(0)} = (\underbrace{0, 0, \ldots, 0}_{m\text{-mal}}, \underbrace{1, 1{,}1, 1{,}2, \ldots, 1{,}9}_{10\text{-mal}}, 2, 2, 2, \ldots, 2, 0) \in \mathbb{R}^{n+1}$$

beschreibt die Leistungsintensität einer um m Jahre aufgeschobenen Rentenversicherung mit vorschüssiger Zahlung von Rentenleistungen, die sich in den ersten zehn Jahren nach Rentenbeginn jährlich linear erhöhen, bis sie das doppelte Niveau der Rentenhöhe zu Beginn erreichen.

- Mit dem Fälligkeitsprofil

$$h^{(1)} = (1, 0, 1, 0, 1, 0, \ldots, 1, 0, 0) \in \mathbb{R}^{n+1}$$

kann die Leistungsintensität einer Todesfallversicherung charakterisiert werden, bei der eine konstante Todesfallsumme am Ende derjenigen Periode fällig wird, in der die versicherte Person durch Tod ausscheidet. Dies allerdings nur dann, wenn der Tod im 1., 3., 5. usw. Versicherungsjahr eintritt. Stirbt die Person im 2. oder 4. oder 6. usw. Jahr, so ist keine Todesfallleistung vorgesehen.

- Ist ein Beitragsprofil B bekannt, so charakterisiert

$$h^{(1)} = (h_0^{(1)}, h_1^{(1)}, \ldots, h_t^{(1)}, \ldots, h_{n-1}^{(1)}, 0) \in \mathbb{R}^{n+1}$$

mit

$$h_t^{(1)} := \sum_{j=0}^{t} B_j$$

das Fälligkeitsprofil einer Versicherung, deren Ausscheideleistung in der Periode $t+1$ proportional zu den bis dahin geleisteten Prämien ist. Man spricht in diesem Zusammenhang von einer (proportionalen) *Beitragsrückgewähr*.

Nutzt man – bei bekanntem Beitragsprofil B – für ein vorgegebenes (bzw. ein durch vorgegebene $h^{(0)}$ und $h^{(1)}$ induziertes) Intensitätsprofil $h \in \mathbb{R}_+^{n+1}$ den Ansatz

$$L \overset{!}{=} l \cdot h,$$

so liefert der Ausdruck

$$l = \frac{{}_0W_x(B)}{{}_0W_x(h)} \tag{3.9}$$

eine Referenzleistung l, mit welcher das zugehörige Leistungsprofil $L := l \cdot h$ äquivalent zu B ist.

Aufgrund eines Intensitätsprofils h und der Referenzleistung l ist es möglich, Profile $L^{(0)}$ und/oder $L^{(1)}$ von Verbleibens- bzw. Ausscheideleistungen festzulegen, die zum (Netto-) Beitragsprofil B versichert werden können.

(i) Mit der Setzung

$$L^{(0)} := l \cdot h^{(0)} \quad \text{und} \quad L^{(1)} := l \cdot h^{(1)}$$

gilt nämlich offenbar:

$$L = l \cdot h = L^{(0)} + v_{x:} \circ q_{x:} \circ L^{(1)}.$$

Mit dem (Netto-) Beitragsprofil B lassen sich also das Verbleibensleistungsprofil $L^{(0)}$ und das Ausscheideleistungsprofil $L^{(1)}$ versichern.

(ii) Fordert man, für einzelne Perioden j, dass die Höhen von Ausscheide- und Verbleibensleistungen in einem bestimmten Verhältnis ρ_j zueinander stehen sollen, d. h.

$$\rho_j := \frac{L_j^{(1)}}{L_j^{(0)}}, \quad \text{falls } L_j^{(0)} > 0,$$

so wird das Intensitätsprofil h durch die beiden Fälligkeitsprofile $h^{(0)}$ und $h^{(1)}$ mit

$$h_j^{(0)} := \begin{cases} h_j \cdot \left(1 + v_{x:j} \cdot q_{x:j} \cdot \rho_t\right)^{-1}, & \text{falls } L_j^{(0)} \neq 0, \\ 0, & \text{falls } L_j^{(0)} = 0. \end{cases}$$

und

$$
h_j^{(1)} := \begin{cases} h_j^{(0)} \cdot \rho_j, & \text{falls } L_j^{(0)} \neq 0, \\ h_j \cdot \left(v_{x:j} \cdot q_{x:j} \right)^{-1}, & \text{falls } L_j^{(0)} = 0. \end{cases}
$$

induziert.

Hierbei lässt sich zu h wiederum die Referenzleistung l über Gleichung (3.9) ermitteln. In diesem Fall können also die Verbleibensleistungen $L^{(0)} := l \cdot h^{(0)}$ und die Ausscheideleistungen $L^{(1)} := l \cdot h^{(1)}$ zum Beitragsprofil B versichert werden.

Auch hier liefern die vielfältigen Möglichkeiten, die Fälligkeitsprofile $h^{(0)}$ und $h^{(1)}$ festzulegen über (3.9) eine breite Palette von Leistungsprofilen $L^{(0)}$ und $L^{(1)}$, welche zu einem vorgegebenen Beitragsprofil B versichert werden können, also derart, dass das Paar (B, L) das Äquivalenzprinzip erfüllt. Man beachte dabei auch, dass in die Bestimmung von l im Quotienten (3.9) nur die *Bewertung* $_0W_x(B)$, *nicht* aber *die Struktur* des Profils B eingeht.

Beispiel 3.4: Kalkulation von Leistungsprofilen

Wiederum betrachten wir einen Lebensversicherungsvertrag für eine versicherte Person des vollendeten Alters $x = 25$ mit einer Laufzeit von $n = 8$ Jahren. Als Verbleibens- und Kapitalanlageprofil $p(25, 8)$ und $r(25, 8)$ der Rechnungsgrundlagen dienen die bereits in Beispiel 1.1, S. 25 eingeführten Profile. Wir gehen hier von einem vorgegebenen Beitragsprofil B laufender Beiträge in unterschiedlicher Höhe (in €) aus, nämlich

$$
B = (2.000, \; 2.000, \; 2.000, \; 2.000, \; 1.000, \; 1.000, \; 500, \; 500, \; 0),
$$

durch die drei unterschiedliche Leistungsvarianten versichert werden sollen. Ziehen wir die in Beispiel 1.1 unterstellten Rechnungsgrundlagen heran, so ergibt sich für die Bewertung von B zunächst

$$
_0W_x(B) = 10.694{,}47675.
$$

(i) Mit dem Beitragsprofil B sollen zunächst reine Todesfallleistungen als vereinbarte Ausscheideleistungen versichert werden (d. h. $h^{(0)} = 0$). Hierzu sei etwa

$$
h^{(1)} = (9, 8, 7, 6, 5, 6, 7, 8, 0)
$$

gewählt. Die zu vereinbarenden Leistungen fallen also zunächst bis zum fünften Jahr der Versicherung linear, danach steigen sie wieder linear an.

Zunächst ergibt sich mit (3.8) als induziertes Intensitätsprofil

$$h = q_{x:} \circ v_{x:} \circ h^{(1)}$$
$$= (0{,}006918,\ 0{,}005951,\ 0{,}005036,\ 0{,}004235,$$
$$0{,}003545,\ 0{,}004254,\ 0{,}005011,\ 0{,}005879,\ 0)$$

und

$$_0W_x(h) = 0{,}03954 \quad \text{bzw.} \quad l = \frac{_0W_x(B)}{_0W_x(h)} = 270.482{,}73610\,\text{€}.$$

Dies bedeutet also, dass mit B ein Profil

$$L^{(1)} = l \cdot h^{(1)}$$
$$= (2.434.344{,}62,\ 2.163.861{,}89,\ 1.893.379{,}15,\ 1.622.896{,}42,$$
$$1.352.413{,}68,\ 1.622.896{,}42,\ 1.893.379{,}15,\ 2.163.861{,}89,\ 0)$$

von Todesfallleistungen (in €) versichert werden kann.

(ii) Sollen mit B ausschließlich Verbleibensleistungen (inklusive einer Ablauf-leistung) versichert werden ($h^{(1)} = \mathbb{0}$), entsprechend eines Intensitätsprofils

$$h = h^{(0)} = (1, 2, 3, 4, 5, 4, 3, 2, 4),$$

bei dem die Intensität der Verbleibensleistung zunächst steigt, dann wie-der fällt und die Ablaufleistung das Vierfache der Höhe der ersten Zahlung betragen soll, so ergibt sich bei einer derartigen Anforderung

$$_0W_x(h) = 26{,}82719 \quad \text{und} \quad l = \frac{_0W_x(B)}{_0W_x(h)} = 398{,}64321\,\text{€}.$$

Es lässt sich mit B also das Profil

$$L^{(0)} = (398{,}64,\ 797{,}29,\ 1.195{,}93,\ 1.594{,}57,\ 1.993{,}22,$$
$$1.594{,}57,\ 1.195{,}93,\ 797{,}29,\ 1.594{,}57)$$

versichern.

(iii) In der dritten Variante sei vorgesehen, dass sowohl Verbleibens- als auch Todesfallleistungen vereinbart werden sollen. Auch soll eine Ablaufleistung fällig werden, sofern die Person das Ende der achtjährigen Laufzeit erlebt. Entsprechende Fälligkeitsprofile $h^{(0)}$ bzw. $h^{(1)}$ seien durch

$$h^{(0)} = (1, 2, 3, 4, 5, 4, 3, 2, 4)$$

bzw.

$$h^{(1)} = (90, 80, 70, 60, 50, 60, 70, 80, 0)$$

gegeben. Bei dieser Versicherung steigen also die vereinbarten Verbleibensleistungen vom Zeitpunkt des Vertragsabschlusses bis zum Beginn des fünften Jahres an, danach fallen sie wieder. Bei den Ausscheideleistungen ist es
genau umgekehrt. Wie auch zuvor, soll die Ablaufleistung in der vierfachen
Höhe der anfänglichen Verbleibensleistung (zum Zeitpunkt $t = 0$) erfolgen.
Es ergibt sich dann mit (3.8) für das induzierte Auszahlungsprofil h

$$h = (1{,}069183, \ 2{,}059511, \ 3{,}050364, \ 4{,}042351, \ 5{,}035447,$$
$$4{,}042541, \ 3{,}050110, \ 2{,}058792, \ 4{,}000000),$$

woraus sich

$$_{0}W_{x}(h) = 27{,}222574 \quad \text{bzw.} \quad l = \frac{_{0}W_{x}(B)}{_{0}W_{x}(h)} = 392{,}85325$$

ermitteln lässt. Somit lassen sich also das Verbleibens- und das Ausscheideleistungsprofil

$$L^{(0)} = l \cdot h^{(0)}$$
$$= (392{,}85, \ 785{,}71, \ 1.178{,}56, \ 1.571{,}41,$$
$$1.964{,}27, \ 1.571{,}41, \ 1.178{,}56, \ 785{,}71, \ 1.571{,}41)$$

sowie

$$L^{(1)} = l \cdot h^{(1)} = (35.356{,}79, \ 31.428{,}26, \ 27.499{,}73, \ 23.571{,}20,$$
$$19.642{,}66, \ 23.571{,}20, \ 27.499{,}73, \ 31.428{,}26, \ 0)$$

durch B versichern.

Ist ein (Netto-) Beitragsprofil $B = b \cdot u$ aufgrund eines vorgegebenen Leistungsprofils L
ermittelt, oder wurde – umgekehrt – ein Leistungsprofil $L = l \cdot h = l \cdot h^{(0)} + l \cdot v_{x:} \circ q_{x:} \circ h^{(1)}$
aufgrund eines Nettobeitragsprofils B bestimmt, so lässt sich das zu L und B gehörige
Deckungskapitalprofil V_{x} (mit $_{0}V_{x} := 0$) gemäß Rekursion (2.16) angeben. Es gilt also

$$_{t+1}V_{x} = \frac{b \cdot u_{t} + {_{t}V_{x}} - l \cdot h_{t}}{v_{x:t} \cdot p_{x:t}}, \quad t = 0, 1, \ldots, n-1. \tag{3.10}$$

Da sich der Zusammenhang zwischen B (bzw. L) und dem Deckungskapitalprofil über
eine Nettokalkulation ergibt, sprechen wir bei V_{x} dann auch von dem *Nettodeckungs-
kapitalprofil*.

Beispiel 3.5

Für zwei bereits vorher betrachtete Lebensversicherungsverträge der Laufzeit $n = 8$ für die versicherte Person des vollendeten Alters $x = 25$ werden die zugehörigen Deckungskapitalprofile und die Profile von Spar- bzw. Risikoprämien ermittelt und angegeben:

- In Beispiel 3.2 wurden zwei Leistungsprofile

$$L^{(0)} = (1.000, 0, 1.010, 0, 980, 0, 1.320, 0, 4.300)$$

und

$$L^{(1)} = (40.000, 70.000, 60.000, 50.000, 60.000,$$
$$75.000, 80.000, 93.000, 0)$$

vorgestellt (siehe dazu S. 68, „Leistungsprofil 2"), die mit dem Beitragsprofil

$$B = b \cdot u = (884{,}33, 1.768{,}66, 884{,}33, 5.305{,}98, 0, 0, 0, 0, 0)$$

versichert werden können. Über die Rekursion (2.16) (mit $_0V_{25} := 0$) ermittelt man für diesen Vertrag das Deckungskapitalprofil

$$V_{25} = (0, -148{,}88, 1.583{,}01, 1.432{,}18, 6.781{,}44,$$
$$5.739{,}92, 5.679{,}40, 4.331{,}06, 4.300{,}00).$$

Offenbar ist hier $_1V_{25} = -148{,}87$ negativ. Für die Profile $B^{(r)}$ und $B^{(s)}$ der Risikobeiträge bzw. Sparbeiträge ergibt sich mit (2.24) und (2.25) (siehe S. 50):

$$B^{(r)} = (30{,}86, 50{,}89, 42{,}14, 30{,}51, 38{,}47, 49{,}15, 54{,}17, 65{,}19, 0)$$

und

$$B^{(s)} = (853{,}47, 1.717{,}77, 842{,}19, 5.275{,}48,$$
$$-38{,}47, -49{,}15, -54{,}17, -65{,}19, 0).$$

Offensichtlich liegen hierbei in den beitragsfreien Perioden negative Sparbeiträge vor.
- Für die Versicherung aus Beispiel 3.4 (siehe S. 73) mit

$$B = (2.000, 2.000, 2.000, 2.000, 1.000, 1.000, 500, 500, 0)$$

und

$$L^{(0)} = l \cdot h^{(0)} = (392{,}85, \ 785{,}71, \ 1.178{,}56, \ 1.571{,}41,$$
$$1.964{,}27, \ 1.571{,}41, \ 1.178{,}56, \ 185{,}71, \ 1.571{,}41)$$

bzw.

$$L^{(1)} = l \cdot h^{(1)} = (31.356{,}79, \ 31.428{,}26, \ 27.499{,}73, \ 23.571{,}20,$$
$$19.642{,}66, \ 23.571{,}20, \ 27.499{,}73, \ 31.428{,}26, \ 0)$$

ergibt sich mit (2.16) und $_0 V_{25} := 0$ als Deckungskapitalprofil

$$V_{25} = (0, \ 1.606{,}50, \ 2.824{,}72, \ 3.672{,}56, \ 4.132{,}38,$$
$$3.143{,}80, \ 2.552{,}37, \ 1.866{,}59, \ 1.571{,}41).$$

Hieraus erhält man für die Risiko- und Sparbeitragsprofile dann

$$B^{(r)} = (25{,}94, \ 21{,}28, \ 17{,}14, \ 13{,}72,$$
$$11{,}70, \ 14{,}90, \ 18{,}35, \ 21{,}94, \ 0)$$

und

$$B^{(s)} = (1.974{,}06, \ 1.978{,}72, \ 1.982{,}86, \ 1.986{,}28,$$
$$988{,}30, \ 985{,}10, \ 481{,}65, \ 478{,}06, \ 0).$$

Im nächsten Beispiel wollen wir noch einmal auf den Satz von Cantelli zurückkommen (siehe Satz 2.13, S. 59). Obwohl das Cantelli-Resultat eigentlich allgemeiner formuliert ist, wird in seinem Kontext traditionell insbesondere die „Nichtberücksichtigung von Stornowahrscheinlichkeiten" bei der Erstkalkulation einer Versicherung hervorgehoben: Selbst wenn das Versicherungsunternehmen über ein Profil einjähriger Ausscheidewahrscheinlichkeiten für die Ausscheideursache *„Kündigung der Versicherung"* verfügen würde, so braucht es diese Informationen bei der Beitragskalkulation nicht zu berücksichtigen, sofern bei Kündigung der Versicherung in der Periode $j + 1$ an deren Ende das Deckungskapital $_{j+1} V_x$ geleistet wird.

Beispiel 3.6: Nichtberücksichtigung von Stornoinformationen bei der Kalkulation

Das Lebensversicherungsunternehmen verfüge über Informationen für die Personen in der Generation der heute x-Jährigen aufgrund zweier, voneinander unabhängiger Ursachen, nämlich

- Ausscheideursache 1: „Tod",

- Ausscheideursache 2: „Kündigung des Versicherungsvertrages",

aus dem Kollektiv auszuscheiden. Diese Informationen seien durch die beiden Profile

$$q_{x:}^{(1)} = (q_{x:0}^{(1)}, q_{x:1}^{(1)}, \ldots, q_{x:j}^{(1)}, \ldots, q_{x:n-1}^{(1)}, 0)$$

und

$$q_{x:}^{(2)} = (q_{x:0}^{(2)}, q_{x:1}^{(2)}, \ldots, q_{x:j}^{(2)}, \ldots, q_{x:n-1}^{(2)}, 0)$$

einjähriger Ausscheidewahrscheinlichkeiten quantifiziert. Das Unternehmen möchte diese Informationen bei der Erstkalkulation eines Lebensversicherungsvertrages („Versicherung 1") berücksichtigen.

Neben einem Profil $L^{(0)}$ von Verbleibensleistungen sollen hierzu *zwei* Ausscheideleistungsprofile $L^{(1,1)}$ bzw. $L^{(2,1)}$ vereinbart werden. Scheidet die versicherte Person während der Periode $j + 1$ aus dem Kollektiv aus, so wird – je nach Ursache des Ausscheidens – zum Zeitpunkt $j + 1$ die Leistung $L_j^{(k,1)}$ fällig ($k = 1$ entspricht der Todesfallleistung, $k = 2$ entspricht der Leistung bei Kündigung des Vertrages). Als Leistungsprofil der Versicherung ermittelt man dann damit

$$L = L^{(0)} + q_{x:}^{(1)} \circ v_{x:} \circ L_j^{(1,1)} + q_{x:}^{(2)} \circ v_{x:} \circ L_j^{(2,1)},$$

wobei $v_{x:}$ sich auf das in den Rechnungsgrundlagen unterstellte Kapitalanlageprofil $r(x, n)$ bezieht. Das durch

$$q_{x:} := q_{x:}^{(1)} + q_{x:}^{(2)} + \mathbb{1}_n$$

beschriebene Profil einjähriger Ausscheidewahrscheinlichkeiten induziert dann auf kanonische Weise ein Verbleibensprofil $p(x, n)$.

Mit den Rechnungsgrundlagen $\mathcal{R}^{(1)} = \{p(x, n), r(x, n), C\}$ mit $C = (0, 0, 0, 0, 0)$ lässt sich mit dem üblichen Ansatz

$$b \cdot {}_0W_x(u) = {}_0W_x(L)$$

für eine solche Leistungsvereinbarung ein zugehöriges Beitragsprofil $B = b \cdot u$ berechnen und über (3.10) ein entsprechendes Deckungskapitalprofil V_x angeben.

Nun soll – alternativ – ein Vertrag („Versicherung 2") kalkuliert werden, bei dem nur die erste Ausscheideursache (also „Tod") berücksichtigt wird. Dazu wird

$$p_{x:}' := \mathbb{1} - q_{x:}^{(1)} = (p_{x:} + q_{x:}) - q_{x:}^{(1)} = p_{x:} + q_{x:}^{(2)}$$

gesetzt. Die Größen $p'_{x:j}$ im Profil $p'_{x:}$ können jeweils als die Wahrscheinlichkeit aufgefasst werden, als $(x+j)$-jährige Person die Periode $j+1$ im Kollektiv zu überleben. Das Profil $p'_{x:}$ induziert auf kanonische Weise ein modifiziertes Verbleibensprofil $p'(x,n)$, welches die Ausscheideursache „Kündigung einer Versicherung" offenbar nicht berücksichtigt. Somit liegen die modifizierten Rechnungsgrundlagen $\mathcal{R}^{(1)'} = \{p'(x,n), r(x,n), C\}$ vor. Bezüglich dieser Rechnungsgrundlagen erhält man das modifizierte Leistungsprofil

$$L' := L^{(0)} + q^{(1)}_{x:} \circ v_{x:} \circ L^{(1,1)}_j.$$

Hierin ist neben den Verbleibensleistungen $L^{(0)}$ nur die *Todesfall*leistung $L^{(1,1)}$ als Ausscheideleistung vorgesehen. Mit den durch die Rechnungsgrundlagen $\mathcal{R}^{(1)'}$ induzierten Bewertungsfunktionen $_tW'_x(\cdot)$ lässt sich dann mit

$$b' \cdot {}_0W'_x(u) \stackrel{!}{=} {}_0W'_x(L')$$

ein zu L' äquivalentes Beitragsprofil $B' = b' \cdot u$ bestimmen. Das zugehörige Deckungskapitalprofil sei hier V'_x.

Nach dem Satz von CANTELLI (Satz 2.13) weiß man dann: Wäre in Versicherung 1 vereinbart worden, dass

$$L^{(2,1)}_j := {}_{j+1}V_x, \quad j = 0, 1, \dots, n-1,$$

so würde für Versicherung 2 gelten: $B' = B'$ und $V'_x = V_x$. Wird also bei „Kündigung der Versicherung 1" in Periode $j+1$ an deren Ende das Deckungskapital $_{j+1}V_x$ geleistet, so ist es in diesem Fall nicht nötig, *bei der Kalkulation* (von Versicherung 1) die Informationen $q^{(2)}_{x:}$ zu berücksichtigen. Es reicht aus, stattdessen die Versicherung 2 zu kalkulieren (und bei Kündigung $_{j+1}V_x$ zu leisten). In Satz 2.13 entspricht dies formal der Situation

$$m = 2, \quad k_j = 2, \quad a_j = 1 \quad \text{und} \quad L^{(2,1)}_j := {}_{j+1}V_x, \quad j = 0, 1, \dots, n-1.$$

3.3 Beispiele für (Netto-) Leistungsprofile

Mit den nachfolgenden Beispielen sollen Leistungsprofile $L^{(0)}$ und $L^{(1)}$ für Lebensversicherungen der Laufzeit n dargestellt werden, welche – oft in spezieller Form – von Versicherungsunternehmen angeboten werden. Oft werden dabei die für deren Kalkulation relevanten Verbleibensprofile $p(x,n)$ durch entsprechende Profile $q_{x:}$ einjähriger Ausscheidewahrscheinlichkeiten kanonisch induziert. In den angesprochenen

Beispielen wird meist „Tod" als relevante Ausscheideursache unterstellt. Entsprechend beschreibt hier dann auch q_x; typischerweise das Profil einjähriger Sterbewahrscheinlichkeiten, wie sie etwa einer Sterbetafel entnommen werden können. Es sollte dennoch offensichtlich sein, dass – mutatis mutandis – auch andere Ausscheideursachen (mit entsprechend induzierten Verbleibensprofilen) zugrunde gelegt werden können. Sofern in Beispielen mehrere Ausscheideursachen beschrieben werden, so benutzen wir bei den zugehörigen Ausscheideprofilen die schon früher verwendeten Notationen $q_{x:}^{(k)}$, um das entsprechende Profil für die k-te Ausscheideursache zu notieren. In einigen der Beispiele wird bei den Leistungsprofilen auch Bezug auf Prämienzahlungen genommen. In diesen Fällen handelt es sich dann stets um solche Prämienprofile, die (mit den zugehörigen Leistungsprofilen) dem Äquivalenzprinzip bzgl. $\mathcal{R}^{(1)}$ gehorchen.

Wir betrachten hier im Einzelnen Leistungsprofile für Lebensversicherungen der folgenden Typen:

- *Erlebensfallversicherung*: Ein Betrag der Höhe E wird mit Ablauf des Vertrages zum Zeitpunkt n ausgezahlt, sofern die versicherte Person zu diesem Zeitpunkt dem Kollektiv angehört. Diese Versicherung kann dementsprechend durch die beiden Leistungsprofile

$$L^{(0)} = (0, 0, \ldots, 0, E) = E \cdot \mathbb{1}_n$$

und

$$L^{(1)} = (0, 0, \ldots, 0) = \mathbb{0}$$

beschrieben werden.
- *Term-Fix-Versicherung*: Ein Betrag der Höhe E wird „auf jeden Fall" zum Ablauf des Vertrages (Zeitpunkt n) ausgezahlt, auch dann, wenn die versicherte Person während der Laufzeit des Vertrages ausgeschieden ist. Hier ergibt sich:

$$L^{(0)} = (0, 0, \ldots, 0, E) = E \cdot \mathbb{1}_n$$

und

$$L^{(1)} = {}_n v_x \cdot E \cdot ({}_0 r_x, {}_1 r_x, {}_2 r_x, \ldots, {}_{n-2} r_x, {}_{n-1} r_x, 0)$$
$$= {}_n v_x \cdot E \cdot (\mathbb{1} - \mathbb{1}_n) \circ r(x, n).$$

- *Todesfallversicherung* (oft auch Risikolebensversicherung): Scheidet die versicherte Person in Periode $j + 1$ (wegen Tod) aus, so wird an deren Ende, also zum Zeitpunkt $j + 1$, eine vereinbarte Leistung S_{j+1} fällig. In diesem Fall ist

$$L^{(0)} = (0, 0, \ldots, 0) = \mathbb{0}$$

und

$$L^{(1)} = (S_1, S_2, S_3, \ldots, S_{n-1}, S_n, 0).$$

Als Spezialfälle einer solchen Versicherung können dabei auftreten:

(i) die Vereinbarung von steigenden, fallenden, konstanten, variablen Höhen im Profil der Ausscheideleistung; derartige „Leistungsverläufe" werden entweder durch die (absoluten) Größen S_j oder durch ein zugehöriges Fälligkeitsprofil $h^{(1)}$ festgelegt oder

(ii) die Vereinbarung von um m Jahre aufgeschobenen Ausscheideleistungen, d. h. $S_j = 0$ für $j = 1, 2, \ldots, m$ und $S_{m+1} > 0$.

- *Gemischte Versicherung*: Gehört die versicherte Person zu Vertragsende (Zeitpunkt n) dem Kollektiv an, so wird eine Ablaufleistung in Höhe von E fällig; scheidet die versicherte Person in Periode $j \leq n$ aus, so wird zum Zeitpunkt j die Leistung S_j gezahlt. Hier erhält man

$$L^{(0)} = (0, 0, 0, \ldots, 0, 0, E) = E \cdot \mathbb{1}_n$$

und

$$L^{(1)} = (S_1, S_2, S_3, \ldots, S_{n-1}, S_n, 0).$$

Ist speziell $E = \sum_{j=0}^{n} B_j$ (also die Summe der (Netto-) Beiträge), mit denen die Leistungen versichert werden können, so handelt es sich um eine *gemischte Versicherung mit (Netto-) Beitragsrückgewähr bei Ablauf*. Gilt für ein Zahlungsprofil u, dass $B = b \cdot u$, so ergibt sich mit (3.3) und der Linearität der Bewertungsfunktion $_0W_x(\cdot)$ für den Referenzbeitrag b einer solchen Versicherung

$$b = \frac{_0W_x(v_{x:} \circ q_{x:} \circ L^{(1)})}{_0W_x(u - h^{(0)})}$$

und für das Auszahlungsprofil

$$h^{(0)} = (0, 0, 0, \ldots, 0, 0, \sum_{j=0}^{n} u_j).$$

Durch b sind sowohl die Ablaufleistung $E = b \cdot \sum_{j=0}^{n} u_j$ als auch das Beitragsprofil $B = b \cdot u$ vollständig beschrieben.

- *Leibrentenversicherung*: Falls die versicherte Person den Zeitpunkt j erlebt, wird zu diesem Zeitpunkt eine Zahlung in Höhe von R_j fällig. Die Leistungsprofile $L^{(0)}$ und $L^{(1)}$ stellen sich hierbei dar als

$$L^{(0)} = (R_0, R_1, \ldots, R_{n-1}, R_n)$$

und

$$L^{(1)} = (0, 0, \ldots, 0) = \mathbb{0}.$$

Als Spezialfälle können für einen derartigen Typ einer Versicherung bestimmte „Leistungsverläufe" festgelegt werden:

(i) steigende, fallende, konstante, variable Rentenhöhen: wird durch die Größen R_j festgelegt,

(ii) vorschüssig (bei Fälligkeit) zahlbare Leibrenten: erfolgt durch die Festlegung $R_n := 0$,

(iii) „lebenslang" vorschüssig zahlbare Leibrenten: durch die Festlegung $n = \omega - x$ und $R_n > 0$,

(iv) nachschüssig zahlbare Leibrenten: eine derartige Festlegung erfolgt durch das Verbleibensleistungsprofil durch $L'^{(0)} := v_{x:} \circ (R_0, R_1, \ldots, R_{n-1}, 0) = v_x \cdot L^{(0)}$,

(v) sofort beginnende Leibrentenzahlungen: Festlegung durch $R_0 > 0$ oder

(vi) um $m \geq 1$ Jahre *aufgeschobene Rentenzahlungen*: Festlegung durch $R_j = 0$ für $j = 0, 1, \ldots, m - 1$ und $R_m > 0$.

■ *Leibrentenversicherung mit Hinterbliebenenversorgung*: Falls die heute x-jährige versicherte Person (Person 1) zum Zeitpunkt j dem Kollektiv 1 angehört, wird zu diesem Zeitpunkt eine Zahlung in Höhe von R_j geleistet. Stirbt die versicherte Person während der Periode $j + 1$, scheidet also damit aus dem Kollektiv 1 aus, so erhält eine andere – heute y-jährige Person (Person 2) im *Kollektiv der Hinterbliebenen* (Kollektiv 2) – ab dem Zeitpunkt $j + 1$ bis zum Zeitpunkt $n_1 \geq j + 1$ zu jedem Zeitpunkt t eine Verbleibensleistung in Höhe von $\bar{R}_t$. Dies allerdings nur dann, wenn Person 2 zum Zeitpunkt t dem Kollektiv 2 angehört.

Das Verbleibensleistungsprofil $L^{(0)}$ (für Person 1 in Kollektiv 1) entspricht hier dem Profil einer Leibrente, d. h.

$$L^{(0)} = (R_0, R_1, \ldots, R_n).$$

Um (für Person 1 in Kollektiv 1) das Profil der Ausscheideleistungen

$$L^{(1)} = (L_0^{(1)}, L_1^{(1)}, \ldots, L_j^{(1)}, \ldots, L_{n-1}^{(1)}, 0) \in \mathbb{R}^{n+1}$$

zu quantifizieren, gehen wir von dem vereinbarten Verbleibensleistungsprofil

$$\bar{L}^{(0)} = (0, \bar{R}_1, \ldots, \bar{R}_t, \ldots, \bar{R}_{n_1-1}, \bar{R}_{n_1}) \in \mathbb{R}^{n_1+1}$$

für die heute y-jährige Person 2 in Kollektiv 2 aus. Für die Bewertung dieses Profils im Kollektiv 2 seien Rechnungsgrundlagen $\mathcal{R}' = \{p(y, n_1), r(y, n_1), C'\}$ herangezogen, welche – analog zu (2.3) – zu Bewertungsfunktionen $_t\bar{W}_y(\cdot)$, $t = 0, 1, \ldots, n_1$ führen, d. h. für einen Vektor $T \in \mathbb{R}^{n_1+1}$ ist

$$_t\bar{W}_y(T) := (_t\bar{v}_y \cdot {_t\bar{p}_y})^{-1} \cdot \sum_{s=0}^{n_1} {_s\bar{v}_y} \cdot {_s\bar{p}_y} \cdot T_s$$

$$= (_t\bar{v}_y \cdot {_t\bar{p}_y})^{-1} \cdot \sum_{s=0}^{n_1} (\bar{p}(y, n_1) \circ \bar{v}(y, n_1) \circ T)_s$$

Somit ergeben sich als Einträge für das Profil $L^{(1)}$ der Ausscheideleistungen:

$$L_j^{(1)} = {_{j+1}\bar{W}_y}(\mathbb{1}_{j+1} \circ \bar{L}^{(0)}), \qquad j = 0, 1, \ldots, n_1 - 1. \tag{3.11}$$

- *Vorschüssig zahlbare Leibrentenversicherung mit Berufsunfähigkeitsabsicherung*: Sofern eine heute x-jährige versicherte Person zum Zeitpunkt j dem Kollektiv der „Aktiven" (Kollektiv 1) angehört, wird zu diesem Zeitpunkt eine Zahlung in Höhe von R_j geleistet.

Scheidet die versicherte Person während der Periode $j + 1$ *aufgrund von Berufsunfähigkeit* aus dem Kollektiv 1 aus, so „wechselt" sie in das *Kollektiv der „Invaliden"* (Kollektiv 2) und erhält ab dem Zeitpunkt $j+1$ bis zum Zeitpunkt $n_1 \geq j+1$ zu jedem Zeitpunkt t eine Verbleibensleistung in Höhe von $\hat{R}_t$, sofern sie den Zeitpunkt j (in Kollektiv 2) erlebt.

Das Verbleibensleistungsprofil $L^{(0)}$ im Kollektiv 1 entspricht damit dem Profil einer Leibrente, d. h.

$$L^{(0)} = (R_0, R_1, \ldots, R_n).$$

Ein Eintrag $L_j^{(1)}$ im Profil

$$L^{(1)} = (L_0^{(1)}, L_1^{(1)}, \ldots, L_j^{(1)}, \ldots, L_{n-1}^{(1)}, 0) \in \mathbb{R}^{n+1}$$

beschreibt den Wert der Leistungen, die zum Zeitpunkt $j + 1$ zu erbringen sind, sofern die Person in Periode $j + 1$ aus dem Kollektiv 1 ausscheidet (und ab dann dem Kollektiv 2 angehört). Zur Quantifizierung von $L_j^{(1)}$ wird das (im Kollektiv 2 der „Invaliden") vereinbarte Verbleibensleistungsprofil

$$\hat{L}^{(0)} = (0, \hat{R}_1, \hat{R}_2, \ldots, \hat{R}_t, \ldots, \hat{R}_{n-1}, 0) \in \mathbb{R}^{n_1+1}$$

herangezogen. Die Bewertung des Verbleibensleistungsprofils $\hat{L}^{(0)}$ erfolgt auf Grundlage der für das Kollektiv der „Invaliden" unterstellten Rechnungsgrundlagen $\hat{\mathcal{R}} = \{\hat{p}(x, n_1), \hat{r}(x, n_1), \hat{C}\}$. Diese induzieren dann Bewertungsfunktionen $_t\widehat{W}_x(\cdot)$, $t = 0, 1, \ldots, n_1$. Für ein Profil $T \in \mathbb{R}^{n+1}$ gilt also

$$_t\widehat{W}_x(T) := (_t\hat{v}_x \cdot {}_t\hat{p}_x)^{-1} \cdot \sum_{s=0}^{n_1} {}_s\hat{v}_x \cdot {}_s\hat{p}_x \cdot T_s$$

$$= (_t\hat{v}_x \cdot {}_t\hat{p}_x)^{-1} \cdot \sum_{s=0}^{n_1} (\hat{v}(x, n) \circ \hat{p}(x, n_1) \circ T)_s.$$

Der Eintrag $L_j^{(1)}$ im Profil $L^{(1)}$ entspricht gerade der Bewertung sämtlicher zukünftiger Leistungsversprechen an Person 1 (im Kollektiv 2 der „Invaliden"), bezogen auf den Zeitpunkt $j + 1$, d. h.

$$L_j^{(1)} = {}_{j+1}\widehat{W}_x(\mathbb{1}_{j+1} \circ \hat{L}^{(0)}), \qquad j = 0, 1, \ldots, n_1 - 1. \tag{3.12}$$

Der Vergleich von (3.11) und (3.12) macht deutlich, dass die Verbleibens- und Ausscheideleistungsprofile einer *Leibrentenversicherung mit Hinterbliebenenversorgung* und einer *Leibrentenversicherung mit Berufsunfähigkeitsabsicherung strukturell identisch* ermittelt werden: anstelle der Profile $\bar{p}(y, n_1)$ und $\bar{r}(y, n_1)$ für die zweite, hinterbliebene Person (im Kollektiv der Hinterbliebenen) wird bei der Berufsunfähigkeitsversicherung das Verbleibensprofil $\hat{p}(x, n_1)$ und $\hat{r}(x, n_1)$ für die noch lebende, aber invalide erste Person im Kollektiv der „Invaliden" herangezogen.

- *Berufsunfähigkeitsversicherung mit Beitragsbefreiung bei Invalidität*: Scheidet eine heute x-jährige Person während der Periode $j+1$ *aufgrund von Berufsunfähigkeit* aus dem Kollektiv der „Aktiven" (Kollektiv 1) aus, so erhält sie für jeden Zeitpunkt t mit $j+1 \leq t \leq n_1$ eine Verbleibensleistung in Höhe von $\hat{R}_j$ im Kollektiv der „Invaliden" (Kollektiv 2), sofern sie dort den Zeitpunkt t erlebt. Der Versicherungsnehmer ist in diesem Fall zudem von allen Prämienzahlungen befreit, die er als Aktiver ab dem Zeitpunkt $j+1$ hätte leisten müssen.

In diesem Fall gilt $L^{(0)} = \mathbb{0}$ und $\hat{L}^{(0)} = (0, \hat{R}_1, \hat{R}_2, \ldots, \hat{R}_t, \ldots, \hat{R}_{n_1-1}, 0) \in \mathbb{R}^{n_1+1}$.

Für den Eintrag $L_j^{(1)}$ im Profil $L^{(1)} \in \mathbb{R}^{n+1}$ der Ausscheideleistung (aus Kollektiv 1) ergibt sich, analog zu (3.12),

$$L_j^{(1)} = {}_{j+1}\widehat{W}_x(\mathbb{1}_{j+1} \circ (\hat{L}^{(0)} + b \cdot u))$$

$$= \underbrace{{}_{j+1}\widehat{W}_x(\mathbb{1}_{j+1} \circ \hat{L}^{(0)})}_{\hat{L}_j^{(1)}} + b \cdot \underbrace{{}_{j+1}\widehat{W}_x(\mathbb{1}_{j+1} \circ u)}_{\bar{L}_j^{(1)}},$$

sofern für die Prämienzahlungen das Zahlungsprofil $u \in \mathbb{R}^{n+1}$ zugrunde gelegt wird. Mit der Darstellung

$$L^{(1)} = \hat{L}^{(1)} + b \cdot \bar{L}^{(1)} \in \mathbb{R}^{n+1}$$

und wegen

$$b = \frac{{}_0W_x(L)}{{}_0W_x(u)} = \frac{{}_0W_x(q_{x:} \circ v_{x:} \circ L^{(1)})}{{}_0W_x(u)}$$

hat der Referenzbeitrag b dieser Versicherung den Wert

$$b = \frac{{}_0W_x(q_{x:} \circ v_{x:} \circ \hat{L}^{(1)})}{{}_0W_x(u - q_{x:} \circ v_{x:} \circ \bar{L}^{(1)})}.$$

- *Leibrentenversicherung mit Rentengarantiezeit*: Unabhängig davon, ob sich die versicherte Person innerhalb der ersten k Perioden noch im Kollektiv befindet oder während dieses Zeitraums ausgeschieden ist, wird für die Zeitpunkte $j = 0, 1, 2, \ldots, k$ eine Zahlung der Höhe R_j vereinbart. Für $k < j < n$ ist die vereinbarte Zahlung der Höhe R_j nur dann fällig, sofern die versicherte Person zum Zeitpunkt j dem Kollektiv angehört. Hier hat man

$$L^{(0)} = (R_0, R_1 \ldots, R_k, R_{k+1}, R_{k+2}, \ldots, R_n)$$

und

$$L^{(1)} = (\bar{R}_0, \bar{R}_1, \ldots, \bar{R}_{k-1}, \bar{R}_k, 0, 0, \ldots, 0).$$

Hierbei wird $\bar{R}_j$ *rekursiv* durch

$$\bar{R}_k := 0 \quad \text{und} \quad \bar{R}_j := R_{j+1} + \bar{R}_{j+1} \cdot v_{x:j}$$

für $j = k - 1, \ldots, 0$ bestimmt.

- *Um m Jahre aufgeschobene Leibrentenversicherung mit Rentengarantiezeit*: Befindet sich die Person zum Zeitpunkt m im Kollektiv, so wird – unabhängig davon, ob sie weitere k Perioden im Kollektiv verbleibt oder während dieses Zeitraums ausscheidet – für die Zeitpunkte $j = m, m + 1, \ldots, m + k$ eine Zahlung von R_j vereinbart. Für die Zeitpunkte j mit $m + k < j < n$ ist die vereinbarte Zahlung der Höhe R_j nur dann fällig, sofern die versicherte Person zu diesem Zeitpunkt dem Kollektiv angehört.

Eine derartige Leistungsvereinbarung wird durch

$$L^{(0)} = (0, 0, \ldots, 0, R_m, R_{m+1}, \ldots, R_{m+k}, R_{m+k+1}, R_{m+k+2}, \ldots, R_n)$$

und

$$L^{(1)} = (0, 0, \ldots, 0, \bar{R}_m, \bar{R}_{m+1}, \ldots, \bar{R}_{m+k-1}, \bar{R}_{m+k}, 0, 0, \ldots, 0)$$

abgebildet. Auch hier ergibt sich $\bar{R}_j$ rekursiv über

$$\bar{R}_{m+k} := 0 \quad \text{und} \quad \bar{R}_j := R_{j+1} + \bar{R}_{j+1} \cdot v_{x:j} \quad \text{für } j = m + k - 1, \ldots, 0.$$

- *Um m Jahre aufgeschobene Leibrentenversicherung mit Beitragsrückgewähr bei Tod vor Rentenbeginn*: Sofern die versicherte Person zum Zeitpunkt $j \geq m$ dem Kollektiv angehört, wird zu diesem Zeitpunkt eine Zahlung in Höhe von R_j fällig. Sollte die Person *vor* dem Zeitpunkt m – etwa in Periode $t + 1 \leq m$ – ausscheiden, so werden zum Zeitpunkt $t + 1$ die für diesen Versicherungsvertrag bis zum Zeitpunkt t entrichteten Beiträge $\sum_{j=0}^{t} B_j$ fällig.

Unterstellt man für die Prämienzahlung ein Profil u, d. h. $B = b \cdot u$, so haben die beiden Leistungsprofile $L^{(0)}$ und $L^{(1)}$ dieses Vertrages die folgende Gestalt:

$$L^{(0)} = (0, 0, \ldots, 0, R_m, R_{m+1}, \ldots, R_n)$$

und

$$L^{(1)} = b \cdot h^{(1)} = b \cdot (h_0^{(1)}, h_1^{(1)}, \ldots, h_{m-1}^{(1)}, 0, 0, \ldots, 0)$$

mit

$$h_t^{(1)} := \sum_{j=0}^{t} u_j, \quad \text{für } t = 0, 1, \ldots, m - 1.$$

Als Referenzbeitrag b dieser Versicherung ermittelt man hier also

$$b = \frac{{}_0 W_x(L^{(0)})}{{}_0 W_x(u - q_{x:} \circ v_{x:} \circ h^{(1)})}.$$

- *Um m Jahre aufgeschobene Leibrentenversicherung mit Beitragsgarantie*: Es wird für die Zeitpunkte $j = m, m + 1, \ldots, n$ eine Zahlung von R_j vereinbart, sofern die versicherte Person einen solchen Zeitpunkt erlebt. Prämien werden höchstens bis zum Zeitpunkt $m-1$ gezahlt. Zum Rentenbeginn im Zeitpunkt m ist sicherzustellen, dass der Wert der Rentenzahlungen mindestens dem c-fachen der Summe aller bis dahin geleisteten Beiträge entspricht (*Netto-Beitragsgarantie*). Hierbei ist $c \geq 0$ ein vorgegebener *Garantiefaktor*. In diesem Fall hat man

$$L^{(0)} = (0, 0, \ldots, 0, R_m, R_{m+1}, \ldots, R_n)$$

und

$$L^{(1)} = (0, 0, \ldots, 0) = \mathbb{O}.$$

Ist $u = (u_0, u_1, \ldots, u_{m-1}, 0, 0, \ldots, 0)$ ein Profil für die Prämienzahlung dieser Versicherung, d. h. $B = b \cdot u$, so ergibt sich zunächst

$$b = \frac{{}_m W_x(L^{(0)})}{{}_m W_x(u)}. \tag{3.13}$$

Die zusätzlichen Bedingung

$${}_m W_x(L^{(0)}) \overset{!}{\geq} c \cdot b \cdot \sum_{j=0}^{m-1} u_j \tag{3.14}$$

stellt dann sicher, dass die Beitragsgarantie erfüllt werden kann. Die letzte Bedingung ist wegen (3.13) dann gleichbedeutend damit, dass

$${}_m W_x(u) \overset{!}{\geq} c \cdot \sum_{j=0}^{m-1} u_j \tag{3.15}$$

gelten muss. Die „(Netto-) Beitragsgarantiebedingung" (3.15) hängt also von der Bewertungsfunktion ${}_m W_x(\cdot)$, dem Garantiefaktor c und dem unterstellten Zahlungsprofil u, nicht aber von den absoluten Beitragshöhen bzw. den vereinbarten Versicherungsleistungen ab.

- *Versorgungsversprechen der betrieblichen Altersversorgung auf Alters-, Invaliden- oder Hinterbliebenenleistungen*: Zum Zeitpunkt $t = 0$ trete eine x-jährige Person einem Kollektiv (von „aktiven" Arbeitnehmern eines Betriebes) bei. Es werde festgelegt, dass spätestens nach Erreichen des Zeitpunktes n die Person diesem Kollektiv nicht mehr angehören soll (Erreichen der Altersgrenze). Das entsprechende Verbleibensprofil werde durch $p(x, n)$ wiedergegeben.

Für diese Person werden im Rahmen einer *betriebliche Altersversorgung* (zum Zeitpunkt $t = 0$) folgende *Versorgungsleistungen* als „während der Zugehörigkeit zum Kollektiv *erdient*" vereinbart:

(i) Zum Zeitpunkt $j = 0$ wird eine Ablaufleistung in Höhe von S_0 vereinbart. Sofern die versicherte Person zum Zeitpunkt $j \geq 1$ dem Kollektiv angehört, wird die bisher vereinbarte Ablaufleistung um den Betrag S_j *erhöht*. Diese Vereinbarungen induzieren ein Profil

$$S = (S_0, S_1, S_2, \ldots, S_n)$$

erdienter (Altersleistungs-) „Bausteine".

(ii) Sofern die Person zum Zeitpunkt j dem Kollektiv angehört und während der Periode $j + 1$ aufgrund der Ursache 1 (Invalidität) ausscheidet, so wird im Zeitpunkt $j + 1$ eine Ausscheideleistung $L_j^{(1,1)}$ fällig. Durch eine solche Vereinbarung wird das Profil

$$L^{(1,1)} = (L_0^{(1,1)}, L_1^{(1,1)}, \ldots, L_{n-1}^{(1,1)}, 0)$$

der *erdienten Invalidenleistungen* induziert.

(iii) Sofern die Person zum Zeitpunkt j dem Kollektiv angehört und während der Periode $j + 1$ aufgrund der Ursache 2 (Tod) ausscheidet, so wird zum Zeitpunkt $j + 1$ eine Ausscheideleistung von $L_j^{(2,1)}$ fällig. Mit dem Profil

$$L^{(2,1)} = (L_0^{(2,1)}, L_1^{(2,1)}, \ldots, L_{n-1}^{(2,1)}, 0)$$

werde das zugehörige Profil dieser *erdienten Aktiven-Hinterbliebenenleistungen* beschrieben.

(iv) Sofern die Person zum Zeitpunkt j dem Kollektiv angehört und während der Periode $j + 1 \leq n$ weder aufgrund von Ursache 1 noch aufgrund von Ursache 2 ausscheidet, so wird zum Zeitpunkt $j + 1$ eine Ausscheideleistung $L_j^{(3,1)}$ fällig. Diese Vereinbarungen seien durch das Profil

$$L^{(3,1)} = (L_0^{(3,1)}, L_1^{(3,1)}, \ldots, L_{n-1}^{(3,1)}, 0)$$

erdienter Anwartschaften bei Fluktuation wiedergegeben.

Beschreiben die beiden Profile $q_{x:}^{(1)}$ bzw. $q_{x:}^{(2)}$ die einjährigen Ausscheidewahrscheinlichkeiten aufgrund von Ursache 1 bzw. Ursache 2 auszuscheiden, so ergibt sich für das Leistungsprofil L der zugehörigen Lebensversicherung

$$L = L^{(0)} + v_{x:} \circ \left(q_{x:}^{(1)} \circ L^{(1,1)} + q_{x:}^{(2)} \circ L^{(2,1)} + (q_{x:} - q_{x:}^{(1)} - q_{x:}^{(2)}) \circ L^{(3,1)} \right).$$

Hierin hat $L^{(0)}$ die Darstellung

$$L^{(0)} = (0, 0, \ldots, 0, L_n^{(0)}) \quad \text{mit} \quad L_n^{(0)} = \sum_{j=0}^{n} S_j.$$

Auch hier können sich die vereinbarten Ausscheideleistungen $L_j^{(1,1)}$, $L_j^{(2,1)}$ und $L_j^{(3,1)}$ jeweils selbst wiederum aus der Bewertung bestimmter Verbleibens-

und/oder Ausscheideleistungsprofile ergeben. Wie bereits in den Aufzählungs-punkten *„Leibrentenversicherung mit Hinterbliebenenversorgung"* (siehe S. 82) oder *„Leibrentenversicherung mit Berufsunfähigkeitsabsicherung"* (siehe S. 83) beschrieben, findet deren jeweilige Bewertung dann aufgrund der im *Kollektiv der Invaliden* bzw. im *Kollektiv der Hinterbliebenen* (für die dann $(x + j)$-jährige Person) gültigen Verbleibens- bzw. Kapitalanlageprofile statt.

▪ *Gemischte Versicherung auf zwei verbundene Leben*: Es wird für den Zeitpunkt $j + 1$ eine Todesfallleistung der Höhe S_{j+1} vereinbart, sofern die erste von zwei heute x- bzw. y-jährigen Personen in Periode $j + 1$ (wegen Tod) ausscheidet. Gehören zum Ablaufzeitpunkt n beide Personen noch zum Kollektiv, so wird die Ablaufleistung E geleistet. Prämien werden solange gezahlt, wie sich *beide* Personen im Kollektiv befinden.

Sind $p(x, n)$ und $p(y, n)$ zwei Verbleibensprofile für die heutige x-jährige bzw. heute y-jährige Person und gilt $r(x, n) = r(y, n)$, dann liefert zunächst

$$p(x|y, n) := p(x, n) \circ p(y, n)$$

das Verbleibensprofil für das „Paar" $x|y$ der derzeitigen Alter x bzw. y, d. h. $_j p_{x|y} := {}_j p_x \cdot {}_j p_y$ ist die Wahrscheinlichkeit dafür, dass *beide* Personen zum Zeitpunkt j dem Kollektiv angehören (sofern Unabhängigkeit im Ausscheiden vorausgesetzt wird). Somit ist

$$L^{(0)} = (0, 0, 0, \ldots, 0, 0, E) = E \cdot \mathbb{1}_n$$

und

$$L^{(1)} = (S_1, S_2, S_3, \ldots, S_{n-1}, S_n, 0).$$

Es handelt sich also *strukturell* um eine gemischte Versicherung, für eine „Person des verbundenen Alters $x|y$", bei der die Rechnungsgrundlagen ein spezielles Verbleibensprofil $p(x|y, n)$ und das Kapitalanlageprofil $r(x|y, n) := r(x, n)$ bestimmt werden (siehe auch [Wol70]).

3.4 Bestimmung eines ausreichenden Beitragsprofils: Brutto-Beitragskalkulation

In den vorangehenden Abschnitten 3.1 und 3.2 wurden im Rahmen der Erstkalkulation die Rechnungsgrundlagen

$$\mathcal{R}^{(1)} = \{p(x, n), r(x, n), C\} \quad \text{mit} \quad C = (0, 0, 0, 0, 0)$$

verwendet. In diesem Abschnitt wollen wir uns nun mit der sogenannten *Bruttokalku-lation* eines Lebensversicherungsvertrages beschäftigen, bei der die fünf Kostensatz-profile α^z, α^γ, β, γ und L^σ in die Beitrags- und Leistungskalkulation nicht-trivial mit einbezogen werden. Für die Erstkalkulation eines solchen Vertrages gehen wir davon aus, dass neben $p(x, n)$ und $r(x, n)$ auch die Kostensatzprofile C vom Versicherungsunternehmen „vorsichtig" gewählt wurden.

Dabei sprechen wir zunächst die Bruttobeitragskalkulation an. Ausgangslage ist hier, dass zu den zwischen Versicherungsnehmer und Versicherungsunternehmen vereinbarten Verbleibensleistungen $L^{(0)}$ und Ausscheideleistungen $L^{(1)}$ ein Profil ausreichender Prämien $B^{(a)}$ (*Brutto-Beitragsprofil*) bestimmt werden soll, mit dem das Profil ausreichender Leistungen

$$L^{(a)} = L + L^{(K)}$$

versichert werden kann (siehe Abschnitt 1.6, Seite 34). Ähnlich wie bei der Netto-Beitragskalkulation (siehe Abschnitt 3.1) nutzen wir zur Bestimmung von $B^{(a)}$ zunächst ein Zahlungsprofil u. Das Zahlungsprofil spiegelt die *Intensität* wider, mit der der Versicherungsnehmer die ausreichenden Beiträge zu den einzelnen Zeitpunkten während der Laufzeit leisten wird, sofern die heute x-jährige versicherte Person dem Kollektiv angehört. Vor diesem Hintergrund bedeutet die Durchführung der Brutto-Beitragskalkulation also die Festlegung eines *ausreichenden Referenzbeitrags* $b^{(a)}$ derart, dass $B^{(a)} := b^{(a)} \cdot u$ und $L^{(a)}$ dem Äquivalenzprinzip bezüglich $\mathcal{R}^{(1)}$ genügen.

Mit der in den Abschnitten 1.6.1 und 1.6.2 beschriebenen Art (siehe S. 34 bzw. 36), wie die Entgelte als Leistungszuschläge berücksichtigt werden, ergibt sich zunächst das *ausreichende (Brutto-) Leistungsprofil*

$$L^{(a)} = L + L^{(K)} = L + L^{\alpha^z} + L^{\alpha^\gamma} + L^\gamma + L^\beta + L^\sigma. \tag{3.16}$$

Da wir $L^{(K)}$ als „zusätzliches" Verbleibensleistungprofil interpretieren, können wir diese Sichtweise jeweils auch auf die einzelnen Komponenten L^{α^z}, L^{α^γ}, L^γ, L^β sowie L^σ übertragen. Für $\kappa \in \{\alpha^z, \alpha^\gamma, \beta, \gamma, \sigma\}$ lassen sich – bei bekanntem ausreichenden Referenzbeitrag $b^{(a)}$ – die κ-*Kostenprofile* L^κ somit explizit darstellen als

$$
\begin{aligned}
L^{\alpha^z} &= S \cdot \alpha^z = \left(b^{(a)} \cdot \sum_{j=0}^{n} u_j \right) \cdot \alpha^z &&= b^{(a)} \cdot \sum u \cdot \alpha^z, \\
L^{\alpha^\gamma} &= S \cdot \alpha^\gamma = \left(b^{(a)} \cdot \sum_{j=0}^{n} u_j \right) \cdot \alpha^\gamma &&= b^{(a)} \cdot \sum u \cdot \alpha^\gamma, \\
L^\gamma &= S \cdot \gamma = \left(b^{(a)} \cdot \sum_{j=0}^{n} u_j \right) \cdot \gamma &&= b^{(a)} \cdot \sum u \cdot \gamma, \\
L^\beta &= b^{(a)} \cdot (\beta_0 \cdot u_0, \ldots, \beta_n \cdot u_n) &&= b^{(a)} \cdot (\beta \circ u).
\end{aligned}
\tag{3.17}
$$

Der besseren Lesbarkeit halber haben wir hierbei $\sum u := \sum_{j=0}^{n} u_j$ vereinbart.

Aus den Zusammenhängen der Bestimmungsgleichungen (3.17) ergibt sich dann der Ausdruck

$$L^{(K)} = b^{(a)} \cdot \left(\beta \circ u + \sum u \cdot (\alpha^z + \alpha^\gamma + \gamma) \right) + L^\sigma. \tag{3.18}$$

Das ausreichende Beitragsprofil $B^{(a)}$ lässt sich über den ausreichenden Referenzbeitrag $b^{(a)}$ angeben. Wir erhalten dazu aus den Zusammenhängen (2.10) bzw. (3.3)

$$
\begin{aligned}
b^{(a)} &= \frac{{}_0 W_x(L^{(a)})}{{}_0 W_x(u)} \\
&= \frac{1}{{}_0 W_x(u)} \cdot \left({}_0 W_x(L) + b^{(a)} \cdot \sum u \cdot {}_0 W_x(\alpha^z + \alpha^\gamma + \gamma) \right. \\
&\qquad \left. + b^{(a)} \cdot {}_0 W_x(\beta \circ u) + {}_0 W_x(L^\sigma) \right).
\end{aligned}
$$

Hieraus ergibt sich also

$$
\begin{aligned}
b^{(a)} &= \frac{{}_0 W_x(L) + {}_0 W_x(L^\sigma)}{{}_0 W_x(u) - \sum u \cdot {}_0 W_x(\alpha^z) - \sum u \cdot {}_0 W_x(\alpha^\gamma) - {}_0 W_x(\beta \circ u) - \sum u \cdot {}_0 W_x(\gamma)} \\
&= \frac{{}_0 W_x(L) + {}_0 W_x(L^\sigma)}{{}_0 W_x(u) - \sum u \cdot \left({}_0 W_x(\alpha^z) + {}_0 W_x(\alpha^\gamma) - {}_0 W_x(\gamma) \right) - {}_0 W_x(\beta \circ u)} \\
&= \frac{{}_0 W_x(L + L^\sigma)}{{}_0 W_x((\mathbb{1} - \beta) \circ u) - {}_0 W_x\left(\sum u \cdot (\alpha^z + \alpha^\gamma + \gamma) \right)} \\
&= \frac{{}_0 W_x(L + L^\sigma)}{{}_0 W_x\left((\mathbb{1} - \beta) \circ u - \sum u \cdot (\alpha^z + \alpha^\gamma + \gamma) \right)} \\
&= \frac{{}_0 W_x(L + L^\sigma)}{{}_0 W_x(\bar{u})}
\end{aligned}
\tag{3.19}
$$

mit

$$
\bar{u} := (\mathbb{1} - \beta) \circ u - \sum u \cdot (\alpha^z + \alpha^\gamma + \gamma).
\tag{3.20}
$$

Der Referenzbeitrag $b^{(a)}$ in (3.19) ist also über die Bewertung des Profils L der (Netto-)Versicherungsleistungen und des Profils L^σ festgelegter monetärer Kostengrößen sowie durch die Bewertung eines (von u und $\mathcal{R}^{(1)}$ abhängigen) Profils $\bar{u}$ bestimmt. Dieses Profil „zerfällt" dabei

- in eine Komponente $(\mathbb{1} - \beta) \circ u \in \mathbb{R}^{n+1}$, die von den einzelnen Einträgen im Zahlungsprofil u abhängt, sowie
- in eine Komponente $\theta := (\alpha^z + \alpha^\gamma + \gamma) \cdot \sum u \in \mathbb{R}^{n+1}$, die von der skalaren Größe $\sum u$ abhängt.

In $\bar{u}$ werden also die Zahlungsintensitäten der Prämien um die in C gegebenen Kostensätze „erweitert". Wir sprechen daher von einem *erweiterten Zahlungsprofil* oder kurz, vom *$\bar{u}$-Profil*.

Zur Bestimmung des ausreichenden Referenzbeitrags $b^{(a)}$ eines Lebensversicherungsvertrages würde es aus technischer Sicht also offenbar ausreichen, neben L^σ lediglich *zwei* weitere Kostensatzprofile β und θ mit jeweils unterschiedlichen Bezugsgrößen, nämlich u und $\sum u$, festzulegen. Dies spiegelt auf formale Weise die bereits auf

Seite 34 angesprochene allgemeine inhaltliche Struktur der Bemessung der einzelnen Kostenkomponenten wider.

Der ausreichende Referenzbeitrag $b^{(a)}$ eines Lebensversicherungsvertrages lässt sich somit stets über einen Quotienten der folgenden Struktur

$$b^{(a)} = \frac{{}_0W_x(L + L^\sigma)}{{}_0W_x((\mathbb{1} - \beta) \circ u) - \sum u \cdot {}_0W_x(\theta)} \tag{3.21}$$

ermitteln.

Bemerkung 3.7.

(i) Derzeit werden für eine Brutto-Kalkulation anstelle der Kostensatzprofile C von den Lebensversicherungsunternehmen typischerweise verschiedene eindimensionale Kostensätze $\hat{\alpha}^z$, $\hat{\alpha}^\gamma$, $\hat{\beta}$, $\hat{\gamma}^{(1)}$, $\hat{\gamma}^{(2)}$, $\hat{\sigma} \geq 0$ unterstellt. Im Unterschied zur traditionellen Nomenklatur, sind die Kostensätze hier durch einen Zirkumflex „ ˆ " über dem Bezeichner aufgeschrieben.

So, wie die jährlichen Kostensätze in den Kostensatzprofilen, so beziehen sich auch diese „traditionell" verwendeten Kostensätze auf die ausreichende Beitragssumme S bzw. die zu zahlenden ausreichenden Beiträge $B_j^{(a)}$ oder sie beschreiben absolute monetäre Größen. Kostensätze während der Laufzeit eines Versicherungsvertrages als zeitlich variabel anzunehmen (so, wie es in den entsprechenden Profilen möglich wäre), wird in der herkömmlichen versicherungstechnischen Kalkulationsmethodik üblicherweise nicht verfolgt. Zeitlich unterschiedliche Belegungen von Kostensätzen werden – wenn überhaupt – für die Phasen der Beitragszahlung und die beitragsfreie Phase eines Vertrages in Betracht gezogen:

Beschreibt etwa $u = (u_0, u_1, \ldots, u_{m-1}, 0, \ldots, 0)$ das Zahlungsprofil eines Vertrages mit $u_j > 0$ für $j < m$, so „wirken" diese Kostensätze in der Regel wie folgt (siehe beispielsweise [Ort16], [Wol97]):

- *$\hat{\alpha}^z$ im Zeitpunkt des Vertragsbeginns (Zillmer-Kostensatz),*
- *$\hat{\alpha}^\gamma$ zu den Zeitpunkten der Beitragszahlungen (manchmal dann auch nur während der ersten fünf Jahre der Vertragslaufzeit) (α^γ-Kosten),*
- *$\hat{\beta}$ während der Beitragszahlungsdauer (β-Kosten),*
- *$\hat{\gamma}^{(1)}$ während der Beitragszahlungsdauer, sowie $\hat{\gamma}^{(2)}$ in der beitragsfreien Zeit (γ-Kosten) und*
- *$\hat{\sigma}$ zu Beginn der einzelnen Versicherungsperioden (Stückkosten).*

Aus diesen (eindimensionalen) Kostensätzen lassen sich leicht die zugehörigen Kostensatzprofile als

- *$\alpha^z := \hat{\alpha}^z \cdot (\mathbb{1} - \mathbb{1}_1)$,*
- *$\alpha^\gamma := \hat{\alpha}^\gamma \cdot (\mathbb{1} - \mathbb{1}_m)$,*
- *$\beta = \hat{\beta} \cdot (\mathbb{1} - \mathbb{1}_m)$,*
- *$\gamma = \hat{\gamma}^{(1)} \cdot (\mathbb{1} - \mathbb{1}_m) + \hat{\gamma}^{(2)} \cdot (\mathbb{1}_m - \mathbb{1}_n)$ und*
- *$L^\sigma = \hat{\sigma} \cdot (\mathbb{1} - \mathbb{1}_n)$*

angeben.

Eine traditionelle, also auf obigen Kostensätzen beruhende Brutto-Beitragskalkulation stellt also innerhalb des hier vorgestellten Kalkulationsmodells einen Spezialfall dar. Dabei wird dann speziell

$$\bar{u} = (1 - \hat{\beta}) \cdot u - \sum u \cdot \left(\alpha_0^z \cdot (\mathbb{1} - \mathbb{1}_1) + \hat{\gamma}^{(1)} \cdot (\mathbb{1} - \mathbb{1}_m) + \hat{\alpha}^\gamma \cdot (\mathbb{1} - \mathbb{1}_m) \right.$$
$$\left. + \hat{\gamma}^{(2)} \cdot (\mathbb{1}_m - \mathbb{1}_n) \right) + \hat{\sigma} \cdot (\mathbb{1} - \mathbb{1}_n)$$

verwendet. Für das Kostenprofil $B^{(K)} = b^{(K)} \cdot u$ gilt in dieser Situation

$$_0W_x(B^{(K)}) = b^{(K)} \cdot {_0W_x}(u) = \hat{\alpha}^z \cdot S + \hat{\alpha}^\gamma \cdot S \cdot {_0W_x}(\mathbb{1} - \mathbb{1}_m) +$$
$$+ \hat{\beta} \cdot b^{(a)} \cdot {_0W_x}(u) + \hat{\gamma}^{(1)} \cdot S \cdot {_0W_x}(\mathbb{1} - \mathbb{1}_m) +$$
$$+ \hat{\gamma}^{(2)} \cdot S \cdot {_0W_x}(\mathbb{1}_m - \mathbb{1}_n) + \hat{\sigma} \cdot {_0W_x}(\mathbb{1} - \mathbb{1}_n). \tag{3.22}$$

(ii) *In der traditionellen versicherungstechnischen Literatur wird es offenbar als notwendig erachtet, für die dort angesprochenen Typen von Lebensversicherungen prominent hervorzuheben, auf welche Weise sich jeweils die entsprechenden ausreichenden Referenzbeiträge ermitteln lassen (siehe dazu bspw. [Wol97; Ort16; IM13; Kah18] u. a.). Durch die zahlreichen „Berechnungsformeln", die dort dazu üblicherweise aufgelistet werden, wird dem Leser suggeriert, dass die Kalkulation ausreichender Beiträge jeweils typabhängig durchgeführt werden müsse. Die versicherungstypunabhängige Struktur in (3.19) bzw. (3.21), die der Ermittlung ausreichender Beiträge zugrunde liegt, wird dabei weder erwähnt noch sichtbar gemacht.*

(iii) *Die Rechnungsgrundlage $C = (\alpha^z, \alpha^\gamma, \beta, \gamma, L^\sigma)$ von Kostensatzprofilen führt mit (3.4) und (3.20) auf die Darstellung des ausreichenden Referenzbeitrags als*

$$b^{(a)} = \frac{_tW_x(L + L^\sigma)}{_tW_x(\bar{u})}, \quad t \in \{0, 1, \dots, n\}$$

und über den Zusammenhang (3.18) auch zur Ermittlung des Leistungsprofils der Kosten $L^{(K)}$ als Profil absoluter monetärer Größen.

Wäre andererseits das Kostenprofil $L^{(K)}$ als Profil absoluter monetärer Größen a priori bekannt, so ergäben sich für $b^{(a)}$ die alternativen Darstellungen als

$$b^{(a)} = \frac{_tW_x(L + L^{(K)})}{_tW_x(u)}, \quad t \in \{0, 1, \dots, n\}.$$

In diesem Sinne sind also die beiden Rechnungsgrundlagen

$$\mathcal{R}^{(1)} = \{p(x, n), r(x, n), C\} \quad \text{sowie} \quad \mathcal{R}'^{(1)} = \{p(x, n), r(x, n), C'\}$$

mit

$$C' = (\mathbb{0}, \mathbb{0}, \mathbb{0}, \mathbb{0}, L'^\sigma) \quad \text{und} \quad L'^\sigma := L^{(K)}$$

für die Kalkulation ausreichender Beiträge gleichwertig.

(iv) Sofort klar ist natürlich auch, dass der Ausdruck (3.3) (siehe S. 66, mit dem der (Netto-) Referenzbeitrag b der Versicherung ermittelt wird) ein Spezialfall von (3.21) ist. Gilt nämlich C = (0, 0, 0, 0, 0), so ist

$$b^{(a)} = b.$$

Ist der ausreichende Referenzbeitrag $b^{(a)}$ ermittelt, lassen sich entsprechend der Zusammenhänge in (3.17) die einzelnen Kostenprofile

$$L^{\alpha^z}, L^{\alpha^\gamma}, L^\gamma, L^\beta$$

angeben. Die Leistungsprofile der Kosten (und auch L^σ) können nun wiederum einzeln jeweils einer Bewertung durch $_0W_x(\cdot)$ unterzogen werden. Somit kann man jeweils zugehörige (d. h. dem Äquivalenzprinzip bezüglich $\mathcal{R}^{(1)}$ gehorchende) Beitragsprofile

$$B^{\alpha^z}, B^{\alpha^\gamma}, B^\beta, B^\gamma \quad \text{und} \quad B^\sigma$$

ermitteln. Für $\kappa \in \{\alpha^z, \alpha^\gamma, \beta, \gamma, \sigma\}$ lässt sich dann das κ-Kostenprofil L^κ mit dem κ-*Beitragsprofil* B^κ versichern. Wir sprechen bei einem Paar (B^κ, L^κ) daher von der κ-*Kostenversicherung*.

Zur Bestimmung der κ-Beitragsprofile kann wieder Formel (3.3) herangezogen werden. Legt man für die einzelnen κ-Beitragsprofile B^κ dasselbe Zahlungsprofil u zugrunde, mit dem auch die ausreichenden Prämien geleistet werden sollen, d. h. fordert man

$$B^{\alpha^z} = b^{\alpha^z} \cdot u, \quad B^{\alpha^\gamma} = b^{\alpha^\gamma} \cdot u, \quad B^\beta = b^\beta \cdot u, \quad B^\gamma = b^\gamma \cdot u \quad \text{und} \quad B^\sigma = b^\sigma \cdot u,$$

so lassen sich die entsprechenden Referenzbeiträge b^κ unmittelbar durch

$$b^{\alpha^z} = b^{(a)} \cdot \frac{_0W_x(\alpha^z)}{_0W_x(u)} \cdot \sum u,$$

$$b^{\alpha^\gamma} = b^{(a)} \cdot \frac{_0W_x(\alpha^\gamma)}{_0W_x(u)} \cdot \sum u,$$

$$b^\gamma = b^{(a)} \cdot \frac{_0W_x(\gamma)}{_0W_x(u)} \cdot \sum u, \tag{3.23}$$

$$b^\beta = b^{(a)} \cdot \frac{_0W_x(\beta \circ u)}{_0W_x(u)},$$

$$b^\sigma = \frac{_0W_x(L^\sigma)}{_0W_x(u)}$$

angeben. Somit ist

$$B^{(a)} = b^{(a)} \cdot u = (b + \underbrace{b^{\alpha^z} + b^{\alpha^\gamma} + b^\gamma + b^\beta + b^\sigma}_{b^{(K)}}) \cdot u$$

$$= (b + b^{(K)}) \cdot u$$

$$= B + B^{(K)}.$$

Das spezielle Beitragsprofil

$$B^z := (b + b^{\alpha^z}) \cdot u = B + B^{\alpha^z} \tag{3.24}$$

nennen wir – in Anlehnung an die traditionelle Bezeichnung – das *Profil der* ZILLMER-*Prämien.* Die besondere Bedeutung, die den ZILLMER-Prämien bei der Amortisation der Abschluss- und Vertriebskosten zukommt, wird im späteren Abschnitt 3.7 noch gesondert behandelt.

Beispiel 3.8: Bruttobeitragskalkulation

Für die in Beispiel 3.2 (siehe S. 67) betrachteten Lebensversicherungsverträge der Laufzeit $n = 8$ werde für die Kalkulation vom Versicherungsunternehmen das folgende Kostensatzprofil $C = (\alpha^z, \alpha^\gamma, \beta, \gamma, L^\sigma)$ unterstellt:

- ein ZILLMER-Kostensatzprofil

$$\alpha^z = (2,5\,\%, 0, 0, 0, 0, 0, 0, 0, 0) \in \mathbb{R}^9,$$

- ein α^γ-Profil

$$\alpha^\gamma = (0, 1\,\%\!o, 2\,\%\!o, 3\,\%\!o, 4\,\%\!o, 0, 0, 0, 0) \in \mathbb{R}^9,$$

- ein β-Profil

$$\beta = (4\,\%, 2\,\%, 1\,\%, 0, 0, 0, 0, 0, 0) \in \mathbb{R}^9,$$

- ein γ-Profil

$$\gamma = (0, 0, 0, 2,5\,\%\!o, 2,5\,\%\!o, 2,5\,\%\!o, 1,5\,\%\!o, 1,5\,\%\!o, 0) \in \mathbb{R}^9$$

sowie
- ein Stückkostenprofil L^σ mit

$$L^\sigma = (5, 8, 13, 21, 34, 55, 89, 144, 0) \in \mathbb{R}^9.$$

(i) In Beispiel 3.2 wurde mit „Leistungsprofil 2" ein (Netto-) Versicherungsvertrag betrachtet, bei der Verbleibens- und Ausscheideleistungen

$$L^{(0)} = (1.000, 0, 1.010, 0, 980, 0, 1.320, 0, 4.030)$$

und

$$L^{(1)} = (40.000, 70.000, 60.000, 50.000,$$
$$60.000, 75.000, 80.000, 93.000, 0)$$

versichert werden sollen. Für das unterstellte Zahlungsprofil

$$u = (1/2, 1, 1/2, 3, 0, 0, 0, 0, 0)$$

wurde dort ein zugehöriges Netto-Beitragsprofil B ermittelt.
Vor dem Hintergrund der gewählten Kostensatzprofile C soll nun das Profil $B^{(a)}$ ausreichender Beiträge für diese Versicherung ermittelt werden. Aus den gegebenen Informationen ergibt sich zunächst das erweiterte Zahlungsprofil $\bar{u}$ als

$$\bar{u} = (1 - \beta) \circ u - \sum u \cdot (\alpha^z + \alpha^\gamma + \gamma)$$
$$= (0,3550, \ 0,9750, \ 0,4850, \ 2,9725, \ -0,0325,$$
$$- 0,0125, \ -0,0075, \ -0,0075, \ 0)$$

und somit

$$_0W_x(\bar{u}) = 4,58792.$$

Für den ausreichenden Referenzbeitrag $b^{(a)}$ gilt dann

$$b^{(a)} = \frac{_0W_x(L + L^\sigma)}{_0W_x(\bar{u})} = \frac{8.588,01748 + 352,08940}{4,58792} = 1.948,61725.$$

Das Bruttobeitragsprofil (Einträge in €) stellt sich somit als

$$B^{(a)} = b^{(a)} \cdot u = (974,31, \ 1.948,62, \ 974,31, \ 5.845,85, \ 0, \ 0, \ 0, \ 0, \ 0)$$

dar. Die Referenzbeiträge für die einzelnen Kostenversicherungen lassen sich gemäß (3.23) ausrechnen. Man erhält im Einzelnen:

$$b^{\alpha^z} = 50,16355, \quad b^{\alpha^\gamma} = 19,30088, \quad b^\gamma = 20,10644$$

und

$$b^\beta = 17,87410, \quad b^\sigma = 72,51113.$$

Mit $b^{(K)} = b^{\alpha^z} + b^{\alpha^\gamma} + b^\gamma + b^\beta + b^\sigma$ ergibt sich daraus dann das Beitragsprofil der Kosten als

$$B^{(K)} = b^{(K)} \cdot u = (89{,}98,\ 179{,}96,\ 89{,}98,\ 539{,}87,\ 0,\ 0,\ 0,\ 0,\ 0).$$

In den Versicherungsvertrag wurde ein Abschluss- und Vertriebsentgelt in Höhe von insgesamt

$$K^\alpha = \left(\alpha_0^z + \sum_{j=1}^{8} \alpha_j^\gamma \right) \cdot \sum_{j=0}^{8} B_j^{(a)} = 341{,}01$$

eingerechnet.

(ii) Würde mit denselben Rechnungsgrundlagen ein Versicherungsvertrag kalkuliert, bei dem das Profil

$$L^{(0)} = (1.000,\ 0,\ 1.010,\ 0,\ 980,\ 0,\ 1.320,\ 0,\ 4.300)$$

von Verbleibensleistungen versichert werden soll, dies dann gegen laufende Beiträge in gleicher Höhe, allerdings abgekürzt auf $m = 6$ Jahre, d. h.

$$u = (1, 1, 1, 1, 1, 1, 0, 0, 0),$$

so ergäben sich:
- für die Bewertung von L: $_0W_x(L) = {_0W_x}(L^{(0)}) = 8.219{,}39883$,
- für die Bewertung von u: $_0W_x(u) = 5{,}82351$,
- für den Netto-Referenzbeitrag:

$$b = \frac{_0W_x(L)}{_0W_x(u)} = \frac{8.219{,}39883}{5{,}82351} = 1.411{,}41680,$$

- für das Netto-Beitragsprofil (Einträge in €):

$$B = 1.411{,}42 \cdot (1, 1, 1, 1, 1, 1, 0, 0, 0),$$

- für das erweiterte Zahlungsprofil:

$$\bar{u} = (0{,}8100,\ 0{,}9740,\ 0{,}9780,\ 0{,}9670,$$
$$0{,}9610,\ 0{,}9850,\ -0{,}0090,\ -0{,}0090,\ 0),$$

- für die Bewertung von $\bar{u}$: $_0W_x(\bar{u}) = 5{,}48626$,
- für den ausreichenden Referenzbeitrag:

$$b^{(a)} = \frac{_0W_x(L + L^\sigma)}{_0W_x(\bar{u})} = \frac{8.219{,}39883 + 352{,}08940}{5{,}48626} = 1.562{,}35452,$$

- für das Profil ausreichender Prämien (in €):

$$B^{(a)} = b^{(a)} \cdot u = 1.562{,}35 \cdot (1, 1, 1, 1, 1, 1, 0, 0, 0),$$

- für die Referenzbeiträge der einzelnen Kostenversicherungen:

$$b^{\alpha^z} = 40{,}24260, \qquad b^{\alpha^\gamma} = 15{,}48371, \qquad b^\gamma = 16{,}12995$$

und

$$b^\beta = 18{,}62145, \qquad b^\sigma = 60{,}46001$$

sowie daraus insgesamt

$$b^{(K)} = 150{,}93772,$$

- für das Beitragsprofil der Kosten:

$$B^{(K)} = b^{(K)} \cdot u = 150{,}94 \cdot (1, 1, 1, 1, 1, 1, 0, 0, 0)$$

und
- für das eingerechnete Abschluss- und Vertriebsentgelt: $K^\alpha = 328{,}09$.

In der Praxis ist es üblich, dass für die einzelnen κ-Versicherungen (B^κ, L^κ) dasselbe Zahlungsprofil u verwendet wird, welches auch der Bestimmung des Brutto-Beitragsprofils $B^{(a)}$ zugrunde liegt. Aus wettbewerbsstrategischer Sicht könnte es allerdings durchaus interessant sein, ein von u verschiedenes *Zahlungsprofil der Kosten* $u^{(K)}$ (bzw. auch einzelne Zahlungsprofile u^κ für die einzelnen Kostenkomponenten) festzulegen.

Dies ist aus technischer Sicht problemlos möglich: Werden für die einzelnen κ-Kostenversicherungen die Zahlungsprofile „kosten-individuell" (also unabhängig vom Zahlungsprofil u) gewählt, etwa u^{α^z}, u^{α^γ}, u^β, u^γ und u^σ, so lassen sich für $\kappa \in \{\alpha^z, \alpha^\gamma, \beta, \gamma, \sigma\}$ die korrespondierenden Referenzbeiträge $b^\kappa(u^\kappa)$ über die Beziehung

$$b^\kappa(u^\kappa) = b^\kappa \cdot \frac{{}_tW_x(u)}{{}_tW_x(u^\kappa)}, \qquad t \in \{0, 1, \dots, n\} \tag{3.25}$$

ermitteln. Hierin entspricht b^κ den Größen aus der Übersicht (3.23).

Der Zusammenhang (3.25) ist eine direkte Folge aus der Forderung, dass $b^\kappa(u^\kappa) \cdot u^\kappa$ und L^κ versicherungstechnisch äquivalent bzgl. $\mathcal{R}^{(1)}$ sind, weswegen mit dem Beitragsprofil $B^\kappa(u^\kappa) = b^\kappa(u^\kappa) \cdot u^\kappa$ das Kostenprofil L^κ versichert werden kann. Für das daraus resultierende ausreichende Beitragsprofil

$$\tilde{B}^{(a)} := B + \sum_{\kappa \in \{\alpha^z, \alpha^\gamma, \beta, \gamma, \sigma\}} b^\kappa(u^\kappa) \cdot u^\kappa$$

gilt dann zwar

$$_tW_x(\tilde{B}^{(a)}) = {}_tW_x(B^{(a)}),$$

im Allgemeinen jedoch

$$\tilde{B}^{(a)} \neq B^{(a)},$$

d. h. $\tilde{B}^{(a)}$ und $B^{(a)}$ unterscheiden sich.

Bemerkung 3.9.

(i) *Indem die κ-Kostenversicherungen aus technischer Sicht als eigenständige Versicherungen aufgefasst werden, ließen sich diese jeweils prinzipiell auch mit eigenständigen Bewertungsfunktionen $_0W_x^{\kappa}(\cdot)$ kalkulieren. So wäre es technisch denkbar, etwa im Rahmen der Erstkalkulation für die ZILLMER-Komponente L^{α^z} und das zugehörige Beitragsprofil B^{α^z}, grundsätzlich ein „eigenes" Kapitalanlageprofil $r'(x, n)$ zugrunde zu legen, anstelle des für die Nettoversicherung verwendeten Anlageprofils $r(x, n)$.*

(ii) *Offensichtlich hängen die Abschluss- und Vertriebskosten K^{α} in der hier vorgestellten Systematik von der Größe S ab. Bei vorgegebenen Kostensatzprofilen α^z und α^{γ} wird K^{α} somit durch die Wahl von u beeinflusst (siehe Ausdruck (1.20), S. 35). Zum selben Paar $L^{(0)}$, $L^{(1)}$ von Verbleibens- bzw. Ausscheideleistungsprofilen aber unterschiedlichen Zahlungsprofilen u, u' ergeben sich im Allgemeinen dann also unterschiedliche Höhen von Abschluss- und Vertriebskosten.*

Wählt man anstelle der Beitragssumme S eine von u unabhängige Bezugsgröße, etwa die Größe $_0W_x(L)$ ($= {}_0W_x(B)$), dann wäre

$$\tilde{K}^{\alpha} := \left(\alpha_0^z + \sum_{j=1}^{n} \alpha_j^{\gamma} \right) \cdot {}_0W_x(L)$$

unabhängig vom Zahlungsprofil u. Behält man hier dann die in den Abschnitten 1.6.1 und 1.6.2 vorgestellte Struktur der Bestimmung von Kostenleistungsprofilen bei, würde sich – hergeleitet ähnlich wie in (3.19) – ein ausreichender Referenzbeitrag $\tilde{b}^{(a)}$ als

$$\tilde{b}^{(a)} = \frac{{}_0W_x(L) \cdot (1 + {}_0W_x(\alpha^z + \alpha^{\gamma} + \gamma)) + {}_0W_x(L^{\sigma})}{{}_0W_x((\mathbb{1} - \beta) \circ u)}$$

ermitteln lassen.

Im nachfolgenden Beispiel kommen wir zurück auf die auf S. 86 beschriebene, um m Jahre aufgeschobene Leibrentenversicherung mit (Netto-) Beitragsgarantie. Dort war mit (3.15) eine Bedingung angegeben worden, durch die (bei Netto-Kalkulation) eine solche Garantie sichergestellt ist. Vor dem Hintergrund der Brutto-Kalkulation soll hier eine entsprechende Bedingung für die ausreichenden Prämien formuliert werden.

Beispiel 3.10: Aufgeschobene Leibrentenversicherung mit Bruttobeitragsgarantie

Wie im dortigen Leistungsprofil, seien für die Rentenbezugszeit, d. h. ab dem Zeitpunkte $j = m$, Verbleibensleistungen $R_j > 0$ vereinbart. In diesem Fall hat man also

$$L^{(0)} = (0, 0, \ldots, 0, R_m, R_{m+1}, \ldots, R_n) \quad \text{und} \quad L^{(1)} = \mathbb{0}.$$

Ausreichende Prämien $B_j^{(a)}$ werden höchstens bis zum Ende der Aufschubzeit, also bis zum Zeitpunkt $m - 1$ gezahlt. Zum Rentenbeginn im Zeitpunkt m ist zu gewährleisten, dass der Wert der vereinbarten Rentenzahlungen mindestens dem c-fachen ($c \geq 0$) der Summe aller bis dahin geleisteten *ausreichenden* Prämien entspricht (*Brutto-Beitragsgarantie*). Für die Erstkalkulation einer solchen Versicherung seien Rechnungsgrundlagen $\mathcal{R}^{(1)} = \{p(x, n), r(x, n), C\}$ angenommen. Für ein Zahlungsprofil $u = (u_0, u_1, \ldots, u_{m-1}, 0, 0, \ldots, 0)$ ergibt sich der ausreichende Referenzbeitrag dann nach (3.19) als

$$b^{(a)} = \frac{{}_mW_x(L^{(0)} + L^{\sigma})}{{}_mW_x(\bar{u})}. \tag{3.26}$$

Die zusätzliche Bedingung

$${}_mW_x(L^{(0)}) \stackrel{!}{\geq} c \cdot b^{(a)} \cdot \sum u$$

stellt dann sicher, dass die Brutto-Beitragsgarantie mit Garantiefaktor $c \geq 0$ erfüllt werden kann. Wegen (3.26) ist diese letzte Bedingung gleichbedeutend damit, dass

$${}_mW_x(L^{(0)}) \cdot \left(1 - \frac{c \cdot \sum u}{{}_mW_x(\bar{u})}\right) \stackrel{!}{\geq} {}_mW_x(L^{(\sigma)}) \cdot \frac{c \cdot \sum u}{{}_mW_x(\bar{u})}. \tag{3.27}$$

Im Gegensatz zur Netto-Beitragsgarantiebedingung (3.15) hängt das Erfülltsein der Brutto-Beitragsgarantiebedingung (3.27) nicht nur vom Garantiefaktor c und dem Zahlungsprofil u, sondern hier wesentlich von $L^{(0)}$, also den Höhen der vereinbarten Rentenleistungen und (im Rahmen der durchzuführenden Brutto-Kalkulation) natürlich auch von $\bar{u}$, also den zugrunde liegenden Kostensatzprofilen C ab.

Im nächsten Beispiel wird die Erstkalkulation eines Lebensversicherungsvertrages vorgenommen, bei der dem Versicherungsnehmer Anteile geleisteter Prämien zurückerstattet werden, sofern die versicherte Person bis zum Ende der Laufzeit dem Kollektiv angehört.

Beispiel 3.11: Versicherung mit Rückgewähr des Risikozuschlags

Diese Situation bezieht sich auf einen Lebensversicherungsvertrag der Dauer n für eine heute x-jährige Person, mit dem – neben Verbleibensleistungen $L^{(0)}$ – auch ein nicht-verschwindendes Ausscheideleistungsprofil $L^{(1)}$ versichert werden soll. Vor der Erstkalkulation, die ursprünglich mit $\mathcal{R}^{(1)} = \{p(x, n), r(x, n), C\}$ als Rechnungsgrundlagen vorgenommen werden sollte, stellt das Versicherungsunternehmen fest, dass es sich bei der Person um eine „Person mit erhöhtem Ausscheiderisiko" handelt. Aufgrund der Notwendigkeit, vorsichtig zu kalkulieren, sollen daher für die Erstkalkulation anstelle des Profils $q_{x:}$ jährlicher Ausscheidewahrscheinlichkeiten *erhöhte Ausscheidewahrscheinlichkeiten*, etwa das Profil

$$q'_{x:} = \tau \cdot (q_{x:} - \mathbb{1}_n) + \mathbb{1}_n, \quad \tau > 1$$

verwendet werden (*multiplikative Sterblichkeitserhöhung*). Durch $p'_{x:} := \mathbb{1} - q'_{x:}$ werden somit modifizierte Rechnungsgrundlagen $\mathcal{R}'^{(1)} = \{p'(x, n), r(x, n), C\}$ (mit entsprechend modifizierten Bewertungsfunktionen $_jW'_x(\cdot)$) induziert. Mit diesen soll dann die Erstkalkulation tatsächlich durchgeführt werden.

Der Versicherungsnehmer wünscht, dass die – gemessen an einer Kalkulation mit den ursprünglichen Rechnungsgrundlagen $\mathcal{R}^{(1)}$ – „zuviel geleisteten Prämienbestandteile" (der sogenannte *Risikozuschlag* auf die Prämien) im Ablaufzeitpunkt n zurückerstattet werden, sofern die versicherte Person zu diesem Zeitpunkt dem Kollektiv noch angehört. Um diesen zusätzlichen Leistungswunsch bei der Erstkalkulation mit zu berücksichtigen, sei mit den ursprünglichen Rechnungsgrundlagen $\mathcal{R}^{(1)}$, zugehöriger Bewertungsfunktion $_0W_x(\cdot)$, dem vorgegebenem Zahlungsprofil u und dem erweiterten Profil $\bar{u}$ zunächst das ausreichende Beitragsprofil

$$B^{(a)} = b^{(a)} \cdot u, \quad \text{wobei} \quad b^{(a)} = \frac{_0W_x(L + L^{\sigma})}{_0W_x(\bar{u})}$$

der *Versicherung ohne Risikozuschlag* kalkuliert. Setzt man $L' := L^{(0)} + v_{x:} \circ q'_{x:} \circ L^{(1)}$ und fordert auf der Grundlage der modifizierten Rechnungsgrundlagen $\mathcal{R}'^{(1)}$ gemäß (3.19)

$$b'^{(a)} \overset{!}{=} \frac{_0W'_x(L' + L^{\sigma} + (b'^{(a)} - b^{(a)}) \cdot \sum u \cdot \mathbb{1}_n)}{_0W'_x(\bar{u})},$$

so wird bei der Bestimmung des ausreichenden Referenzbeitrages $b'^{(a)}$ die Rückgewähr des Risikozuschlages $(b'^{(a)} - b^{(a)}) \cdot \sum u$ als zusätzliche Ablaufleistung (im Zeitpunkt n) berücksichtigt. Es ergibt sich somit als ausreichender Referenzbeitrag $b'^{(a)}$ für die *Versicherung mit Rückgewähr des Risikozuschlags*:

$$b'^{(a)} = \frac{{}_0W'_x(L' + L^\sigma - b^{(a)} \cdot \sum u \cdot \mathbb{1}_n)}{{}_0W'_x(\bar{u} - \sum u \cdot \mathbb{1}_n)}.$$

Für $\tau \in \{2, 3, \ldots\}$ wird in [MH99] angemerkt, dass sich bei einem derartigen Versicherungsvertrag der (Netto-) Referenzbeitrag näherungsweise berechnen lässt, sofern Prämien während der gesamten Vertragslaufzeit jährlich vorschüssig in konstanter Höhe gezahlt werden. Die Approximation erfolgt dadurch, dass man auf Basis von $\mathcal{R}^{(1)}$ (mit $C = (0, 0, 0, 0, 0)$) die Referenzprämie eines (fiktiven) Versicherungsvertrages auf τ verbundene Leben kalkuliert (siehe [MH99, S. 366] mit den dortigen Notationen).

3.5 Bestimmung eines ausreichenden Leistungsprofils: Bruttoleistungskalkulation

Im vorangehenden Abschnitt wurde deutlich gemacht, auf welche Weise die Profile der Versicherungsleistungen $L^{(0)}$ und $L^{(1)}$ bei gegebenen Rechnungsgrundlagen $\mathcal{R}^{(1)} = \{p(x, n), r(x, n), C\}$ zu einem zugehörigen ausreichenden Beitragsprofil $B^{(a)}$ führen. Hier soll nun – umgekehrt – darauf eingegangen werden, wie sich bei gegebenem ausreichenden Beitragsprofil $B^{(a)}$ und Rechnungsgrundlagen $\mathcal{R}^{(1)} = \{p(x, n), r(x, n), C\}$ zugehörige Profile $L^{(0)}$, $L^{(1)}$ und $L^{(K)}$ von Verbleibens- bzw. Ausscheideleistungen und Kostenleistungen derart angeben lassen, dass mit $B^{(a)}$ das ausreichende Leistungsprofil

$$L^{(a)} = L^{(0)} + q_{x:} \circ v_{x:} \circ L^{(1)} + L^{(K)} = L + L^{(K)}$$

versichert werden kann. Diese Art der Kalkulation bezeichnen wir als *Brutto-Leistungskalkulation*.

Da $B^{(a)}$ und somit die Summe $S = \sum_{j=0}^n B_j^{(a)}$ ausreichender Prämien bekannt ist, kann das Versicherungsunternehmen auf Grundlage der zu verwendenden Kostensatzprofile in C mit (3.17) unmittelbar die Profile der einzelnen κ-Kostenkomponenten und somit das Kosten-Leistungsprofil $L^{(K)}$ angeben. Nämlich

$$L^{(K)} = B^{(a)} \circ \beta + S \cdot (\alpha^z + \alpha^\gamma + \gamma) + L^\sigma.$$

Die Forderung, $L^{(a)}$ derart zu bestimmen, dass das Paar $(B^{(a)}, L^{(a)})$ das Äquivalenzprinzip bezüglich $\mathcal{R}^{(1)}$ erfüllt

$${}_0W_x(L^{(a)}) \overset{!}{=} {}_0W_x(B^{(a)}),$$

ist daher gleichwertig mit der Forderung

$${}_0W_x(L) \overset{!}{=} {}_0W_x(L^{(a)} - L^{(K)}) = {}_0W_x(B^{(a)} - L^{(K)}). \tag{3.28}$$

Da also die Größe $_0W_x(B^{(a)} - L^{(K)})$ dem Versicherungsunternehmen bekannt ist, lassen sich für eine Festlegung von Profilen L (und damit von Profilen $L^{(0)}$ und/oder $L^{(1)}$), welche die Bedingung (3.28) erfüllen, dann aber alle Überlegungen aus Abschnitt 3.2 heranziehen: Indem Fälligkeitsprofile $h^{(0)}$ und/oder $h^{(1)}$ für Verbleibens- bzw. Ausscheideleistungen zugrunde gelegt werden, kann daraus das induzierte Intensitätsprofil h ermittelt und gemäß (3.9) die Referenzleistung

$$l = \frac{_0W_x(B^{(a)} - L^{(K)})}{_0W_x(h)}$$

bestimmt werden. Dieses Vorgehen führt zusammen mit den Auszahlungsprofilen letztlich dann zu Leistungsprofilen $L^{(0)}$ und $L^{(1)}$ von Verbleibens- und/oder Ausscheideleistungen, welche zusammen mit $L^{(K)}$ durch das vorgegebene ausreichende Beitragsprofil $B^{(a)}$ versichert werden können.

3.6 Bestimmung eines ausreichenden Deckungskapitalprofils

Die im Rahmen der Erstkalkulation ermittelten Profile ausreichender Beiträge $B^{(a)} = B + B^{(K)}$ bzw. ausreichender Leistungen $L^{(a)} = L + L^{(K)}$ erfüllen das Äquivalenzprinzip. Mit Satz 2.2 gibt es daher einen Vektor

$$V_x^{(a)} = (_0V_x^{(a)}, {}_1V_x^{(a)}, \ldots, {}_nV_x^{(a)})$$

und einen Vektor

$$Z_x^{(a)} = \left(v_{x:0} \cdot p_{x:0} \cdot {}_1V_x^{(a)}, \; v_{x:1} \cdot p_{x:1} \cdot {}_2V_x^{(a)}, \ldots, \right.$$
$$\left. v_{x:n-1} \cdot p_{x:n-1} \cdot {}_nV_x^{(a)}, \; ({}_np_x \cdot {}_nv_x)^{-1} \cdot {}_0V_x^{(a)} \right)$$

derart, dass der Zusammenhang

$$B^{(a)} + V_x^{(a)} = L^{(a)} + Z_x^{(a)} \tag{3.29}$$

gilt. Falls $_0V_x^{(a)} := 0$, so nennen wir $V_x^{(a)}$ das *ausreichende Deckungskapitalprofil* der Versicherung. Analog zum Zusammenhang (3.29) lassen sich die Einträge in $V_x^{(a)}$ rekursiv über

$$_{j+1}V_x^{(a)} = \frac{B_j^{(a)} + {}_jV_x^{(a)} - L_j^{(a)}}{v_{x:j} \cdot p_{x:j}}, \quad j = 0, 1, \ldots, n-1 \tag{3.30}$$

errechnen.

Neben den Paaren (B, L) und $(B^{(K)}, L^{(K)})$ erfüllen auch die Paare (B^κ, L^κ) der einzelnen κ-Kostenversicherungen $\kappa \in \{\alpha^z, \alpha^\gamma, \beta, \gamma, \sigma\}$ das Äquivalenzprinzip bezüglich $\mathcal{R}^{(1)}$ (siehe S. 93). Somit lassen sich auch hier jeweils ein Profil $V_x^\kappa \in \mathbb{R}^{n+1}$ und zugehörige Z_x^κ (bzw. $V_x^{(K)}$ und zugehöriges Profil $Z_x^{(K)}$) angeben, so dass

$$B^\kappa + V_x^\kappa = L^\kappa + Z_x^\kappa \quad \text{bzw.} \quad B^{(K)} + V_x^{(K)} = L^{(K)} + Z_x^{(K)}$$

gilt. Mit $_0V_x^\kappa := 0$ (bzw. $_0V_x^{(K)} := 0$) ermittelt man auch hier die Einträge im zugehörigen Deckungskapital der jeweiligen Kostenversicherung rekursiv für $j = 0, 1, \ldots, n-1$ über

$$_{j+1}V_x^\kappa = \frac{B_j^\kappa + {}_jV_x^\kappa - L_j^\kappa}{v_{x:j} \cdot p_{x:j}} \quad \text{bzw.} \quad {}_{j+1}V_x^{(K)} = \frac{B_j^{(K)} + {}_jV_x^{(K)} - L_j^{(K)}}{v_{x:j} \cdot p_{x:j}}. \tag{3.31}$$

Wir nennen das Profil $V_x^{(K)}$ das *Kosten-Deckungskapitalprofil*, ein Profil V_x^κ das κ-*Deckungskapitalprofil*. Aufgrund von Eigenschaft (ii) in Korollar 2.6 hat das Kosten-Deckungskapitalprofil eine Darstellung als

$$V_x^{(K)} = \sum_{\kappa \in \{\alpha^z, \alpha^\gamma \beta, \gamma, \sigma\}} V_x^\kappa,$$

das ausreichende Deckungskapitalprofil als

$$V_x^{(a)} = V_x + V_x^{(K)}.$$

Bemerkung 3.12.
(i) *Bei der Wahl kosten-individueller Zahlungsprofile u^κ für die einzelnen Kostenkomponenten (siehe S. 97) lassen sich die Kosten-Deckungskapitale ${}_j\tilde{V}_x^\kappa$ wieder rekursiv*

$$_{j+1}\tilde{V}_x^\kappa = \frac{b^\kappa(u^\kappa) \cdot u_j^\kappa + {}_j\tilde{V}_x^\kappa - L_j^\kappa}{v_{x:j} \cdot p_{x:j}}, \quad j = 0, 1, \ldots, n-1,$$

mit $_0\tilde{V}_x^\kappa := 0$ ermitteln. Hier gilt im Allgemeinen $\tilde{V}_x^\kappa \neq V_x^\kappa$.

(ii) *In Abschnitt 2.2 sind wir im Rahmen der Nettokalkulation auf die Zerlegung eines Beitragsprofils B in eine Spar- und eine Risikokomponente $B^{(s)}$ bzw. $B^{(r)}$ eingegangen (siehe S. 49). In Analogie dazu lassen sich natürlich dann auch die Prämienprofile B^κ der einzelnen κ-Versicherungen ($\kappa \in \{\alpha^z, \alpha^\gamma, \beta, \gamma, \sigma\}$) bzw. das Beitragsprofil der Kosten $B^{(K)}$ technisch in zwei derartige Komponenten zerlegen. Es ergibt sich demzufolge*

$$B_j^\kappa = B_j^{\kappa(r)} + B_j^{\kappa(s)}, \quad j = 0, 1, \ldots, n-1.$$

Hierbei ist

$$B_j^{\kappa(s)} = ({}_{j+1}V_x^\kappa \cdot v_{x:j} - {}_jV_x^\kappa) + L_j^\kappa \tag{3.32}$$

der zugehörige κ-Sparbeitrag und

$$B_j^{\kappa(r)} := v_{x:j} \cdot q_{x:j} \cdot (0 - {}_{j+1}V_x^\kappa) \tag{3.33}$$

der zugehörige κ-Risikobeitrag. In (3.33) geht die Tatsache ein, dass in unserer Sichtweise die Kostenprofile $L^{(K)}$ bzw. L^κ als Profile von Verbleibensleistungen aufgefasst werden (siehe dazu S. 32). Das negative κ-Deckungskapital $(-{}_{j+1}V_x^\kappa)$ entspricht also gerade dem riskierten Kapital der κ-Versicherung.

*Offenbar gilt für die entsprechenden Profile der κ-Sparbeiträge bzw. der κ-Risikobei-
träge auch hier:*

$$B^{(a)^{(s)}} = B^{(s)} + B^{(K)^{(s)}} = B^{(s)} + \sum_{\kappa \in \{\alpha^z, \alpha^\gamma, \beta, \gamma, \sigma\}} B^{\kappa^{(s)}}$$

bzw.

$$B^{(a)^{(r)}} = B^{(r)} + B^{(K)^{(r)}} = B^{(r)} + \sum_{\kappa \in \{\alpha^z, \alpha^\gamma, \beta, \gamma, \sigma\}} B^{\kappa^{(r)}}.$$

(iii) Im Zusammenhang mit der Bezeichnung von $B^z = B + B^{\alpha^z}$ als Profil der ZILLMER-
Prämien (siehe S. 94) nennen wir

$$V_x^z := V_x + V_x^{\alpha^z} \tag{3.34}$$

das α^z-Netto-Deckungskapitalprofil der Versicherung.

3.7 Die ZILLMER-Methode

Unter der *ZILLMER-Methode* wird ein Konzept verstanden, wie die Amortisation der
unmittelbaren Abschlusskosten (ZILLMER-Anteil)

$$\alpha_0^z \cdot \sum_{j=0}^n B_j^{(a)} = \alpha_0^z \cdot S$$

an den α-Kosten K^α während der Beitragszahlungsdauer des Vertrages erfolgen kann.
Sie geht auf einen Vorschlag von A. ZILLMER aus dem 19. Jahrhundert zurück [Zil63].
Aus versicherungstechnischer Sicht beinhaltet die ZILLMER-Methode

- die Festlegung eines geeigneten, zum ZILLMER-Kostenprofil L^{α^z} äquivalenten
  Beitragsprofils $B^{(\alpha^z)}$,
- das *zusätzliche* Heranziehen von Anteilen des (Netto-) Beitragsprofils B, um den
  (ursprünglichen) Amortisationszeitraum zu verringern, sowie
- die Festlegung eines Höchstwertes $\alpha_0^{z^*}$, durch den gewährleistet wird, dass der so
  verringerte Amortisationszeitraum für den sich mit $\alpha_0^{z^*}$ ergebenden ZILLMER-Anteil
  höchstens eine Periode beträgt.

Um die ZILLMER-Methode zu präzisieren, betrachten wir einen Lebensversicherungsvertrag, bei dem auf Basis von Rechnungsgrundlagen $\mathcal{R}^{(1)} = \{p(x, n), r(x, n), C\}$ ein
Profil ausreichender Leistungen

$$L^{(a)} := L + L^{(K)} = L + L^{\alpha^z} + L^{\alpha^\gamma} + L^\gamma + L^\beta + L^\sigma$$

mit zugehörigen äquivalenten Beitragsprofilen

$$B^{(a)} = b^{(a)} \cdot u = \left(b + b^{(K)}\right) \cdot u = \left(b + b^{\alpha^z} + b^{\alpha^\gamma} + b^\gamma + b^\beta + b^\sigma\right) \cdot u,$$

die entsprechend (3.19) und (3.23) ermittelt wurden, herangezogen wird. Hier wird also unterstellt, dass das Zahlungsprofil u für die einzelnen Beitragskomponenten des Versicherungsvertrages dasselbe ist.

Ist $\alpha_0^z > 0$, so liegt also das Zillmer-Kostenprofil

$$L^{\alpha^z} = (S \cdot \alpha_0^z, 0, 0, \dots, 0) \neq \mathbb{O}$$

vor (siehe Abschnitt 1.6.1, S. 34). Dazu äquivalent ist das Profil der Zillmer-Kostenbeiträge

$$B^{\alpha^z} = (B_0^{\alpha^z}, B_1^{\alpha^z}, \dots, B_n^{\alpha^z}) = b^{\alpha^z} \cdot u \neq \mathbb{O}$$

(siehe S. 93).

Die Gültigkeit des Äquivalenzprinzips

$$S \cdot \alpha_0^z = {}_0W_x(L^{\alpha^z}) = {}_0W_x(B^{\alpha^z})$$

bedeutet in diesem Fall, dass der zum Zeitpunkt $t = 0$ *mit Sicherheit* (an das Versicherungsunternehmen) geleistete Zillmer-Anteil $S \cdot \alpha_0^z$ an den Abschluss- und Vertriebskosten durch den Versicherungsnehmer mit den zukünftig *zu erwartenden* Prämien $B_j^{\alpha^z}, j \geq 0$ „amortisiert" wird.

Was eine derartige Amortisation dann genau bedeutet, wird deutlich, wenn man die Beitrags- und Leistungsprofile B^{α^z} bzw. L^{α^z} und das zugehörige α^z-Deckungskapitalprofil $V_x^{\alpha^z}$ detaillierter analysiert.

Nehmen wir dazu für $j = 0, 1, \dots, n - 1$ zunächst die Zerlegung von $B_j^{\alpha^z}$ in den zugehörigen α^z-Sparbeitrag $B_j^{\alpha^z(s)}$ bzw. α^z-Risikobeitrag $B_j^{\alpha^z(r)}$ in den Blick. Diese Größen stellen sich dann in formaler Analogie zu (3.32) und (3.33) als

$$B_j^{\alpha^z(s)} := ({}_{j+1}V_x^{\alpha^z} \cdot v_{x;j} - {}_jV_x^{\alpha^z}) + L_j^{\alpha^z}$$

bzw.

$$B_j^{\alpha^z(r)} := v_{x;j} \cdot q_{x;j} \cdot (0 - {}_{j+1}V_x^{\alpha^z})$$

dar. Wir erhalten daraus (ähnlich, wie wir es bereits in (2.27) auf S. 50 gesehen haben) für jeden fixierten Zeitpunkt $t \leq n - 1$ den Zusammenhang:

$$\begin{aligned}
{}_{t+1}r_x \cdot \sum_{j=0}^{t} B_j^{\alpha^z(s)} \cdot {}_jv_x &= {}_{t+1}r_x \cdot \sum_{j=0}^{t} L_j^{\alpha^z} \cdot {}_jv_x + {}_{t+1}V_x^{\alpha^z} \\
&= {}_{t+1}r_x \cdot S \cdot \alpha_0^z + {}_{t+1}V_x^{\alpha^z}.
\end{aligned} \tag{3.35}$$

Mit $t^* := \max\{k \mid u_k \neq 0\}$ bezeichnen wir den letzten Zeitpunkt, an dem eine positive Beitragszahlung erfolgt.

Nun betrachten wir $L^{\alpha^z}_x$ und $V^{\alpha^z}_x$. Wegen $L^{\alpha^z}_j = 0$ für alle $j \geq 1$ ergibt sich mit ${}_0V^{\alpha^z}_x := 0$ und dem Zusammenhang (2.18) zunächst

$${}_jV^{\alpha^z}_x \leq 0, \quad j = 0, 1, \ldots, n. \tag{3.36}$$

Das α^z-Deckungskapital ${}_jV^{\alpha^z}_x$ ist also zu keinem Zeitpunkt j positiv.

Daraus lässt sich nun folgern:

- Befindet sich die Person zum Ablaufzeitpunkt n im Kollektiv, dann liefert der Zusammenhang (3.35):

  (i) Ist $t^* = n$, dann ist mit (2.18) ${}_nV^{\alpha^z}_x = -B^{\alpha^z}_n$. Zum Zeitpunkt t^* ist die ursprüngliche „Forderung" in Höhe von $S \cdot \alpha^z_0$ durch die Summe der bis dahin geleisteten, verzinsten Sparbeiträge $B^{\alpha^z(s)}_j$ mit $j = 0, 1, \ldots, n - 1$ und der „letzten" α^z-Kostenprämie $B^{\alpha^z}_n$ vollständig (und verzinst) zurückgezahlt.

  (ii) Ist $t^* < n$, so ergibt sich aus (2.18) ${}_{t^*+1}V^{\alpha^z}_x = {}_{t^*+2}V^{\alpha^z}_x = \ldots = {}_nV^{\alpha^z}_x = 0$. Also ist eine vollständige, verzinste Rückzahlung von $S \cdot \alpha^z_0$ ebenfalls im Zeitpunkt t^* erfolgt.

- Scheidet die versicherte Person allerdings vorher aus dem Kollektiv aus, etwa in Periode $t + 1 \leq n$, so würde nach (3.35) zum Zeitpunkt $t + 1$ eine (noch nicht getilgte) „Restschuld" in Höhe von

$${}_{t+1}r_x \cdot \left(S \cdot \alpha^z_0 - \sum_{j=0}^{t} B^{\alpha^z(s)}_j \cdot {}_jv_x \right) = -{}_{t+1}V^{\alpha^z}_x = 0 - {}_{t+1}V^{\alpha^z}_x \geq 0$$

bestehen. Diese entspricht genau dem α^z-Risikokapital der Periode $t + 1$. Mit dem α^z-Risikobeitrag

$$B^{\alpha^z(r)}_t = -q_{x:t} \cdot v_{x:t} \cdot {}_{t+1}V^{\alpha^z}_x \geq 0$$

wurde aber genau dieses Risikokapital versichert, um die beim Ausscheiden noch bestehende Restschuld tilgen zu können.

Spätestens zum Zeitpunkt t^* ist also stets der Zillmer-Anteil an den Abschlusskosten amortisiert.

Um die Amortisation des Zillmer-Anteils „zu beschleunigen" (d. h. den Amortisationszeitpunkt t^* „vorzuverlegen"), sieht die Zillmer-Methode nun vor, zur „Rückzahlung" nicht nur das Profil $B^{\alpha^z(s)}$ zu verwenden, sondern „in den ersten Jahren der Vertragslaufzeit" *zusätzlich* die Sparbeiträge $B^{(s)}_j$ des Nettoprämienprofils B heranzuziehen.

Zur Berechnung des „neuen" Amortisationszeitpunktes $\bar{t}$ betrachten wir für festes $t \in \{0, 1, \ldots, n - 1\}$ wieder den Zusammenhang (3.35), zusätzlich aber auch noch die Beziehung (2.27). Die Addition der dortigen beiden Gleichungen liefert dann:

$$_{t+1}r_x \cdot \sum_{k=0}^{t} \left(B_k^{\alpha^z(s)} + B_k^{(s)} \right) \cdot {_k}v_x$$

$$= {_{t+1}}r_x \cdot \left(S \cdot \alpha_0^z + \sum_{k=0}^{t} L_k^{(0)} \cdot {_k}v_x \right) + \left(_{t+1}V_x^{\alpha^z} + {_{t+1}}V_x \right). \quad (3.37)$$

Bestimmt werden soll nun der erste Zeitpunkt $\bar{t} \geq 0$, an dem die Forderung

$$_{\bar{t}+1}r_x \cdot \sum_{k=0}^{\bar{t}} \left(B_k^{\alpha^z(s)} + B_k^{(s)} - \sum_{k=0}^{\bar{t}} L_k^{(0)} \right) \cdot {_k}v_x \overset{!}{\geq} {_{\bar{t}+1}}r_x \cdot S \cdot \alpha_0^z \quad (3.38)$$

erfüllt wird.

Gehört die versicherte Person zu diesem Zeitpunkt $\bar{t}$ (und somit während der Periode $\bar{t}$) dem Kollektiv an, würde der Zillmer-Anteil $\alpha_0^z \cdot S$ an den Abschluss- und Vertriebskosten zum Zeitpunkt $\bar{t} + 1$ auf diese Weise (verzinst) zurückgezahlt sein.

Wäre sie vor dem Zeitpunkt $\bar{t}$ (etwa in Periode $t \leq \bar{t}$) ausgeschieden, so wären noch bis zum Zeitpunkt $t - 1$ Prämien gezahlt worden. Die gemäß (3.37) zum Zeitpunkt t dann noch bestehende „Restschuld" in Höhe von

$$- \left(_tV_x^{\alpha^z} + {_t}V_x \right) \geq 0$$

wäre aber – zusammen mit der Ausscheideleistung $L_{t-1}^{(1)}$ – durch die beiden in $t - 1$ gezahlten Risikobeiträge

$$B_{t-1}^{\alpha^z(r)} + B_{t-1}^{(r)} = v_{x:t-1} \cdot q_{x:t-1} \cdot \left((L_{t-1}^{(1)} - {_t}V_x) + (0 - {_t}V_x^{\alpha^z}) \right)$$

$$= v_{x:t-1} \cdot q_{x:t-1} \cdot \left(L_{t-1}^{(1)} + \left(-({_t}V_x + {_t}V_x^{\alpha^z}) \right) \right)$$

versichert und würde – aufgrund des Ausscheidens – zum Zeitpunkt $\bar{t}$ entsprechend auch fällig. Der Zillmer-Anteil an den Abschlusskosten würde also auch in diesem Fall vollständig (verzinst) getilgt sein.

Aus (3.38) wird ersichtlich, dass der auf eine solche Weise „vorverlegte" Amortisationszeitpunkt $\bar{t}$ wesentlich von S und dem Zillmer-Satz α_0^z abhängt. Für spezielle Typen von Lebensversicherungen hat Zillmer nun angegeben [Zil63], welchen Wert α_0^z höchstens annehmen darf, damit $\bar{t} = 0$ sichergestellt ist, d. h. der Zillmer-Anteil am Ende des ersten Jahres der Laufzeit amortisiert ist. Diese Größe α_0^{z*} wird traditionell als *Zillmer'sches Maximum* bezeichnet.

In der hier vorliegenden *allgemeinen* Situation liefert die Ungleichung (3.38) für die Forderung $\bar{t} \overset{!}{=} 0$ die Bedingung

$$B_0^{\alpha^z(s)} + B_0^{(s)} - L_0^{(0)} \overset{!}{\geq} \alpha_0^z \cdot S$$

bzw. wegen (3.37) gleichwertig

$$_1V_x^{\alpha^z} + {_1}V_x \overset{!}{\geq} 0.$$

Mit (3.31) führt dies dann zu der Bedingung

$$\frac{(B_0 + B_0^{\alpha^z}) - L_0^{(0)}}{S} = \frac{(b + b^{\alpha^z}) \cdot u_0 - L_0^{(0)}}{b^{(a)} \cdot \sum u} \overset{!}{\geq} \alpha_0^z.$$

Benutzt man hierin die Tatsache, dass

$$b^{\alpha^z} = \frac{b^{(a)} \cdot \sum u \cdot \alpha_0^z}{{}_0 W_x(u)},$$

so führt dies zu der Forderung

$$\frac{b \cdot u_0 - L_0^{(0)}}{b^{(a)} \cdot \sum u} \overset{!}{\geq} \alpha_0^z \cdot \left(1 - \frac{u_0}{{}_0 W_x(u)}\right).$$

Da man den ausreichenden Referenzbeitrag $b^{(a)}$ über die Zusammenhänge (3.19) und (3.20) ausdrücken kann, erhält man mit dem erweiterten Zahlungsprofil $\bar{u} = (\mathbb{1} - \beta) \circ u - \sum u \cdot (\alpha^z + \alpha^\gamma + \gamma)$ schließlich

$$\frac{b \cdot u_0 - L_0^{(0)}}{b^{(a)} \cdot \sum u} = \frac{(b \cdot u_0 - L_0^{(0)}) \cdot {}_0 W_x(\bar{u})}{\sum u \cdot {}_0 W_x(L + L^\sigma)} \overset{!}{\geq} \alpha_0^z \cdot \left(1 - \frac{u_0}{{}_0 W_x(u)}\right).$$

Für die festzulegende Größe $\alpha_0^{z^*}$ ergibt sich daraus (sofern es sich nicht um eine Einmalbeitragsversicherung handelt):

$$\alpha_0^{z^*} := \frac{(b \cdot u_0 - L_0^{(0)}) \cdot {}_0 W_x(\bar{u})}{\sum u \cdot {}_0 W_x(L + L^\sigma)} \cdot \left(1 - \frac{u_0}{{}_0 W_x(u)}\right)^{-1}. \tag{3.39}$$

Anstelle eines (vertragsindividuellen) ZILLMER'schen Maximums $\alpha_0^{z^*}$ wird derzeit die bei der Zillmerung zu verwendende Größe α_0^z versicherungstyp-übergreifend durch den sogenannten *Höchstzillmersatz* $\bar{\alpha}_0^z$ gesetzlich nach oben beschränkt. Dieser Höchstzillmersatz liegt momentan (unabhängig von den sonstigen Parametern der Rechnungsgrundlagen der Erstkalkulation) bei $\bar{\alpha}_0^z = 25$ ‰.[3] Mit einer derartigen, einheitlichen Beschränkung wird allerdings nicht sichergestellt, dass die Forderung $\bar{t} \overset{!}{=} 0$ für alle Lebensversicherungsverträge Gültigkeit besitzt.

Verträge, bei denen eine Zillmerung mit einem Zillmersatz $0 < \alpha_0^z \leq \bar{\alpha}_0^z$ durchgeführt wird, bezeichnet man üblicherweise als *gezillmert*. Versicherungsverträge, bei denen die Zillmerung nicht erfolgt ($\alpha^z = \mathbb{0}$), heißen dementsprechend *ungezillmert*.

Bemerkung 3.13. *Dem gezillmerten Netto-Beitragsprofil $B^z = B + B^{\alpha^z}$ und dem α^z-Netto-Deckungskapitalprofil $V_x^z = V_x + V_x^{\alpha^z}$ (siehe S. 94 und S. 104) kommen bei der Amortisation des ZILLMER-Anteils also offenbar besondere Bedeutung zu. Im Rahmen*

---

3 Vgl. § 4 Abs. 1 Nr. 2 Deckungsrückstellungsverordnung (DeckRV).

der ZILLMER-Methode wird aus bilanziellen Gründen sowohl in der Praxis als auch in der traditionellen Literatur anstelle des Deckungskapitals $V_x^z = V_x + V_x^{\alpha^z}$ das Profil

$$\tilde{V}_x^z := V_x^z - L^{\alpha^z} \tag{3.40}$$

herangezogen und dieses üblicherweise dann als gezillmertes Netto-Deckungskapital *bezeichnet (siehe etwa [Ort16]). Es unterscheidet sich also vom α^z-Netto-Deckungska-pitalprofil V_x^z nur im ersten Eintrag. Für den Zeitpunkt $j = 0$ ist hier $\tilde{V}_0^z = -\alpha_0^z \cdot S$. Es handelt sich bei $\tilde{V}_x^z$ allerdings* nicht *um einen zum Paar $(B^z, L + L^{\alpha^z})$ zugehörigen Vektor im Sinne des Charakterisierungssatzes 2.2.*

Das Profil $\tilde{V}_x^z$ stellt einen Vektor dar, welcher durch die Setzung $_0\tilde{V}_x := -\alpha_0^z \cdot S$ die Eigenschaft (2.13) in Satz 2.2 für das gezillmerte Netto-Beitragsprofil B^z und das hierzu äquivalente Leistungsprofil

$$\tilde{L} := L + {}_nr_x \cdot {}_np_x^{-1} \cdot \alpha_0^z \cdot S \cdot \mathbb{1}_n$$

erfüllt, d. h. es gilt hier

$$B^z + \tilde{V}_x^z = \tilde{L} + \tilde{Z}_x^z.$$

Beispiel 3.14

Wir kommen zurück auf Beispiel 3.8 (siehe S. 94).

(i) Für den dort auf S. 95 unter (i) betrachteten Versicherungsvertrag ergibt sich mittels der Rekursionen (3.30) bzw. (3.31)

- als ausreichendes Deckungskapitalprofil dieser Versicherung:

$$V_{25}^{(a)} = (0, -349{,}77, 1.504{,}60, 1.401{,}14, 7.220{,}76,$$
$$6.080{,}79, 5.940{,}57, 4.489{,}67, 4.300{,}00),$$

- als zugehöriges α^z-Netto-Deckungskapitalprofil

$$V_{25}^z = (0, -371{,}04, 1.409{,}33, 1.281{,}69, 6.781{,}44,$$
$$5.739{,}92, 5.679{,}40, 4.331{,}06, 4.300{,}00),$$

- als gezillmertes Netto-Deckungskapitalprofil

$$\tilde{V}_{25}^z = (-243{,}57, -371{,}04, 1.409{,}33, 1.281{,}69, 6.781{,}44,$$
$$5.739{,}92, 5.679{,}40, 4.331{,}06, 4.300{,}00).$$

(ii) Für den dort auf S. 96 unter (ii) betrachteten Versicherungsevrtrag erhält man

- als ausreichendes Deckungskapitalprofil

$$V_{25}^{(a)} = (0, \ 264{,}88, \ 1.795{,}97, \ 2.330{,}26, \ 3.864{,}83,$$
$$4.337{,}91, \ 5.814{,}30, \ 4.420{,}77, \ 4.300{,}00),$$

- als zugehöriges α^z-Netto-Deckungskapitalprofil

$$V_{25}^{z} = (0, \ 220{,}96, \ 1.688{,}94, \ 2.157{,}73, \ 3.651{,}70,$$
$$4.109{,}77, \ 5.554{,}24, \ 4.262{,}71, \ 4.300{,}00),$$

- als zugehöriges gezillmertes Netto-Deckungskapitalprofil

$$\tilde{V}_{25}^{z} = (-234{,}35, \ 220{,}96, \ 1.688{,}94, \ 2.157{,}73, \ 3.651{,}70,$$
$$4.109{,}77, \ 5.554{,}24, \ 4.262{,}71, \ 4.300{,}00).$$

4 Kalkulationen während der Laufzeit eines Versicherungsvertrages

Im vorhergehenden Kapitel wurde das kalkulatorische Vorgehen zur Ermittlung eines ausreichenden Prämienprofils $B^{(a)}$ dargestellt (Erstkalkulation). Wie wir gesehen haben, erfolgt eine solche Prämienkalkulation auf Grundlage einer *Bewertung* der einzelnen Leistungskomponenten von $L^{(a)}$ bzw. entsprechender Beitragskomponenten von $B^{(a)}$ mittels Bewertungsfunktionen $_tW_x(\cdot)$ und der Forderung nach der Gültigkeit des Äquivalenzprinzips. Da die Festlegung der Profile $B^{(a)}$ und $L^{(0)}$ bzw. $L^{(1)}$ Vertragsgegenstand ist, und der Versicherungsvertrag seitens des Unternehmens nicht ohne Weiteres einseitig verändert werden kann, wird eine solche Erstkalkulation (vor Abschluss des Vertrages) durch „vorsichtige" Annahmen mit Rechnungsgrundlagen $\mathcal{R}^{(1)}$ durchgeführt.

Vor diesem Hintergrund erscheint aus Unternehmenssicht eine regelmäßige „Aktualisierung" der Bewertung eines Lebensversicherungsvertrages während seiner Laufzeit sinnvoll, um die „Angemessenheit" der verwendeten Rechnungsgrundlagen $\mathcal{R}^{(1)}$ kontinuierlich zu überprüfen. Oft ist eine solche „Neubewertung" aber auch notwendig bzw. sogar rechtlich vorgeschrieben. „Neubewertungen" eines Lebensversicherungsvertrages während seiner Laufzeit finden üblicherweise dann statt,

- wenn die für die Erstkalkulation verwendeten Rechnungsgrundlagen $\mathcal{R}^{(1)}$ von den tatsächlich realisierten bzw. realistisch prognostizierten Größen abweichen (Rechnungsgrundlagen $\mathcal{R}^{(2)}$). Eine solche Situation tritt etwa im Rahmen einer „Überschussermittlung" auf. Aber auch bei der Ermittlung eines „Nachreservierungs-" oder „Auffüllungsbedarfs", einer „Ertragsaufstellung" oder bei einer „Nachkalkulation" eines Versicherungsvertrages erfolgt typischerweise eine Neubewertung,
- wenn das Versicherungsunternehmen seitens der Versicherungsaufsicht veranlasst wird, für den Vertrag Rechnungsgrundlagen $\mathcal{R}$ zu verwenden, die von $\mathcal{R}^{(1)}$ abweichen (etwa im Rahmen der Verwendung spezieller Kapitalanlage- und Verbleibensprofile für eine „Marktbewertung" des Vertrages, im Rahmen der Bestimmung von „Rückkaufswerten" oder etwa bei der Bestimmung einer „Zinszusatzreserve" bzw. eines sogenannten „Sicherungsbedarfes"),
- wenn der Versicherungsnehmer von sich aus Rechte aus seinem Vertrag in Anspruch nimmt, die zu einer materiellen Vertragsveränderung führen, etwa im Rahmen von „Kündigung", „Beitragsfreistellung", „Rückabwicklung", „Beendigung einer dynamischen Beitragserhöhung" oder sonstigen (erlaubten) „Leistungsveränderungen" oder
- wenn im Rahmen der betrieblichen Altersversorgung aufgrund des „Erdienens" von Versorgungsleistungen Veränderungen an Leistungsprofilen vorzunehmen sind, die ursprünglich angenommenen Rechnungsgrundlagen wegen rechtlicher Vorgaben anzupassen sind oder für den Ausweis der Höhe der Versorgungsver-

https://doi.org/10.1515/9783110740905-006

pflichtungen in der Steuer- bzw. Handelsbilanz spezielle Vertragswerte zu ermitteln sind.

Die versicherungstechnische Grundlage für die Neubewertung eines Lebensversicherungsvertrages zum Zeitpunkt t der Vertragslaufzeit stellt

- das Vorliegen „neuer" Rechnungsgrundlagen $\mathcal{R}'$ anstelle von $\mathcal{R}^{(1)}$ und/oder
- das Vorliegen eines „neuen" Leistungsprofils $L'^{(a)}$ (anstelle von $L^{(a)}$) bzw. eines „neuen" Beitragsprofils $B'^{(a)}$ (anstelle von $B^{(a)}$)

dar.

Die Bewertung eines bestehenden Versicherungsvertrages $(B^{(a)}, L^{(a)})$ mit einer „neuen" Bewertungsfunktion oder „neuen" Leistungs- bzw. Beitragsprofilen führt im Allgemeinen dazu, dass das Äquivalenzprinzip bezüglich $\mathcal{R}^{(1)}$ nicht (mehr) gilt. Auf welche Weise sich in einer solchen Situation das Erfülltsein des Äquivalenzprinzips „wiederherstellen" lässt, ist die grundsätzliche Frage, welche sich in diesem Zusammenhang stellt.

4.1 Neubewertung aufgrund einer Modifikation der Rechnungsgrundlagen

Wir beginnen zunächst mit einer allgemeinen Überlegung und gehen hierzu von einem Versicherungsvertrag mit ausreichendem Beitrags- bzw. Leistungsprofil

$$B^{(a)} = b^{(a)} \cdot u = (b + b^{(K)}) \cdot u \quad \text{bzw.} \quad L^{(a)} = L + L^{(K)},$$

aus, für den bei der Kalkulation Rechnungsgrundlagen $\mathcal{R} = \{p(x, n), r(x, n), C\}$ verwendet wurden. Beispielsweise handelt es sich um die Rechnungsgrundlagen $\mathcal{R}^{(1)}$ für die Erstkalkulation. Aufgrund der Gültigkeit des Äquivalenzprinzips gilt daher nach Charakterisierungssatz 2.2

$$B^{(a)} + V_x^{(a)} = L^{(a)} + Z_x^{(a)} \tag{4.1}$$

mit dem zugehörigen ausreichenden Deckungskapitalprofil

$$V_x^{(a)} = (0, {}_1V_x^{(a)}, \ldots, {}_nV_x^{(a)}) \tag{4.2}$$

und

$$Z_x^{(a)} = \left(v_{x:0} \cdot p_{x:0} \cdot {}_1V_x^{(a)}, v_{x:1} \cdot p_{x:1} \cdot {}_2V_x^{(a)}, \ldots, v_{x:n-1} \cdot p_{x:n-1} \cdot {}_nV_x^{(a)}, 0\right). \tag{4.3}$$

Zum Zeitpunkt t (für $0 \le t \le n$) soll nun eine „Neubewertung" des Vertrages durchgeführt werden. Hinsichtlich einer solchen Neubewertung können dabei folgende Situationen auftreten:

- Anstelle der in $\mathcal{R}$ verwendeten Verbleibens- und Kapitalanlageprofile $p(x, n)$ bzw. $r(x, n)$ können/sollen alternative Profile

$$p'(x, n) = ({}_0 p'_x, {}_1 p'_x, \ldots, {}_t p'_x, {}_{t+1} p'_x, {}_{t+2} p'_x, \ldots, {}_n p'_x)$$

bzw.

$$r'(x, n) = ({}_0 r'_x, {}_1 r'_x, \ldots, {}_t r'_x, {}_{t+1} r'_x, {}_{t+2} r'_x, \ldots, {}_n r'_x)$$

herangezogen werden.

- Anstelle der Kostensatzprofile in C können/sollen modifizierte Kostensatzprofile

$$C' = (\alpha^{z'}, \alpha^{\gamma'}, \beta', \gamma', L^{\sigma'})$$

zugrunde gelegt werden, welche dann – anstelle des ursprünglichen Kostenprofils $L^{(K)}$ – in der Neubewertung ein modifiziertes Profil $L'^{(K)}$ induzieren.

- Die ursprünglich vereinbarten Profile $L^{(0)}$ bzw. $L^{(1)}$ der vereinbarten Versicherungsleistungen werden zum Zeitpunkt t einer Änderung in

$$L'^{(0)} \quad \text{und/oder} \quad L'^{(1)}$$

unterzogen.

- Anstelle des ursprünglich vereinbarten Zahlungsprofils u soll zum Zeitpunkt t ein modifiziertes Zahlungsprofil

$$u' = (u'_0, u'_1, \ldots, u'_n)$$

oder ein modifiziertes Beitragsprofil $B'^{(a)}$ verwendet werden.

Wir unterstellen hier, dass derartige Modifikationsvarianten – zumindest technisch – einzeln oder in unterschiedlichen Kombinationen auch gemeinsam auftreten können. Die Auswirkungen solcher Modifikationen auf den bestehenden Versicherungsvertrag sollen nun aus technischer Sicht untersucht werden.

Zunächst sei angemerkt: Jede Änderung von ursprünglich verwendeten Rechnungsgrundlagen $\mathcal{R}$ hin zu Rechnungsgrundlagen $\mathcal{R}'$ führt zu einem modifizierten Leistungsprofil L' – auch dann, wenn keine Änderungen der vereinbarten Leistungsprofile $L^{(0)}$ bzw. $L^{(1)}$ explizit vorgesehen sind. Das Vorliegen der Profile $p'(x, n)$ und $r'(x, n)$ impliziert nämlich unmittelbar eine Änderung des ursprünglichen Profils der Versicherungsleistungen L in ein Profil L' entsprechend des Zusammenhangs (2.7), also

$$L' = L^{(0)} + v'_{x:} \circ q'_{x:} \circ L^{(1)}.$$

Darüber hinaus werden durch $\mathcal{R}'$ auch neue Bewertungsfunktionen ${}_t W'_x(\cdot)$ festgelegt, nämlich

$${}_t W'_x(T) := ({}_t v'_x \cdot {}_t p'_x)^{-1} \cdot \sum_{j=0}^{n} {}_j v'_x \cdot {}_j p'_x \cdot T_j, \quad t = 0, 1, \ldots, n$$

für $T = (T_0, T_1, \ldots, T_n) \in \mathbb{R}^{n+1}$.

Zusammen mit potentiellen Modifikationen der Kostensatzprofile in C nach veränderten Profilen in C' lässt sich zunächst stets das sogenannte *Profil konstruktiver Beiträge* $B'^{(a)} = b'^{(a)} \cdot u$ ermitteln. Bei $B'^{(a)}$ handelt es sich um ein (fiktives) ausreichendes Prämienprofil, welches – bei gleichem Zahlungsprofil u – benötigt würde, um L' und ein durch die neuen Rechnungsgrundlagen $\mathcal{R}'$ induziertes Kostenprofil $L'^{(K)}$, d. h. $L'^{(a)} := L' + L'^{(K)}$ zu versichern. Mit (3.19) ergibt sich für den zugehörigen *konstruktiven, ausreichenden Referenzbeitrag* $b'^{(a)}$:

$$b'^{(a)} = \frac{{}_tW'_x(L' + L'^{\sigma})}{{}_tW'_x(\bar{u})} \quad \text{für } t \in \{0, 1, 2, \ldots, n\}, \tag{4.4}$$

wobei

$$\bar{u} := (\mathbb{1} - \beta') \circ u - \sum u \cdot (\alpha^{z'} + \alpha^{\gamma'} + \gamma'). \tag{4.5}$$

Hiermit lässt sich dann über Formel (3.18) das neue Kostenprofil $L'^{(K)}$ und somit $L'^{(a)}$ bestimmen. Im Allgemeinen gilt allerdings

$${}_tW'_x(B^{(a)}) \neq {}_tW'_x(L'^{(a)}), \quad t \in \{0, 1, 2, \ldots, n\}$$

d. h. $B^{(a)}$ und $L'^{(a)}$ erfüllen (bzgl. der „neuen" Rechnungsgrundlagen $\mathcal{R}'$) das Äquivalenzprinzip nicht mehr. Vor dem Hintergrund der dauernden Erfüllbarkeit der Verträge soll das Äquivalenzprinzip allerdings auch unter dieser neuen Bewertung sichergestellt werden. Prämienzahlungen entsprechend dem Profil $B'^{(a)}$ konstruktiver Beiträge würden – zumindest aus technischer Sicht – *eine spezielle* Möglichkeit darstellen, um die Leistungen des Profils $L'^{(a)}$ unter den neuen Rechnungsgrundlagen zu versichern.

Ein allgemeinerer Ansatz, das Äquivalenzprinzip bezüglich $\mathcal{R}'$ technisch (wieder) herzustellen, fordert die Gültigkeit von

$${}_0W'_x(B^{(a)} + \Delta) \stackrel{!}{=} {}_0W'_x(L'^{(a)})$$

bzw. gleichwertig

$${}_jW'_x(B^{(a)} + \Delta) \stackrel{!}{=} {}_jW'_x(L'^{(a)}), \quad j \in \{0, 1, 2, \ldots, n\} \tag{4.6}$$

für einen „geeignetes" Profil

$$\Delta = (\Delta_0, \Delta_1, \ldots \Delta_t, \Delta_{t+1}, \ldots, \Delta_{n-1}, \Delta_n) \in \mathbb{R}^{n+1}.$$

Das Äquivalenzprinzip soll also unter den neuen Rechnungsgrundlagen (technisch) sichergestellt werden, indem das ursprüngliche Beitragsprofil $B^{(a)}$ um Δ auf ein neues Beitragsprofil $B^{(a)} + \Delta$ erhöht bzw. reduziert wird. Wegen der Linearität der Bewertungsfunktion ${}_0W'_x(\cdot)$ führt dies unmittelbar zu einer notwendigen und hinreichenden Bedingung an Δ:

$${}_0W'_x(\Delta) \stackrel{!}{=} {}_0W'_x(L'^{(a)} - B^{(a)}) = {}_0W'_x(B'^{(a)} - B^{(a)}) = (b'^{(a)} - b^{(a)}) \cdot {}_0W'_x(u). \tag{4.7}$$

Die Gültigkeit des Äquivalenzprinzips bezüglich $\mathcal{R}'$ ist nach dem Charakterisierungs-satz 2.2 wiederum gleichwertig mit der Existenz eines ausreichenden (nun von Δ ab-hängigen) Deckungskapitalprofils $V_x'^{(a)}$ und des zugehörigen Vektors

$$Z_x'^{(a)} = \left(v_{x:0}' \cdot p_{x:0}' \cdot {}_1V_x'^{(a)}, \; v_{x:1}' \cdot p_{x:1}' \cdot {}_2V_x'^{(a)}, \ldots, v_{x:n-1}' \cdot p_{x:n-1}' \cdot {}_nV_x'^{(a)}, 0 \right),$$

so dass das System der versicherungstechnischen Bilanzgleichungen

$$B^{(a)} + \Delta + V_x'^{(a)} = L'^{(a)} + Z_x'^{(a)} \tag{4.8}$$

erfüllt ist.

Profile Δ, welche der Bedingung (4.6) gehorchen, sind nicht eindeutig. Um derartige Vektoren dennoch konkret anzugeben, wählen wir den Ansatz

$$w = (w_0, w_1, \ldots, w_n) \quad \text{und} \quad \Delta := \delta \cdot w$$

für einen vorzugebenden Vektor $w \in \mathbb{R}^{n+1}$. Den Vektor w werden wir in den späteren Abschnitten jeweils geeignet spezifizieren. Ist w festgelegt, so erlaubt die Bedingung (4.30), die Größe δ unmittelbar zu berechnen:

$$\delta = \frac{{}_0W_x'(B'^{(a)} - B^{(a)})}{{}_0W_x'(w)} = (b'^{(a)} - b^{(a)}) \cdot \frac{{}_0W_x'(u)}{{}_0W_x'(w)}. \tag{4.9}$$

Der Ausdruck (4.9) zeigt, dass δ (und damit Δ) von der Differenz der beiden Referenz-beiträge $b'^{(a)}$ und $b^{(a)}$ abhängt. Für die in der traditionellen versicherungstechnischen Literatur betrachteten Spezialfälle taucht dieser Zusammenhang häufig als sogenannte *Prämiendifferenzformel* auf (siehe u. a. etwa [Wol97; IM13; Ort16; Kah18]). Trivialerweise gilt natürlich auch

$$\delta = (b'^{(a)} - b^{(a)}) \cdot \frac{{}_tW_x'(u)}{{}_tW_x'(w)} \quad \text{für } t \in \{0, 1, 2, \ldots, n\}. \tag{4.10}$$

Ist (zu gegebenem w) das Profil Δ ermittelt, ergibt sich das zu $B^{(a)} + \Delta$ und $L'^{(a)}$ gehörige (neue) ausreichende Deckungskapital $V_x'^{(a)}$ (mit ${}_0V_x'^{(a)} := 0$) durch

$${}_{j+1}V_x'^{(a)} = \frac{(B_j^{(a)} + \Delta_j) + {}_jV_x'^{(a)} - L_j'^{(a)}}{v_{x:j}' \cdot p_{x:j}'}, \quad j = 0, 1, \ldots, n-1.$$

Den zugehörigen Vektor $Z_x'^{(a)}$ entsprechend (4.8) erhält man daraus dann als

$$Z_x'^{(a)} = \left(v_{x:0}' \cdot p_{x:0}' \cdot {}_1V_x'^{(a)}, \; v_{x:1}' \cdot p_{x:1}' \cdot {}_2V_x'^{(a)}, \ldots, v_{x:n-1}' \cdot p_{x:n-1}' \cdot {}_nV_x'^{(a)}, 0 \right).$$

Bemerkung 4.1. *Gelegentlich wird im Zusammenhang mit Vertragsänderungen (die in unserer Terminologie einer speziellen Neubewertung des Vertrages entsprechen) ein*

Ansatz für die Sicherstellung des Äquivalenzprinzips angegeben, der als Zuzahlung zum Deckungskapital *bezeichnet wird (siehe bspw. [Wol97]). Hintergrund dieses Ansatzes ist das* THIELE*'sche Gleichungssystem (4.1), welches besagt, dass unter den ursprünglichen Rechnungsgrundlagen das „Beitragsprofil" ($B^{(a)} + V_x^{(a)}$) bzw. das „Leistungsprofil" ($L^{(a)} + Z_x^{(a)}$) das starke Äquivalenzprinzip erfüllen (siehe auch Bemerkung 2.5).*

Aufgrund der modifizierten Rechnungsgrundlagen $\mathcal{R}'$ verändert sich technisch allerdings nicht nur das Profil $L^{(a)}$ (in ein Profil $L'^{(a)}$), sondern auch die Bewertungen der Einträge im Vektor $Z^{(a)}$ in (4.3). Sie führen – unter Verwendung des ursprünglichen ausreichenden Deckungskapitalprofils $V_x^{(a)}$, aber neuer Rechnungsgrundlagen $\mathcal{R}'$ – zu einem Vektor

$$\bar{Z}_x^{(a)} := \left(v'_{x:0} \cdot p'_{x:0} \cdot {}_1V_x^{(a)}, \; v'_{x:1} \cdot p'_{x:1} \cdot {}_2V_x^{(a)}, \ldots, v'_{x:n-1} \cdot p'_{x:n-1} \cdot {}_nV_x^{(a)}, 0 \right).$$

Um das Äquivalenzprinzip bei der Neubewertung der Versicherung sicherzustellen, fordert man nun

$$B^{(a)} + (V_x^{(a)} + \Delta') \overset{!}{=} L'^{(a)} + \bar{Z}_x^{(a)} \tag{4.11}$$

und bestimmt dazu einen geeignetes Profil

$$\Delta' = (\Delta'_0, \Delta'_1, \ldots \Delta'_j, \Delta'_{j+1}, \ldots, \Delta'_{n-1}, \Delta'_n) \in \mathbb{R}^{n+1}.$$

Es werden in der Bedingung (4.11) also ein mit den ursprünglichen Rechnungsgrundlagen $\mathcal{R}$ formuliertes „Beitragsprofil" ($B^{(a)} + V_x^{(a)}$) und ein mit den modifizierten Rechnungsgrundlagen $\mathcal{R}'$ formuliertes „Leistungsprofil" ($L'^{(a)} + \bar{Z}_x^{(a)}$) betrachtet. Unter den „neuen" Rechnungsgrundlagen kann in diesem Sinne das starke Äquivalenzprinzip (bezüglich $\mathcal{R}'$) in (4.11) dadurch (wieder) sichergestellt werden, dass zu jedem Zeitpunkt j das mit den ursprünglichen Rechnungsgrundlagen ermittelte ausreichende Deckungskapital ${}_jV_x^{(a)}$ um Δ'_j erhöht bzw. reduziert wird (Zuzahlung zum Deckungskapital).

In diesem Fall beschreibt also

$$\Delta' = (L'^{(a)} - B^{(a)}) + (\bar{Z}_x^{(a)} - V_x^{(a)}) \tag{4.12}$$

diese notwendigen Zuzahlungen. Damit gilt für Δ' natürlich auch

$${}_0W'_x(\Delta') = {}_0W'_x(L'^{(a)} - B^{(a)}) + {}_0W'_x(\bar{Z}_x^{(a)} - V_x^{(a)}).$$

Da (trivialerweise)

$${}_0W'_x(V_x^{(a)}) = {}_0W'_x(\bar{Z}^{(a)})$$

gilt, ergibt sich

$${}_0W'_x(\Delta') = {}_0W'_x(L'^{(a)} - B^{(a)}) = (b'^{(a)} - b^{(a)}) \cdot {}_0W'_x(u). \tag{4.13}$$

Die Bedingung (4.6), die an Δ gestellt wird, ist also auch für Δ' erfüllt. In diesem Sinne sind beide Ansätze also „gleichwertig". Man beachte allerdings, dass im Allgemeinen

$$V'^{(a)}_x \neq V_x^{(a)} + \Delta'$$

gilt, die Zuzahlungen Δ zum „alten" Deckungskapitalprofil $V_x^{(a)}$ also im Allgemeinen nicht das „neue" Deckungskapitalprofil $V_x'^{(a)}$ ergeben.

Mit diesen allgemeinen Vorbemerkungen lassen sich nun eine Reihe versicherungstechnischer Größen und Sachverhalte als Spezialfälle von Neubewertungen aufgrund von geänderten Rechnungsgrundlagen $\mathcal{R}' = \{p'(x, n), r'(x, n), C'\}$ und der Festlegung geeigneter Vektoren w auffassen.

4.1.1 Neubewertung bei einer einperiodigen Änderung von Rechnungsgrundlagen

Wir betrachten hier einen ersten Spezialfall einer Neubewertung: Gegeben sei ein Lebensversicherungsvertrag mit den Profilen $L^{(0)}$ bzw. $L^{(1)}$ ursprünglich vereinbarter Verbleibens- bzw. Ausscheideleistungen. Mit den Rechnungsgrundlagen $\mathcal{R}^{(1)} = \{p(x, n), r(x, n), C\}$ sei zum Zahlungsprofil u ein Profil $B^{(a)} = b^{(a)} \cdot u$ ausreichender Beiträge ermittelt (siehe (3.21) zur Bestimmung von $b^{(a)}$).

Anstelle der sich aus den Profilen $p(x, n)$ bzw. $r(x, n)$ ergebenden Profile einjähriger Verbleibenswahrscheinlichkeiten $p_{x:}$ bzw. Aufzinsungsfaktoren $r_{x:}$ seien zum Zeitpunkt t *für die Periode* $t + 1$ realistische, einjährige Verbleibenswahrscheinlichkeiten $p'_{x:t}$ bzw. realistische Zinssätze $i'_{x:t}$ bekannt (oder prognostiziert). Zudem sollen anstelle der sich aus den Kostensatzprofilen C für den Zeitpunkt t ursprünglich ergebenden Kostenzuschläge $L_t^{(K)}$ nunmehr realistische Kostenzuschläge

$$L_t'^{(K)} = L_t'^{\alpha^z} + L_t'^{\alpha^\gamma} + L_t'^{\beta} + L_t'^{\gamma} + L_t'^{\sigma}$$

verwendet werden. Somit betreffen die Änderungen ausschließlich die Periode $t + 1$. Auf kanonische Weise (entsprechend (1.7) und (1.10)) induzieren diese Modifikationen

$$p'_{x:} := (p_{x:0}, p_{x:1}, \dots, p_{x:t-1}, p'_{x:t}, p_{x:t+1}, \dots, p_{x:n-1}, 0) \in \mathbb{R}^{n+1}$$

bzw.

$$r'_{x:} = (r_{x:0}, r_{x:1}, \dots, r_{x:t-1}, r'_{x:t}, r_{x:t+1}, \dots, r_{x:n-1}, 0) \in \mathbb{R}^{n+1}$$

neue Rechnungsgrundlagen $\mathcal{R}' = \{p'(x, n), r'(x, n), C'\}$ mit $C' = (0, 0, 0, 0, L'^{(K)})$. Hierbei ist

$$L'^{(K)} = (L_0^{(K)}, \dots, L_{t-1}^{(K)}, L_t'^{(K)}, L_{t+1}^{(K)}, \dots, L_n^{(K)}).$$

Für den Zeitpunkt t werde mit $\mathcal{R}'$ eine Neubewertung des Versicherungsvertrages vorgenommen. Wählt man speziell den Vektor $w \in \mathbb{R}^{n+1}$, also

$$w_j := \begin{cases} 0, & j \neq t, \\ 1, & j = t \end{cases} \qquad \text{und setzt} \qquad \Delta := \delta \cdot w,$$

so lässt sich die Größe δ mit der Prämiendifferenzformel (4.9)

$$\delta = (b'^{(a)} - b^{(a)}) \cdot \frac{{}_0W'_x(u)}{{}_0W'_x(w)} = (b'^{(a)} - b^{(a)}) \cdot {}_tW'_x(u)$$

berechnen.

Welche Bedeutung der Größe $\delta = \Delta_t$ in diesem Fall zukommt, wird deutlich, wenn man den allgemeinen Zusammenhang (4.8), also

$$B^{(a)} + \Delta + V'^{(a)}_x = L'^{(a)} + Z'^{(a)}_x, \tag{4.14}$$

heranzieht und für die vorliegende spezielle Situation ausnutzt, dass $p_{x:}$ und $r_{x:}$ nur in der Komponente $p_{x:t}$ bzw. $r_{x:t}$ zu $p'_{x:t}$ bzw. $r'_{x:t}$ modifiziert wurden. Da $L^{(0)}$, $L^{(1)}$ sowie B bzw. u unverändert sind, liefert die retrospektive Darstellung (2.17) des ausreichenden Deckungskapitals ${}_jV'^{(a)}_x$ für $j \leq t$

$$_jV'^{(a)}_x = {}_jV^{(a)}_x, \quad j \leq t.$$

Fasst man daraufhin die Terme in (4.14) für den Zeitpunkt t nun auf unterschiedliche Art zusammen, nämlich einmal im Sinne einer „Beitragsveränderung"

$$\underbrace{(B^{(a)}_t + \Delta_t)}_{B''_t} + {}_tV^{(a)}_x = L'^{(a)}_t + v'_{x:t} \cdot p'_{x:t} \cdot {}_{t+1}V'^{(a)}_x,$$

bzw. zum anderen im Sinne einer „Deckungskapitalveränderung"

$$B^{(a)}_t + \underbrace{({}_tV^{(a)}_x + \Delta_t)}_{{}_tV''_x} = L'^{(a)}_t + v'_{x:t} \cdot p'_{x:t} \cdot {}_{t+1}V'^{(a)}_x,$$

so können wir Δ_t auf zweierlei Weise interpretieren:

(i) Ein durch die Verwendung von Rechnungsgrundlagen $\mathcal{R}'$ ermittelter „realistischer Beitrag" B''_t für den Zeitpunkt t reicht zusammen mit dem (ursprünglich für diesen Zeitpunkt vorhandenen) Deckungskapital ${}_tV^{(a)}_x$ aus, um die „realistisch zu erwartenden" Leistungen $L'^{(a)}_t$ der Periode $t + 1$ zu finanzieren und zum Zeitpunkt $t + 1$ das „neue" Deckungskapital ${}_{t+1}V'^{(a)}_x$ bereitzustellen, sofern die Person zu diesem Zeitpunkt dem Kollektiv angehört.

Die Größe Δ_t beschreibt die hierzu zum Zeitpunkt t nötige Korrektur auf den (nach Rechnungsgrundlagen $\mathcal{R}^{(1)}$) festgelegten ausreichenden Beitrag $B^{(a)}_t$. Falls $\Delta_t \leq 0$, so könnte diese Korrektur also zu einer *Beitragsrückerstattung* führen und an den Versicherungsnehmer „zurückgegeben" werden. Falls $\Delta_t \geq 0$ gilt, so wäre zum Zeitpunkt t ein um Δ_t höherer Beitrag notwendig.

(ii) Ein realistisches, ausreichendes „Deckungskapital" ${}_tV''_x$ zusammen mit dem vertraglich vereinbarten Beitrag $B^{(a)}_t$ reicht für den Zeitpunkt t aus, um die „realistisch zu erwartenden" Leistungen $L'^{(a)}_t$ der Periode $t + 1$ zu finanzieren und an deren

Ende das „realistische" Deckungskapital $_{t+1}V_x'^{(a)}$ für den Zeitpunkt $t + 1$ erwartungsgemäß bereitzustellen.

Falls $\Delta_t \geq 0$, bedeutet dies, dass dazu eine Zuzahlung zum (mit Rechnungsgrundlagen $\mathcal{R}^{(1)}$ kalkulierten) Deckungskapital $_tV_x^{(a)}$ in Höhe von Δ_t notwendig wäre. Man kann in einem solchen Fall daher von einem *Nachreservierungsbedarf* (also dem Bedarf zur Erhöhung des mit Rechnungsgrundlagen 1. Ordnung ermittelten Deckungskapitals $_tV_x^{(a)}$) im Zeitpunkt t in Höhe von Δ_t sprechen.

Auf die Konsequenzen einer derartigen Neubewertung im Zeitpunkt t werden wir noch einmal detaillierter in den Abschnitten 4.1.3 und 4.1.4 eingehen.

4.1.2 Neubewertung bei einer vergangenheitsbezogenen Änderung der Rechnungsgrundlagen

Wir betrachten hier den nächsten Spezialfall einer Neubewertung: Gegeben sei ein Lebensversicherungsvertrag mit den Profilen $L^{(0)}$ bzw. $L^{(1)}$ vereinbarter Versicherungsleistungen. Mit (vorsichtig gewählten) Rechnungsgrundlagen $\mathcal{R}^{(1)} = \{p(x, n), r(x, n), C\}$ sei ein ausreichendes Beitragsprofil $B^{(a)} = b^{(a)} \cdot u$ bestimmt. Anstelle der ursprünglichen Profile $p(x, n)$ und $r(x, n)$ sollen die modifizierten Profile

$$p'(x, n) = (_0p_x', {}_1p_x', \ldots, {}_tp_x', {}_{t+1}p_x, {}_{t+2}p_x, \ldots, {}_np_x)$$

und

$$r'(x, n) = (_0r_x', {}_1r_x', \ldots, {}_tr_x', {}_{t+1}r_x, {}_{t+2}r_x, \ldots, {}_nr_x)$$

für eine Neubewertung des Versicherungsvertrages im Zeitpunkt t herangezogen werden. Eine solche Situation kann auftreten, wenn anstelle der sich aus den Profilen $p(x, n)$ bzw. $r(x, n)$ ergebenden Profile einjähriger Verbleibenswahrscheinlichkeiten

$$p_{x:} := (p_{x:0}, p_{x:1}, \ldots, p_{x:t-1}, p_{x:t}, \ldots, p_{x:n-1}, 0) \in \mathbb{R}^{n+1}$$

bzw. jährlicher Aufzinsungsfaktoren

$$r_{x:} = (r_{x:0}, r_{x:1}, \ldots, r_{x:t-1}, r_{x:t}, \ldots, r_{x:n-1}, 0) \in \mathbb{R}^{n+1}$$

zum Zeitpunkt $t \leq n$ *für die vergangenen Perioden* $j = 1, 2, \ldots, t$ *tatsächliche* einjährige Verbleibenswahrscheinlichkeiten $p_{x:j-1}'$ bzw. *tatsächliche* Zinssätze $i_{x:j-1}'$ bekannt sind, d. h.

$$p_{x:}' := (p_{x:0}', p_{x:1}', \ldots, p_{x:t-1}', p_{x:t}, \ldots, p_{x:n-1}, 0)$$

bzw.

$$i_{x:}' := (i_{x:0}', i_{x:1}', \ldots, i_{x:t-1}', i_{x:t}, \ldots, i_{x:n-1}, 0).$$

Weiterhin sollen statt der bei der Erstkalkulation gewählten Kostenzuschläge $L_j^{(K)}$ *realistisch angefallene Kosten*

$$L_j'^{(K)} = L_j'^{\alpha^z} + L_j'^{\alpha^\gamma} + L_j'^{\beta} + L_j'^{\gamma} + L_j'^{\sigma} \quad j = 0, 1, \dots, t-1$$

berücksichtigt werden. Für $j \geq t$ sei $L_j'^{(K)} = L_j^{(K)}$. Eine solche direkte Berücksichtigung dieser monetären Größen $L_j'^{(K)}$ entspricht den Kostensatzprofilen $C' = (0, 0, 0, 0, L'^{(K)})$. Weitere Modifikationen an den Rechnungsgrundlagen sollen hier zunächst nicht erfolgen. Damit betreffen die Änderungen in den Rechnungsgrundlagen nur die (vergangenen) Perioden $j = 1, 2, \dots, t$. Aus einer derartigen Modifikation resultiert dann das Profil der Versicherungsleistungen mit

$$L' = (L_0', L_1', \dots, L_{t-1}', L_t, \dots, L_n)$$
$$= (L^{(0)} + q_{x:}' \circ v_{x:}' \circ L^{(1)}) \circ (1 - 1_t) + (L^{(0)} + q_{x:} \circ v_{x:} \circ L^{(1)}) \circ 1_t$$

sowie das Profil der Kosten

$$L'^{(K)} = (L_0'^{(K)}, L_1'^{(K)}, \dots, L_{t-1}'^{(K)}, L_t^{(K)}, \dots, L_n^{(K)}) \in \mathbb{R}^{n+1}.$$

Es soll nun eine Neubewertung der Versicherung im Zeitpunkt t vorgenommen werden. Dazu wird zunächst der konstruktive ausreichende Referenzbeitrag

$$b'^{(a)} := \frac{_0W_x'(L'^{(a)})}{_0W_x'(u)} = \frac{_0W_x'(L' + L'^{(K)})}{_0W_x'(u)}$$

bestimmt und Bedingung (4.6) führt wiederum auf

$$_jW_x'(\Delta) = (b'^{(a)} - b^{(a)}) \cdot {_jW_x'(u)}$$

für jeden beliebigen Zeitpunkt j. Für den speziellen Vektor w, mit

$$w_j := \begin{cases} 0, & j \neq t, \\ 1, & j = t \end{cases} \quad \text{und} \quad \Delta := \delta \cdot w$$

ergibt sich die Größe δ mit (4.10) durch

$$\delta = \Delta_t = (b'^{(a)} - b^{(a)}) \cdot \frac{_tW_x'(u)}{_tW_x'(w)} = (b'^{(a)} - b^{(a)}) \cdot {_tW_x'(u)}.$$

Ähnlich wie im vorherigen Abschnitt 4.1.1 lässt sich Δ_t auch hier wieder als eine potenzielle Beitragsrückerstattung bzw. als potenzieller Nachreservierungsbedarf interpretieren. Die Größe Δ_t bezieht sich hierbei allerdings nicht wie in Abschnitt 4.1.1 nur auf die einzelne Periode $t + 1$, sondern berücksichtigt Modifikationen in sämtlichen Perioden zwischen Vertragsbeginn und dem Zeitpunkt t.

Im folgenden Beispiel wollen wir für einen bestehenden Lebensversicherungsvertrag einer speziellen vergangenheitsbezogenen Änderung der Rechnungsgrundlagen nachgehen. Die Ermittlung des Deckungskapitals $_tV_x'$ zum Zeitpunkt t der Neubewertung führt hier dann auf eine allgemeinere Version eines Verfahrens, welches in der betrieblichen Altersversorgung Anwendung findet, wenn eine handelsbilanzielle Bewertung von betrieblichen Versorgungsverpflichtungen durchgeführt werden soll.

Beispiel 4.2: Modifiziertes Teilwertverfahren nach ENGBROKS

Wir betrachten hier einen Spezialfall der vorgestellten Situation. Auf Basis von Rechnungsgrundlagen $\mathcal{R}^{(1)} = \{p(x, n), r(x, n), C\}$ sei ein Versicherungsvertrag mit n-jähriger Laufzeit für eine x-jährige Person kalkuliert. $B^{(a)}$ und $L^{(a)}$ seien die ausreichenden Beitrags- bzw. Leistungsprofile. Prämien werden entsprechend dem Zahlungsprofil u geleistet. Zum Zeitpunkt $t < n$, an dem eine Neubewertung des Vertrages vorgenommen werden soll, möge sich die versicherte Person (noch) im Kollektiv befinden. Grundlage für die Neubewertung sollen Rechnungsgrundlagen $\mathcal{R}' = \{p'(x, n), r'(x, n), C\}$ mit veränderten Verbleibens- und Kapitalanlageprofilen sein.

Anstelle des Verbleibensprofils $p(x, n)$ soll das Profil

$$p'(x, n) = (1, 1, \ldots, 1, {}_{t+1}p_x, {}_{t+2}p_x, \ldots, {}_{n}p_x)$$

herangezogen werden. Für die einzelnen Vergangenheitszeitpunkte $j \leq t$ soll sich hierin ausdrücken, dass die versicherte Person dann mit Sicherheit dem Kollektiv angehörte. Die tatsächlichen jährlichen Kapitalwertfaktoren ${}_j r'_x$ seien für $j \leq t$ (also aus Sicht von t „für die Vergangenheit") bekannt, so dass sich die Neubewertung in einem modifizierten Kapitalanlageprofil

$$r'(x, n) = ({}_0 r'_x, {}_1 r'_x, \ldots, {}_t r'_x, {}_{t+1} r_x, {}_{t+2} r_x, \ldots, {}_n r_x)$$

ausdrückt.

Diese Profile induzieren dann mit (1.5)

$$p'_{x:} := (1, 1, \ldots, 1, p'_{x:t}, p_{x:t+1}, \ldots, p_{x:n-1}, 0)$$

die modifizierten einjährigen Verbleibenswahrscheinlichkeiten bzw. mit (1.13)

$$v'_{x:} = (v'_{x:0}, v'_{x:1}, \ldots, v'_{x:t-1}, v'_{x:t}, v_{x:t+1}, \ldots, v_{x:n-1}, 0)$$

die modifizierten finanzmathematischen Abzinsungsfaktoren. Mit dem modifizierten Leistungsprofil

$$L' = L^{(0)} + (\mathbb{1} - p'_{x:}) \circ v'_{x:} \circ L^{(1)}$$

lässt sich über (4.4) wieder der konstruktive, ausreichende Referenzbeitrag

$$b'^{(a)} = \frac{{}_0 W'_x(L' + L^{\sigma})}{{}_0 W'_x(\bar{u})} = \frac{{}_0 W'_x(L'^{(a)})}{{}_0 W'_x(u)}$$

und damit dann gemäß (3.18) zunächst $L'^{(K)}$ und anschließend $L'^{(a)} = L' + L'^{(K)}$ bestimmen.

Mit $_jp'_x = 1$ für $j \leq t$ hat die Bewertung des Zahlungsprofils u die folgende Darstellung:

$$_0W'_x(u) = \sum_{j=0}^{t-1} {}_jv'_x \cdot u_j + \sum_{j=t}^{n} {}_jv'_x \cdot {}_jp'_x \cdot u_j$$

$$= \sum_{j=0}^{t-1} {}_jv'_x \cdot u_j + {}_0W'_x(u \circ \mathbb{1}_t)$$

$$= \sum_{j=0}^{t-1} {}_jv'_x \cdot u_j + {}_tv'_x \cdot \underbrace{{}_tp'_x}_{=1} \cdot {}_tW'_x(u \circ \mathbb{1}_t)$$

und (wegen $q_{x;j} = 0$ für $j = 0, 1, \ldots, t-1$) ergibt sich für $L'^{(a)}$

$$_0W'_x(L'^{(a)}) = \sum_{j=0}^{n} {}_jv'_x \cdot {}_jp_x \cdot L'^{(a)}_j$$

$$= \sum_{j=0}^{t-1} {}_jv'_x \cdot (L_j^{(0)} + L_j'^{(K)}) + {}_tv'_x \cdot {}_tW'_x(L^{(a)} \circ \mathbb{1}_t).$$

Unter Verwendung der Darstellung (2.20) erhalten wir dann für das Deckungskapital $_tV'_x$ des neu bewerteten Vertrages:

$$_tV'_x = {}_tW'_x(L'^{(a)} \circ \mathbb{1}_t) - b'^{(a)} \cdot {}_tW'_x(u \circ \mathbb{1}_t)$$

$$= {}_tW'_x(L'^{(a)} \circ \mathbb{1}_t) - \frac{{}_0W'_x(L'^{(a)})}{{}_0W'_x(u)} \cdot {}_tW'_x(u \circ \mathbb{1}_t)$$

$$= {}_tW'_x(L'^{(a)} \circ \mathbb{1}_t) - {}_0W'_x(L'^{(a)}) \cdot \frac{{}_tW'_x(u \circ \mathbb{1}_t)}{\sum_{j=0}^{t-1} {}_jv'_x \cdot u_j + {}_tv'_x \cdot {}_tW'_x(u \circ \mathbb{1}_t)}. \qquad (4.15)$$

Die Formel (4.15) stellt eine verallgemeinernde Version der von ENGBROKS eingeführten *modifizierten Teilwertformel* dar (siehe [Eng89]), die im Rahmen der betrieblichen Altersversorgung für eine Bewertung von Pensionsverpflichtungen herangezogen werden kann. Legt man nämlich speziell fest, dass

- die Laufzeit n des Vertrages gerade der „Dienstzeit" der versicherten Person im Betrieb (bis zum Eintritt in den Ruhestand) entspricht,
- für diesen Zeitraum lediglich *Ausscheideleistungen* (z. B. Hinterbliebenenrenten) und eine *Ablaufleistung* vereinbart wurden,
- die Prämien laufend und in gleicher Höhe jeweils zu Periodenbeginn gezahlt werden sollen (also $u = (1, 1, \ldots, 1, 0)$),

- das Kapitalanlageprofil nicht modifiziert werden soll ($r'(x, n) = r(x, n)$) und dann – noch spezieller – $_j r_x := (1 + i)^j$ für $j = 0, 1, \ldots, n$ (konstanter Rechnungszinssatz $i > 0$ während der Laufzeit) gelten soll,
- das Verbleibensprofil $p(x, n)$ von einer Sterbetafel induziert ist, bei der Stationarität gemäß (1.3) gelten soll (d. h. $_j p_x = {_{j-1}} p_x \cdot {_1} p_{x+(j-1)}$ für $j = 1, 2, \ldots, n$) und
- Kosten keinerlei Beachtung finden ($C = (0, 0, 0, 0, 0)$),

so führt mit $L = L_n \cdot \mathbb{1}_n + q_{x:} \circ v_{x:} \circ L^{(1)}$ die entsprechende Neubewertung zum Zeitpunkt t zunächst zum modifizierten Leistungsprofil

$$L'^{(a)} = L' = L_n \cdot \mathbb{1}_n + q'_{x:} \circ v_{x:} \circ L^{(1)} = L \circ \mathbb{1}_t$$

und zu

$$_0 W'_x(L') = v^t \cdot {_t} W'_x(L' \circ \mathbb{1}_t) = v^t \cdot {_t} W_x(L \circ \mathbb{1}_t).$$

Somit wird der Zusammenhang (4.15) zu

$${_t} V'_x = {_t} W_x(L \circ \mathbb{1}_t) \cdot \left(1 - \frac{v^t \cdot {_t} W_x(u \circ \mathbb{1}_t)}{\sum_{j=0}^{t-1} v^j \cdot u_j + v^t \cdot {_t} W_x(u \circ \mathbb{1}_t)} \right). \qquad (4.16)$$

Der Ausdruck (4.16) beschreibt gerade die in [Eng89] (mit der dort verwendeten Nomenklatur) dargestellte modifizierte Teilwertformel.

4.1.3 Neubewertung bei zukunftsbezogener Änderung des Kapitalanlageprofils; Zinszusatzreserve

In diesem Spezialfall einer Neubewertung wird ebenfalls ein Reservierungsbedarf ermittelt. Dieser bezieht sich hier auf (zukunftsbezogene) Veränderungen im Anlageprofil $r(x, n)$. Vor dem Hintergrund der dauernden Erfüllbarkeit der Verträge hat bekanntlich das Versicherungsunternehmen sicherzustellen, dass die (auf Basis der Rechnungsgrundlagen $\mathcal{R}^{(1)}$ kalkulierten) Beiträge und Deckungskapitale ausreichen, um die vertraglich garantierten Leistungen zu erbringen.

Wird zum Zeitpunkt t festgestellt, dass diese Anforderung wegen des Nichterreichens der ursprünglich unterstellten Kapitalanlageziele zukünftig kalkulatorisch nicht erfüllt werden könnte, so hat das Versicherungsunternehmen zusätzlich zum vorhandenen Deckungskapital $_t V_x^{(a)}$ auf geeignete Weise einen Betrag Δ_t bereitzustellen, da ja sowohl die zukünftigen vereinbarten Beitragszahlungen $B_t^{(a)}, B_{t+1}^{(a)}, \ldots, B_{n-1}^{(a)}$ als auch die vereinbarten Leistungen $L_t^{(0)}, L_{t+1}^{(0)}, \ldots, L_n^{(0)}$ bzw. $L_t^{(1)}, L_{t+1}^{(1)}, \ldots, L_{n-1}^{(1)}$ seitens des Versicherungsunternehmens einseitig nicht verändert werden können. Der hierzu erforderliche Finanzmittelbedarf Δ_t heißt in diesem Fall *Zinszusatzreserve (zum Zeitpunkt t)*.

Ausgangslage für die Bestimmung von Δ_t sind hier zunächst wieder Rechnungsgrundlagen $\mathcal{R}^{(1)} = \{p(x, n), r(x, n), C\}$ 1. Ordnung bezüglich derer ein ausreichendes Leistungsprofil $L^{(a)}$ mit einem ausreichenden Beitragsprofil $B^{(a)} = b^{(a)} \cdot u$ versichert wurde. Das Kapitalanlageprofil $r(x, n)$ beruhe auf einem Zinsprofil $i_{x:}$ flacher Zinsstruktur

$$i_{x:} = (i, i, i, \ldots, i, -1) \in \mathbb{R}^{n+1},$$

wobei mit $i > 0$ hier der (während der Vertragslaufzeit konstante) *Garantiezinssatz* bezeichnet werde. Zum Zeitpunkt $t < n$ werde festgestellt, dass für einen beobachteten sogenannten *Referenzzinssatz* i_t' gilt, dass $i_t' < i_{x:t} = i$. Diese Tatsache führt dazu, dass das Versicherungsunternehmen zum Zeitpunkt t eine Neubewertung vorzunehmen hat und hierzu ein modifiziertes Zinssatzprofil $i_{x:}'$ mit

$$i_{x:j}' := \begin{cases} i, & j = 0, 1, \ldots, t-1, \\ i_t', & j = t, t+1, \ldots, t+k, \quad \text{mit } k = \min\{15, n-t-1\}, \\ i, & j = t+k+1, \ldots, n-1, \\ -1, & j = n, \end{cases}$$

also

$$i_{x:}' = i \cdot (\mathbb{1} - \mathbb{1}_n - \mathbb{1}_t + \mathbb{1}_{t+k}) + i' \cdot (\mathbb{1}_t - \mathbb{1}_{t+k}) - \mathbb{1}_n$$

zugrunde legen muss.

Die Forderung besteht also darin, ab dem Zeitpunkt t – für die kommenden (maximal) k Jahre – anstelle des ursprünglichen (Garantie-) Zinssatzes i bei der Kalkulation den Referenzzinssatz i_t' zu verwenden (die Festlegung und Beschränkung des Zeitraums auf 15 Jahre für die Berücksichtigung der Referenzzinssätze i_t' folgt einer gesetzlichen Regelung[1]). Das Zinsprofil $i_{x:}'$ induziert mit (1.10) auf kanonische Weise ein modifiziertes Anlageprofil $r'(x, n)$. Geht man davon aus, dass $C' := (\mathbb{0}, \mathbb{0}, \mathbb{0}, \mathbb{0}, L^{(K)})$, die ursprünglichen Kostenprofile also unverändert bleiben, so lässt sich mit den so geänderten Rechnungsgrundlagen $\mathcal{R}' = \{p(x, n), r'(x, n), C'\}$ der ausreichende Referenzbeitrag $b'^{(a)}$ wiederum über (4.4) ermitteln. Setzen wir, wie bereits früher,

$$w_j := \begin{cases} 0, & j \neq t, \\ 1, & j = t \end{cases} \qquad \text{und} \qquad \Delta := \delta \cdot w,$$

so ergibt sich δ wiederum als

$$\delta = \Delta_t = (b'^{(a)} - b^{(a)}) \cdot \frac{{}_tW_x'(u)}{{}_tW_x'(w)} = (b'^{(a)} - b^{(a)}) \cdot {}_tW_x'(u).$$

In diesem Fall entspricht $\delta = \Delta_t$ der *Zinszusatzreserve zum Zeitpunkt t*.

---

1 Vgl. § 5 DeckRV.

4.1.4 Neubewertung bei einer zukunftsbezogenen Änderung des Verbleibensprofils

In diesem Spezialfall einer Neubewertung gehen wir davon aus, dass in den Rechnungsgrundlagen $\mathcal{R}^{(1)}$ diesmal festgestellt wird, dass die zukünftigen Verbleibenswahrscheinlichkeiten $_{t+1}p'_x, _{t+2}p'_x, \ldots, _n p'_x$ nicht vorsichtig genug gewählt worden sind. Daher wird das Versicherungsunternehmen veranlasst, die betreffenden Versicherungsverträge mit einem „neuen" Verbleibensprofil

$$p'(x, n) = (_0 p_x, _1 p_x, \ldots, _t p_x, _{t+1}p'_x, _{t+2}p'_x, \ldots, _n p'_x)$$

zum Zeitpunkt t zu bewerten. Das Kapitalanlageprofil $r(x, n)$ und die Kostensatzprofile C seien unverändert. Um einen potentiellen Nachreservierungsbedarf und einen *Nachreservierungszeitraum* für diese Finanzmittel festzustellen, sei k so gewählt, dass $t + k < n$. Setzt man nun

$$w := (\underbrace{0, 0, \ldots, 0}_{t\text{-mal}}, \underbrace{1, 1, \ldots, 1}_{k\text{-mal}}, 0, \ldots, 0) = \mathbb{1}_t - \mathbb{1}_{t+k} \in \mathbb{R}^{n+1} \quad \text{und} \quad \Delta := \delta \cdot w,$$

so lässt sich δ wiederum mittels (4.9), also

$$\delta = (b'^{(a)} - b^{(a)}) \cdot \frac{_0 W'_x(u)}{_0 W'_x(w)}$$

ermitteln. Der konstruktive ausreichende Referenzbeitrag $b'^{(a)}$ wurde dabei (beispielsweise) über (3.19) mit

$$b'^{(a)} = \frac{_0 W'_x(L' + L'^\sigma)}{_0 W'_x(\bar{u})} \quad \text{mit} \quad \bar{u} := (\mathbb{1} - \beta) \circ u - \sum u \cdot (\alpha^z + \alpha^\gamma + \gamma)$$

berechnet. Ist $\delta > 0$, so beschreibt diese Größe den auf einen Nachreservierungszeitraum von k Jahren gleichmäßig verteilten jährlichen Nachreservierungsbedarf.

Zu jedem Zeitpunkt j innerhalb des Nachreservierungszeitraums muss das ursprüngliche Deckungskapital $_j V_x^{(a)}$ um den Betrag $\Delta_j = \delta$ erhöht werden, damit das Äquivalenzprinzip unter den Rechnungsgrundlagen $\mathcal{R}' = \{p'(x, n), r(x, n), C\}$ sichergestellt werden kann. Offenbar ist die „Gleichmäßigkeit" (d. h. die Konstanz) der Erhöhungsbeträge δ während des Nachreservierungszeitraums (und der Zeitraum k selbst) durch die besondere Wahl von w als $w = \mathbb{1}_t - \mathbb{1}_{t+k}$ festlegt.

Eine andere Wahl von w ließe natürlich auch eine nicht-konstante Nachreservierungsstruktur zu.

4.2 Neubewertung einer Versicherung bei Vertragsänderungen

Im Gegensatz zum Versicherungsunternehmen stehen dem Versicherungsnehmer für zahlreiche Typen von Lebensversicherungsverträgen eine Reihe von Gestaltungsrechten (Optionen) zu. Diese erlauben es ihm, den ursprünglich abgeschlossenen Versicherungsvertrag während der Laufzeit, etwa zum Zeitpunkt t, zu verändern. Solche

Vertragsänderungen führen im Allgemeinen dazu, dass die ursprünglichen Leistungs- bzw. Beitragsprofile modifiziert werden und der dadurch entstehende modifizierte Versicherungsvertrag entsprechend bewertet werden muss. Eine derartige Neubewertung wird als *(versicherungs-) technische Änderung* des Vertrages bezeichnet.

Im Folgenden wollen wir darstellen, wie eine solche Neubewertung bei der Wahrnehmung verschiedener Rechte des Versicherungsnehmers erfolgt und welche Konsequenzen sie hat.

4.2.1 Neubewertung bei Veränderung der vereinbarten Versicherungsleistungen

Wir gehen von einem ausreichenden Leistungsprofil $L^{(a)} = L + L^{(K)}$

$$L^{(a)} = (L_0^{(a)}, L_1^{(a)}, \ldots, L_n^{(a)})$$

aus, welches auf Basis von Rechnungsgrundlagen $\mathcal{R}^{(1)} = \{p(x, n), r(x, n), C\}$ mit dem ausreichenden Beitragsprofil

$$B^{(a)} = b^{(a)} \cdot u = (B_0^{(a)}, B_1^{(a)}, \ldots, B_n^{(a)})$$

versichert werden kann. Bis zu einem Zeitpunkt t wurden in diesem Versicherungsvertrag einerseits die ausreichenden Prämien $B_0^{(a)}, B_1^{(a)}, \ldots, B_{t-1}^{(a)}$ entrichtet, sowie andererseits die ausreichenden Leistungen $L_0^{(a)}, L_1^{(a)}, \ldots, L_{t-1}^{(a)}$ erbracht.

Im Zeitpunkt t soll nun für *zukünftige Perioden* der Vertragslaufzeit eine Änderung an einem oder beiden Profilen $L^{(0)}, L^{(1)}$ der ursprünglich vereinbarten Versicherungsleistungen vorgenommen werden. Es liegen also auf diese Weise modifizierte Profile der Verbleibensleistungen

$$L'^{(0)} = (L_0^{(0)}, L_1^{(0)}, \ldots, L_{t-1}^{(0)}, L_t'^{(0)}, L_{t+1}'^{(0)}, \ldots, L_n'^{(0)})$$

und/oder der Ausscheideleistungen

$$L'^{(1)} = (L_0^{(1)}, L_1^{(1)}, \ldots, L_{t-1}^{(1)}, L_t'^{(1)}, L_{t+1}'^{(1)}, \ldots, L_{n-1}'^{(1)}, 0)$$

und damit ein modifiziertes Profil der Versicherungsleistungen

$$L' = L'^{(0)} + q_{x:} \circ v_{x:} \circ L'^{(1)} = (L_0, L_1, \ldots, L_{t-1}, L_t', L_{t+1}', \ldots, L_n')$$

vor.

Um festzustellen, inwieweit diese Änderungen Einfluss auf die Höhe der *zukünftig* zu zahlenden, ausreichenden Prämien bzw. die zukünftigen *ausreichenden* Deckungskapitale nehmen, betrachten wir ein modifiziertes ausreichendes Prämienprofil

$$B'^{(a)} = (B_0^{(a)}, B_1^{(a)}, \ldots, B_{t-1}^{(a)}, B_t'^{(a)}, B_{t+1}'^{(a)}, \ldots, B_n'^{(a)})$$
$$= B^{(a)} \circ (\mathbb{1} - \mathbb{1}_t) + B'^{(a)} \circ \mathbb{1}_t$$

und setzen zu dessen Bestimmung

$$B'^{(a)} \overset{!}{=} B^{(a)} + \Delta$$

mit

$$\Delta = (0, 0, \ldots, 0, \Delta_t, \Delta_{t+1}, \ldots, \Delta_{n-1}, \Delta_n)$$

an. Der Vektor $\Delta = \Delta \circ \mathbb{1}_t$ drückt also gerade die zukünftige Veränderung in den ausreichenden Prämien aus. Mit diesem (von Δ abhängigen) Profil $B'^{(a)}$ ausreichender Beiträge soll dann ein modifiziertes ausreichendes Leistungsprofil

$$L'^{(a)} = (L_0^{(a)}, L_1^{(a)}, \ldots, L_{t-1}^{(a)}, L_t'^{(a)}, L_{t+1}'^{(a)}, \ldots, L_n'^{(a)})$$
$$= L^{(a)} \circ (\mathbb{1} - \mathbb{1}_t) + L'^{(a)} \circ \mathbb{1}_t$$

versichert werden. Im ausreichenden Leistungsprofil des modifizierten Vertrages entsprechen also für $j < t$ die Größen $L_j'^{(a)}$ *den bereits fällig gewordenen ausreichenden Leistungen* (der Vergangenheit). Für $j \geq t$ sind die Größen $L'^{(a)}_j$ die (aus Sicht von t) in der „neuen" Versicherung *zukünftig zu erbringenden ausreichenden Leistungen*.

Unterstellen wir nun, dass die ursprünglich verwendeten Rechnungsgrundlagen $\mathcal{R}^{(1)} = \{p(x, n), r(x, n), C\}$ unverändert bleiben, allerdings die zukünftigen Änderungen bei Prämien bzw. Versicherungsleistungen auch bei den zukünftigen Kostenkomponenten berücksichtigt werden sollen, so bedeutet dies, dass die Neubewertung mit Rechnungsgrundlagen

$$\mathcal{R}' = \{p(x, n), r(x, n), C'\} \quad \text{mit} \quad C' = \{\mathbb{0}, \mathbb{0}, \beta, \gamma, L^\sigma\}$$

durchgeführt wird.

Um Δ und $L'^{(a)} \circ \mathbb{1}_t$ zu ermitteln, fordert man dann also entsprechend (4.6)

$$_tW_x(B^{(a)} + \Delta) \overset{!}{=} {}_tW_x(L'^{(a)}). \tag{4.17}$$

Diese Bedingung führt zu

$$_tW_x(b^{(a)} \cdot \mathbb{1}_t \circ u + \Delta) = {}_tW_x(L'^{(a)} \circ \mathbb{1}_t) + {}_tW_x\left((L'^{(a)} - B'^{(a)}) \circ (\mathbb{1} - \mathbb{1}_t)\right)$$
$$= {}_tW_x(L'^{(a)} \circ \mathbb{1}_t) - {}_tW_x\left((L^{(a)} - B^{(a)}) \circ \mathbb{1}_t\right)$$
$$= {}_tW_x(L'^{(a)} \circ \mathbb{1}_t) - {}_tV_x^{(a)}.$$

Sollen *für die zukünftig* zu leistenden Prämien $B_t'^{(a)}, B_{t+1}'^{(a)}, \ldots, B_n'^{(a)}$ die Zahlungsintensitäten im modifizierten Vertrag denen des ursprünglich vereinbarten Zahlungsprofils u entsprechen, so setzen wir

$$w := u \circ \mathbb{1}_t, \quad \text{d.h.} \quad \Delta := \delta \cdot w$$

und erhalten

$$(\delta + b^{(a)}) \cdot {}_tW_x(u \circ \mathbb{1}_t) \stackrel{!}{=} {}_tW_x(L'^{(a)} \circ \mathbb{1}_t) - {}_tV_x^{(a)}$$

als Bedingung, die zwischen δ und $L'^{(a)} \circ \mathbb{1}_t$ bestehen muss.

Aufgrund der Kostensatzprofile C' legen wir dann

$$\bar{w} := (\mathbb{1} - \beta) \circ u \circ \mathbb{1}_t - \sum u \cdot \gamma \circ \mathbb{1}_t \tag{4.18}$$

fest und ziehen (3.19) heran (mit $\bar{w}$ anstelle von $\bar{u}$), um δ und anschließend $L'^{(a)} \circ \mathbb{1}_t$ zu ermitteln. Zunächst ergibt sich

$$\delta = \frac{{}_tW_x((L' + L^\sigma) \circ \mathbb{1}_t) - {}_tV_x^{(a)}}{{}_tW_x(\bar{w})} - b^{(a)}, \tag{4.19}$$

und somit der „zukünftige" ausreichende Referenzbeitrag als

$$b'^{(a)} = b^{(a)} + \delta.$$

Das zukünftige, ausreichende Leistungsprofil $L'^{(a)} \circ \mathbb{1}_t$ für den modifizierten Vertrag erhält man dann als

$$L'^{(a)} \circ \mathbb{1}_t = \left(L' + L^\sigma\right) \circ \mathbb{1}_t + b'^{(a)} \cdot \left(\beta \circ u + \sum u \cdot \gamma\right) \circ \mathbb{1}_t. \tag{4.20}$$

Gilt $\delta \leq 0$, so führt die Änderung des Leistungsprofils von L auf L' dazu, dass zukünftig geringere Prämien zu zahlen sind – gegebenenfalls keinerlei Prämien mehr, falls $\delta \leq -b^{(a)}$. Ist $\delta > 0$, so führen die Veränderungen im Profil der Versicherungsleistungen zu einer entsprechenden Erhöhung zukünftiger Prämien.

Zur Bestimmung des Deckungskapitals ${}_jV_x'^{(a)}$ für $j = t, t+1, \ldots, n-1$ des geänderten Versicherungsvertrages lässt sich natürlich die allgemeine Rekursionsformel (2.16)

$${}_{j+1}V_x'^{(a)} = \frac{(b^{(a)} + \delta) \cdot u_j + {}_jV_x'^{(a)} - L_j'^{(a)}}{p_{x:j} \cdot v_{x:j}}, \quad j = t, t+1, \ldots, n$$

mit ${}_tV_x'^{(a)} := {}_tV_x^{(a)}$ heranziehen.

Beispiel 4.3: Proportionale Veränderung der Versicherungsleistungen

Wir betrachten einen Versicherungsvertrag mit den vereinbarten Verbleibens- bzw. Ausscheideleistungsprofilen

$$L^{(0)} = (L_0^{(0)}, L_1^{(0)}, \ldots, L_{t-1}^{(0)}, L_t^{(0)}, L_{t+1}^{(0)}, \ldots, L_{n-1}^{(0)}, L_n^{(0)})$$

bzw.

$$L^{(1)} = (L_0^{(1)}, L_1^{(1)}, \ldots, L_{t-1}^{(1)}, L_t^{(1)}, L_{t+1}^{(1)}, \ldots, L_{n-1}^{(1)}, 0).$$

Zum Zeitpunkt $t \geq 1$ sollen nun die Versicherungsleistungen dahingehend verändert werden, dass sich die ursprünglichen vereinbarten Leistungen zukünftig gleichmäßig um einen Faktor $r > 0$ erhöhen ($r > 1$) bzw. verringern ($r < 1$). Zum Zeitpunkt t liegen also die Profile der Verbleibens- bzw. Ausscheideleistungen

$$L'^{(0)} = (L_0^{(0)}, L_1^{(0)}, \ldots, L_{t-1}^{(0)}, r \cdot L_t^{(0)}, r \cdot L_{t+1}^{(0)} \ldots, r \cdot L_{n-1}^{(0)}, r \cdot L_n^{(0)})$$

und

$$L'^{(1)} = (L_0^{(1)}, L_1^{(1)}, \ldots, L_{t-1}^{(1)}, r \cdot L_t^{(1)}, r \cdot L_{t+1}^{(1)} \ldots, r \cdot L_{n-1}^{(1)}, 0).$$

vor. Es ergibt sich damit für die Neubewertung das Profil L' der Versicherungsleistungen als

$$L' = L \circ (\mathbb{1} - \mathbb{1}_t) + r \cdot L \circ \mathbb{1}_t = L + (r - 1) \cdot L \circ \mathbb{1}_t.$$

Wie oben sei unterstellt, dass die sich aus dem Zahlungsprofil u ergebenden Zahlungsintensitäten $u_t, u_{t+1}, \ldots, u_n$ „für die Zukunft" unverändert bleiben. Dasselbe gelte auch für die Kostensatzprofile β bzw. γ bzw. das Stückkostenprofil L^σ. Auch sollen keine „neuen" Abschlusskosten zugeschlagen werden.

In diesem Fall ergibt sich für den „neuen" ausreichenden Referenzbeitrag $b'^{(a)}$ der zukünftigen Prämienzahlungen entsprechend (4.19)

$$b'^{(a)} = \frac{{}_tW_x((L' + L^\sigma) \circ \mathbb{1}_t) - {}_tV_x^{(a)}}{{}_tW_x(\bar{w})} = r \cdot \frac{{}_tW_x(L \circ \mathbb{1}_t)}{{}_tW_x(\bar{w})} + \frac{{}_tW_x(L^\sigma \circ \mathbb{1}_t) - {}_tV_x^{(a)}}{{}_tW_x(\bar{w})}$$

mit $\bar{w}$ wie in (4.18). Das zukünftige ausreichende Leistungsprofil $L'^{(a)} \circ \mathbb{1}_t$ ermittelt man wieder mit (4.20):

$$L'^{(a)} \circ \mathbb{1}_t = (r \cdot L + L^\sigma) \circ \mathbb{1}_t + b'^{(a)} \cdot (\beta \circ u + \sum u \cdot \gamma) \circ \mathbb{1}_t$$

$$= (r \cdot L + \underbrace{b'^{(a)} \cdot (\beta \circ u + \sum u \cdot \gamma + L^\sigma)}_{L'^{(K)}}) \circ \mathbb{1}_t.$$

Zum Ende des Abschnitts soll noch eine Situation vorgestellt werden, in der jährlich eine Modifikation eines Leistungsprofils vorgenommen wird und es dadurch zu einer entsprechenden jährlich notwendig werdenden Neubewertung kommt. Eine solche „systematische Neubewertung" eines Versicherungsvertrages führt zu einem Bewertungsverfahren, das in der betrieblichen Altersversorgung sowohl für die handelsbilanzielle Bewertung als auch die internationale Bilanzierung gemäß IAS/IFRS von Altersversorgungsverpflichtungen eine zentrale Bedeutung besitzt.

Beispiel 4.4: Projected Unit Credit-Methode (PUC-Methode)

Mit Rechnungsgrundlagen $\mathcal{R} = \{p(x, n), r(x, n), C\}$, $C = (0, 0, 0, 0, 0)$ betrachten wir einen Versicherungsvertrag der Laufzeit n, bei dem bereits zu Beginn bekannt ist, dass *zu jedem Zeitpunkt $t \geq 1$* der Laufzeit das (Netto-) Leistungsprofil geändert werden soll.

Diese jährlich vorzunehmenden Leistungsmodifikationen orientieren sich dabei stets an einem Profil

$$L = (0, L_1, \ldots, L_n) = L^{(0)} + q_{x:} \circ v_{x:} \circ L^{(1)}$$

von Versicherungsleistungen. Für einen Zeitpunkt $t \geq 1$ sei dabei das modifizierte Leistungsprofil $L_{[t]}$ durch

$$L_{[t]} = (L_0, L_1, \ldots, L_{t-1}, L'_t, L'_{t+1}, \ldots, L'_n) = L \circ (\mathbb{1} - \mathbb{1}_t) + L' \circ \mathbb{1}_t$$

festgelegt. Zum Zeitpunkt t gelten also sämtliche in L beschriebenen Versicherungsleistungen L_j *der Vergangenheit* ($j < t$) als vereinbart.

Von einer zukünftigen ($j \geq t$) Versicherungsleistung L'_j wird gefordert, dass sie grundsätzlich derjenigen in L beschriebenen Leistung L_j entspricht, allerdings in ihrer Höhe noch „zu gewichten" ist. Das „Gewicht" entspricht dabei dem Verhältnis der Länge des Zeitraums $[0, t]$ zum Zeitraum $[0, j]$, also der Größe $\frac{t}{j}$. Eine derartige „Gewichtung" der Einträge in $L_{[t]}$ lässt sich offenbar durch Verwendung des Vektors

$$\mathbb{G} := \left(0, 1, \frac{1}{2}, \frac{1}{3}, \ldots, \frac{1}{j}, \ldots, \frac{1}{n}\right) \in \mathbb{R}^{n+1}$$

erreichen. Es gilt dann nämlich

$$L_{[t]} = L \circ (\mathbb{1} - \mathbb{1}_t) + t \cdot \mathbb{G} \circ L \circ \mathbb{1}_t.$$

In einem Einmalprämienprofil

$$B_{[t]} = b_{[t]} \cdot (1, 0, 0 \ldots, 0),$$

mit dem $L_{[t]}$ versichert werden kann, ist dann natürlich $b_{[t]} = {}_0W_x(L_{[t]})$.

Im Deckungskapitalprofil $V_{[t],x}$ eines solchen bezüglich $\mathcal{R}$ äquivalenten Paares $(B_{[t]}, L_{[t]})$ erhält man speziell für den Eintrag ${}_tV_{[t],x}$ im Zeitpunkt $t \geq 1$:

$$\begin{aligned}
{}_tV_{[t],x} &= {}_tW_x\left((L_{[t]} - B_{[t]}) \circ \mathbb{1}_t\right) = {}_tW_x(L_{[t]} \circ \mathbb{1}_t) \\
&= t \cdot {}_tW_x(\mathbb{G} \circ L \circ \mathbb{1}_t).
\end{aligned} \tag{4.21}$$

Die Festlegung der Leistungsprofile $L_{[t]}$ für jeden Zeitpunkt $t = 1, 2, \ldots, n$ zusammen mit der Angabe der zugehörigen Deckungskapitale ${}_tV_{[t],x} = {}_tW_x(L_{[t]} \circ \mathbb{1}_t)$ in (4.21) stellt hier eine allgemeine Version der *PUC-Methode* (auch *Methode der laufenden Einmalprämien* bzw. degressiv-ratierliches *Anwartschaftsbarwertverfahren*) dar. Diese Methode wird im Rahmen der betrieblichen Altersversorgung verwendet, um die im Falle der Betriebstreue mit einer x-jährigen Person vereinbarten Versorgungsleistungen (hier durch L repräsentiert) für den Ausweis der Pensionsrückstellung in der Handelsbilanz und nach internationalen Bilanzierungsregeln[a] zu jedem Zeitpunkt t (der Betriebszugehörigkeit) zu bewerten. Die Bewertung entspricht gerade der Größe ${}_tV_x = {}_tW_x(L_{[t]} \circ \mathbb{1}_t)$. Durch das Gewicht $\frac{t}{j}$ wird die *Dienstzeitquote* ausgedrückt.

Unter der zusätzlichen Annahme, dass

- für das Kapitalanlageprofil $r(x, n)$ speziell ${}_jr_x := (1 + i)^j$ für $j = 0, 1, \ldots, n$ gelten soll (also konstanter Rechnungszinssatz während der Laufzeit),
- das Verbleibensprofil $p(x, n)$ von einer Sterbetafel induziert ist, bei der die Stationarität gemäß (1.3) herrscht,

wird die allgemeine Gleichung (4.21) zu

$$
{}_tV_{[t],x} = {}_tW_x(L_{[t]} \circ \mathbb{1}_t) = (1 + i)^t \cdot {}_tp_x^{-1} \cdot \sum_{j=t}^{n} v^j \cdot {}_jp_x \cdot \frac{t}{j} \cdot L_j
$$

$$
= \sum_{k=0}^{n-x-t} v^k \cdot {}_kp_{x+t} \cdot \frac{t}{t+k} \cdot L_{t+k}.
$$

Diese gibt (bezogen auf den Zeitpunkt t) die in der Literatur vorgestellte Formel für die Bewertung nach der PUC-Methode wieder (siehe etwa [KP96] mit der dort verwendeten Nomenklatur).

a Vgl. dazu International Accounting Standards (IAS) 19.64.

4.2.2 Neubewertung bei Modifikation des Beitragsprofils

Wir gehen hier von einem Lebensversicherungsvertrag mit ausreichendem Leistungsprofil

$$
L^{(a)} = (L_0^{(a)}, L_1^{(a)}, \ldots, L_{t-1}^{(a)}, L_t^{(a)}, L_{t+1}^{(a)}, \ldots, L_n^{(a)})
$$

und einem bezüglich $\mathcal{R}^{(1)}$ dazu äquivalenten ausreichenden Beitragsprofil

$$
B^{(a)} = b^{(a)} \cdot u
$$

aus. Wieder beschreibt dabei $u = (u_0, u_1, \ldots, u_{n-1}, u_n)$ das zugrunde liegende Zahlungsprofil und $b^{(a)}$ den zugehörigen (ausreichenden) Referenzbeitrag.

Zum Zeitpunkt $t \geq 1$ soll für die restlichen Perioden der Versicherungslaufzeit eine Änderung der Prämienzahlungen vorgenommen werden, d. h. für $j \geq t$ soll anstatt des ursprünglichen ausreichenden Beitrags $B_j^{(a)} = b^{(a)} \cdot u_j$ der „neue" ausreichende Beitrag $B_j'^{(a)}$ gezahlt werden. Für eine Neubewertung der Versicherung im Zeitpunkt t liegt dann also das modifizierte Profil

$$B'^{(a)} = (B_0^{(a)}, B_1^{(a)}, \ldots, B_{t-1}^{(a)}, B_t'^{(a)}, B_{t+1}'^{(a)}, \ldots, B_n'^{(a)}) = B^{(a)} \circ (\mathbb{1} - \mathbb{1}_t) + B'^{(a)} \circ \mathbb{1}_t$$

ausreichender Beiträge vor. Es ist nun festzustellen, welche Auswirkungen diese Veränderungen im Beitragsprofil auf die zukünftigen ausreichenden Leistungen $L_j'^{(a)}$ ($j \geq t$) haben, d. h. welches „neue" ausreichende Leistungsprofil

$$L'^{(a)} = (L_0^{(a)}, L_1^{(a)}, \ldots, L_{t-1}^{(a)}, L_t'^{(a)}, L_{t+1}'^{(a)}, \ldots, L_n'^{(a)}) = L^{(a)} \circ (\mathbb{1} - \mathbb{1}_t) + L'^{(a)} \circ \mathbb{1}_t$$

mit $B'^{(a)}$ versichert werden kann. Die Rechnungsgrundlagen $\mathcal{R}^{(1)}$ sollen dabei beibehalten werden. Dazu sind also letztlich ein „neues" Profil

$$L'^{(0)} = (L_0^{(0)}, L_1^{(0)}, \ldots, L_{t-1}^{(0)} L_t'^{(0)}, L_{t+1}'^{(0)}, \ldots, L_n'^{(0)}) = L^{(0)} \circ (\mathbb{1} - \mathbb{1}_t) + L'^{(0)} \circ \mathbb{1}_t$$

von Verbleibensleistungen und/oder ein „neues" Profil

$$L'^{(1)} = (L_0^{(1)}, L_1^{(1)}, \ldots, L_{t-1}^{(1)}, L_t'^{(1)}, L_{t+1}'^{(1)}, \ldots, L_{n-1}'^{(1)}, 0) = L^{(1)} \circ (\mathbb{1} - \mathbb{1}_t) + L'^{(1)} \circ \mathbb{1}_t$$

von Ausscheideleistungen sowie ebenfalls ein „neues" Profil von Kosten

$$L'^{(K)} = L^{(K)} \circ (\mathbb{1} - \mathbb{1}_t) + L'^{(K)} \circ \mathbb{1}_t = (L_0^{(K)}, L_1^{(K)}, \ldots, L_{t-1}^{(K)}, L_t'^{(K)}, L_{t+1}'^{(K)}, \ldots, L_n'^{(K)})$$

anzugeben.

Die Überlegungen zu deren Ermittlung sehen folgendermaßen aus: Die Änderungen im Beitragsprofil führen (bei fixiertem Referenzbeitrag $b^{(a)}$) zu einer Modifikation des Zahlungsprofils u und resultieren in einem Zahlungsprofil

$$u' = (u_0, u_1, \ldots, u_{t-1}, u_t', u_{t+1}', \ldots, u_n'),$$

wobei

$$u_j' = \frac{B_j'^{(a)}}{b^{(a)}}, \quad j \geq t.$$

Trivialerweise gilt also

$$B'^{(a)} = b^{(a)} \cdot u'.$$

Damit ergibt sich dann über den Zusammenhang (3.18) (siehe S. 89) das modifizierte Kostenprofil

$$L'^{(K)} = b^{(a)} \cdot \left(\beta \circ u' + \sum u' \cdot (\alpha^z + \alpha^\gamma + \gamma) \right) + L^\sigma. \tag{4.22}$$

Mit dem Ansatz

$$L'^{(a)} \overset{!}{=} L^{(a)} \circ (\mathbb{1} - \mathbb{1}_t) + (L + \Delta) \circ \mathbb{1}_t + L'^{(K)} \circ \mathbb{1}_t$$

für ein geeignet festzulegendes

$$\Delta = (0, 0, \ldots, 0, \Delta_t, \Delta_{t+1}, \ldots, \Delta_{n-1}, \Delta_n)$$

und der Bedingung für die Sicherstellung des Äquivalenzprinzips, also

$$_tW_x(b^{(a)} \cdot u') \overset{!}{=} {}_tW_x(L'^{(a)}),$$

werden dann die Auswirkungen der Beitragsänderungen für ein zugehöriges „neues" Profil $L' = L + \Delta$ von Versicherungsleistungen beschrieben. Für $j \geq t$ entspricht Δ_j der Größe, um den die ursprüngliche, für die Periode $j+1$ zu erwartende Versicherungsleistung L_j *geändert* werden kann, um mit dem modifizierten ausreichenden Beitragsprofil $B'^{(a)}$ versichert zu werden. Wird dies ähnlich wie vorher formalisiert, so ergibt sich als Bedingung an Δ:

$$_tW_x(\Delta) \overset{!}{=} {}_tV_x^{(a)} + b^{(a)} \cdot {}_tW_x(u' \circ \mathbb{1}_t) - {}_tW_x\big((L + L'^{(K)}) \circ \mathbb{1}_t\big). \tag{4.23}$$

Sollen beispielsweise die ursprünglich für $j \geq t$ vereinbarten Leistungen $L_j^{(0)}$ und/oder $L_j^{(1)}$ jeweils um einen Faktor δ erhöht bzw. gesenkt werden (also $L_j' \overset{!}{=} (1 + \delta) \cdot L_j$), so liefert Bedingung (4.23) mit

$$w := L \circ \mathbb{1}_t \quad \text{und} \quad \Delta := \delta \cdot w$$

die Größe

$$\delta = \frac{{}_tV_x^{(a)} + b^{(a)} \cdot {}_tW_x(u' \circ \mathbb{1}_t) - {}_tW_x(L'^{(K)} \circ \mathbb{1}_t)}{{}_tW_x(w)} - 1.$$

Mit dem nachfolgenden Beispiel soll verdeutlicht werden, dass mit Bedingung (4.23) eine typische Klasse technischer Änderungen aufgrund einer Modifikation des Beitragsprofils $B^{(a)}$ und einer „geeigneten Wahl" des Vektors Δ beschrieben werden kann.

Beispiel 4.5: Neubewertung einer Rentenversicherung bei Vorverlegung des Rentenbeginns

Eine heute x-jährige Person habe einen um m Jahre aufgeschobenen Rentenversicherungsvertrag der Laufzeit n mit (Verbleibens-) Leistungsprofil

$$L = L^{(0)} = (0, 0, \ldots, 0, L_m^{(0)}, L_{m+1}^{(0)}, \ldots, L_n^{(0)}) \in \mathbb{R}^{n+1}$$

abgeschlossen.

Die für die Erstkalkulation mit Rechnungsgrundlagen $\mathcal{R}^{(1)} = \{p(x, n), r(x, n), C\}$ ermittelten, zugehörigen ausreichenden Prämien im Profil $B^{(a)}$ werden entsprechend dem Zahlungsprofil

$$u = (u_0, u_1, \ldots, u_{m-1}, 0, 0 \ldots, 0) \in \mathbb{R}^{n+1}$$

geleistet, d. h. $B^{(a)} = b^{(a)} \cdot u$. Zu einem Zeitpunkt t (innerhalb der Aufschubzeit) soll dieser Versicherungsvertrag „umgestellt" werden:

- Der *Rentenbeginn* soll von dem Zeitpunkt m auf den Zeitpunkt $k < m$ *vorverlegt* werden ($k > t$).
- Bis zum Zeitpunkt $k - 1$ (einschließlich) sollen die Beitragszahlungen in der bisher vereinbarten Höhe erfolgen, danach sind keine Prämienzahlungen mehr vorgesehen.
- Für die ursprünglich noch nicht festgelegten jährlichen Rentenzahlungen im Zeitraum zwischen den Zeitpunkten k und $m - 1$ wünscht der Versicherungsnehmer, dass sich diese am Durchschnitt A der ursprünglich vereinbarten Jahresrenten orientieren sollen.
- Der Versicherungsnehmer ist bereit, für die Vorverlegung des Rentenbeginns um $m - k$ Jahre eine proportionale Kürzung um den Faktor δ bei den vereinbarten Rentenzahlungen hinzunehmen.
- Das Versicherungsunternehmen will bei dieser Umstellung grundsätzlich das Kostenprofil $L^{(K)}$ der ursprünglichen Versicherung beibehalten, verlangt allerdings für den Umstellungsaufwand zum Zeitpunkt t zusätzlich ein einmaliges Entgelt der Höhe U.

Für die Neubewertung der Versicherung im Zeitpunkt t errechnet man zunächst mit

$$A := \frac{1}{n - m + 1} \cdot \sum_{r=m}^{n} L_r^{(0)}$$

den Durchschnitt aller in der ursprünglichen Versicherung vereinbarten Rentenzahlungen. Das Verbleibensleistungsprofil L' des so „umgestellten" Vertrages hat dann die Darstellung

$$L' = (1 - \delta) \cdot (0, \ldots, 0, A, A, \ldots, A, L_m^{(0)}, L_{m+1}^{(0)}, \ldots, L_n^{0})$$
$$= (1 - \delta) \cdot A \cdot (\mathbb{1}_k - \mathbb{1}_m) + (1 - \delta) \cdot L.$$

Mit der speziellen Wahl

$$\Delta := (1 - \delta) \cdot A \cdot (\mathbb{1}_k - \mathbb{1}_m) - \delta \cdot L \circ \mathbb{1}_m$$

gilt dann also

$$L' = L + \Delta.$$

Die Größe δ ist für die Neubewertung hierbei zu bestimmen. Als Basis dienen die Rechnungsgrundlagen $\mathcal{R}'^{(1)} = \{p(x, n), r(x, n), C'\}$ mit $C' = \{0, 0, 0, 0, L'^{(K)}\}$. Hierbei ist

$$L'^{(K)} = L^{(K)} + U \cdot (\mathbb{1}_t - \mathbb{1}_{t+1}).$$

Durch die Vorverlegung wird aus dem ursprünglichen Zahlungsprofil u das modifizierte Profil

$$u' := (u_0, u_1, \ldots, u_{k-1}, 0, 0, \ldots, 0) = u \cdot (\mathbb{1} - \mathbb{1}_k).$$

Als Bedingung für das Erfülltsein des Äquivalenzprinzips für den so umgestellten Versicherungsvertrag $(b^{(a)} \cdot u', L' + L'^{(K)})$ unter den Rechnungsgrundlagen $\mathcal{R}'^{(1)}$ ergibt sich für Δ:

$$
\begin{aligned}
{}_tW_x(\Delta) &\overset{!}{=} (1 - \delta) \cdot {}_tW_x(A \cdot (\mathbb{1}_k - \mathbb{1}_m)) - \delta \cdot {}_tW_x(L) \\
&= (1 - \delta) \cdot A \cdot {}_tW_x(\mathbb{1}_k - \mathbb{1}_m) - \delta \cdot {}_tW_x(L) \\
&\overset{(4.23)}{=} {}_tV_x^{(a)} + b^{(a)} \cdot {}_tW_x(u' \circ \mathbb{1}_t) - {}_tW_x\left((L + L'^{(K)}) \circ \mathbb{1}_t\right) \\
&= {}_tV_x^{(a)} + b^{(a)} \cdot {}_tW_x(u \circ (\mathbb{1}_k - \mathbb{1}_t)) - {}_tW_x(L^{(a)} \circ \mathbb{1}_t) - U.
\end{aligned}
$$

Hieraus errechnet man

$$\delta = -\frac{{}_tV_x^{(a)} + b^{(a)} \cdot {}_tW_x(u \circ (\mathbb{1}_k - \mathbb{1}_t)) - {}_tW_x(L^{(a)} \circ \mathbb{1}_t + A \cdot (\mathbb{1}_k - \mathbb{1}_m)) - U}{{}_tW_x(A \cdot (\mathbb{1}_k - \mathbb{1}_m) + L)}.$$

In ähnlicher Weise lässt sich auch der spätere Rentenbeginn einer Rentenversicherung durch eine entsprechende Wahl von Δ versicherungstechnisch realisieren.

Beispiel 4.6: Neubewertung bei späterem Rentenbeginn

Ausgehend von dem Paar $(B^{(a)}, L^{(a)})$ des Rentenversicherungsvertrages aus Beispiel 4.5 soll dieser nun dahingehend „umgestellt" werden, dass der Rentenbeginn nicht vorverlegt, sondern die *Aufschubzeit verlängert* wird, genauer:

- Mit den Rentenzahlungen soll nicht zum Zeitpunkt m, sondern zu einem späteren Zeitpunkt $k > m$ begonnen werden ($k \leq n$).

- Die Beitragszahlungen $B_j^{(a)}$ bis zum Zeitpunkt $m - 1$ sollen in ihrer Höhe beibehalten werden. Zu den Zeitpunkten j, die zwischen m und $k - 1$ liegen, sollen Beiträge $B_j^{(a)}$ der Höhe $B_{m-1}^{(a)}$ entsprechen.
- Der Versicherungsnehmer möchte, dass durch den späteren Rentenbeginn um $k - m$ Jahre die ab Zeitpunkt k ursprünglich vorgesehenen Rentenzahlungen $L_j^{(0)}$ alle um einen Faktor δ erhöht werden sollen.
- Das Versicherungsunternehmen will bei dieser Umstellung grundsätzlich das Kostenprofil $L^{(K)}$ der ursprünglichen Versicherung beibehalten, verlangt allerdings für die Umstellung zum Zeitpunkt t zusätzlich eine einmalige Aufwandsentschädigung der Höhe U und für den Zeitraum, in dem nun zusätzliche Prämien gezahlt werden, eine β-Kostenkomponente entsprechend dem β-Kostensatzprofil aus C.

Das Verbleibensleistungsprofil L' der so modifizierten Rentenversicherung hat dann also die Darstellung

$$L' = (1 + \delta) \cdot (0, \ldots, 0, L_k^{(0)}, L_{k+1}^{(0)}, \ldots, L_n^{(0)})$$
$$= (1 + \delta) \cdot L \circ \mathbb{1}_k.$$

Mit der speziellen Wahl

$$\Delta := -L \circ (\mathbb{1}_m - \mathbb{1}_k) + \delta \cdot L \circ \mathbb{1}_k$$

gilt also

$$L' = L + \Delta.$$

Im Rahmen der Neubewertung ist hierbei wiederum die Größe δ zu bestimmen.

Aufgrund der Zahlung von Prämien der Höhe $B_{m-1}^{(a)}$ auch in den Zeitpunkten zwischen m und $k - 1$ wird aus dem ursprünglichen Zahlungsprofil u das modifizierte Profil

$$u' := (u_0, u_1, \ldots, u_{m-1}, \underbrace{u_{m-1}, \ldots u_{m-1}}_{(k-m)\text{-mal}}, 0, 0, \ldots, 0) = u + u_{m-1} \cdot (\mathbb{1}_m - \mathbb{1}_k).$$

Für die Neubewertung dienen die Rechnungsgrundlagen $\mathcal{R}'^{(1)} = \{p(x, n), r(x, n), C'\}$ mit $C' = \{0, 0, 0, 0, L'^{(K)}\}$. Hierbei ist

$$L'^{(K)} = L^{(K)} + U \cdot (\mathbb{1}_t - \mathbb{1}_{t+1}) + b^{(a)} \cdot \beta \circ u' \circ (\mathbb{1}_m - \mathbb{1}_k).$$

Die Bedingung für das Erfülltsein des Äquivalenzprinzips für die so umgestellte Versicherung $(b^{(a)} \cdot u', L' + L'^{(K)})$ bezüglich der Rechnungsgrundlagen $\mathcal{R}'^{(1)}$ führt dann für Δ zu:

$$_tW_x(\Delta) = -\,_tW_x(L \circ (\mathbb{1}_m - \mathbb{1}_k)) + \delta \cdot \,_tW_x(L \circ \mathbb{1}_k)$$

$$\overset{(4.23)}{=} \,_tV_x^{(a)} + b^{(a)} \cdot (\,_tW_x(u \circ \mathbb{1}_t) + u_{m-1} \cdot \,_tW_x(\mathbb{1}_m - \mathbb{1}_k)) - \,_tW_x\left((L + L'^{(K)}) \circ \mathbb{1}_t\right).$$

Hieraus errechnet man dann:

$$\delta = \frac{1}{_tW_x(L \circ \mathbb{1}_k)} \cdot \Big(\,_tV_x^{(a)} + b^{(a)} \cdot (\,_tW_x(u \circ \mathbb{1}_t) + u_{m-1} \cdot \,_tW_x(\mathbb{1}_m - \mathbb{1}_k))$$

$$+ \,_tW_x(L \circ (\mathbb{1}_m - \mathbb{1}_k)) - \,_tW_x\left((L + L'^{(K)}) \circ \mathbb{1}_t\right) \Big).$$

Auch die einem Versicherungsnehmer gewährte Möglichkeit, die Laufzeit seines Vertrages zu verkürzen, kann Veränderungen sowohl bei der Prämienzahlung als auch auf Seiten der Versicherungsleistungen nach sich ziehen. Dementsprechend wird auch hier eine Neubewertung des Vertrages erforderlich.

Beispiel 4.7: Neubewertung bei Verkürzung der Vertragslaufzeit

Zu den Verbleibens- bzw. Ausscheideleistungsprofilen

$$L^{(0)} = (L_0^{(0)}, L_1^{(0)}, \ldots, L_n) \quad \text{bzw.} \quad L^{(1)} = (L_0^{(1)}, L_1^{(1)}, \ldots, L_{n-1}^{(1)}, 0)$$

habe eine heute x-jährige Person eine Lebensversicherung der Laufzeit n abgeschlossen. Auf Basis von Rechnungsgrundlagen $\mathcal{R}^{(1)} = \{p(x,n), r(x,n), C\}$ haben sich dadurch die Profile $B^{(a)}$ und $L^{(a)}$ äquivalenter ausreichender Beiträge bzw. ausreichender Leistungen ergeben. Die Prämien werden entsprechend dem Zahlungsprofil $u \in \mathbb{R}^{n+1}$ geleistet, d. h. $B^{(a)} = b^{(a)} \cdot u$.

Der Versicherungsnehmer wünscht, zum Zeitpunkt t die *Laufzeit* der Versicherung zu *verkürzen*, genauer:

- Der bisherige Ablauftermin n soll auf den Zeitpunkt $k < n$ vorverlegt werden ($t < k$).
- Sämtliche Beitragszahlungen $B_j^{(a)}$ bis zum Zeitpunkt $k - 1$ (einschließlich) sollen in der bisher vereinbarten Höhe erfolgen.
- Er ist bereit, ab dem Zeitpunkt t für die ursprünglich bis zum Zeitpunkt $k - 1$ (einschließlich) vereinbarten Versicherungsleistungen $L_t, L_{t+1}, \ldots, L_{k-1}$ ggf. eine proportionale Kürzung um den Faktor δ hinzunehmen.
- Die ursprünglich vereinbarte Ablaufleistung L_n soll *in ihrer ursprünglichen Höhe* als Ablaufleistung auch für den neuen Ablauftermin k vereinbart sein.

- Für die Zeitpunkte j zwischen dem neuen Ablauftermin k und dem ursprünglichen Ablaufzeitpunkt n (d. h. $k \leq j \leq n$) verzichtet das Versicherungsunternehmen auf die hier ursprünglich festgelegten Kostenkomponenten $L_j^{\alpha^\gamma}$, L_j^γ, L_j^β und L_j^σ, verlangt allerdings für deren Kompensation und den Umstellungsaufwand im Zeitpunkt t ein einmaliges Entgelt der Höhe U.

Als Beitragsprofil $B'^{(a)}$ des so modifizierten Versicherungsvertrages liegt also

$$B'^{(a)} = (B_0^{(a)}, \dots, B_{k-1}^{(a)}, 0, \dots, 0) = b^{(a)} \cdot u \circ (\mathbb{1} - \mathbb{1}_k)$$

vor, d. h. es gilt $u' = u \circ (\mathbb{1} - \mathbb{1}_k)$. Als modifiziertes Leistungsprofil ergibt sich

$$L' = (L_0, \dots, L_{t-1}, 0, \dots, 0)$$
$$+ (1 - \delta) \cdot (0, \dots, 0, L_t, \dots, L_{k-1}, 0, \dots, 0) + L_n \cdot (\mathbb{1}_k - \mathbb{1}_{k+1})$$
$$= L \circ (\mathbb{1} - \mathbb{1}_t) + (1 - \delta) \cdot L \circ (\mathbb{1}_t - \mathbb{1}_k) + L_n \cdot (\mathbb{1}_k - \mathbb{1}_{k+1}).$$

Die Größe δ ist für die Neubewertung wiederum zu bestimmen. Als Basis dienen die Rechnungsgrundlagen $\mathcal{R}'^{(1)} = \{p(x, n), r(x, n), C'\}$ mit $C' = \{0, 0, 0, 0, L'^{(K)}\}$. Hierbei ist

$$L'^{(K)} = L^{(K)} \circ (\mathbb{1} - \mathbb{1}_k) + U \cdot (\mathbb{1}_t - \mathbb{1}_{t+1}).$$

Mit der speziellen Wahl

$$\Delta := -\delta \cdot L \circ (\mathbb{1}_t - \mathbb{1}_k) - L \circ \mathbb{1}_k + L_n \cdot (\mathbb{1}_k - \mathbb{1}_{k+1})$$

gilt dann also

$$L' = L + \Delta.$$

Die Bedingung an Δ für das Erfülltsein des Äquivalenzprinzips für den so modifizierten Vertrag unter den Rechnungsgrundlagen $\mathcal{R}'^{(1)}$ liefert dann:

$$_tW_x(\Delta) = -\delta \cdot {}_tW_x(L \circ (\mathbb{1}_t - \mathbb{1}_k)) - {}_tW_x(L \cdot \mathbb{1}_k) + L_n \cdot {}_tW_x(\mathbb{1}_k - \mathbb{1}_{k+1})$$
$$\overset{(4.23)}{=} {}_tV_x^{(a)} + b^{(a)} \cdot {}_tW_x(u' \circ \mathbb{1}_t) - {}_tW_x((L + L'^{(K)}) \circ \mathbb{1}_t).$$

Hieraus ermittelt man

$$\delta = -\frac{1}{{}_tW_x(L \circ (\mathbb{1}_t - \mathbb{1}_k))} \cdot \left({}_tV_x^{(a)} + b^{(a)} \cdot {}_tW_x(u \circ (\mathbb{1}_t - \mathbb{1}_k)) - {}_tW_x(L \circ (\mathbb{1}_t - \mathbb{1}_k)) \right.$$

$$-{}_tW_x(L^{(K)} \circ (\mathbb{1}_t - \mathbb{1}_k)) - L_n \cdot {}_tW_x(\mathbb{1}_k - \mathbb{1}_{k+1}) - U \Bigg)$$

$$= -\frac{{}_tV_x^{(a)} + {}_tW_x((B^{(a)} - L^{(a)}) \circ (\mathbb{1}_t - \mathbb{1}_k)) - L_n \cdot {}_tW_x(\mathbb{1}_k - \mathbb{1}_{k+1}) - U}{{}_tW_x(L \circ (\mathbb{1}_t - \mathbb{1}_k))}.$$

4.2.3 Neubewertung bei Kündigung einer Versicherung; Rückkaufswerte

Auf Basis von Rechnungsgrundlagen $\mathcal{R}^{(1)} = \{p(x, n), r(x, n), C\}$ sei ein Lebensversicherungsvertrag mit einem ausreichenden Leistungsprofil

$$L^{(a)} = (L_0^{(a)}, L_1^{(a)}, \dots, L_n^{(a)})$$

und einem zugehörigen ausreichenden Beitragsprofil

$$B^{(a)} = (B_0^{(a)}, B_1^{(a)}, \dots, B_n^{(a)}) = b^{(a)} \cdot u$$

kalkuliert. Der Versicherungsnehmer mache von seinem Recht Gebrauch, zum Zeitpunkt t (mit $1 \leq t < n$) den Versicherungsvertrag zu kündigen[2]. Durch die Kündigung des Vertragsverhältnisses (*Vertragsstorno*) entfällt seine Pflicht zur zukünftigen Entrichtung der ursprünglich vereinbarten Prämien $B_j^{(a)}$ ($j \geq t$). Allerdings entfällt auch die Verpflichtung, zukünftig alle mit dem Vertrag verbundenen ausreichenden Leistungen $L_j^{(a)} = L_j + L_j^{(K)}$ für $j \geq t$ zu erbringen.

Die Stornierung eines Versicherungsvertrages führt aus technischer Sicht also zu einer Modifikation *sowohl* des ursprünglichen ausreichenden Prämienprofils $B^{(a)}$ *als auch* zu einer Modifikation des ursprünglichen ausreichenden Leistungsprofils $L^{(a)}$ in die Profile

$$B'^{(a)} = (B_0^{(a)}, B_1^{(a)}, \dots, B_{t-1}^{(a)}, 0, \dots, 0) = B^{(a)} \circ (\mathbb{1} - \mathbb{1}_t)$$

bzw.

$$L'^{(a)} = (L_0^{(a)}, L_1^{(a)}, \dots, L_{t-1}^{(a)}, 0, \dots, 0) = L^{(a)} \circ (\mathbb{1} - \mathbb{1}_t).$$

Um in dieser Situation eine Neubewertung des stornierten Vertrages im Zeitpunkt t vorzunehmen, machen wir wiederum entsprechend (4.6) den Ansatz

$$_tW_x(B'^{(a)}) \overset{!}{=} {}_tW_x(L'^{(a)} + \Delta),$$

d. h.

$$-{}_tW_x(B^{(a)} \circ \mathbb{1}_t) \overset{!}{=} -{}_tW_x(L'^{(a)} \circ \mathbb{1}_t) + {}_tW_x(\Delta).$$

---

2 Vgl. dazu § 169 VVG.

Dies führt zu der Bedingung

$$_tV_x^{(a)} = {}_tW_x((L^{(a)} - B^{(a)}) \circ \mathbb{1}_t) \overset{!}{=} {}_tW_x(\Delta).$$

Wählt man nun speziell

$$w_j := \begin{cases} 0, & j \neq t, \\ 1, & j = t \end{cases} \quad \text{und} \quad \Delta := \delta \cdot w,$$

so ist $\delta = {}_tV_x^{(a)}$.

Ist $\delta \geq 0$, so lässt sich Δ_t als (zusätzliche) Verbleibensleistung auffassen, die zum Kündigungszeitpunkt t geleistet werden könnte, damit die Gültigkeit des Äquivalenzprinzips auch bei Stornieren des Vertrages sichergestellt ist. Ist $\delta = {}_tV_x^{(a)} < 0$, so lässt sich Δ_t als (zusätzliche) Prämie auffassen, die zum Zeitpunkt t geleistet werden müsste, um das Äquivalenzprinzip des stornierten Vertrages herzustellen. Eine solche Situation kann etwa dann auftreten, wenn $\alpha_0^z > 0$, bei der Bestimmung von $L^{(K)}$ also positive ZILL-MER-Kosten berücksichtigt wurden. Aufgrund von (3.31) ist dann das Deckungskapital $_tV_x^{\alpha^z}$ der ZILLMER-Kostenversicherung negativ und damit könnte auch der Ausdruck $_tV_x^{(K)}$ und somit auch $_tV_x^{(a)} = {}_tV_x + {}_tV_x^{(K)}$ negativ werden.

Sofern also $\delta = {}_tV_x^{(a)} \geq 0$, könnte der Versicherungsnehmer die Zahlung δ als zusätzliche Verbleibensleistung (in diesem Fall eine „Ablaufleistung") zum Stornozeitpunkt t erwarten. Tatsächlich erfolgt im Allgemeinen auch eine Zahlung an den Versicherungsnehmer. Üblicherweise wird bei Stornierung allerdings *nicht* das ausreichende Deckungskapital $_tV_x^{(a)}$ geleistet.

Begründen lässt sich dies hauptsächlich mit einer potenziell negativen Risikoselektion, die durch den „Informationsvorsprung" des Versicherungsnehmers eintreten kann. Der Versicherungsnehmer verfügt während der Vertragslaufzeit typischerweise über eine realistischere Einschätzung hinsichtlich des zukünftigen Verbleibens der versicherten Person im bzw. ihres Ausscheidens aus dem Kollektiv, als es im Verbleibensprofil $p(x, n)$ der vom Versicherer verwendeten Rechnungsgrundlagen $\mathcal{R}^{(1)}$ abgebildet wird. Eine solche individuelle Einschätzung könnte dann – vor dem Hintergrund einer zu erwartenden Zahlung von $_tV_x^{(a)}$ – ein möglicher Anlass für den Versicherungsnehmer sein, den Vertrag bereits zum Zeitpunkt t vor dem ursprünglich vereinbarten Ablauf zu beenden, ihn also zu kündigen.

Um eine damit verbundene potenzielle „negative Risikoselektion" im Kollektiv zu vermeiden, ist der Versicherer berechtigt, im Stornofall einen *angemessenen* Abschlag SA_t (als *Stornoabschlag* im Zeitpunkt t) einzubehalten. An die Stelle von $\delta = {}_tV_x^{(a)}$ tritt dann die Größe

$$RK_t := {}_tV_x^{(a)} - SA_t,$$

der sogenannte *Rückkaufswert zum Zeitpunkt t* als der Betrag, den der Versicherungsnehmer bei einer Kündigung seines Vertrages zum Zeitpunkt t erhält. Hinsichtlich der

Höhe des Stornoabschlags SA_t (und damit der Höhe des Rückkaufswertes RK_t) bestehen vom Versicherungsunternehmen einzuhaltende Regeln[3]: Zur Festlegung von RK_t wird ein spezielles *Rückkaufswert-relevantes Deckungskapital* $_tV_x^{(r)}$ herangezogen. Bei der Kündigung des Versicherungsverhältnisses hat RK_t *mindestens* dem Betrag dieses Rückkaufswert-relevanten Deckungskapitals zu entsprechen, also der Bedingung

$$RK_t \overset{!}{\geq} {}_tV_x^{(r)} \tag{4.24}$$

zu genügen.

Diese Bedingung macht es notwendig, $_tV_x^{(r)}$ anzugeben. Dazu ist es erforderlich, die ursprüngliche Versicherung *bereits zu Vertragsbeginn* „fiktiv" zu modifizieren und einer Neubewertung zu unterziehen. Für eine solche Neubewertung zum Zeitpunkt $t = 0$ wird gefordert[4], anstelle der für die Beitrags- bzw. Leistungskalkulation verwendeten Rechnungsgrundlagen $\mathcal{R}^{(1)} = \{p(x, n), r(x, n), C\}$ mit $C = (\alpha^z, \alpha_\gamma, \beta, \gamma, L^\sigma)$ abgeänderte Rechnungsgrundlagen $\mathcal{R}' = \{p(x, n), r(x, n), C'\}$ heranzuziehen, bei denen die Kostensatzprofile C' speziell festgelegt sind. Von C' wird etwa verlangt, dass die *angesetzten Abschluss- und Vertriebskosten* der ursprünglichen Versicherung, also

$$K^\alpha = \left(\alpha_0^z + \sum_{j=1}^n \alpha_j^\gamma \right) \cdot b^{(a)} \cdot \sum u$$

(siehe (1.20), S. 35) *auf die ersten fünf Vertragsjahre gleichmäßig zu verteilen sind*. Sofern die übrigen Kostensatzprofile β und γ dabei nicht modifiziert werden, wird auf diese Weise in

$$C' = (\mathbb{0}, \mathbb{0}, \beta, \gamma, L'^\sigma)$$

und L'^σ durch

$$L_j'^\sigma := \begin{cases} L_j^\sigma + \frac{1}{5} \cdot K^\alpha, & j = 0, 1, \ldots, 4 \\ L_j^\sigma, & j \geq 5 \end{cases}$$

festgelegt. Mit dem dazu ermittelten erweiterten Zahlungsprofil $\bar{u}' := (1 - \beta) \circ u - \sum u \cdot \gamma$ erhält man (entsprechend (3.20)) daraus den konstruktiven, ausreichenden Referenzbeitrag

$$b'^{(a)} = \frac{{}_0W_x(L + L'^\sigma)}{{}_0W_x(\bar{u}')}$$

und somit dann das modifizierte ausreichende Leistungsprofil

$$L'^{(a)} = L + L'^{(K)} = L + L'^\sigma + b'^{(a)} \cdot (\beta \circ u) + b'^{(a)} \cdot \sum u \cdot \gamma.$$

---

3 Vgl. dazu § 169 Abs. 5 VVG.
4 Vgl. dazu § 169 Abs. 3 VVG.

Das Profil

$$B'^{(a)} = b'^{(a)} \cdot u$$

entspricht dem ausreichenden Beitragsprofil eines Versicherungsvertrages, welcher dieselben Profile $L^{(0)}$ und $L^{(1)}$ vereinbarter Versicherungsleistungen, dasselbe Zahlungsprofil u und dieselben β- und γ-Kostensatzprofile wie die ursprüngliche Versicherung besitzt, bei der allerdings die eingerechneten Abschluss- und Vertriebskostenzuschläge (der ursprünglichen Versicherung) in Höhe von K^α gleichmäßig auf die ersten fünf Jahre verteilt wurden.

Als die untere Schranke für die Größe RK_t in (4.24) wird nun das zu dieser modifizierten Versicherung gehörende ausreichende Deckungskapital $_t V_x'^{(a)}$ angesehen, d. h. $_t V_x^{(r)} := {}_t V_x'^{(a)}$. Zur Bestimmung von $_t V_x^{(r)}$ lässt sich natürlich die bekannte Rekursion (3.30)

$$_{j+1} V_x^{(r)} = \frac{b'^{(a)} \cdot u_j + {}_j V_x^{(r)} - L_j'^{(a)}}{p_{x:j} \cdot v_{x:j}}, \quad j = 0, 1, \ldots, n-1$$

mit $_0 V_x^{(r)} = 0$ heranziehen.

Bei diesem Rückkaufswert-relevanten Deckungskapital $_t V_x^{(r)}$ handelt es sich also um eine ermittelbare Größe, die sich vom ausreichenden Deckungskapital $_t V_x^{(a)}$ der ursprünglichen Versicherung auch dadurch unterscheidet, dass sie (zumindest bei derzeitig abgeschlossenen Arten von Lebensversicherungsverträgen) üblicherweise nicht-negativ ist.

Das nachfolgende Beispiel macht allerdings klar, dass die Nicht-Negativität von $_t V_x^{(a)}$ nicht notwendigerweise gelten muss.

Beispiel 4.8

Wir kommen zurück auf den in Beispiel 3.8 auf S. 95 unter (i) betrachteten Versicherungsvertrag. Um hierzu das Rückkaufswert-relevante Deckungskapitalprofil $V_{25}^{(r)}$ zu ermitteln, ergibt sich zunächst

$$K^\alpha = \left(\alpha_0^z + \sum_{j=1}^{8} \alpha_j^\gamma \right) \cdot \sum_{t=0}^{8} B_t^{(a)} = 341{,}00802$$

und

$$b'^{(a)} = \frac{{}_0 W_{25}(L + L'^\sigma)}{{}_0 W_{25}(\bar{u}')} = \frac{9.272{,}23360}{4{,}76102} = 1.947{,}5316$$

und daraus dann

$$V_{25}^{(r)} = (0, -171{,}97, 1.624{,}03, 1.472{,}20, 7.249{,}95,$$

6.080,76, 5.940,55, 4.489,66, 4.300,00).

Im Vergleich dazu hatte das ursprüngliche ausreichende Deckungskapitalprofil die folgende Gestalt:

$$V_{25}^{(a)} = (0, \ -349{,}77, \ 1.504{,}60, \ 1.401{,}14, \ 7.220{,}76,$$
$$6.080{,}79, \ 5.940{,}57, \ 4.489{,}67, \ 4.300{,}00).$$

Im folgenden Beispiel betrachten wir einen Lebensversicherungsvertrag, der in Periode t gekündigt wird, wodurch der Rückkaufswert RK_t fällig ist. Die Tatsache, dass $RK_t \geq {}_tV_x^{(r)}$ für alle t gefordert wird, kann allerdings dazu führen, dass durch ein Vertragsstorno bestimmte Anteile von bisher bereits (an das Versicherungsunternehmen) ausgezahlten Leistungsentgelten vom Versicherungsnehmer zukünftig nicht mehr amortisiert werden (etwa noch nicht amortisierte ZILLMER-Kosten), da zukünftig keine Beitragszahlungen mehr erfolgen. Dies ist der Fall, wenn ${}_tV_x^{(a)} \leq {}_tV_x^{(r)}$ gilt.

Daher hat das Versicherungsunternehmen prinzipiell dafür Sorge zu tragen, dass in einem solchen Fall ein noch nicht getilgter Betrag dem Kollektiv wieder zurückerstattet wird.

Beispiel 4.9: Rückkauf und Provisionshaftung

Dies soll üblicherweise dadurch erreicht werden, dass der Versicherungsvermittler Teile seiner bei Vertragsabschluss aus den Abschlusskosten $\alpha_0^z \cdot S$ erhaltenen Vermittlungsprovision zurückzahlen muss (*Provisionshaftung*). Die Notwendigkeit, die Höhe der Vermittlungsprovision und die Regeln für eine Provisionshaftung „angemessen" zu konzipieren, wird im Folgenden deutlich.

Für einen Lebensversicherungsvertrag mit ausreichendem Beitragsprofil

$$B^{(a)} = (B_0^{(a)}, B_1^{(a)}, \ldots, B_{n-1}^{(a)}, B_n^{(a)})$$

und dem Profil der Rückkaufswerte

$$(RK_0, RK_1, \ldots, RK_{n-1}, L_n)$$

werde dem Vermittler zum Abschlusszeitpunkt ($t = 0$) eine Provision in Höhe von P ausgezahlt. Mit der Zahlung der Provision vereinbart das Versicherungsunternehmen mit dem Versicherungsvermittler die folgende „Provisionshaftungs-Regelung": Sollte der Vertrag in Periode $t \geq 1$ storniert werden, so gilt ein Anteil von ϑ mit $0 \leq \vartheta \leq 1$ der bis dahin gezahlten ausreichenden Beiträge als „vom Vermittler verdient", d. h. dem Vermittler stehen zu diesem Zeitpunkt höchstens $\vartheta \cdot \sum_{j=0}^{t-1} B_j^{(a)}$ der geleisteten Prämien zu. Den gegebenenfalls darüber hinausgehenden Betrag, also

$$\bar{P}_t := \max\left\{0, P - \vartheta \cdot \sum_{j=0}^{t-1} B_j^{(a)}\right\}$$

fordert das Versicherungsunternehmen im Zeitpunkt t vom Vermittler zurück (und weist diesen Betrag dem Kollektiv zu). Der Vermittler „haftet" also für diesen Teil der zum Vertragsbeginn erhaltenen Provisionshöhe P. Dieser Rückforderungsanspruch $\bar{P}_t$ heißt oft auch die *nicht verdiente Provision zum Zeitpunkt t*.

Auf Basis der Rechnungsgrundlagen $\mathcal{R}^{(1)} = \{p(x, n), r(x, n), C\}$ sollte das Versicherungsunternehmen sicherstellen, dass für jeden Zeitpunkt t die Ungleichung

$$P + \sum_{j=0}^{t-1}(L_j^{(0)} + \beta_j \cdot B_j^{(a)} + (\alpha_j^\gamma + \gamma_j) \cdot S + L_j^\sigma) \cdot {}_j v_x + RK_t \cdot {}_t v_x$$

$$\leq \sum_{j=0}^{t-1} B_j^{(a)} \cdot ({}_j r_x)^{-1} + \bar{P}_t \cdot {}_t v_x$$

gilt. Wenn es einen Zeitpunkt t gäbe, für den die Ungleichung nicht erfüllt ist, so werden dem Kollektiv bei Stornierung zum Zeitpunkt t Finanzmittel entzogen, deren Wert (bezogen auf den Zeitpunkt t) der Differenz

$$RK_t + {}_t r_x \cdot \left(P + \sum_{j=0}^{t-1}(L_j^{(0)} + \beta_j \cdot B_j^{(a)} + (\alpha_j^\gamma + \gamma_j) \cdot S + L_j^\sigma) \cdot {}_j v_x \right)$$

$$- {}_t r_x \cdot \sum_{j=0}^{t-1} B_j^{(a)} \cdot {}_j v_x + \bar{P}_t > 0 \quad (4.25)$$

entspricht. Die obere Zeile in Gleichung (4.25) beschreibt hier sämtliche bis zum Zeitpunkt t vom Kollektiv (kalkulatorisch) erbrachte Verbleibensleistungen, einschließlich des geleisteten Rückkaufswertes (also sämtlicher „Auszahlungen"), der untere Term den Wert aller bis zum Zeitpunkt t an das Kollektiv geleisteten ausreichenden Prämien inklusive der erhaltenen, nicht verdienten Provision $\bar{P}_t$ (gesamte „Einzahlungen").

Die Provisionshöhe P und die Größen $\bar{P}_t$ sollten also vom Versicherungsunternehmen entsprechend so festgelegt werden, dass die Situation (4.25) nicht eintreten kann.

4.2.4 Neubewertung bei Beitragsfreistellung

Der Versicherungsnehmer nehme das Recht wahr, während der Laufzeit des Vertrages (etwa zum Zeitpunkt t) auf Antrag die Zahlung zukünftiger Beiträge einzustellen, *ohne* dabei die Versicherung zu kündigen. Diese Option bezeichnet man als *Beitragsfreistellung*. Eine Beitragsfreistellung führt technisch, ähnlich wie eine Kündigung des Vertrages, zu einer Modifikation des Zahlungsprofils. Das ursprüngliche Zahlungsprofil u geht dabei in das Zahlungsprofil

$$u' = (u_0, u_1, \ldots, u_{t-1}, 0, 0, \ldots, 0)$$

über. Es handelt sich also grundsätzlich um einen Spezialfall der bereits in Abschnitt 4.2.2 auf S. 131 behandelten Situation.

Um die durch die Einstellung der Zahlungen hervorgerufenen Änderungen im Profil der zukünftigen Leistungen zu ermitteln, könnte man damit auf die Bedingung (4.23) zurückgreifen. Diese Bedingung führt in diesem Fall zu

$$_tW_x(\Delta \circ \mathbb{1}_t) = {_tV_x^{(a)}} - {_tW_x((L + L'^{(K)}) \circ \mathbb{1}_t)},$$

d. h.

$$_tW_x((L + \Delta + L'^{(K)}) \circ \mathbb{1}_t) = {_tV_x^{(a)}}.$$

Das modifizierte Kostenprofil $L'^{(K)}$ ergibt sich hier aus (4.22). Wird also mit dem Zeitpunkt t die Zahlung zukünftiger Prämien eingestellt, so ist das Äquivalenzprinzip erfüllt, sofern die (auf den Zeitpunkt t bezogene) Bewertung des modifizierten ausreichenden Leistungsprofils

$$L'^{(a)} := (L + \Delta + L'^{(K)}) \circ \mathbb{1}_t,$$

also die Bewertung der zukünftigen ausreichenden Leistungen, gerade dem Wert des ausreichenden Deckungskapitals $_tV_x^{(a)}$ zum Zeitpunkt t entspricht.

Allerdings sieht auch hier die Vermeidung einer potenziell negativen Risikoselektion durch Beitragsfreistellung vor, dass anstelle des ausreichenden Deckungskapitals $_tV_x^{(a)}$ der Rückkaufswert RK_t für die Bewertung der zukünftigen Leistungen in Ansatz zu bringen ist.[5] Für die Bestimmung von $\Delta \circ \mathbb{1}_t$ ist also

$$_tW_x\left((L + \Delta + L'^{(K)}) \circ \mathbb{1}_t\right) \overset{!}{=} RK_t$$

maßgebend. Somit ist zu fordern:

$$_tW_x(\Delta \circ \mathbb{1}_t) \overset{!}{=} RK_t - {_tW_x\left((L + L'^{(K)}) \circ \mathbb{1}_t\right)}. \tag{4.26}$$

Nachfolgend wollen wir typische Varianten für Anforderungen an die zukünftigen Leistungen in den Blick nehmen. Sie werden jeweils durch eine spezielle Wahl von Δ in (4.26) realisiert:

---

5 Vgl. dazu § 165 Abs. 2 VVG.

- Sollen die ursprünglich für $j \geq t$ vorgesehenen Leistungen $L_j^{(0)}$ und/oder $L_j^{(1)}$ linear (um das δ-fache) abgesenkt werden, so setze man

$$w := L \circ \mathbb{1}_t \qquad \text{und} \qquad \Delta := -\delta \cdot w$$

und es ergibt sich aus (4.26)

$$\delta = 1 - \frac{RK_t - {}_tW_x(L'^{(K)} \circ \mathbb{1}_t)}{{}_tW_x(w)}.$$

- Handelt es sich bei den Leistungen des ursprünglichen Versicherungsvertrages ausschließlich um Ausscheideleistungen, d. h.

$$L = v_{x:} \circ q_{x:} \circ L^{(1)},$$

so ist für den Zeitpunkt t die sogenannte *beitragsfreie Versicherungssumme* anzugeben.[6] Es ist dies diejenige Ausscheideleistung δ mit der Eigenschaft, dass

$$L_t'^{(1)} = L_{t+1}'^{(1)} = \ldots = L_{n-1}'^{(1)} = \delta.$$

Setzen wir in diesem Fall

$$w = v_{x:} \circ q_{x:} \circ \mathbb{1}_t \qquad \text{und} \qquad \Delta := \delta \cdot w - L \circ \mathbb{1}_t,$$

so erhalten wir mit Gleichung (4.26) als beitragsfreie Versicherungssumme

$$\delta = \frac{RK_t - {}_tW_x(L'^{(K)} \circ \mathbb{1}_t)}{{}_tW_x(w)}.$$

- Handelt es sich bei den zukünftigen Leistungen des ursprünglichen Versicherungsvertrages ausschließlich um Verbleibensleistungen (d. h. $L^{(1)} = \mathbb{O}$), so ist im Fall der Beitragsfreistellung im Zeitpunkt t die sogenannte *beitragsfreie Rente* anzugeben. Es ist dies diejenige Verbleibensleistung δ mit der Eigenschaft, dass

$$L_t'^{(0)} = L_{t+1}'^{(0)} = \ldots = L_n'^{(0)} = \delta.$$

Analog wie zuvor ergibt sich mit dem Ansatz

$$w := \mathbb{1}_t \qquad \text{und} \qquad \Delta := \delta \cdot w - L \circ \mathbb{1}_t$$

dann die betragsfreie Rente

$$\delta = \frac{RK_t - {}_tW_x(L'^{(K)} \circ \mathbb{1}_t)}{{}_tW_x(w)}.$$

---

6 Vgl. dazu ebenfalls § 165 Abs. 2 VVG.

■ Handelt es sich bei den zukünftigen Leistungen des ursprünglichen Versicherungsvertrages ausschließlich um Verbleibensleistungen und sollen die ursprünglich für die Zukunft verabredeten Leistungen $L_j^{(0)}$ ($j \geq t$) durch die Beitragsfreistellung jeweils um einen *fixen Betrag* δ verringert werden, so lässt sich diese Leistungsreduktion durch $w \in \mathbb{R}^{n+1}$ mit

$$w_j := \begin{cases} 0, & j = 0, 1, \dots, t-1, \\ 0, & j \geq t \text{ und } L_j^{(0)} = 0, \\ 1, & j \geq t \text{ und } L_j^{(0)} > 0 \end{cases}$$

und

$$\Delta := -\delta \cdot w$$

erreichen. Es ergibt sich mit (4.26) dann

$$\delta = \frac{{}_t W_x((L + L'^{(K)}) \circ \mathbb{1}_t) - RK_t}{{}_t W_x(w)}.$$

■ Handelt es sich bei den zukünftigen Leistungen des ursprünglichen Versicherungsvertrages ausschließlich um Ausscheideleistungen (d. h. $L^{(0)} = 0$) und sollen die ursprünglich für die Zukunft verabredeten Leistungen $L_j^{(1)}$ ($j \geq t$) durch die Beitragsfreistellung auch in diesem Fall jeweils um einen *fixen Betrag* δ verringert werden, so lässt sich diese Leistungsreduktion durch $w \in \mathbb{R}^{n+1}$ mit

$$w_j := \begin{cases} 0, & j = 0, 1, \dots, t-1, \\ 0, & j \geq t \text{ und } L_j^{(1)} = 0, \\ 1, & j \geq t \text{ und } L_j^{(1)} > 0 \end{cases}$$

und

$$\Delta := -\delta \cdot w \circ q_{x:} \circ v_{x:}$$

realisieren. Hier liefert (4.26) dann

$$\delta = \frac{{}_t W_x((L + L'^{(K)}) \circ \mathbb{1}_t) - RK_t}{{}_t W_x(w \circ q_{x:} \circ v_{x:})}.$$

4.2.5 Neubewertung bei unwirksamem Abschluss der Versicherung; Rückabwicklung

Wir gehen von einem Versicherungsvertrag aus, bei dem mit Rechnungsgrundlagen $\mathcal{R}^{(1)} = \{p(x, n), r(x, n), C\}$ zu einem ausreichenden Leistungsprofil

$$L^{(a)} = L + L^{(K)}$$

ein zugehöriges ausreichendes Beitragsprofil

$$B^{(a)} = b^{(a)} \cdot u$$

vorliegt. Zum Zeitpunkt t werde festgestellt, dass der Versicherungsvertrag unwirksam abgeschlossen wurde oder widerrufen wird. Er gilt damit ex post als „nie zustande gekommen" und soll rückabgewickelt werden.

Im Rahmen einer derartigen *Rückabwicklung* kann der Versicherungsnehmer aufgrund seiner bis zum Zeitpunkt t erbrachten Prämienzahlungen bzw. der während dieses Zeitraums für ihn erbrachten Leistungen gegenüber dem Kollektiv grundsätzlich

- einen Erstattungsanspruch auf den Wert (zum Zeitpunkt t) aller bis dahin geleisteten Prämien $B_j^{(a)}$ mit $0 \leq j \leq t - 1$ (sie wurden geleistet, sofern die versicherte Person zum Zeitpunkt j dem Kollektiv angehörte) sowie
- einen Anspruch auf die Erstattung des Wertes der Zinserträge, die aus der Kapitalanlage der bis zum Zeitpunkt t geleisteten Prämien (bzw. von Teilen dieser Prämien) erzielt wurden,

geltend machen. Das Kollektiv hingegen kann vom Versicherungsnehmer grundsätzlich

- die Erstattung des Wertes aller bis zum Zeitpunkt t fällig gewordenen Verbleibensleistungen $L_j^{(0)}$ mit $0 \leq j \leq t - 1$ (sie wurden fällig, sofern die versicherte Person zum Zeitpunkt j dem Kollektiv angehörte) sowie der Zinserträge darauf,
- die Erstattung des Wertes der bis zum Zeitpunkt t erfolgten „Übernahme des Risikos", nämlich zum Zeitpunkt $j + 1$ die Ausscheideleistung $L_j^{(1)}$ mit $0 \leq j \leq t - 1$ erbringen zu müssen, sofern die versicherte Person zum Zeitpunkt j dem Kollektiv angehörte,
- die Erstattung des Wertes der zum Zeitpunkt $j + 1$ erfolgten Ausscheideleistung $L_j^{(1)}$, sofern die versicherte Person in Periode $j + 1 \leq t$ aus dem Kollektiv ausgeschieden war,

verlangen. Vom Versicherungsunternehmen kann das Kollektiv grundsätzlich zurückfordern:

- Den Wert aller bis zum Zeitpunkt t gezahlten Leistungsentgelte $L_j^{(K)}$ mit $0 \leq j \leq t-1$. Diese wurden gezahlt, sofern die versicherte Person zum Zeitpunkt $j \leq t$ dem Kollektiv angehörte.
- Den Wert der Zinserträge, die sich aus einer Kapitalanlage der Leistungsentgelte ergeben hätten.

Im Rahmen einer Rückabwicklung zum Zeitpunkt t soll die Höhe der sich so ergebenden Ansprüche festgestellt werden. In diesem Sinne erfolgt zunächst eine entsprechende Neubewertung des Vertrages.

Aufgrund der zum Zeitpunkt t vorliegenden Informationen (über die Vergangenheit) kann von „realistischen" Profilen

$$r'_{x:} = (r'_{x:0}, r'_{x:1}, \ldots, r'_{x:t-1}, r_{x:t}, r_{x:t+1}, \ldots, r_{x:n-1}, 0) \in \mathbb{R}^{n+1}$$

einjähriger Aufzinsungsfaktoren, bzw.

$$p'_{x:} := (p'_{x:0}, p'_{x:1}, \ldots, p'_{x:t-1}, p_{x:t}, p_{x:t+1}, \ldots, p_{x:n-1}, 0) \in \mathbb{R}^{n+1}$$

einjähriger Verbleibenswahrscheinlichkeiten ausgegangen werden. Diese induzieren auf kanonische Weise modifizierte Anlage und Verbleibensprofile $r'(x, n)$ bzw. $p'(x, n)$. Zusammen mit $C' = \{0, 0, 0, 0, L^{(K)}\}$ liegen also modifizierte Rechnungsgrundlagen $\mathcal{R}' = \{p'(x, n), r'(x, n), C'\}$ vor, mit denen die Neubewertung vorgenommen wird. Aus den generellen Überlegungen in Unterkapitel 4.1.2 auf S. 119 zur Neubewertung einer Versicherung, bei der sich vergangenheitsbezogen die Rechnungsgrundlagen geändert haben, lässt sich für $L' = L^{(0)} + q'_{x:} \circ v'_{x:} \circ L^{(1)}$ zunächst ein konstruktives ausreichendes Beitragsprofil

$$B'^{(a)} = b'^{(a)} \cdot u \quad \text{mit} \quad b'^{(a)} = \frac{{}_0W'_x(L' + L^{(K)})}{{}_0W'_x(u)}$$

und ein modifiziertes ausreichendes Deckungskapitalprofil

$$V'^{(a)}_x = (0, {}_1V'^{(a)}_x, {}_2V'^{(a)}_x, \ldots, {}_nV'^{(a)}_x)$$

angeben.

Die Größe

$$\zeta_t := {}_tr'_x \cdot \sum_{j=0}^{t-1} \left(B^{(a)}_j - B'^{(a)}_j \right) \cdot {}_jv'_x$$

beschreibt dann (bezogen auf den Zeitpunkt t) den *rein finanzmathematisch ermittelten* Wert der Differenz zwischen allen bis dahin tatsächlich geleisteten Beiträgen $B^{(a)}_j$ und den Prämien $B'^{(a)}_j$, die unter realistischen Rechnungsgrundlagen bis dahin eigentlich zu erbringen gewesen wären.

Wir betrachten zunächst die Situation, dass die versicherte Person zum Rückabwicklungszeitpunkt t dem Kollektiv noch angehört. Ausscheideleistungen wurden daher in der Vergangenheit nicht fällig. Bezogen auf den Zeitpunkt t beträgt der Erstattungsanspruch $A^{(I)}_t$ des Versicherungsnehmers gegenüber dem Kollektiv dann

$$A^{(I)}_t := {}_tr'_x \cdot \sum_{j=0}^{t-1} B^{(a)}_j \cdot {}_jv'_x = {}_tr'_x \cdot \sum_{j=0}^{t-1} B'^{(a)}_j \cdot {}_jv'_x + \zeta_t. \tag{4.27}$$

Der Erstattungsanspruch $A^{(II)}_t$ des Kollektivs gegenüber dem Versicherungsnehmer beträgt

$$A^{(II)}_t := {}_tr'_x \cdot \sum_{j=0}^{t-1} L^{(0)}_j \cdot {}_jv'_x + {}_tr'_x \cdot \sum_{j=0}^{t-1} q'_{x:j} \cdot v'_{x:j} \cdot (L^{(1)}_j - {}_{j+1}V'_x) \cdot {}_jv'_x$$

$$= {}_t r'_x \cdot \sum_{j=0}^{t-1} (L'_j - q'_{x:j} \cdot v'_{x:j} \cdot {}_{j+1}V'_x) \cdot {}_j v'_x. \tag{4.28}$$

Der Erstattungsanspruch $A_t^{(III)}$ des Kollektivs gegenüber dem Versicherungsunternehmen beträgt

$$A_t^{(III)} := {}_t r'_x \cdot \sum_{j=0}^{t-1} L_j^{(K)} \cdot {}_j v'_x + {}_t r'_x \cdot \sum_{j=0}^{t-1} q'_{x:j} \cdot v'_{x:j} \cdot (0 - {}_{j+1}V'^{(K)}_x) \cdot {}_j v'_x$$

$$= {}_t r'_x \cdot \sum_{j=0}^{t-1} (L_j^{(K)} - q'_{x:j} \cdot v'_{x:j} \cdot {}_{j+1}V'^{(K)}_x) \cdot {}_j v'_x. \tag{4.29}$$

Damit ergibt sich – unter Benutzung der Beziehungen (2.24) und (2.25), S. 50 – als Saldo A_t für den Anspruch des Versicherungsnehmers gegenüber dem Kollektiv

$$A_t = A_t^{(I)} - A_t^{(II)}$$

$$= {}_t r'_x \cdot \sum_{j=0}^{t-1} \left((B_j^{(a)} - L_j^{(0)}) - q'_{x:j} \cdot v'_{x:j} \cdot (L_j^{(1)} - {}_{j+1}V'_x) \right) \cdot {}_j v'_x + \zeta_t - (A_t^{(III)} - A_t^{(III)})$$

$$= {}_t r'_x \cdot \sum_{j=0}^{t-1} \left(\left(B_j'^{(a)} - L_j^{(0)} - L_j^{(K)}\right) - q'_{x:j} \cdot v'_{x:j} \cdot \left(L_j^{(1)} - {}_{j+1}V'^{(a)}_x\right) \right) \cdot {}_j v'_x + \zeta_t + A_t^{(III)}$$

$$= {}_t r'_x \cdot \sum_{j=0}^{t-1} \left(B_j'^{(a)(s)} - \left(L_j^{(0)} + L_j^{(K)}\right) \right) \cdot {}_j v'_x + \zeta_t + A_t^{(III)}$$

$$= {}_t V'^{(a)}_x + \zeta_t + A_t^{(III)}.$$

Hierbei werden für die letzte Gleichheitsbeziehung die Zusammenhänge (2.27) von S. 50 bzw. (3.32) auf S. 103 genutzt.

Bemerkung 4.10. *Für die Situation, dass die versicherte Person bereits in Periode $k + 1 \le t$ aus dem Kollektiv ausgeschieden ist, lässt sich eine ähnliche Überlegung machen. Für die Zeitpunkte $j \le k$ wurden vom Versicherungsnehmer ausreichende Prämien $B_j^{(a)}$ entrichtet und vom Kollektiv die Verbleibensleistungen $L_j^{(0)}$ bzw. $L_j^{(K)}$ erbracht. Wegen des Ausscheidens in Periode $k + 1$ wurde die für diese Periode vereinbarte Ausscheideleistung $L_k^{(1)}$ zum Zeitpunkt $k + 1$ fällig. In diesem Fall ergibt sich:*

$$\zeta_t := {}_t r'_x \cdot \sum_{j=0}^{k} (B_j^{(a)} - B_j'^{(a)}) \cdot {}_j v'_x,$$

$$A_t^{(I)} := {}_t r'_x \cdot \sum_{j=0}^{k} B_j^{(a)} \cdot {}_j v'_x = {}_t r'_x \cdot \sum_{j=0}^{k} B_j'^{(a)} \cdot {}_j v'_x + \zeta_t,$$

$$A_t^{(II)} := {}_t r'_x \cdot \sum_{j=0}^{k} (L'_j - q'_{x:j} \cdot v'_{x:j} \cdot {}_{j+1}V'_x) \cdot {}_j v'_x + {}_t r'_x \cdot {}_{k+1}v'_x \cdot L_k^{(1)}$$

$$A_t^{(III)} := {}_t r_x' \cdot \sum_{j=0}^{k} \left(L_j^{(K)} - q_{x:j}' \cdot v_{x:j}' \cdot {}_{j+1} V_x'^{(K)} \right) \cdot {}_j v_x'.$$

Wiederum unter Benutzung der Beziehungen in (2.24) und (2.25) erhält man in dieser Situation als Saldo für den Anspruch des Versicherungsnehmers gegenüber dem Kollektiv

$$A_t = A_t^{(I)} - A_t^{(II)}$$

$$= {}_t r_x' \cdot \sum_{j=0}^{k} \left(B_j'^{(a)(s)} - \left(L_j^{(0)} + L_j^{(K)} \right) \right) \cdot {}_j v_x' - {}_t r_x' \cdot {}_{k+1} v_x' \cdot L_k^{(1)} + \zeta_t + A_t^{(III)}$$

$$= {}_t r_x' \cdot {}_{k+1} v_x' \cdot {}_{k+1} V_x'^{(a)} + \zeta_t + A_t^{(III)} - {}_t r_x' \cdot {}_{k+1} v_x' \cdot L_k^{(1)}$$

$$= {}_t r_x' \cdot {}_{k+1} v_x' \cdot \left({}_{k+1} V_x'^{(a)} - L_k^{(1)} \right) + \zeta_t + A_t^{(III)}.$$

Beispiel 4.11

Wir kommen auf Beispiel 3.8 zurück (siehe S. 94). Für den dort auf S. 95 unter (i) betrachteten Versicherungsvertrag ergab sich als ausreichendes Deckungskapitalprofil

$$V_{25}^{(a)} = (0,\ -349{,}77,\ 1.504{,}60,\ 1.401{,}14,\ 7.220{,}76,$$
$$6.080{,}79,\ 5.940{,}57,\ 4.489{,}67,\ 4.300{,}00),$$

das sich wegen $V_{25}^{(a)} = V_{25} + V_{25}^{(K)}$ aus

$$V_{25} = (0,\ -148{,}88,\ 1.583{,}01,\ 1.432{,}18,\ 6.781{,}44,$$
$$5.739{,}92,\ 5.679{,}40,\ 4.331{,}06,\ 4.300{,}00)$$

und

$$V_{25}^{(K)} = (0,\ -200{,}89,\ -78{,}41,\ -31{,}05,\ 439{,}32,\ 340{,}87,\ 261{,}17,\ 158{,}61,\ 0)$$

zusammensetzt.

Die Versicherung werde im Zeitpunkt $t = 6$ rückabgewickelt. Für die modifizierten Rechnungsgrundlagen $\mathcal{R}'$ sei hier (der rechnerischen Einfachheit halber) unterstellt:

$$r'(25, 8) := r(25, 8), \qquad p'(25, 8) := p(25, 8) \quad \text{und} \quad C' := (0, 0, 0, 0, L^{(K)}).$$

Damit ist zunächst $\zeta = 0$, und für die einzelnen Erstattungsansprüche ergibt sich (mit ${}_6r'_{25} = {}_6r_{25} = 1{,}042573$) für (4.27), (4.28) und (4.29):

$$A_6^{(I)} = {}_6r'_{25} \cdot \sum_{j=0}^{5} B_j'^{(a)} \cdot {}_jv'_{25} = 9.880{,}99,$$

$$A_6^{(II)} = {}_6r'_{25} \cdot \sum_{j=0}^{5} (L_j' - q'_{25:j} \cdot v'_{25:j} \cdot {}_{j+1}V'_{25}) \cdot {}_jv'_{25} = 3.289{,}07,$$

$$A_6^{(III)} = {}_6r'_{25} \cdot \sum_{j=0}^{5} \left(L_j^{(K)} - q'_{25:j} \cdot v'_{25:j} \cdot {}_{j+1}V'^{(K)}_{25}\right) \cdot {}_jv'_{25} = 651{,}35.$$

Für den Anspruch des Versicherungsnehmers bei Rückabwicklung erhält man also

$$
\begin{aligned}
A_6 &= A_6^{(I)} - A_6^{(II)} \\
&= 9.880{,}99 - 3.289{,}07 \\
&= 6.591{,}92 \\
&= 5.940{,}57 + 651{,}35 \\
&= {}_6V'^{(a)}_{25} + A_6^{(III)}.
\end{aligned}
$$

4.3 Analyse versicherungstechnischer Ergebnisse

Die in den Abschnitten 3.1, 3.2 und 3.4 vorgestellte Kalkulation in der Lebensversicherung basiert auf Rechnungsgrundlagen 1. Ordnung. Diese Rechnungsgrundlagen wurden – im Hinblick auf die Forderung der dauernden Erfüllbarkeit – vorsichtig gewählt. Konsequenterweise stimmen die tatsächlich – etwa zum Zeitpunkt t – *für die Vergangenheit* zu beobachtenden Verbleibenswahrscheinlichkeiten, Aufzinsungsfaktoren oder Kostengrößen mit den für die Erstkalkulation verwendeten im Allgemeinen nicht überein. Auch die zum Zeitpunkt t bereits für die *zukünftige* Periode $t + 1$ prognostizierten, „realistischen" Größen $p'_{x:t}$, $r'_{x:t}$ oder $L_t'^{(K)}$ können sich von den Größen, die bei der Erstkalkulation für diese Periode angesetzt wurden, unterscheiden.

Dies bedeutet gemeinhin, dass etwa das Prämienprofil $B^{(a)}$ nicht das Profil widerspiegelt, welches bei Anwendung des Äquivalenzprinzips *auf Basis tatsächlich beobachteter bzw. prognostizierter Rechnungsgrundlagen* notwendig gewesen wäre, um das (realistische) Profil ausreichender Leistungen zu versichern. Umgekehrt hätte man mit dem Profil $B^{(a)}$ bei der Unterstellung realistischer Rechnungsgrundlagen möglicherweise andere Verbleibens- oder Ausscheideleistungen versichern können. Die Operationalisierung und Bewertung derartiger „Differenzen" subsummiert man unter dem Begriff der Ermittlung des *versicherungstechnischen* Ergebnisses. Der Begriff soll

u. a. darauf hinweisen, dass vornehmlich durch die *technische* Vorgehensweise bei der Erstkalkulation – diese nämlich unter „vorsichtigen" Annahmen an die Rechnungsgrundlagen durchzuführen – ein solches Ergebnis entsteht.

Wie dann das Versicherungsunternehmen mit den Finanzmitteln, die sich hinter einem versicherungstechnischen Ergebnis verbergen, umgeht, wird im Rahmen einer sogenannten *Überschussbeteiligung* festgelegt.[7]

4.3.1 Periodenbezogenes versicherungstechnisches Ergebnis; Kontributionsformel

Grundsätzlich wird das versicherungstechnische Ergebnis für jeden Versicherungsvertrag zunächst periodenbezogen (also jährlich) ermittelt. Es kann als Resultat einer Neubewertung des Versicherungsvertrages aufgrund der Änderung der Rechnungsgrundlagen für eine bestimmte Periode, hier die Periode $t + 1$, aufgefasst werden. Unterstellt man zum Zeitpunkt t für die Periode $t + 1$ realistische Größen $p'_{x:t}, r'_{x:t}$ und $L'^{(K)}_t$, die sich von den bei der Erstkalkulation verwendeten Werten $p_{x:t}, r_{x:t}$ und $L^{(K)}_t$ unterscheiden, so induzieren diese Modifikationen „neue" Rechnungsgrundlagen $\mathcal{R}^{(2)} = \{p'(x, n), r'(x, n), C'\}$ (siehe Unterkapitel 4.1.1), die wir entsprechend der üblichen Terminologie als *Rechnungsgrundlagen 2. Ordnung* bezeichnen. In Unterkapitel 4.1.1 wurde dargestellt, wie die damit verbundene Neubewertung des Vertrages zu einer Größe

$$\Delta_t = L'^{(a)}_t - (B^{(a)}_t + {}_tV^{(a)}_x) + v'_{x:t} \cdot p'_{x:t} \cdot {}_{t+1}V^{(a)}_x \tag{4.30}$$

führte. Je nach Vorzeichen wurde Δ_t als „Beitragsrückerstattung" ($\Delta_t \leq 0$) bzw. „Nachreservierungsbedarf" ($\Delta_t \geq 0$) interpretiert. Im Folgenden beschäftigen wir uns damit, die Größe Δ_t detaillierter zu analysieren und für eine Beurteilung des versicherungstechnischen Ergebnisses des zugrunde liegenden Versicherungsvertrages heranzuziehen.

Betrachtet man die Identität (4.30), so kann hierin der Term

$$B^{(a)}_t + {}_tV^{(a)}_x$$

als die Höhe der im Zeitpunkt t (mit Rechnungsgrundlagen $\mathcal{R}^{(1)}$ ermittelt) *kalkulatorisch* zur Verfügung stehenden Finanzmittel des Versicherungsvertrages angesehen werden. Aufgrund von (2.13) reichen diese Finanzmittel *kalkulatorisch* aus, um

$$L_t + L^{(K)}_t + v_{x:t} \cdot p_{x:t} \cdot {}_{t+1}V^{(a)}_x,$$

den ermittelten Wert der für die Periode $t + 1$ fällig werdenden Leistungen, erwartungsgemäß zu erbringen.

Da der Term

$$L^{(0)}_t + L'^{(K)}_t + q'_{x:t} \cdot v'_{x:t} \cdot L^{(1)}_t + v'_{x:t} \cdot p'_{x:t} \cdot {}_{t+1}V^{(a)}_x$$

---

7 Vgl. § 153 VVG bzw. § 56a VAG.

in

$$\Delta_t = (\underbrace{L_t^{(0)} + L_t^{\prime(K)} + q_{x:t}^\prime \cdot v_{x:t}^\prime \cdot L_t^{(1)} + v_{x:t}^\prime \cdot p_{x:t}^\prime \cdot {}_{t+1}V_x^{(a)}}_{\text{„realistischerweise" erwartete Leistungen}}) - (\underbrace{B_t^{(a)} + {}_tV_x^{(a)}}_{\substack{\text{„kalkulatorisch vorhandene}\\\text{Finanzmittel"}}}) \qquad (4.31)$$

als der Wert der (auf den Zeitpunkt t abgezinsten) für die Periode $t+1$ *realistischerweise zu erwartenden* Leistungserbringung angesehen werden kann, lässt sich die Größe

$$g_{x:t} := -\Delta_t \cdot r_{x:t}^\prime$$

als das *versicherungstechnische Ergebnis* (bezogen auf das Ende) der Periode $t+1$ interpretieren. Falls $g_{x:t} \geq 0$ nennen wir $g_{x:t}$ den (prognostizierten) *versicherungstechnischen Überschuss bzw. versicherungstechnischen Gewinn* der Periode $t+1$, im anderen Fall den (prognostizierten) *versicherungstechnischen Verlust* dieser Periode.

Um zunächst zu analysieren, wie sich der versicherungstechnische Gewinn/Verlust $g_{x:t}$ „zusammensetzt", verwenden wir die versicherungstechnischen Bilanzgleichungen (3.29) bei der Kalkulation mit den Rechnungsgrundlagen $\mathcal{R}^{(1)}$. Danach gilt für die Periode $t+1$:

$$0 = -(B_t^{(a)} + {}_tV_x^{(a)} - L_t^{(0)} - L_t^{(K)}) \cdot (1 + i_{x:t}) + q_{x:t} \cdot L_t^{(1)} + p_{x:t} \cdot {}_{t+1}V_x^{(a)}.$$

Mit dieser „Darstellung der 0" erhält man:

$$\begin{aligned}
g_{x:t} = g_{x:t} + 0 = & \left(B_t^{(a)} + {}_tV_x^{(a)}\right) \cdot (i_{x:t}^\prime - i_{x:t}) \\
& - \left(L_t^{\prime(0)} + L_t^{\prime(K)}\right) \cdot (1 + i_{x:t}^\prime) + \left(L_t^{(0)} + L_t^{(K)}\right) \cdot (1 + i_{x:t}) \\
& - q_{x:t}^\prime \cdot L_t^{\prime(1)} + q_{x:t} \cdot L_t^{(1)} + (p_{x:t} - p_{x:t}^\prime) \cdot {}_{t+1}V_x^{(a)}.
\end{aligned}$$

Gruppieren wir die Terme der rechten Seite der Gleichung auf eine andere Weise und nutzen dabei die Tatsache, dass $p_{x:t} + q_{x:t} = 1$ bzw. $p_{x:t}^\prime + q_{x:t}^\prime = 1$, so führt dies dann – zusammen mit der Zerlegung der Kosten $L_t^{(K)}$ bzw. $L_t^{\prime(K)}$ gemäß (3.16) – zu

$$\begin{aligned}
g_{x:t} = & \underbrace{\left(B_t^{(a)} + {}_tV_x^{(a)} - \left(L_t^{(0)} + L_t^{\prime\alpha^z} + L_t^{\prime\alpha^\gamma} + L_t^{\prime\beta} + L_t^{\prime\gamma} + L_t^{\prime\sigma}\right)\right) \cdot (i_{x:t}^\prime - i_{x:t})}_{=g_{x:t}^I} \\
& + \underbrace{L_t^{(1)} \cdot (q_{x:t} - q_{x:t}^\prime) + {}_{t+1}V_x^{(a)} \cdot (p_{x:t} - p_{x:t}^\prime)}_{=g_{x:t}^R} \\
& + \underbrace{\left((L_t^{\alpha^z} - L_t^{\prime\alpha^z}) + (L_t^{\alpha^\gamma} - L_t^{\prime\alpha^\gamma}) + (L_t^{\beta} - L_t^{\prime\beta}) + (L_t^{\gamma} - L_t^{\prime\gamma}) + (L_t^{\sigma} - L_t^{\prime\sigma})\right) \cdot (1 + i_{x:t})}_{=g_{x:t}^K} \cdot
\end{aligned}$$

$$(4.32)$$

Die Darstellung

$$g_{x:t} = g_{x:t}^I + g_{x:t}^R + g_{x:t}^K \qquad (4.33)$$

der Größe $g_{x:t}$ entspricht in dieser Form der in der traditionellen Literatur verwendeten sogenannten *Kontributionsformel* mit dem *Zinsgewinn* $g_{x:t}^I$, dem *Risikogewinn* $g_{x:t}^R$ sowie dem *Kostengewinn* $g_{x:t}^K$ für die Periode $t + 1$. Man spricht oft auch von den *Kontributionsgewinnen* der Versicherungsperiode (siehe dazu etwa auch [Wol70; Wol97] oder [Ort16], wo der Zusammenhang (4.33) bei konstantem, positivem Zinssatz auch als „Kontributionsgleichung" figuriert). Die Bezeichnungen für die drei „Gewinnquellen" in (4.32) sind dabei sehr intuitiv:

- In der Darstellung der Größe $g_{x:t}^I$ lässt sich der Faktor

$$B_t^{(a)} + {}_tV_x^{(a)} - \left(L_t^{(0)} + L_t'^{a^z} + L_t'^{a^\gamma} + L_t'^\beta + L_t'^\gamma + L_t'^\sigma \right)$$

als „Zinsträger" zum Zeitpunkt t auffassen. Er besteht aus den vorhandenen Finanzmitteln zum Zeitpunkt t, von denen sämtliche, zum Zeitpunkt t fälligen Verbleibensleistungen abgezogen wurden. Wird dieser „Zinsträger" dann während der Periode $t + 1$ „realistisch" (mit $r_{x:t}'$) bzw. „technisch" (mit $r_{x:t}$) angelegt, so liefert seine Anlage mit der Differenz der beiden Aufzinsungsfaktoren, d. h. mit

$$r_{x:t}' - r_{x_t} = i_{x:t}' - i_{x:t},$$

gerade den „Gewinn bzw. Verlust aus einem Zinssatzunterschied", also den *Zinsgewinn*.

- Offenbar gilt

$$\begin{aligned}
g_{x:t}^R &= L_t^{(1)} \cdot (q_{x:t} - q_{x:t}') + {}_{t+1}V_x^{(a)} \cdot (p_{x:t} - p_{x:t}') \\
&= q_{x:t} \cdot (L_t^{(1)} - {}_{t+1}V_x^{(a)}) - q_{x:t}' \cdot (L_t^{(1)} - {}_{t+1}V_x^{(a)}) \\
&= (q_{x:t} - q_{x:t}') \cdot (L_t^{(1)} - {}_{t+1}V_x^{(a)}).
\end{aligned}$$

Vor dem Hintergrund einer Beitragszerlegung (siehe Abschnitt 2.2, S. 49) lässt sich $g_{x:t}^R$ damit als Differenz zweier Risikoprämien

$$B_t^{(r)} = q_{x:t} \cdot (L_t^{(1)} - {}_{t+1}V_x^{(a)}) \quad \text{bzw.} \quad B_t'^{(r)} = q_{x:t}' \cdot (L_t^{(1)} - {}_{t+1}V_x^{(a)})$$

ansehen. Die Größe bringt also damit die Prämiendifferenz für das Versichern des riskierten Kapitals $(L_t^{(1)} - {}_{t+1}V_x^{(a)})$ zum Ausdruck, die sich aufgrund der Kalkulation mit dem Verbleibensprofil $p'(x, n)$ anstelle des technisch vorsichtig gewählten Profils $p(x, n)$ ergibt, also den „Gewinn bzw. Verlust aus der Risikoprämiendifferenz", den sogenannten *Risikogewinn*.

- Die Darstellung der Größe $g_{x:t}^K$ lässt unmittelbar die Interpretation eines *Kostengewinns* zu. Hier werden die ursprünglich für die Periode $t + 1$ technisch (vorsichtig) angesetzten Kosten $L_t^{(K)}$ mit den realistischerweise anfallenden Kosten $L_t'^{(K)}$ saldiert. Die Ermittlung des Saldos erfolgt dabei für die einzelnen Kostenkomponenten separat. Die Summe all dieser Salden ergibt den „Gewinn bzw. Verlust aus den Kostendifferenzen" (zum Zeitpunkt t). Der Wert dieses Gewinns bzw. des Verlustes am Ende der Periode $t + 1$ erfolgt dann durch entsprechendes Aufzinsen.

Bemerkung 4.12. *Die Größe*

$$B_t^{(\mathit{eff})} := B_t^{(a)} - \left(L_t'^{\alpha} + L_t'^{\beta} + L_t'^{\gamma} + L_t'^{\sigma} \right)$$

bezeichnen wir als den (geleisteten) Effektivbeitrag zum Zeitpunkt t. Setzt man den obigen Term für $B_t^{(\mathit{eff})}$ in die Gleichung (4.31) ein, so ergibt sich, keinesfalls verwunderlich,

$$B_t^{(\mathit{eff})} + {}_t V_x^{(a)} = L_t^{(0)} + \left(g_{x:t} + q_{x:t}' \cdot L_t^{(1)} + p_{x:t}' \cdot {}_{t+1} V_x^{(a)} \right) \cdot v_{x:t}'$$

$$= L_t^{(0)} + g_{x:t} \cdot v_{x:t}' + q_{x:t}' \cdot v_{x:t}' \cdot L_t^{(1)} + p_{x:t}' \cdot v_{x:t}' \cdot {}_{t+1} V_x^{(a)} \cdot v_{x:t}'.$$

Anders als die mit Rechnungsgrundlagen $\mathcal{R}^{(1)}$ ermittelte Netto-Prämie B_t beschreibt der Effektivbeitrag $B_t^{(\mathit{eff})}$ diejenige Prämie im Zeitpunkt t, die in Periode t + 1 „effektiv" für den Aufbau eines Deckungskapitals, der Finanzierung der vereinbarten Versicherungsleistungen der Periode und auch für die Finanzierung des (auf t abgezinsten) versicherungstechnischen Ergebnisses $-\Delta_t = g_{x:t} \cdot v_{x:t}'$ zur Verfügung steht. Sofern $g_{x:t} \geq 0$, kann hierin $-\Delta_t$ als eine (zusätzlich zu $L_t^{(0)}$) zu erbringende Verbleibensleistung aufgefasst werden.

4.3.2 Überschussbeteiligung, Überschussdeklaration und Überschusszuteilung

Eine bloße Feststellung der Höhen von versicherungstechnischen Zins-, Risiko- und Kostengewinnen entsprechend der Kontributionsgleichung genügt nicht. Aufgrund bestehender rechtlicher Vorgaben sind die Versicherungsnehmer an den versicherungstechnischen Überschüssen „angemessen zu beteiligen"[8] (*Überschussbeteiligung*). In diesem Abschnitt wollen wir das *technische* Vorgehen einer solchen Überschussbeteiligung kurz skizzieren. Wie bereits in früheren Abschnitten, so werden wir auch hierbei nicht auf juristische oder bilanzielle Aspekte eingehen.

Nachdem für sämtliche Verträge im betreffenden Kollektiv deren versicherungstechnische Ergebnisse $g_{x:t}$ für das Jahr $t + 1$ ermittelt wurden, legt das Versicherungsunternehmen (unter Wahrung juristischer Aspekte[9]) auf dieser Grundlage fest, welcher Gesamtbetrag davon für eine Beteiligung der Versicherungsverträge zurückzustellen ist. Dieser Betrag wird der sogenannten *Rückstellung für Beitragsrückerstattung (RfB)* „zugeführt".

Die RfB kann strukturell als ein weiterer Geldmittelbestand (des Kollektivs) angesehen werden, der aus versicherungstechnischen Überschüssen aller bestehenden (und auch bereits beendeten) Versicherungsverträge gespeist wird bzw. wurde. Die Finanzmittel der RfB sollen dazu verwendet werden, für die angemessene Beteiligung der einzelnen Versicherungsverträge an den Überschüssen zu sorgen. Aus technischer

---

8 Vgl. § 153 VVG.

9 Vgl. Mindestzuführungsverordnung (MindZV).

Sicht befindet sich also in der RfB die Gesamtheit aller Finanzmittel, die an die einzelnen Versicherungsverträge zurückerstattet werden können.

Aufgrund der dort verfügbaren Finanzmittel entscheidet das Versicherungsunternehmen zum Zeitpunkt t (jährlich wiederkehrend) über die Höhe derjenigen Beträge, die (aus der RfB) den Versicherungsverträgen für das Versicherungsjahr $t + 1$ *verbindlich* zugewiesen werden sollen. In der Terminologie der Versicherungsunternehmen heißt dieser Vorgang *Überschussdeklaration*. Die Deklaration „bindet" dabei einen Anteil der Finanzmittel in der RfB bereits *zu Beginn* der Periode $t + 1$ für die Rückerstattung an die Versicherungsnehmer *im Laufe der Periode*. Dementsprechend wird dieser Teil der RfB auch als *gebundene RfB* bezeichnet. Aus der gebundenen RfB werden die deklarierten Finanzmittel dann während des Jahres $t + 1$ wieder entnommen und den einzelnen Verträgen individuell „zugeteilt" (*Zuteilung von Überschussanteilen*).

Da gewöhnlich zum Zeitpunkt t nicht sämtliche der für das Jahr $t + 1$ in der RfB verfügbaren Finanzmittel den Verträgen auch zugeteilt werden, enthält diese – neben der gebundenen RfB – daher typischerweise auch einen „noch nicht zugeteilten" Teil, die so genannte *freie RfB*. Sie besitzt für das Versicherungsunternehmen die Funktion einer Schwankungsreserve für die Überschussbeteiligung in zukünftigen Perioden. In Jahren, in denen sich hohe versicherungstechnische Überschüsse ergeben, also auch hohe Zuführungen zur RfB erfolgen können, kann dieser Puffer tendenziell erhöht, in Perioden mit geringeren Zuführungen die freie RfB dann wieder reduziert werden. Auf diese Weise soll erreicht werden, dass die Überschusszuteilung – im Zeitablauf gesehen – „möglichst gleichmäßig" erfolgen kann und keinen allzu starken Schwankungen unterliegt („Verstetigung" der Überschussbeteiligung).

Für die Überschussdeklaration spielen sogenannte *Überschussbeteiligungssysteme* eine Rolle, die sowohl die einzelnen *Überschussquellen* als auch den Zeitpunkt der Überschussentstehung „angemessen" berücksichtigen und somit dem Grundsatz einer „verursachungsgerechten" und „zeitnahen" Überschusszuteilung folgen sollen.

Bei der Überschussdeklaration wird hinsichtlich der Zuweisungen von

- *Zins-Überschussanteilen*,
- *Risiko-Überschussanteilen* und
- *Kosten-Überschussanteilen*

unterschieden. Die Arten der Anteile beziehen sich damit genau auf die drei strukturellen Kategorien der Rechnungsgrundlagen, die – wegen der vorsichtigen Kalibrierung für die Erstkalkulation – ursächlich für das Entstehen versicherungstechnischer Gewinne sind. Die „Benennungen" dieser Überschussanteile sind oft allerdings unternehmensspezifisch. Beispielsweise werden Kosten- und Risiko-Überschüsse beim Ausweis der Überschussbeteiligung in den Geschäftsberichten häufig in Form eines „Grundüberschusses" zusammengefasst. Zinsüberschüsse wiederum sind gelegentlich auch als „Zusatzüberschuss" vorzufinden. Meist wird bei der Deklaration auch noch ein sogenannter *Schlussüberschussanteil* angegeben. Hierbei handelt es sich um eine

Zuteilung eines Betrages aus der RfB, die nur dann erfolgt, wenn der Vertrag zum Zeitpunkt t noch besteht, zum Zeitpunkt $t + 1$ wegen Ablaufs bzw. wegen Ausscheidens der versicherten Person allerdings beendet ist.

Üblicherweise erfolgt die Deklaration der verschiedenen Überschussanteile indem – anstelle der jeweiligen Geldbeträge – für die verschiedenen Komponenten jeweils *Überschussanteilsätze* festgelegt werden. Diese Anteilsätze gelten für alle Versicherungsverträge eines Kollektivs gleichermaßen und erlauben – zusammen mit den Bezugsgrößen, mit denen sie korrespondieren – vertragsindividuell diejenigen Geldbeträge anzugeben, die für die Periode dem Vertrag zugeteilt werden. Im Rahmen einer Überschussdeklaration werden *beispielsweise* dann

- $\delta_t^{(0)}, \delta_t^{(1)}$ als Anteilsätze für den Zins-Überschussanteil (die betreffende Bezugsgröße ist oft abhängig vom Deckungskapital zum Zeitpunkt t),
- $\delta_t^{(R)}$ als Anteilsatz für den Risiko-Überschuss (hier ist die Bezugsgröße beitragsabhängig),
- $\delta_t^{(K)}$ als Anteilsatz für den Kosten-Überschuss (auch hier ist die Bezugsgröße üblicherweise beitragsabhängig),
- $\delta_t^{(S)}$ als Anteilsatz für den Schluss-Überschuss (die Bezugsgröße ist hier beitrags- und laufzeitabhängig)

festgelegt. Der gesamte Überschussanteil, der auf den Vertrag für die Periode $t + 1$ entfallen soll, ermittelt sich dann *beispielsweise* durch

$$\underbrace{(\delta_t^{(0)} + \delta_t^{(1)}) \cdot \max\{0, \, {}_tV_x^{(a)}\}}_{\substack{\text{Zins-} \\ \text{Überschussanteil}}} + \underbrace{\delta_t^{(R)} \cdot B_t^{(a)}}_{\substack{\text{Risiko-} \\ \text{Überschussanteil}}} + \underbrace{\delta_t^{(K)} \cdot b^{(a)} \cdot \sum u}_{\substack{\text{Kosten-} \\ \text{Überschussanteil}}}.$$

Der Betrag $\delta_t^{(0)} \cdot \max\{0, \, {}_tV_x^{(a)}\}$ entspricht hierin der sogenannten *Direktgutschrift*. Die Direktgutschrift wird innerhalb der Periode $t + 1$ dem Vertrag zum Zeitpunkt t, d. h. zu deren Beginn zugewiesen. Für die übrigen Komponenten erfolgt die Zuteilung üblicherweise am Ende der Periode, also zum Zeitpunkt $t + 1$. Der Schluss-Überschussanteil für die Periode $t + 1$ könnte etwa mittels

$$\delta_t^{(s)} \cdot \frac{t + 1}{n} \cdot \sum_{j=0}^{n} B_j^{(a)}$$

bestimmt werden.

Sofern der Versicherungsvertrag zum Zeitpunkt t ($1 \leq t \leq n - 1$) besteht, ergibt sich dann der Betrag $\ddot{U}_t$, der ihm *zu diesem Zeitpunkt* zugewiesen wird, aufgrund der oben beispielhaft vorgenommenen Zuteilungen als

$$\ddot{U}_t = \delta_t^{(0)} \cdot \max\{0, \, {}_tV_x^{(a)}\} + \delta_{t-1}^{(1)} \cdot \max\{0, \, {}_{t-1}V_x^{(a)}\} + \delta_{t-1}^{(R)} \cdot B_{t-1}^{(a)} + \delta_{t-1}^{(K)} \cdot b^{(a)} \cdot \sum u.$$

$$(4.34)$$

Für $1 \leq t \leq n - 1$ heißt $\ddot{U}_t$ *laufender Überschussanteil* (im Zeitpunkt t). Ein Überschussanteil $\ddot{U}_0$ für den Zeitpunkt $t = 0$ nennt man oft *Sofort-Überschussanteil*, da er dem Vertrag bereits bei dessen Abschluss zugewiesen wird.

Bemerkung 4.13.

(i) *In der obigen Formel (4.34) tauchen für die Anteilsätze die Bezugsgrößen $_t V_x^{(a)}$, $B_t^{(a)}$ bzw. $S = \sum_{j=0}^{n} B_j^{(a)}$ auf. Dies muss nicht zwangsläufig so sein. So könnten etwa auch das Netto-Deckungskapital $_t V_x$ bzw. der Netto-Beitrag B_t als Bezugsgrößen herangezogen werden. Welche Bezugsgröße für die Ermittlung eines Überschussanteils tatsächlich zugrunde gelegt wird, ist – zusammen mit den Überschussanteilsätzen – in den jährlichen Geschäftsberichten des Versicherungsunternehmens aufgeführt.*

(ii) *Der Zins-Überschussanteil stellt traditionell die wichtigste Komponente der Überschussbeteiligung dar und ist deshalb in der Außendarstellung des Versicherungsunternehmens von besonderer Bedeutung. Als „Orientierungsgröße" für die Leistungsfähigkeit der Kapitalanlagen (und damit implizit der „Qualität" der Überschussbeteiligung) wird oft die laufende Durchschnittsverzinsung oder die Netto-verzinsung eines Jahres nach außen hin kommuniziert (zur Definition dieser Größen siehe etwa [Wag17]). Auf das Kollektiv bezogen, ließe sich hier die Größe*

$$i_{x:t} + \delta_t^{(0)} + \delta_t^{(1)}$$

als ein entsprechender Indikator interpretieren.

4.3.3 Ertragswerte und Finanzierbarkeit

Bereits vor Abschluss eines Versicherungsvertrages wird dem Versicherungsnehmer üblicherweise eine *mögliche* spätere Zuweisung von Überschussanteilen mittels einer sogenannten *Beispielrechnung* dargestellt. Eine derartige Beispielrechnung soll bereits *zum* Abschluss des Lebensversicherungsvertrages auf Grundlage „realistischer Annahmen" (mit Rechnungsgrundlagen $\mathcal{R}^{(2)}$) und während der gesamten Vertragslaufzeit unterstellter Überschusszuweisungen $\ddot{U}_j$ ($0 \leq j \leq n$) über den „realistischen" Verlauf informieren. Sie wird oft als zusätzliches „Abschlussargument" mit eingesetzt.

Die Aussagen zur zukünftigen Überschussbeteiligung – und somit zu den Größen $\ddot{U}_j$ – haben zum Zeitpunkt des Vertragsabschlusses bewusst beispielhaften Charakter und sind von daher unverbindlich. Oft werden allerdings die Zahlen aus der Beispielrechnung vom Versicherungsnehmer als ein „starkes Versprechen" verstanden und von daher der „realistische" Leistungsverlauf des Vertrages als „tatsächlicher" Leistungsverlauf wahrgenommen. Es wird deshalb vom Versicherungsunternehmen verlangt, gegenüber dem Versicherungsnehmer mit derartigen Beispielrechnungen „vorsichtig" umzugehen, auch um damit unlauteren Wettbewerb unter den Versicherungsunternehmen zu verhindern.

Der Versicherer wird verpflichtet, jährlich zu bestätigen, dass die für die verwendeten Beispielrechnungen unterstellten Überschusszuweisungen $\ddot{U}_j$ aus den verfügbaren Mitteln der RfB heraus auch „finanzierbar" sind. Konkret bedeutet dies: Es ist für Versicherungsverträge des Kollektivs gesamthaft nachzuweisen, dass auf Basis von für die Vertragslaufzeit als realistisch angenommenen Rechnungsgrundlagen 2. Ordnung die Finanzmittel der RfB ausreichen, um die für die Vertragslaufzeit beispielhaft unterstellten Überschusszuweisungen $\ddot{U}_j$ auch tatsächlich vornehmen zu können.

Ein versicherungstechnisches Instrument, einen derart geforderten *Nachweis der Finanzierbarkeit* der künftigen Überschussbeteiligung zu erbringen, soll hier – bezogen auf einen einzelnen Vertrag – schematisch kurz dargestellt werden.

Neben den Rechnungsgrundlagen $\mathcal{R}^{(1)} = \{p(x, n), r(x, n), C\}$, die für die Erstkalkulation verwendet werden, liegen dazu aktuelle Rechnungsgrundlagen $\mathcal{R}^{(2)} = \{p'(x, n), r'(x, n), C'\}$ vor. Diese unterscheiden sich von $\mathcal{R}^{(1)}$ hierbei dadurch, dass sie anstatt der „vorsichtigen Wahl" bereits zum Zeitpunkt $t = 0$ *für die gesamte Laufzeit* „realistische" Kalkulationsgrößen widerspiegeln sollen. Auf diese Weise kann bereits zum Abschluss des Vertrages nacheinander für jeden einzelnen Zeitpunkt $j = 0, 1, \ldots, n - 1$ mittels (4.31) eine realistische Aussage zu den versicherungstechnischen Gewinnen bzw. Verlusten $g_{x;j}$ einer jeden Periode $j + 1$ getroffen werden (siehe dazu den vorherigen Abschnitt 4.3.1). Dadurch ist also bereits für $t = 0$ ein Profil

$$g_{x:} := (g_{x:0}, g_{x:1}, \ldots, g_{x:n-1}, 0)$$

bekannt. Aufgrund der in $g_{x:}$ enthaltenen Informationen wird nun (zum Abschluss des Vertrages) unterstellt, dass für jeden Zeitpunkt j dem Vertrag ein Betrag von $\ddot{U}_j \geq 0$ als Überschussanteil zugewiesen werden könnte. Durch derartige Annahmen wird also ein *Zuweisungsprofil*

$$\ddot{U} = (\ddot{U}_0, \ddot{U}_1, \ldots, \ddot{U}_j, \ldots \ddot{U}_n) \geq 0$$

induziert. Setzen wir

$$\tilde{\Delta} := g_{x:} \circ v'_{x:} - \ddot{U},$$

dann können wir für $j \leq n$ die Größe

$$\tilde{\Delta}_j := g_{x:j} \cdot v'_{x:j} - \ddot{U}_j$$

als den Teil des (realistischerweise) vorhandenen, versicherungstechnischen Überschusses $g_{x:j}$ der Periode $j + 1$ (bezogen auf den Zeitpunkt j) interpretieren, der zum Zeitpunkt j *nicht* zugewiesen wird. Der Wert $\tilde{\Delta}_j$ ist negativ, sofern dem Versicherungsvertrag mit $\ddot{U}_j$ im Zeitpunkt j „mehr" zugewiesen wird, als für ihn versicherungstechnisch realistischerweise vorhanden wäre.

Die Bewertung des Profils $\tilde{\Delta}$ (mit Rechnungsgrundlagen $\mathcal{R}^{(2)}$) bezogen auf den Zeitpunkt $t = 0$, also mit der Bewertungsfunktion

$$_0W'_x(\tilde{\Delta}) = {_0W'_x}(g_{x:} \circ v'_{x:}) - {_0W'_x}(\ddot{U})$$

wird als *Ertragswert* der Vertrages bezeichnet. Falls $_0W'_x(\tilde{\Delta}) \geq 0$, so nennt man das Zuweisungsprofil $\ddot{U}$ *individuell finanzierbar*. Ist $_0W'_x(\tilde{\Delta}) > 0$ würden also während der Laufzeit nicht die in den einzelnen Zeitpunkten (realistischerweise) möglichen versicherungstechnischen Gewinne wertmäßig durch die Überschusszuweisungen zurückgegeben. Ein Überschussprofil $\ddot{U}$ heißt *stark individuell finanzierbar*, falls

$$_tW'_x(\tilde{\Delta} \circ \mathbb{1}_t) \geq 0$$

für alle $t \geq 1$ gilt. Ist $_tW'_x(\tilde{\Delta} \circ \mathbb{1}_t) > 0$, so ist also zum Zeitpunkt t der Wert aller *zukünftigen* Zuweisungen geringer als der Wert aller *zukünftigen* versicherungstechnischen Gewinne. Die Größe $_tW'_x(\tilde{\Delta} \circ \mathbb{1}_t)$ heißt manchmal auch der *Restertragswert* im Zeitpunkt t.

Sollte das Versicherungsunternehmen während der Laufzeit also feststellen, dass die seinerzeit beispielhaft unterstellten Zuweisungsprofile $\ddot{U}$ für die einzelnen Versicherungsverträge nicht individuell/nicht stark individuell finanzierbar sind, so hat es zu überlegen, wann und in welcher Höhe die Deklarationen für die Überschussbeteiligung zu modifizieren sind, um die individuelle Finanzierbarkeit wieder herzustellen. Auch ist gegebenenfalls zu untersuchen, ob die verwendeten Rechnungsgrundlagen $\mathcal{R}^{(2)}$ tatsächlich die „realistischen" Rechnungsgrundlagen 2. Ordnung widerspiegeln.

Bemerkung 4.14 (Rückgewährquote). *Neben dem Ertragswert* $_0W'_x(\tilde{\Delta})$, *der durch die Differenz der beiden Bewertungen* $_0W'_x(g_{x:})$ *und* $_0W'_x(\ddot{U})$ *beschrieben wird, hat auch der* Quotient *dieser beiden Größen, also*

$$r := \frac{_0W'_x(\ddot{U})}{_0W'_x(g_{x:})}$$

eine Bedeutung. Er kann (für diesen Vertrag) als eine „Rückerstattungs-Quote" oder Rückgewährquote *aufgefasst werden. Sie ist ein Indikator dafür, wie „angemessen" die einzelnen jährlichen Zuweisungen aus dem Profil* $\ddot{U}$ *in Bezug auf die versicherungstechnischen Gewinne bzw. Verluste* $g_{x:}$ *erfolgt sind.*

5 Klassische Kommutationswerte und Barwertfaktoren

Im letzten Abschnitt von Teil I wollen wir kurz auf die sogenannten *Kommutationswerte* und *Barwertfaktoren* eingehen. Kommutationswerte spielten besonders früher (bei vielen Versicherungsunternehmen allerdings auch heute noch) eine große Rolle, sowohl bei der Erstkalkulation als auch bei der quantitativen Neubewertung bzw. Analyse eines Versicherungsvertrages. Sie wurden bereits Ende des 18. Jahrhunderts von Tetens[1] (siehe [Tet67; Koc98]) eingeführt und zum ersten Mal verwendet. Entsprechend den Grundsätzen der internationalen versicherungsmathematischen Notation werden derartige Größen offiziell seit 1872 in einer speziellen *Halo-Notation* dargestellt (siehe etwa [Bow+97; Boe+75; Jew80; Act49]).

Die Benutzung von Kommutationswerten bzw. Barwertfaktoren in der Lebensversicherungstechnik war früher in einem besonderen Maße notwendig, ja sogar unverzichtbar, da man die Prämien bzw. Leistungen der Lebensversicherungsverträge ohne Zuhilfenahme von Computern ermitteln musste. Seinerzeit wurden für Versicherungsverträge oft „einfache" Beitrags- bzw. Leistungsstrukturen zugrunde gelegt (z. B. konstante Beitragszahlung während der Vertragslaufzeit oder konstante Verbleibensbzw. Todesfallleistungen). Derartige „Standard-Strukturen" in Versicherungsverträgen erlauben es dann – zusammen mit einer unterstellten „flachen Zinsstruktur" – bei den notwendigen versicherungstechnischen Kalkulationen numerisch auf „Grund-Objekte" zurückzugreifen, die einmal berechnet werden müssen und dann in Tabellenform zur Verfügung stehen.

Mit einem solchen Instrumentarium konnten daher „aufwendige" (weil damals manuell durchzuführende) Berechnungen vermieden werden. Durch relativ einfache mathematische Operationen (meist Additionen und Divisionen) mit derartig „vertafelten" Werten wurden alle wesentlichen versicherungstechnischen Größen eines „Standard"Lebensversicherungsvertrages ebenso einfach bestimmbar. Eine solche Vertafelung der Kommutationswerte lässt sich vielleicht mit den früher in Tabellenform vorliegenden *Logarithmentafeln* oder *Tafeln trigonometrischer Formeln* vergleichen, welche als Recheninstrumente heute praktisch bedeutungslos geworden sind.

Aus methodisch-instrumenteller Sicht gibt es allerdings keine stichhaltigen Begründungen, auch heute noch Kommutationswerte zu verwenden und für die Bestimmung versicherungstechnischer Größen heranzuziehen. Ihre typische Verwendbarkeit für mehr oder weniger „standardisierte" Lebensversicherungsverträge lässt sie für die Kalkulation einer größeren Palette moderner, „flexibler" Lebensversicherungsverträge sogar als eher untauglich erscheinen.

---

[1] Mathematiker und Philosoph J. N. Tetens, (*1736, †1807).

https://doi.org/10.1515/9783110740905-007

Möglicherweise sind es daher pragmatische, „rechentechnische" Beweggründe, die deren Verwendung (immer noch) propagieren. Die in der Praxis verwendete versicherungstechnische Software zur Kalkulation, Verwaltung und aktuariellen Analyse der Versicherungsverträge beruht regelmäßig auf Programmcodes, die fast ausschließlich das Instrumentarium der Kommutationswerte benutzen. Wegen der typischerweise langen Laufzeit der Versicherungsverträge (auch der schon bereits bestehenden) ergibt sich zwangsläufig die Notwendigkeit, diese Softwaresysteme auch langfristig „stabil zu halten". In der Praxis scheint es von daher also hinsichtlich der „Pflege" und der Anpassung dieser – teilweise aus den 1980er-Jahren des letzten Jahrhunderts stammenden – Programmcodes weiter erforderlich zu sein, „in Kommutationswerten zu denken".

Da – unterstellt aus derartigen Gründen – auch in der neueren (deutschen) versicherungstechnischen Literatur also Kommutationswerte bzw. Barwertfaktoren prinzipiell immer noch als *das* methodische Instrumentarium präsentiert werden, seien – lediglich der Vollständigkeit halber – auch in diesem Buch die „häufigsten" Größen und deren spezielle Nomenklatur rekapituliert.

Grundlegende Annahmen für die Verwendung von Kommutationswerten bzw. Barwertfaktoren bestehen in dem Vorliegen einer *Ausscheideordnung* (z. B. einer Sterbetafel) und der Kenntnis der darin für jedes (ganzzahlige) Alter x bis zum kalkulatorischen *Höchstalter* ω enthaltenen Information über die Anzahl ℓ_x der lebenden Personen des vollendeten Alters x und die (sich daraus ergebende) Anzahl d_x der mit vollendetem Alter von x Jahren ausgeschiedenen Personen. Vereinbarungsgemäß wird hier $\ell_{\omega+1} := 0$ gesetzt. Weiterhin wird von einem (für alle Alter x und alle Laufzeiten n gültigen) konstanten, jährlichen Zinssatz $i > 0$ (und entsprechendem konstanten Diskontierungsfaktor $v = (1 + i)^{-1}$) ausgegangen.

Auf Basis dieser Informationen werden für $x = 0, 1, \ldots, \omega$ dann typischerweise die folgenden Kommutationswerte vertafelt:

- *die diskontierte Zahl der Lebenden* des Alters x:

$$D_x := \ell_x \cdot v^x,$$

- *die Summe der diskontierten Zahl der Lebenden* ab dem Alter x:

$$N_x := \sum_{j=0}^{\omega-x} D_{x+j},$$

- *die doppelt aufsummierte Zahl der Lebenden* ab dem Alter x:

$$S_x := \sum_{j=0}^{\omega-x} N_{x+j} = \sum_{j=0}^{\omega-x} (j + 1) \cdot D_{x+j},$$

- *die diskontierte Zahl der Toten* im Sterbealter x:

$$C_x := d_x \cdot v^{x+1},$$

- *die Summe der diskontierten Zahl der Toten* ab dem Alter x:

$$M_x := \sum_{j=0}^{\omega-x} C_{x+j},$$

- *die doppelt aufsummierte Zahl der Toten* ab dem Alter x:

$$R_x := \sum_{j=0}^{\omega-x} M_{x+j} = \sum_{j=0}^{\omega-x} (j+1) \cdot C_{x+j}.$$

Durch Verwendung dieser Kommutationswerte lassen sich dann die nachfolgend aufgelisteten, klassischen *Barwertfaktoren* auf einfache Weise ermitteln. Mit der Auflistung soll nebenbei deutlich gemacht werden, dass es sich bei diesen Barwertfaktoren um Bewertungen von speziellen Zahlungsprofilen u (bzw. Fälligkeitsprofilen h) handelt, die mit einer ebenfalls speziellen Bewertungsfunktion $_0W_x(\cdot)$ durchgeführt werden.

Die Größen ℓ_x der zugrunde liegenden Ausscheideordnung (Sterbetafel) und die Unterstellung eines über die Zeit konstanten Zinssatzes i liefern mit den Festlegungen

$$p_{x:j} := \frac{\ell_{x+j+1}}{\ell_{x+j}} \quad \text{für } x = 0, 1, \dots, \omega \text{ und } j \le \omega - x$$

für alle Paare (x, n) mit $0 \le x$ und $n \le \omega - x$ über (1.7) und (1.10) kanonisch induzierte Verbleibens- bzw. Kapitalanlageprofile $p(x, n)$ bzw. $r(x, n)$, nämlich

$$r(x, n) := (_0r_x, {}_1r_x, \dots, {}_jr_x, \dots, {}_nr_x), \quad \text{mit } {}_jr_x := (1 + i)^j$$

bzw.

$$p(x, n) := (_0p_x, {}_1p_x, \dots, {}_jp_x, \dots, {}_np_x), \quad \text{mit } {}_{j+1}p_x := {}_jp_x \cdot p_{x:j} \text{ und } {}_0p_x := 1.$$

Offenbar gilt hier also stets $p_{x:j} = p_{x+j}$, $q_{x:j} = q_{x+j}$ und $v_{x:j} = v^j$ für alle Paare (x, j) mit $j \le n$.

Diese Größen implizieren gemäß (2.3) für jeden (festen) Zeitpunkt $t \in \{0, 1, \dots, \omega\}$ eine Bewertungsfunktion $_tW_x(\cdot)$ mit

$$_tW_x(T) = (_tv_x \cdot {}_tp_x)^{-1} \cdot \sum_{j=0}^{n} (v(x, n) \circ p(x, n) \circ T)_j, \quad T \in \mathbb{R}^{n+1}.$$

Mit der speziellen Wahl $n = \omega - x$ lassen sich dann (exemplarisch) die folgenden Barwertfaktoren auflisten:

(i) *Vorschüssiger, sofort beginnender, lebenslanger Leibrentenbarwert (-faktor)* einer Person des Alters x:

$$\ddot{a}_x := \sum_{j=0}^{\omega-x} {}_jp_x \cdot v^j = \frac{N_x}{D_x} = 1 + \frac{N_{x+1}}{D_x}.$$

Wählt man als Zahlungsprofil $u := \mathbb{1} \in \mathbb{R}^{\omega-x+1}$, dann ist

$$\ddot{a}_x = {}_0W_x(u) = {}_0W_x(\mathbb{1}) = {}_0W_x(\mathbb{1} - \mathbb{1}_1) + {}_0W_x(\mathbb{1}_1) = 1 + {}_0W_x(\mathbb{1}_1).$$

(ii) *Barwert (-faktor) einer vorschüssigen, um m Jahre aufgeschobenen, lebenslangen Leibrente* für eine Person des Alters x:

$$_{m|}\ddot{a}_x := \sum_{j=m}^{\omega-x} {}_j p_x \cdot v^j = \sum_{j=m}^{\omega-x} \frac{D_{x+j}}{D_x} = \frac{N_{x+m}}{D_x}.$$

Wählt man als Zahlungsprofil $u := \mathbb{1}_m \in \mathbb{R}^{\omega-x+1}$, dann ist

$$_{m|}\ddot{a}_x = {}_0W_x(u) = {}_0W_x(\mathbb{1}_m).$$

(iii) *Temporärer, vorschüssiger Leibrentenbarwert (-faktor)* einer Person des Alters x:

$$\ddot{a}_{x,\overline{n_1}|} := \sum_{j=0}^{n_1-1} {}_j p_x \cdot v^j$$

$$= \frac{1}{D_x} \cdot \sum_{j=0}^{\omega-x} D_{x+j} - \frac{1}{D_x} \cdot \sum_{j=n_1}^{\omega-x} D_{x+j} = \frac{N_x - N_{x+n_1}}{D_x}$$

$$= \ddot{a}_x - {}_{n_1|}\ddot{a}_x.$$

Wählt man als Zahlungsprofil $u := \mathbb{1} - \mathbb{1}_{n_1} \in \mathbb{R}^{\omega-x+1}$, dann ist

$$\ddot{a}_{x,\overline{n_1}|} = {}_0W_x(u) = {}_0W_x(\mathbb{1} - \mathbb{1}_{n_1}) = {}_0W_x(\mathbb{1}) - {}_0W_x(\mathbb{1}_{n_1}).$$

(iv) *Barwert (-faktor)* einer vorschüssigen, um m Jahre aufgeschobenen, temporären Leibrente für eine Person des Alters x:

$$_{m|}\ddot{a}_{x,\overline{n_1}|} := \sum_{j=m}^{m+n_1-1} {}_j p_x \cdot v^j$$

$$= \frac{1}{D_x} \cdot \sum_{j=m}^{m+n_1-1} D_{x+j} = \frac{N_{x+m} - N_{x+m+n_1}}{D_x}$$

$$= {}_{m|}\ddot{a}_x - {}_{n_1+m|}\ddot{a}_x.$$

Wählt man als Zahlungsprofil $u := \mathbb{1}_m \circ (\mathbb{1} - \mathbb{1}_{m+n_1}) \in \mathbb{R}^{\omega-x+1}$, dann ist

$$_{m|}\ddot{a}_{x,\overline{n}|} = {}_0W_x(u) = {}_0W_x(\mathbb{1}_m \circ (\mathbb{1} - \mathbb{1}_{m+n_1}))$$

$$= {}_0W_x(\mathbb{1}_m) - {}_0W_x(\mathbb{1}_m \circ \mathbb{1}_{n_1})$$

$$= {}_0W_x(\mathbb{1}_m) - {}_0W_x(\mathbb{1}_{m+n_1}).$$

(v) *Sofort beginnender, nachschüssiger, lebenslänglicher Leibrentenbarwert (-faktor)* einer Person des Alters x:

$$a_x := \sum_{j=1}^{\omega-x} {}_j p_x \cdot v^j = \frac{N_{x+1}}{D_x} = {}_{1|}\ddot{a}_x.$$

Wählt man als Zahlungsprofil $u := \mathbb{1}_1 \in \mathbb{R}^{\omega-x+1}$, dann ist

$$a_x = {}_0W_x(u) = {}_0W_x(\mathbb{1}_1).$$

(vi) *Barwert (-faktor) einer sofort beginnenden, arithmetisch steigenden, vorschüssigen, lebenslangen Leibrente*, die beginnend mit der Höhe 1 (im Alter x) jährlich um den Betrag 1 ansteigt:

$$I\,\ddot{a}_x := \sum_{j=0}^{\omega-x}\sum_{k=j}^{\omega-x} {}_kp_x \cdot v^k = \frac{S_x}{D_x}.$$

Wählt man als Zahlungsprofil $u := \sum_{j=0}^{\omega-x} \mathbb{1}_j \in \mathbb{R}^{\omega-x+1}$, dann ist

$$I\,\ddot{a}_x = {}_0W_x(u) = {}_0W_x(\sum_{j=0}^{\omega-x} \mathbb{1}_j) = \sum_{j=0}^{\omega-x} {}_0W_x(\mathbb{1}_j).$$

Für die nachfolgenden Barwertfaktoren setzen wir $T := q_{x:} \circ v_{x:} \circ \mathbb{1} + v \cdot \mathbb{1}_{\omega-x} \in \mathbb{R}^{\omega-x+1}$. Dann ergibt sich:

(vii) *Barwert (-faktor) einer lebenslangen Todesfallleistung* für eine Person des Alters x

$$A_x := \sum_{j=0}^{\omega-x} {}_jp_x \cdot q_{x+j} \cdot v^{j+1} = \frac{M_x}{D_x}.$$

Wählt man als Fälligkeitsprofil $h := T$, dann gilt

$$A_x = {}_0W'_x(T) = {}_0W_x(T) = {}_0W_x(q_{x:} \circ v_{x:} \circ \mathbb{1}) + v \cdot {}_0W_x(\mathbb{1}_{\omega-x}).$$

(viii) *Barwert (-faktor) einer um m Jahre aufgeschobenen, lebenslangen Todesfallleistung* für eine Person des Alters x:

$$_{m|}A_x := \sum_{j=m}^{\omega-x} {}_jp_x \cdot q_{x+j} \cdot v^{j+1} = \frac{M_{x+m}}{D_x}.$$

Wählt man als Fälligkeitsprofil $h := T \circ \mathbb{1}_m \in \mathbb{R}^{\omega-x+1}$, dann ergibt sich

$$_{m|}A_x = {}_0W_x(h) = {}_0W_x(T \circ \mathbb{1}_m).$$

(ix) *Barwert (-faktor) einer n_1 Jahre lang versicherten (temporären) Todesfallleistung* für eine Person des Alters x:

$$_{n_1}A_x := \sum_{j=0}^{n_1-1} {}_jp_x \cdot q_{x+j} \cdot v^{j+1} = \frac{M_x - M_{x+n_1}}{D_x} = A_x - {}_{n_1|}A_x.$$

Wählt man als Auszahlungsprofil $h := T \circ (\mathbb{1} - \mathbb{1}_{n_1}) \in \mathbb{R}^{\omega-x+1}$, dann gilt

$$\begin{aligned}
_{n_1}A_x &= {}_0W_x(h) \\
&= {}_0W_x(T \circ (\mathbb{1} - \mathbb{1}_{n_1})) \\
&= {}_0W_x(T) - {}_0W_x(T \circ \mathbb{1}_{n_1}).
\end{aligned}$$

(x) *Barwert (-faktor) einer nach m Jahren beginnenden, dann n_1 Jahre lang versicherten (temporären) Todesfallleistung* für eine Person des Alters x:

$$_{m|n_1}A_x := \sum_{j=m}^{m+n_1-1} {}_jp_x \cdot q_{x+j} \cdot v^{j+1} = \frac{M_{x+m} - M_{x+m+n_1}}{D_x}.$$

Wählt man als Auszahlungsprofil $h := T \circ \mathbb{1}_m \circ (\mathbb{1} - \mathbb{1}_{m+n_1}) \in \mathbb{R}^{\omega-x+1}$, dann gilt

$$_{m|n_1}A_x = {}_0W_x(T \circ \mathbb{1}_m \circ (\mathbb{1} - \mathbb{1}_{m+n_1}))$$
$$= {}_0W_x(T \circ \mathbb{1}_m) - {}_0W_x(T \circ \mathbb{1}_m \circ \mathbb{1}_{m+n_1})$$
$$= {}_0W_x(T \circ \mathbb{1}_m) - {}_0W_x(T \circ \mathbb{1}_{m+n_1}).$$

(xi) *Barwert (-faktor) einer arithmetisch steigenden, lebenslang versicherten Todesfallleistung* für eine Person des Alters x:

$$(IA)_x := \sum_{j=0}^{\omega-x} \sum_{k=j}^{\omega-x} {}_kp_x \cdot q_{x+k} \cdot v^{k+1} = \frac{R_x}{D_x}.$$

Wählt man als Zahlungsprofil $h := \sum_{j=0}^n T \circ \mathbb{1}_j \in \mathbb{R}^{\omega-x+1}$, dann gilt

$$(IA)_x = \sum_{j=0}^n {}_0W_x(T \circ \mathbb{1}_j).$$

Diese kurze Übersicht gängiger Barwertfaktoren illustriert, dass sich traditionell verwendete Kommutationswerte bzw. Barwertfaktoren als Bewertung „einfach strukturierter" Zahlungs- bzw. Fälligkeitsprofile ergeben. Die Bewertung selbst nutzt dabei eine „einfach strukturierte" (flache) Zinskurve und setzt Stationarität der Verbleibenswahrscheinlichkeiten voraus.

Die bestehende Literatur listet neben derartigen Barwertfaktoren auch noch eine Reihe von formalen Zusammenhängen zwischen manchen dieser Größen auf (siehe etwa [Ort16; Alb07; HHD05; Mil05; Dis01; MH99; Wol97; IM13; Sax58; Ber23]). Bei Verwendung der (allgemeineren) Bewertungsfunktion ${}_0W_x(\cdot)$ anstelle der Kommutationswerte-Nomenklatur erweisen sich die dort dargestellten Zusammenhänge und „Zusammensetzungen" meist als wenig erstaunlich. Sie ergeben sich typischerweise oft bereits „nur" aufgrund der Linearität von ${}_0W_x(\cdot)$ und der Kommutativität bzw. Assoziativität des HADAMARD-Produktes (also der ∘-Operation). Die traditionell formulierten Zusammenhänge zwischen einzelnen Barwertfaktoren sind daher in vielen Fällen allgemeiner gültig, als es die „Kommutationswert- bzw. Barwert-Kalkulationstechnik" suggeriert.

Wir haben das „traditionelle Instrumentarium" von Kommutationswerten und Barwertfaktoren im ersten Teil des Buches bewusst nicht verwendet, auch um klar zu machen, dass die Versicherungstechnik gänzlich ohne dieses Konzept auskommen kann.

In zweiten Teil des Buches werden wir dennoch, allerdings dann in noch allgemeinerer Form kurz auf Kommutationswerte und Barwertfaktoren zurückkommen.

Dies, um aufzuzeigen, dass sich derartige „Kalkulations-Objekte" einerseits unter viel allgemeineren Voraussetzungen an die Verbleibens- bzw. Anlageprofile angeben lassen, und sie andererseits kanonisch bei der Berechnung sogenannter ϕ-Bewertungen als spezielle Skalarprodukte „abfallen".

Teil II: **Ein strukturelles Fundament der Kalkulation**

Einführung

Indem wir im ersten Teil des Buches den Fokus weniger auf den üblichen wahrscheinlichkeitstheoretischen Schwerpunkt der Versicherungstechnik gelegt haben, konnten – etwa im Zusammenhang mit der Existenz des Deckungskapitals – bereits gewisse algebraische Strukturen sichtbar gemacht werden. Im zweiten Teil des Buches wollen wir die den versicherungstechnischen Kalkulationen zugrunde liegenden algebraischen Zusammenhänge weiter offen legen und damit den zu Beginn bereits angesprochenen „allgemeineren Zugang" stärker in den Blick rücken.

Wesentlich für die folgenden Kapitel wird zunächst sein, dass wir uns in Vektorräumen „aufhalten" werden. Um dabei eine stete Assoziation zu den Profilen im ersten Teil des Buches herzustellen, wird dies der Vektorraum $\mathbb{R}^{n+1}$ der reellen Zahlen sein. Zusammen mit der bereits bekannten ∘-Operation wird der $\mathbb{R}^{n+1}$ zu einer Algebra. Eine spezielle Teilmenge dieses Vektorraums, sogenannte H-invertierbare Vektoren, spielt hierin ein zentrale Rolle. Derartige Vektoren lassen sich in einem gewissen Sinne als Verallgemeinerungen von solchen Profilen auffassen, welche auch im Zusammenhang mit den Rechnungsgrundlagen bei der Kalkulation von Lebensversicherungen vorkommen. Indem die Eigenschaften dieser Vektoren herangezogen werden, lassen sich formal Veränderungs- und Wachstumsraten identifizieren, die in ihren speziellen Ausprägungen etwa als jährliche Zinssätze oder einjährige Ausscheidewahrscheinlichkeiten im ersten Teil Verwendung gefunden haben. Sie führen auf die algebraische Generalisierung des (wahrscheinlichkeitstheoretischen) Zusammenhangs

$$p_{x:} + q_{x:} = \mathbb{1}.$$

Die Charakterisierung der Eigenschaft der sogenannten „Zerlegbarkeit" H-invertierbarer Vektoren liefert algebraisch ein Analogon zur Unterscheidung mehrerer Ausscheideursachen aus einem Kollektiv.

Indem $\mathbb{R}^{n+1}$ zusätzlich mit einem Skalarprodukt versehen wird, lassen sich anschließend auf einfache Weise Bewertungen (bezüglich H-invertierbarer Vektoren) durchführen. Auch können dadurch Elemente beschrieben werden, welche „senkrecht" auf einem H-invertierbaren Vektor stehen. Die Art und Weise, wie derartige orthogonale Elemente charakterisiert werden können, wird zu einer weiteren zentralen inhaltlichen Aussage des zweiten Teils. Eine Idee für eine solche Charakterisierung ist übrigens bereits schon bei SCHÄRF [Sch41] zu finden.

Grundlage für eine derartige Charakterisierung ist die so bezeichnete „Transformierte" eines H-invertierbaren Vektors. Mit dieser speziellen linearen Abbildung (und ihrer zyklischen Eigenschaft) lässt sich eine Verallgemeinerung des THIELE'schen Gleichungssystems formulieren und entsprechend nutzen. Da sich – aus technischer Sicht – u. a. auch Lebensversicherungen als Orthogonalraum-Elemente bezüglich spezieller H-invertierbarer Vektoren erweisen, können sie einer entsprechenden Charakterisierung durch eine zugehörige Transformierte unterzogen werden. Bei einer solchen

https://doi.org/10.1515/9783110740905-008

Charakterisierung stellt sich heraus, dass das Deckungskapital V_x eines Lebensversicherungsvertrages als ein spezielles Element eines bestimmten affinen Teilraums des $\mathbb{R}^{n+1}$ aufgefasst werden kann. In Assoziation zu Versicherungsverträgen bezeichnen wir diesen affinen Teilraum als Menge von Reserven. Die algebraischen Zusammenhänge zwischen den Transformierten-Abbildungen, den Zerlegungen von H-invertierbaren Vektoren und den Reserven führen dann auf einfache Weise zum sogenannten Invarianzsatz von SCHÄRF.

Durch die zusätzliche Betrachtung einer Äquivalenzrelation auf $\mathbb{R}^{n+1} \times \mathbb{R}^{n+1}$ erfolgt eine algebraische Verallgemeinerung des Äquivalenzprinzips. Versicherungsverträge können nun technisch als einzelne Äquivalenzklassen aufgefasst werden. Der Zusammenhang zwischen den Zerlegungen H-invertierbarer Vektoren und Zerlegungen von Elementen einer Äquivalenzklasse führt zu algebraischen Verallgemeinerungen von Sachverhalten, die im Spezialfall als Beitragszerlegung (siehe Abschnitt 2.2) aufgeführt wurde. Der hier vorgestellte allgemeinere Zugang macht dabei sichtbar, dass auch die traditionelle Beitragszerlegung durchaus noch variantenreicher ausgestaltet werden kann. Auch eine algebraische Formulierung des Satzes von CANTELLI ergibt sich hierdurch leicht.

Wie irgendein vorgegebener Vektor im $\mathbb{R}^{n+1}$ modifiziert werden muss, um dann zu einer bestimmten Äquivalenzklasse zu gehören, soll ebenfalls kurz beschrieben werden. Damit werden die zahlreichen in Kapitel 4 des ersten Teils dargestellten Kalkulationen, die im Zusammenhang mit der Neubewertung bzw. bei den technischen Änderungen von Lebensversicherungsverträgen auftauchen, strukturell zusammengefasst. Die dort präsentierten verschiedenen technischen Verfahrensweisen lassen sich dabei – aus der verallgemeinerten Sicht – offenbar auf wenige grundsätzliche Operationen reduzieren.

Durch die Benutzung von Interpolationsmethoden können aus H-invertierbaren Vektoren des $\mathbb{R}^{n+1}$ solche Vektoren in höherdimensionalen Vektorräumen gewonnen werden. Aus einem versicherungstechnischen Blickwinkel lassen sich solche „verlängerte" Vektoren u. a. als Rechnungsgrundlagen auffassen, die bei *unterjährigen* Kalkulationstechniken Verwendung finden. Aus der traditionellen Versicherungstechnik bekannte Zusammenhänge zwischen jährlichen und unterjährigen Bewertungen von Versicherungsleistungen bzw. -prämien ergeben sich dann aufgrund allgemeingültiger algebraischer Sachverhalte.

Trotz der Kritik, die wir bereits im ersten Teil an der Verwendung der Kommutationswerte bzw. Barwertfaktoren geäußert haben, schließt der zweite Teil des Buches mit einem erneuten Blick auf diese traditionellen Kalkulationsobjekte. Bei diesem Blick zeigt sich, dass die Verwendung des Skalarprodukts zur Darstellung versicherungstechnischer Größen und Zusammenhänge nicht nur inhaltlich eine Verallgemeinerung dieser Objekte liefert. Die Eigenschaften des Skalarprodukts führen auf die Möglichkeit, zahlreiche aktuarielle Größen in einer einheitlichen „bi-linearen Systematik" sowohl zu beschreiben als auch rechentechnisch einzusetzen.

Für das Verständnis des Folgenden setzen wir voraus, dass der Leser über einige grundlegende Kenntnisse auf dem Gebiet der „Linearen Algebra" verfügt. Dies dürfte keine große Einschränkung sein, da dieses Teilgebiet bereits seit Jahrzehnten zum standardisierten Kanon einer mathematischen Ausbildung gehört. Sofern die hier benötigten Sachverhalte nicht im Verlaufe der Kapitel kurz repetiert werden, lassen sie sich gegebenenfalls (auch für einen Nicht-Mathematiker) zügig selbst aneignen (zu empfehlen seien hierzu etwa [Fis20; Str16] oder [AEP11]).

6 Algebraische Grundlagen

In den folgenden Abschnitten dieses Kapitels stellen wir das nötige Instrumentarium zusammen, mit dem wir die im ersten Teil des Buches formulierten versicherungstechnischen Sachverhalte aus einem allgemeineren Blickwinkel betrachten können. Zunächst werden wir dabei auf zentrale Objekte dieses „Werkzeugkastens", die sogenannten H-invertierbaren Vektoren, eingehen. Deren (einfache) formale Eigenschaften und die algebraischen Operationen, die mit ihnen durchgeführt werden, legen für den versicherungstechnischen Spezialfall erste Zusammenhänge offen.

6.1 H-invertierbare Vektoren

Um eine Assoziation zu Teil I beizubehalten, wollen wir uns auch weiterhin in der Dimension $n + 1$ „aufhalten". Der reelle Vektorraum $\mathbb{R}^{n+1}$ wird zusammen mit der HADAMARD-Multiplikation „∘" zu einer *Algebra*, da offenbar für alle T, T' und $T'' \in \mathbb{R}^{n+1}$ und alle $a \in \mathbb{R}$ gilt:

$$(T + T') \circ T'' = T \circ T'' + T' \circ T'' = T'' \circ (T + T')$$

bzw.

$$(a \cdot T) \circ T' = a \cdot (T \circ T') = T \circ (a \cdot T').$$

Wir nennen einen Vektor $T \in \mathbb{R}^{n+1}$ *nicht-negativ* (bzw. *positiv*), falls $T_j \geq 0$ (bzw. $T_j > 0$) für alle $j = 0, 1, \ldots, n$. In diesen Fällen schreibt man oft auch $T \geq 0$ oder $T \in \mathbb{R}_+^{n+1}$ (bzw. $T > 0$ oder $T \in \mathbb{R}_{++}^{n+1}$).

Gilt für einen Vektor

$$\phi := (\phi_0, \phi_1, \ldots, \phi_n) \in \mathbb{R}^{n+1},$$

dass

$$\phi_j \neq 0, \quad j = 0, 1, \ldots, n,$$

d. h. ϕ enthält keine „Null-Einträge", so ist durch ϕ auf eindeutige Weise der Vektor

$$\phi^{-1} := \left(\frac{1}{\phi_0}, \frac{1}{\phi_1}, \ldots, \frac{1}{\phi_n} \right) \in \mathbb{R}^{n+1}$$

bestimmt. Dieser Vektor hat offenbar die Eigenschaft, dass

$$\phi \circ \phi^{-1} = \mathbb{1} \in \mathbb{R}^{n+1}.$$

Daher bezeichnen wir ϕ^{-1} als die *HADAMARD-Inverse von* ϕ (kurz H-Inverse) und nennen den Vektor ϕ dementsprechend *H-invertierbar*.

https://doi.org/10.1515/9783110740905-009

Mit $\mathbb{R}_H^{n+1} \subset \mathbb{R}^{n+1}$ notieren wir die Menge der H-invertierbaren Vektoren des $\mathbb{R}^{n+1}$. $(\mathbb{R}_H^{n+1}, \circ)$ stellt eine ABEL'sche Gruppe mit neutralem Element $\mathbb{1} \in \mathbb{R}^{n+1}$ dar. Offenbar ist $\mathbb{R}_{++}^{n+1} \subset \mathbb{R}_H^{n+1}$ und unmittelbar klar ist auch, dass für $\phi \in \mathbb{R}_H^{n+1}$, $\alpha \in \mathbb{R}$, $\alpha \neq 0$, der Vektor $\alpha \cdot \phi \in \mathbb{R}_H^{n+1}$ ebenfalls H-invertierbar ist.

H-invertierbare Vektoren tauchen an zahlreichen Stellen bei der technischen Kalkulation und Analyse von Lebensversicherungsverträgen auf. Das folgende Beispiel veranschaulicht dies.

Beispiel 6.1: H-invertierbare Vektoren in der Lebensversicherungstechnik

- Verbleibensprofile

$$p(x, n) = ({}_0p_x, {}_1p_x, \ldots, {}_jp_x, \ldots, {}_np_x) > \mathbb{0},$$

- Profile der Anzahl ${}_j\ell_x$ lebender Personen des Alters $x + j$ (Sterbetafel)[a]

$$\ell(x, n) = ({}_0\ell_x, {}_1\ell_x, \ldots, {}_j\ell_x, \ldots, {}_n\ell_x) > \mathbb{0}, \quad \text{für } x + n \leq \omega,$$

- Kapitalanlageprofile

$$r(x, n) := ({}_0r_x, {}_1r_x, \ldots, {}_nr_x) > \mathbb{0},$$

- Diskontierungsprofile (siehe S. 24)

$$v(x, n) := ({}_0v_x, {}_1v_x, \ldots, {}_nv_x) > \mathbb{0}$$

bzw. speziell bei zeitlich konstantem, alters- und laufzeitunabhängigem Diskontierungsfaktor $v := \frac{1}{1+i} > 0$ dementsprechend

$$\bar{v}(x, n) := (1, v, v^2, \ldots, v^n) > \mathbb{0},$$

- Profile der diskontierten Zahl der Lebenden ab dem Alter x

$$D(x, n) := ({}_0D_x, {}_1D_x, \ldots, {}_nD_x) = v^x \cdot \ell(x, n) \circ \bar{v}(x, n) > \mathbb{0}, \quad \text{für } x + n \leq \omega$$

sind H-invertierbare Vektoren.

---

a In einer klassischen Sterbetafel wird üblicherweise die Notation $\ell(x, n) = (\ell_x, \ell_{x+1}, \ldots, \ell_{x+n})$ verwendet.

Neben den Einträgen ϕ_j eines Vektors $\phi \in \mathbb{R}_H^{n+1}$ werden insbesondere auch die Veränderungen dieser Werte von Bedeutung sein. Für „benachbarte" Werte ϕ_j und ϕ_{j+1}, $j = 0, 1, \ldots, n - 1$ liefern einerseits die Quotienten

$$\frac{\phi_{j+1}}{\phi_j}, \quad j = 0, 1, \ldots, n - 1$$

und andererseits die Differenzen bzw. die relativen Differenzen

$$\phi_{j+1} - \phi_j \qquad \text{bzw.} \qquad \frac{\phi_{j+1} - \phi_j}{\phi_j}, \quad j = 0, 1, \ldots, n-1$$

auf natürliche Weise Größen, mit denen derartige Veränderungen gemessen werden können. Einen Quotienten

$$\frac{\phi_{j+1}}{\phi_j}, \quad j = 0, 1, \ldots, n-1$$

bezeichnen wir als die *j-te Veränderungsrate in* ϕ. Den Vektor

$$\phi_\Delta := \left(\frac{\phi_1}{\phi_0}, \frac{\phi_2}{\phi_1}, \ldots, \frac{\phi_n}{\phi_{n-1}}, 0 \right) \in \mathbb{R}^{n+1}$$

nennen wir den *Vektor der Veränderungsraten von* ϕ. Die Größe

$$s_j := \frac{\phi_{j+1} - \phi_j}{\phi_j} = \frac{\phi_{j+1}}{\phi_j} - 1, \quad j = 0, 1, \ldots, n-1$$

beschreibt in unserer Terminologie dann die *j-te Wachstumsrate in* ϕ. Mit

$$s := (s_0, s_1, \ldots, s_{n-1}, -1) \in \mathbb{R}^{n+1}$$

bezeichnen wir den *Vektor der Wachstumsraten von* ϕ.

Die H-Invertierbarkeit von ϕ stellt sicher, dass die Veränderungs- bzw. Wachstumsraten wohldefiniert sind. Sind für $j = 0, 1, \ldots, n-1$ irgendwelche Zahlen $s_j \neq -1$ sowie eine Zahl $\phi_0 \neq 0$ vorgegeben, so ist der Vektor $\phi = (\phi_0, \phi_1, \ldots, \phi_n)$ mit

$$\phi_{j+1} := \phi_j \cdot (1 + s_j), \quad j = 0, 1, \ldots, n-1$$

ein H-invertierbarer Vektor in $\mathbb{R}^{n+1}$ mit zugehörigem Vektor s der Wachstumsraten. Trivialerweise gilt zwischen den beiden Vektoren von Veränderungsraten bzw. Wachstumsraten der Zusammenhang

$$\phi_\Delta - s = \mathbb{1}. \tag{6.1}$$

Wir fassen die folgenden (einfach nachzuweisenden) Eigenschaften zusammen:

Lemma 6.2

Es seien $\phi, \phi' \in \mathbb{R}_H^{n+1}$ mit den zugehörigen Vektoren s bzw. s' der Wachstumsraten.

(i) Dann ist $\phi = (\phi_0, \phi_1, \ldots, \phi_n)$ eindeutig bestimmt durch die Festlegung von ϕ_0 und

$$\phi_{j+1} := \phi_j \cdot (1 + s_j), \quad j = 0, 1, \ldots, n-1. \tag{6.2}$$

(ii) Für $j = 0, 1, \ldots, n - 1$ gilt dann

$$(\phi'_{j+1} - \phi'_j) \cdot \phi_{j+1} = \phi'_{j+1} \cdot \phi_{j+1} - \phi'_j \cdot \phi_j \cdot (1 + s_j).$$

(iii) Es sei $\bar{s}$ der Wachstumsratenvektor von ϕ^{-1}. Dann gilt

$$\bar{s}_j = -s_j \cdot (1 + s_j)^{-1}, \quad j = 0, 1, \ldots, n - 1,$$

d. h.

$$\bar{s} = -\left(s \circ (\phi^{-1})_\Delta + \mathbb{1}_n\right). \tag{6.3}$$

(iv) Es sei $\psi := \phi \circ \phi'$ mit zugehörigem Wachstumsratenvektor $\hat{s}$. Dann gilt

$$\psi_\Delta = \phi_\Delta \circ \phi'_\Delta \quad \text{und} \quad \hat{s} = s + s' + s \circ s'. \tag{6.4}$$

(v) Ist $\{\phi^{(1)}, \phi^{(2)}, \ldots, \phi^{(m)}\} \subset \mathbb{R}_H^{n+1}$ derart, dass der Vektor

$$\phi := \sum_{k=1}^m \phi^{(k)}$$

H-invertierbar ist, dann ist

$$\phi_\Delta = \sum_{k=1}^m \phi^{-1} \circ \phi^{(k)} \circ \phi_\Delta^{(k)} \tag{6.5}$$

und für die zugehörigen Wachstumsraten $s, s^{(1)}, s^{(2)}, \ldots, s^{(m)}$ gilt

$$s = \sum_{k=1}^m \phi^{-1} \circ \phi^{(k)} \circ s^{(k)}. \tag{6.6}$$

Beweis. *Die Eigenschaften (i) bis (iv) sind unmittelbar klar und ergeben sich direkt aus den Definitionen der entsprechenden Größen.*

Zu (v): Den Zusammenhang (6.5) erhält man durch Nachrechnen. Die Identität (6.6) benutzt die einfache Tatsache, dass

$$\sum_{k=1}^m \phi^{-1} \circ \phi^{(k)} = \mathbb{1},$$

also

$$s = \phi_\Delta - \mathbb{1} = \phi_\Delta - \sum_{k=1}^m \phi^{-1} \circ \phi^{(k)} = \sum_{k=1}^m \phi^{-1} \circ \phi^{(k)} \circ \left(\phi_\Delta^{(k)} - \mathbb{1}\right).$$

∎

Die nachfolgenden Beispiele dienen dazu, die vorgestellten Eigenschaften von H-invertierbaren Vektoren im Zusammenhang mit Veränderungs- und Wachstumsraten zu illustrieren. Auch sollen Assoziationen von H-invertierbaren Vektoren und deren Veränderungs- bzw. Wachstumsraten zu bekannten elementaren finanz- bzw. versicherungstechnischen Größen hergestellt werden.

Beispiel 6.3: Folge der FIBONACCI-Zahlen

Der Vektor $\phi \in \mathbb{R}_H^{n+1}$ mit

$$\phi_0 = \phi_1 := 1 \quad \text{und} \quad \phi_j := \phi_{j-2} + \phi_{j-1}, \quad 2 \le j \le n$$

beschreibe die ersten $n + 1$ Einträge der FIBONACCI-Zahlenfolge. Falls $j \ge 1$, so gilt für die j-te Veränderungsrate

$$1 + s_j = \frac{\phi_{j+1}}{\phi_j} = \frac{\phi_{j-1} + \phi_j}{\phi_j} = 1 + \frac{\phi_{j-1}}{\phi_j}. \tag{6.7}$$

In diesem Fall entspricht also die j-te Wachstumsrate s_j von ϕ gerade der $(j - 1)$-ten Veränderungsrate $1 + \bar{s}_{j-1}$ von ϕ^{-1}. Mit (6.3) gilt daher dann zusammen mit $s_0 := 0$ die Rekursion:

$$s_j = 1 - s_{j-1} \cdot (1 + s_{j-1})^{-1} = \frac{1}{1 + s_{j-1}}, \quad j = 1, 2, \ldots, n.$$

Für $n \to \infty$ konvergiert s_n gegen $0{,}618033988\ldots$, also gegen den Kehrwert des *Goldenen Schnitts*.

In einem zweiten kleineren Beispiel betrachten wir nun die Verzinsung eines Kapitals. Dieses Beispiel besitzt einen versicherungstechnischen Bezug im Zusammenhang mit der Entwicklung der Deckungskapitale innerhalb eines Kollektivs.

Beispiel 6.4: Verzinsung eines Anfangskapitals

Zum Zeitpunkt $t = 0$ lege eine x-jährige Person ein Kapital der Höhe $K_0 > 0$ an. Für $j = 0, 1, \ldots, n$ gebe $K_j > 0$ den Wert dieser Anlage zum Zeitpunkt j wieder. Diese Werte beschreiben dann einen Vektor

$$\phi = (K_0, K_1, \ldots, K_n) \in \mathbb{R}_H^{n+1}$$

und induzieren den Vektor ϕ_Δ. Dessen j-ter Eintrag

$$\frac{\phi_{j+1}}{\phi_j},$$

also die j-te Veränderungsrate von ϕ, entspricht dann dem Aufzinsungsfaktor $r_{x:j}$ der $(j + 1)$-ten Periode, d. h.

$$\phi_\Delta = r_{x:}.$$

Die Aufzinsungsfaktoren induzieren auf kanonische Weise ein Kapitalanlageprofil $r(x, n)$. Offenbar gilt $\phi_\Delta = r_\Delta(x, n)$. Für den Vektor s der Wachstumsraten von ϕ erhält man

$$s = \phi_\Delta - \mathbb{1} = r_\Delta(x, n) - \mathbb{1} = r_{x:} - \mathbb{1} = i_{x:}.$$

Die Wachstumsraten von ϕ entsprechen hier also gerade den jährlichen Zinssätzen.

Im nächsten kleinen Beispiel soll ein H-invertierbarer Vektor ϕ zugrunde gelegt werden, der den „Abbau einer Personengesamtheit" beschreibt. Im versicherungstechnischen Kontext erscheinen solche Vektoren im Rahmen von Ausscheideordnungen. Auch hier sollen dann deren Veränderungs- und Wachstumsraten angegeben werden.

Beispiel 6.5: Abbau einer Personengesamtheit

Zum Zeitpunkt $t = 0$ mögen sich aus der Generation einer heute x-jährigen Person $_0\ell_x > 0$ Personen in einem (nicht näher bezeichneten) Kollektiv befinden. Für $j = 0, 1, \ldots, n$ gebe $_j\ell_x > 0$ die Anzahl der davon zum Zeitpunkt j im Kollektiv noch verbliebenen Personen an. Durch diese Werte ist dann ein H-invertierbarer Vektor

$$\phi = (_0\ell_x, {_1\ell_x}, \ldots, {_j\ell_x}, \ldots, {_n\ell_x}) > \mathbb{0} \tag{6.8}$$

gegeben. Für die Einträge im Vektor ϕ_Δ der Veränderungsraten von ϕ ermittelt man hier die Größen

$$\frac{\phi_{j+1}}{\phi_j} = \frac{_{j+1}\ell_x}{_j\ell_x}, \quad j = 0, 1, \ldots, n - 1.$$

Sie werden üblicherweise als die einjährigen Verbleibenswahrscheinlichkeiten einer heute x-jährigen Person im Alter $x + j$ interpretiert, d. h.

$$\phi_\Delta = p_{x:}.$$

Der Vektor $p_{x:}$ induziert auf kanonische Weise ein Verbleibensprofil $p(x, n)$. Offenbar gilt $\phi = {_0\ell_x} \cdot p(x, n)$ und $\phi_\Delta = p_\Delta(x, n)$. Als Wachstumsratenvektor s von

ϕ (bzw. $p(x, n)$) ergibt sich

$$s = \phi_\Delta - 1 = p_\Delta(x, n) - 1 = p_{x:} - 1 = -q_{x:}.$$

Die Wachstumsraten von ϕ beschreiben in diesem Fall also gerade die *negativen* einjährigen Ausscheidewahrscheinlichkeiten.

Aus einem gemeinsamen Blickwinkel betrachtet, werden die strukturellen Analogien in den beiden Beispielen 6.4 und 6.5 natürlich sofort deutlich. Darüber hinaus weisen sie in einem gewissen Sinne auch auf „inhaltliche Ähnlichkeiten" hin:

- Die „Geldeinheiten" K_j im Beispiel 6.4 korrespondieren mit den „Personenanzahlen" $_j\ell_x$ in Beispiel 6.5.
- Die Aufzinsungsfaktoren $r_{x:}$ in Beispiel 6.4 passen zu den Verbleibenswahrscheinlichkeiten $p_{x:}$ des Beispiels 6.5.
- Die jährlichen Zinssätze $i_{x:}$ in Beispiel 6.4 finden ihre Entsprechung in den (negativen) jährlichen Ausscheidewahrscheinlichkeiten $-q_{x:}$ des Beispiels 6.5.
- Der rein algebraische Zusammenhang (6.1) führt im Beispiel 6.4 zu

$$r_{x:} - i_{x:} = 1$$

und hat in Beispiel 6.5 sein Analogon in der auch wahrscheinlichkeitstheoretisch gültigen (!) Identität

$$p_{x:} - (-q_{x:}) = 1.$$

Daher kann der zeitliche „Abbau einer Personengesamtheit" wie die „Verzinsung eines Anfangskapitals" $_0\ell_x$ bei jährlichen (negativen) „Zinssätzen" $-q_{x:}$ aufgefasst werden.

Diese einfachen strukturellen und inhaltlichen Analogien, die sich für die Kapitalanlage- bzw. Verbleibensprofile $r(x, n)$ und $p(x, n)$ erkennen lassen, finden eine entsprechende Fortsetzung bei ihren jeweiligen H-Inversen $r^{-1}(x, n)$ bzw. $p^{-1}(x, n)$:

Beispiel 6.6: Diskontrate, Ererbungsfaktor, Vererbungsfaktor

(i) Betrachtet man in Beispiel 6.4 den durch $\phi = (K_0, K_1, \ldots, K_n)$ bestimmten Vektor $\phi^{-1} \in \mathbb{R}_H^{n+1}$, so ergibt sich für dessen Vektor der Veränderungsraten

$$(\phi^{-1})_\Delta = (r_{x:0}^{-1}, r_{x:1}^{-1}, \ldots, r_{x:n-1}^{-1}, 0) = v_{x:},$$

also das Profil der Diskontierungsfaktoren. Der Vektor $\bar{s}$ der Wachstumsraten von ϕ^{-1} wird dann mit (6.3) zu

$$\bar{s} = (\phi^{-1})_\Delta - 1 = -i_{x:} \circ r_{x:}^{-1} = -i_{x:} \circ v_{x:}.$$

Ein Eintrag hierin stellt also gerade den *negativen* „abgezinsten Zinssatz" $v_{x:j} \cdot i_{x:j}$ der Periode $j + 1$ dar. Dieser abgezinste Zinssatz wird traditionell als *Diskontrate* oder *vorschüssiger Zins (-satz)* der Periode $j + 1$ bezeichnet.

(ii) Führt man eine entsprechende Betrachtung für den Vektor ϕ^{-1} aus Beispiel 6.5 durch, erhalten wir in diesem Fall für die Veränderungsraten von ϕ^{-1}:

$$(\phi^{-1})_\Delta = (p_{x:0}^{-1}, p_{x:1}^{-1}, \ldots, p_{x:n-1}^{-1}, 0),$$

also das Profil der einjährigen biometrischen Barwertfaktoren (siehe Bemerkung 1.2, S. 26). Dessen Wachstumsratenvektor $\bar{s}$ stellt sich dann als

$$\bar{s} = (\phi^{-1})_\Delta - \mathbb{1} = \left(\frac{q_{x:0}}{p_{x:0}}, \frac{q_{x:1}}{p_{x:1}}, \ldots, \frac{q_{x:n-1}}{p_{x:n-1}}, -1 \right)$$

dar. Die einzelnen Wachstumsraten

$$\frac{q_{x:j}}{p_{x:j}} = \frac{\frac{j\ell_x - j+1\ell_x}{j\ell_x}}{\frac{j+1\ell_x}{j\ell_x}} = \frac{j\ell_x - j+1\ell_x}{j+1\ell_x}, \quad j = 0, 1, \ldots, n-1$$

lassen sich also als das Verhältnis von (in der Periode $j + 1$) aus dem Kollektiv Ausgeschiedenen zu den dort im Zeitpunkt $j + 1$ Verbliebenen interpretieren. Wir nennen sie in diesem Fall *Ererbungsfaktoren (der Periode $j + 1$)*:

„Vererben" am Ende der Periode $j + 1$ die innerhalb dieses Zeitraums ausscheidenden $d_{x:j} = {_j\ell_x} - {_{j+1}\ell_x}$ Personen einen Betrag von jeweils durchschnittlich K (durchschnittlicher „Nachlass"), so *ererbt* eine zum Zeitpunkt $j + 1$ im Kollektiv verbliebene gleichaltrige Person im Mittel gerade

$$K' = \frac{K \cdot d_{x:j}}{_{j+1}\ell_x} = K \cdot \frac{q_{x:j}}{p_{x:j}}.$$

Der Ererbungsfaktor gibt also *aus Sicht eines Verbliebenen* seinen zu erwartenden Anteil am durchschnittlichen Nachlass an. Mit einem solchen Faktor kann für eine x-jährige Person die bedingte Erwartung beschrieben werden, am Ende von Periode $j + 1$ einen bestimmten Betrag zu ererben, sofern sie die Bedingung *„zum Zeitpunkt $j + 1$ dem Kollektiv anzugehören"* erfüllt.

Mit dem Profil $\bar{s}$ der *E*rerbungsfaktoren wird $\bar{s}^{-1}$ zum Profil der *Ver*erbungsfaktoren. Für $j = 0, 1, \ldots, n-1$ beschreibt ein Quotient

$$s_j^{-1} = \frac{p_{x:j}}{q_{x:j}} = \frac{_{j+1}\ell_x}{_j\ell_x - _{j+1}\ell_x}$$

das Verhältnis von (den zum Zeitpunkt $j+1$) im Kollektiv Verbliebenen zu den während der Periode $j + 1$ Ausgeschiedenen und damit den *Vererbungsfaktor (der Periode j + 1):*

Jedem im Zeitpunkt $j + 1$ aus der Generation der x-jährigen im Kollektiv Verbliebenen stehe zu diesem Zeitpunkt durchschnittlich ein Betrag von K' aus dem Nachlass aller in Periode $j + 1$ gleichaltrig Ausgeschiedenen zu. D. h. die „gesamte Erbmasse" der Periode beträgt $K' \cdot {}_{j+1}\ell_x$. Diese wird von den in Periode $j + 1$ ausgeschiedenen $d_{x:j}$ Personen vererbt. Der durchschnittlich „Nachlass" einer ausgeschiedenen Person beträgt dann also gerade

$$K = \frac{K' \cdot {}_{j+1}\ell_x}{d_{x:j}} = K' \cdot \frac{p_{x:j}}{q_{x:j}}.$$

Der Vererbungsfaktor gibt also *aus Sicht eines Ausgeschiedenen* dessen Anteil am durchschnittlichen Erbteil eines einzelnen Verbliebenen an. Mit einem solchen Faktor kann für eine x-jährige Person die bedingte Erwartung beschrieben werden, am Ende von Periode $j + 1$ einen bestimmten Betrag zu *vererben*, sofern sie die Bedingung *„während der Periode j+1 auszuscheiden"* erfüllt.

Das nächste Beispiel soll zunächst wieder rein „finanzorientiert" präsentiert werden. Ausgehend von Beispiel 6.4 soll neben einer (nominalen) Kapitalverzinsung zusätzlich eine Geldwertveränderung (Inflation/Deflation) unterstellt werden. Für eine derartige Situation betrachten wir dann die Veränderungs- und Wachstumsraten.

Beispiel 6.7: Realverzinsung eines Kapitals

(i) Wir gehen von einem *Geldbewertungsprofil*

$$w(x, n) := ({}_0w_x, {}_1w_x, \ldots, {}_jw_x, \ldots, {}_nw_x)$$

aus. Die Größe ${}_jw_x$ spiegelt für die x-jährige Person den Wert (die Kaufkraft) deren Kapitals im Zeitpunkt j wider, welches zum Zeitpunkt $t = 0$ den Wert (die Kaufkraft) 1 besitzt. Wir nehmen dabei an, dass ${}_0w_x = 1$ und ${}_jw_x \neq 0$, d. h. zu keinem Zeitpunkt $j \leq n$ soll eine „vollständige Entwertung" des Kapitals vorliegen. Also gilt $w(x, n) \in \mathbb{R}_H^{n+1}$. Die j-te Veränderungsrate

$$w_{x:j} := \frac{{}_{j+1}w_x}{{}_jw_x}$$

von $w(x, n)$ reflektiert dann für $j < n$ die relative Veränderung der Kaufkraft innerhalb der $(j + 1)$-ten Periode und führt zu dem Profil

$$w_\Delta(x, n) = (w_{x:0}, w_{x:1}, \dots, w_{x:n-1}, 0).$$

Wenn wir mit

$$f_{x:} := (f_{x:0}, f_{x:1}, \dots, f_{x:n-1}, -1) = w_\Delta(x, n) - \mathbb{1}$$

den zugehörigen Vektor der Wachstumsraten von $w(x, n)$ bezeichnen, so lässt sich ein Eintrag $f_{x:j}$ als *Entwertungsrate (Rate des Kaufkraftverlustes)* für die $(j + 1)$-te Periode interpretieren. Ist $f_{x:j} < 0$, so liegt in dieser Periode eine Geldentwertung vor (Inflation), im Falle $f_{x:j} > 0$ ein Geldwertgewinn (Deflation).

Der durch $r(x, n)$ (aus Beispiel 6.4) und $w(x, n)$ induzierte H-invertierbare Vektor

$$\phi = r(x, n) \circ w(x, n)$$

beschreibt mit seinen Einträgen $\phi_j = {}_j r_x \cdot {}_j w_x$ dann den einerseits durch eine (nominale) Anlageverzinsung *und* andererseits durch Geldwertänderung bedingten Kaufkraftwert eines Kapitals im Zeitpunkt j, welches zum Zeitpunkt $t = 0$ den Wert 1 besitzt. Er entspricht also einem Kapitalanlageprofil, das die Geldwertentwicklung berücksichtigt.

Für den Vektor ϕ_Δ der Veränderungsraten von ϕ ergibt sich mit (6.4)

$$\phi_\Delta = r_\Delta(x, n) \circ w_\Delta(x, n),$$

für den Wachstumsratenvektor

$$s = r_\Delta(x, n) \circ w_\Delta(x, n) - \mathbb{1} = i_{x:} + f_{x:} + i_{x:} \circ f_{x:}.$$

Gilt für seinen j-ten Eintrag $(\phi_\Delta)_j > 1$, so findet in Periode $j + 1$ eine positive „Realwert"-Veränderung statt, d. h. der Wert einer Kapitalanlage zum Zeitpunkt j hat sich – unter Berücksichtigung der nominalen Verzinsung mit dem Zinssatz $i_{x:j}$ und der Rate $f_{x:j}$ des Kaufkraftverlustes der entsprechenden Periode – zum Zeitpunkt $j + 1$ „real" erhöht (positive *Realverzinsung*). Eine derartige positive Realverzinsung ist also gegeben, wenn $s_j = r_{x:j} \cdot w_{x:j} - 1 > 0$, d. h. die Bedingung

$$i_{x:j} + f_{x:j} + i_{x:j} \cdot f_{x:j} > 0$$

erfüllt ist.

(ii) Betrachtet man nun auch den H-invertierbaren Vektor $w(x, n)^{-1}$, in dem ein Eintrag $_j w_x$ den *heutigen* ($t = 0$) Wert beschreibt, den eine Geldeinheit zum Zeitpunkt j besitzt. Dessen Wachstumsratenvektor

$$i_{x:}^{(\text{infl})} := (i_{x:0}^{(\text{infl})}, i_{x:1}^{(\text{infl})}, \dots, i_{x:n-1}^{(\text{infl})}, -1) = (w(x, n)^{-1})_\Delta - \mathbb{1}$$

stellt dann das Profil jährlicher *Inflationsraten* dar. Ist $i_{x:j} < 0$, so liegt in der Periode $j + 1$ Inflation vor, im anderen Fall Deflation. Wegen (6.3) besteht zwischen den Entwertungsraten und den Inflationsraten der Zusammenhang

$$f_{x:} = -\left(i_{x:}^{(\text{infl})} \circ w_\Delta(x, n) + \mathbb{1}_n\right).$$

In dem H-invertierbaren Vektor

$$\phi^{-1} = r^{-1}(x, n) \circ w^{-1}(x, n) = v(x, n) \circ w^{-1}(x, n)$$

kann ein Eintrag ϕ_j^{-1} in diesem Zusammenhang als derjenige Wert aufgefasst werden, den ein Kapital unter Berücksichtigung nominaler Verzinsung und Geldentwertung heute (also in $t = 0$) besitzt, wenn es zum Zeitpunkt j den Wert 1 hat. Hier gilt dann wieder mit (6.4)

$$(\phi^{-1})_\Delta = v_\Delta(x, n) \circ w_\Delta^{-1}(x, n)$$

und für den zugehörigen Wachstumsratenvektor

$$\begin{aligned} \bar{s} &= v_\Delta(x, n) \circ w_\Delta^{-1}(x, n) - \mathbb{1} \\ &= -i_{x:} \circ v_{x:} + i_{x:}^{(\text{infl})} - i_{x:} \circ v_{x:} \circ i_{x:}^{(\text{infl})}. \end{aligned} \qquad (6.9)$$

Beispiel 6.7 (ii) kann nun herangezogen werden, um eine weitere Analogie zwischen einer „Kapitalverzinsung" und dem „Abbau einer Personengesamtheit" zu assoziieren.

Beispiel 6.8: Abzinsung biometrischer Kapitalwerte

Die zur Kalkulation eines Lebensversicherungsvertrages verwendeten Rechnungs-grundlagen $\mathcal{R} = \{p(x, n), r(x, n), C\}$ induzieren den H-invertierbaren Vektor

$$\phi = r^{-1}(x, n) \circ p(x, n) = v(x, n) \circ p(x, n). \qquad (6.10)$$

In ϕ lässt sich ein Eintrag ϕ_j als derjenige Wert interpretieren, den ein Kapital *finanzmathematisch* heute (also zum Zeitpunkt $t = 0$) besitzt, wenn es zum Zeitpunkt j den für eine heute x-jährige Person *zu erwartenden* biometrischen

Kapitalwert $_j p_x$ hat (siehe Bemerkung 1.2, S. 26). Wegen

$$\phi_\Delta = p_\Delta(x, n) \circ v_\Delta(x, n)$$

kann man in diesem Fall die $(j + 1)$-te Veränderungsrate

$$\frac{\phi_{j+1}}{\phi_j} = p_{x:j} \cdot v_{x:j}$$

offensichtlich als die einjährige finanzmathematische Abzinsung des Wertes eines Zahlungsversprechens für den Zeitpunkt $j + 1$ auffassen, das eine heute x-jährige Person zum Zeitpunkt j abgibt. Das Versprechen besteht dabei darin, zum Zeitpunkt $j + 1$ den Betrag der Höhe „1" zu leisten, sofern die Person zu diesem Zeitpunkt dem Kollektiv angehört, und den Betrag „0" zu leisten, falls sie zu diesem Zeitpunkt dem Kollektiv nicht mehr angehört.

Der Vektor s der Wachstumsraten von ϕ ist in diesem Fall wegen (6.4)

$$s = p_{x:} \circ v_{x:} - \mathbb{1} = -i_{x:} \circ v_{x:} - q_{x:} + i_{x:} \circ v_{x:} \circ q_{x:}$$
$$= -i_{x:} \circ v_{x:} \circ p_{x:} - q_{x:}. \tag{6.11}$$

Vergleicht man die beiden Wachstumsraten in (6.9) und (6.11), so ist nicht nur die strukturelle Ähnlichkeit gegeben, vielmehr erkennt man auch eine inhaltliche Analogie: Das Profil $-q_{x:}$ der negativen jährlichen Ausscheidewahrscheinlichkeiten kann offenbar auch als ein Profil jährlicher „Inflationsraten" aufgefasst werden, welches zusammen mit der „nominalen" Diskontierung den „Wert" im Zeitpunkt j einer im Zeitpunkt $j + 1$ vorhandenen Geldmenge K_{j+1} bzw. der Personenanzahl $_{j+1}\ell_x$ bestimmt. Mit der Setzung $i_{x:}^{(\text{infl})} := -q_{x:}$ sind die Ausdrücke (6.9) und (6.11) identisch.

Die Bewertung von Beitrags- und Leistungsprofilen mittels $\phi = v(x, n) \circ p(x, n)$ im Rahmen der Kalkulation eines Lebensversicherungsvertrages ist also strukturell (und inhaltlich) dasselbe, wie derartige Profile vor dem Hintergrund einer speziellen „zu berücksichtigenden Inflation" zu bewerten.

Mit Beispiel 6.6 wurde klar, dass sich das Profil vorschüssiger Zinssätze und das Profil von Ererbungsfaktoren einander formal entsprechen. Es ist von daher nicht verwunderlich, wenn das HADAMARD-Produkt der zugrunde liegenden H-invertierbaren Vektoren zu einer Interpretation des Vektors der Wachstumsraten führt, die sowohl das Ererben als auch die Verzinsung berücksichtigt.

Beispiel 6.9: Versicherungstechnisches Vererben/Ererben

(i) Die zur Kalkulation einer Lebensversicherung verwendeten Rechnungsgrundlagen $\mathcal{R} = \{p(x, n), r(x, n), C\}$ induzieren nicht nur den H-invertierbaren

Vektor aus (6.10) in Beispiel 6.8, sondern auch den H-invertierbaren Vektor

$$\phi = r(x, n) \circ p(x, n).$$

Der Eintrag ϕ_j lässt sich hier dann als der *finanzmathematische* Wert zum Zeitpunkt j interpretieren, den der biometrische Kapitalwertfaktor $_j p_x$ (siehe Bemerkung 1.2, S. 26) zu diesem Zeitpunkt besitzt. Er entspricht also dem biometrischen Wert (Erwartungswert) des Zahlungsversprechens, zum Zeitpunkt j ein *heute* ($t = 0$) zum Anlageprofil $r(x, n)$ angelegtes Kapital auszuzahlen, sofern der Zeitpunkt j erlebt wird.

Als Vektor der Veränderungsraten von ϕ ergibt sich hier

$$\phi_\Delta = r_\Delta(x, n) \circ p_\Delta(x, n) = r_{x:} \circ p_{x:}.$$

Der Wachstumsratenvektor wird entsprechend (6.4) durch

$$s = \phi_\Delta - \mathbb{1} = p_{x:} \circ r_{x:} - \mathbb{1} = -q_{x:} + i_{x:} - q_{x:} \circ i_{x:}$$
$$= i_{x:} \circ p_{x:} - q_{x:}$$

wiedergegeben. Für eine versicherungstechnische Interpretation des Eintrags s_j werde eine heute x-jährige Person betrachtet, die zum Zeitpunkt j dem Kollektiv angehört und deren Versicherungsvertrag dann über ein Deckungskapital der Höhe $_j V_x$ verfügt. Die Regel für eine „Kapitalanlage im Kollektiv" sei nun folgendermaßen:

- Ist die Person am Ende der Periode $j + 1$ noch im Kollektiv verblieben, so erhöht/vermindert das Kollektiv dann das Deckungskapital um $_j V_x \cdot i_{x:j}$ (Zinszahlung),
- ist sie während der Periode $j + 1$ aus dem Kollektiv ausgeschieden, gibt sie das derzeitige Deckungskapital $_j V_x$ an das Kollektiv ab (*Vererbung*).

Das so für die x-jährige Person zu erwartende „Anlageergebnis" $E(_j V_x)$ der Periode $j + 1$ beträgt dann gerade

$$E(_j V_x) = _j V_x \cdot (i_{x:j} \cdot p_{x:j} - q_{x:j}) = _j V_x \cdot s_j. \tag{6.12}$$

Für den Vektor $(\phi^{-1})_\Delta$ der Veränderungsraten von ϕ^{-1} erhalten wir in diesem Fall

$$(\phi^{-1})_\Delta = p_\Delta(x, n)^{-1} \circ r_\Delta(x, n)^{-1} = (p_{x:0}^{-1}, p_{x:1}^{-1}, \ldots, p_{x:n-1}^{-1}, 0) \circ v_{x:}.$$

Der Wachstumsratenvektor $\bar{s} = (\bar{s}_0, \bar{s}_1, \ldots, \bar{s}_{n-1}, -1)$ liefert

$$\bar{s}_j = \frac{v_{x:j}}{p_{x:j}} - 1 = \frac{v_{x:j} - p_{x:j}}{p_{x:j}} = \frac{-v_{x:j} \cdot i_{x:j} + q_{x:j}}{p_{x:j}}, \quad j = 0, 1, \ldots, n - 1. \tag{6.13}$$

Ähnlich wie in Beispiel 6.6 lassen sich die Wachstumsraten $\bar{s}_j$ als eine Kombination aus Zins- und *E*rerbungsfaktor interpretieren:

Besitzt zum Zeitpunkt j jede der $_j\ell_x$ Personen (durchschnittlich) ein Kapital K, welches einerseits *vorschüssig* verzinst aber auch (bei Ausscheiden in Periode $j + 1$) auf die *gleichaltrig* Verbleibenden vererbt werden kann, so beträgt für eine der $_{j+1}\ell_x$ (nicht ausgeschiedenen) Personen zum Zeitpunkt $j + 1$ der (erwartete) Kapital*zuwachs* aus *vorschüssiger Verzinsung und E*rerbtem

$$-K \cdot \frac{v_{x:j} \cdot i_{x:j}}{p_{x:j}} + K \cdot \frac{q_{x:j}}{p_{x:j}} = K \cdot \bar{s}_j.$$

Zusammenhang (6.13) macht deutlich, dass $\bar{s}_j$ auch als eine bedingte Erwartung des Kapitalzuwachses (bei vorschüssiger Verzinsung) in der Periode $j + 1$ angesehen werden kann. Dieser Zuwachs entsteht auch hier unter der Bedingung, dass die Person zum Zeitpunkt $j + 1$ dem Kollektiv (noch) angehört.

(ii) Zieht man alternativ den H-invertierbaren Vektor

$$\phi = v(x, n) \circ p(x, n)$$

aus Beispiel 6.8 heran, der ja die versicherungstechnischen Bewertungsfunktionen $_tW_x(\cdot)$ festlegt, so erfolgt eine Interpretation seiner Wachstumsrate s_j in Periode $j + 1$ ähnlich, wie für den Zusammenhang (6.12) in (i). Allerdings wird hier der vorschüssige Zinssatz $-i_{x:j} \cdot v_{x:j}$ anstelle von $i_{x:j}$ für die Bewertung des erwarteten Anlageergebnisses $E(K)$ herangezogen, d. h.

$$E(K) = K \cdot (-i_{x:j} \cdot v_{x:j} \circ p_{x:j} - q_{x:j}) = K \cdot s_j.$$

Als Wachstumsratenvektor $\bar{s}$ von ϕ^{-1} ergibt sich mit (6.3)

$$\bar{s} = - \left(s \circ (\phi^{-1})_\Delta + \mathbb{1}_n \right) = (\bar{s}_0, \bar{s}_1, \ldots, \bar{s}_{n-1}, -1)$$

dann

$$\bar{s}_j = i_{x:j} + \frac{q_{x:j}}{p_{x:j}} \cdot (1 + i_{x:j}) = \frac{i_{x:j} + q_{x:j}}{p_{x:j}}, \quad j = 0, 1, \ldots, n - 1. \quad (6.14)$$

Auch hier lassen sich die Wachstumsraten $\bar{s}_j$ über eine additive Zusammensetzung aus monetärer Verzinsung (Zinssatz) und biometrischer Verzinsung („verzinster" Vererbungsfaktor) interpretieren:

Besitzt zum Zeitpunkt j jede der $_j\ell_x$ Personen ein Kapital von K, welches sowohl verzinst als auch (bei Ausscheiden in Periode $j + 1$) auf die *gleichaltrig* Verbleibenden vererbt werden kann, so ergibt sich für eine der $_{j+1}\ell_x$ (nicht ausgeschiedenen) Personen zum Zeitpunkt $j + 1$ der (erwartete) Kapitalzuwachs aus Verzinsung *und Ererbtem*:

$$\underbrace{K \cdot i_{x:j}}_{\substack{\text{Zinsen auf} \\ \text{„eigenes" Kapital}}} + \underbrace{K \cdot (1 + i_{x:j}) \cdot \frac{q_{x:j}}{p_{x:j}}}_{\text{verzinster „Erbanteil"}} = K \cdot \bar{s}_j.$$

Der Zusammenhang (6.14) macht auch hier wieder deutlich, dass $\bar{s}_j$ als ein bedingter Erwartungswert des Kapitalzuwachses in der Periode $j + 1$ angesehen werden kann. Dieser Zuwachs entsteht unter der Bedingung, dass die Person zum Zeitpunkt $j + 1$ dem Kollektiv (noch) angehört.

In der *betrieblichen Altersversorgung*, aber auch im Zusammenhang mit der Kalkulation sogenannter *Unisex-Versicherungen*, erhält die algebraische Aussage von Lemma 6.2 (v), S. 179 versicherungstechnische Bedeutung, wenn Rechnungsgrundlagen aus einer „Kombination" anderer Rechnungsgrundlagen generiert werden sollen.

Um dies zu verdeutlichen, nehmen wir $m \geq 2$ personen-disjunkte Kollektive $1, 2, \ldots, m$ in den Blick und unterstellen, dass für diese Kollektive jeweils Verbleibensprofile $p^{(1)}(x, n), p^{(2)}(x, n), \ldots, p^{(m)}(x, n)$ bekannt sind. Diese seien aufgrund entsprechend vorhandener Ausscheideordnungen

$$\ell^{(k)}(x, n) = ({}_0\ell_x^{(k)}, {}_1\ell_x^{(k)}, \ldots, {}_{n-1}\ell_x^{(k)}, {}_n\ell_x^{(k)}) > 0, \quad k = 1, 2, \ldots, m$$

ermittelt worden. Die Größen ${}_j\ell_x^{(k)}$ beschreiben für $j = 0, 1, \ldots, n$ jeweils die Anzahl der zum Zeitpunkt j noch nicht aus dem Kollektiv k ausgeschiedenen Personen des Alters $x + j$ in der Generation der heute ($t = 0$) x-jährigen Personen.

Diese m Kollektive sollen nun zu einem *Gesamtkollektiv G* „zusammengelegt" werden und für dieses Kollektiv ein „gemeinsames" Verbleibensprofil $p^{(G)}(x, n)$ mittels einer geeigneten Kombination von $p^{(1)}(x, n), \ldots, p^{(m)}(x, n)$ angegeben werden. Hierzu machen wir zunächst den Ansatz

$$\ell^{(G)}(x, n) := \ell^{(1)}(x, n) + \ell^{(2)}(x, n) + \ldots + \ell^{(m)}(x, n) \tag{6.15}$$

(ein Eintrag ${}_j\ell_x^{(G)}$ gibt also die Gesamtanzahl der Personen wieder, die sich zum Zeitpunkt j im Gesamtkollektiv G befinden).

Da sämtliche in (6.15) vorkommenden Profile H-invertierbar sind, können wir Lemma 6.2 (v) nutzen. Damit stellt sich dann (6.5) als

$$\ell_\Delta^{(G)}(x, n) = \ell^{(G)}(x, n)^{-1} \circ \sum_{k=1}^m \ell^{(k)}(x, n) \circ \ell_\Delta^{(k)}(x, n)$$

dar, was nichts anderes bedeutet als

$$p_{x:}^{(G)} = p^{(G)}(x, n)^{-1} \circ \sum_{k=1}^m \frac{{}_0\ell_x^{(k)}}{{}_0\ell_x^{(G)}} \cdot p^{(k)}(x, n) \circ p_{x:}^{(k)}.$$

Nicht überraschend gilt dann offenbar also

$$p^{(G)}(x, n) = \sum_{k=1}^{m} \frac{{}_0\ell_x^{(k)}}{{}_0\ell_x^{(G)}} \cdot p^{(k)}(x, n),\tag{6.16}$$

d. h. das Profil $p^{(G)}(x, n)$ ist eine Konvexkombination der Profile $p^{(k)}(x, n)$. Der Sachverhalt (6.6) wird in diesem Fall zu

$$q_{x:}^{(G)} = p^{(G)}(x, n)^{-1} \circ \sum_{k=1}^{m} \frac{{}_0\ell_x^{(k)}}{{}_0\ell_x^{(G)}} \cdot p^{(k)}(x, n) \circ q_{x:}^{(k)}.$$

In der Pensionsversicherungsmathematik wird für den speziellen Fall $m = 2$ dieser Zusammenhang gerade als „Konsistenzgleichung" herausgestellt.

Beispiel 6.10: Konsistenzgleichungen in der Pensionsversicherungsmathematik

Im Rahmen der betrieblichen Altersversorgung seien zwei personen-disjunkte Kollektive gegeben. Das Kollektiv A bestehe aus den „Aktiven eines Betriebes" (*Aktivenbestand*), Kollektiv B aus den „Invaliden des Betriebes" (*Invalidenbestand*). Für beide Kollektive liegen jeweils (durch Ausscheideordnungen induzierte) Verbleibensprofile $p^{(A)}(x, n)$ bzw. $p^{(I)}(x, n)$ vor, wobei in beiden Kollektiven als einzige Ausscheideursache jeweils das „Ausscheiden durch Tod" unterstellt wird. Werden beide Kollektive zu einem Kollektiv G, dem (*Gesamtbestand*) „zusammengelegt", so gilt mit (6.16)

$$p^{(G)}(x, n) = \frac{{}_0\ell_x^{(A)}}{{}_0\ell_x^{(G)}} \cdot p^{(A)}(x, n) + \left(1 - \frac{{}_0\ell_x^{(A)}}{{}_0\ell_x^{(G)}}\right) \cdot p^{(I)}(x, n).$$

(i) In diesem speziellen Fall wird (6.6) zu

$$q_{x:}^{(G)} =$$
$$p^{(G)}(x, n)^{-1} \circ \left(\frac{{}_0\ell_x^{(A)}}{{}_0\ell_x^{(G)}} \cdot p^{(A)}(x, n) \circ q_{x:}^{(A)} + \left(1 - \frac{\ell_{x:0}^{(A)}}{{}_0\ell_x^{(G)}}\right) \cdot p^{(I)}(x, n) \circ q_{x:}^{(I)}\right)$$

und es gilt für $j = 0, 1, \ldots, n - 1$

$$q_{x:j}^{(G)} = \frac{{}_j\ell_x^{(A)}}{{}_j\ell_x^{(G)}} \cdot q_{x:j}^{(A)} + \left(1 - \frac{{}_j\ell_x^{(A)}}{{}_j\ell_x^{(G)}}\right) \cdot q_{x:j}^{(I)}.$$

Diese Gleichung wird im Bereich der Pensionsversicherungsmathematik als sogenannte *1. Konsistenzgleichung* bezeichnet (siehe dazu [Neu99] mit der dort verwendeten Nomenklatur). Das Profil $q_{x:}^{(G)}$ gibt hier die jährlichen Ausscheidewahrscheinlichkeiten einer heute x-jährigen (entweder aktiven *oder* invaliden) Person wieder, durch Tod aus dem Gesamtbestand auszuscheiden.

(ii) Nimmt man nun noch zusätzlich an, dass eine Person des Gesamtbestandes verpartnert (verheiratet) sein kann, also bei Ausscheiden einen Partner hinterlassen könnte, dann sollen

$$h(x, n) = ({}_0h_x, {}_1h_x, \ldots, {}_nh_x) > 0 \quad \text{bzw.} \quad \bar{p}(y, n) = ({}_0\bar{p}_y, {}_1\bar{p}_y, \ldots, {}_n\bar{p}_y) > 0$$

die entsprechenden Profile beschreiben: Für $0 \leq j \leq n$ drückt der Eintrag ${}_jh_x$ dabei die Wahrscheinlichkeit aus, dass eine heute x-jährige Person des Gesamtbestandes zum Zeitpunkt j verpartnert ist; ein Eintrag ${}_j\bar{p}_y$ soll die Wahrscheinlichkeit wiedergeben, dass – während der Laufzeit des Vertrages – eine heute y-jährige Person zum Zeitpunkt j als Partner (der x-jährigen Person) einem weiteren Kollektiv, dem sogenannten *Hinterbliebenenbestand*, angehört. Dann gibt ein Eintrag ${}_jp_x^{(G)} \cdot {}_jh_x \cdot {}_j\bar{p}_y$ im Profil

$$p^{(3)}((x|y), n) := p^{(G)}(x, n) \circ h(x, n) \circ \bar{p}(y, n)$$

die Wahrscheinlichkeit wieder, dass die heute x-jährige Person des Gesamtbestandes im Zeitpunkt j noch lebt, verpartnert ist und auch der heute y-jährige Partner noch lebt. Mit (6.4) gilt

$$p_\Delta^{(3)}(x, n) = p_\Delta^{(G)}(x, n) \circ h_\Delta(x, n) \circ \bar{p}_\Delta(y, n).$$

Der Ausdruck

$$\bar{q}_{(x|y):}^{(3)} := \left(\mathbb{1} - p_\Delta^{(G)}(x, n)\right) \circ h_\Delta(x, n) \circ \bar{p}_\Delta(y, n)$$

wird in der Pensionsversicherungsmathematik auch als *2. Konsistenzgleichung* bezeichnet (siehe ebenfalls [Neu99] mit der dort verwendeten Notation). Mit (6.5) gilt offenbar:

$$\begin{aligned}
\bar{q}_{(x|y):}^{(3)} &= q_{x:}^{(G)} \circ h_{x:} \circ \bar{p}_{y:} \\
&= (p^{(G)}(x, n))^{-1} \circ h_{x:} \circ \bar{p}_{y:} \\
&\circ \left(\frac{\ell_{x:0}^{(A)}}{\ell_{x:0}^{(G)}} \cdot p^{(A)}(x, n) \circ q_{x:}^{(A)} + \left(1 - \frac{\ell_{x:0}^{(A)}}{\ell_{x:0}^{(G)}}\right) \cdot p^{(I)}(x, n) \circ q_{x:}^{(I)} \right).
\end{aligned}$$

Ein Eintrag

$$\begin{aligned}
\bar{q}_{(x|y):j}^{(3)} &:= q_{x:j}^{(G)} \cdot h_{x:j} \cdot \bar{p}_{y:j} \\
&= \frac{\ell_{x:j}^{(A)}}{\ell_{x:j}^{(G)}} \cdot q_{x:j}^{(A)} \cdot h_{x:j} \cdot \bar{p}_{y:j} + \left(1 - \frac{\ell_{x:j}^{(A)}}{\ell_{x:j}^{(G)}}\right) \cdot q_{x:j}^{(I)} \cdot h_{x:j} \cdot \bar{p}_{y:j}
\end{aligned}$$

gibt hier also die Wahrscheinlichkeit an, dass eine heute x-jährige Person in Periode $j + 1$ als verpartnerte Person ausscheidet und am Ende der Periode einen (dann $(y + j + 1)$-jährigen) Partner hinterlässt.

6.2 Zerlegungen H-invertierbarer Vektoren

Als nächstes wollen wir uns mit „Zerlegungen" H-invertierbarer Vektoren beschäftigen und deren Bedeutung untersuchen. In einem gewissen Sinne stellen sich derartige Zerlegungen als ein „algebraisches Analogon" zu der aus der Versicherungstechnik bekannten Berücksichtigung von verschiedenen, voneinander (stochastisch) unabhängigen Ausscheideursachen heraus. Die Übertragung ihrer algebraischen Eigenschaften in die Versicherungstechnik hinein erlaubt es in einem späteren Kapitel, Profile von Prämien und Versicherungsleistungen in allgemeiner Weise zu zerlegen und führt somit beispielsweise zu Varianten der klassischen Beitragszerlegung.

Es sei $\phi \in \mathbb{R}_H^{n+1}$ mit zugehörigem Vektor der Veränderungsraten ϕ_Δ. Weiter sei $m \in \mathbb{N}$. Eine Menge

$$\Phi := \{\phi^{(1)}, \phi^{(2)}, \dots, \phi^{(m)}\} \subset \mathbb{R}^{n+1}$$

nennen wir eine *m-Zerlegung von* ϕ, falls $\phi^{(k)} \in \mathbb{R}_H^{n+1}$ für $1 \le k \le m$ und die Beziehung

$$\phi_\Delta = \sum_{k=1}^m \phi_\Delta^{(k)}$$

gilt. Zerlegungen eines H-invertierbaren Vektors ϕ sorgen also für „Additivität" der entsprechenden Veränderungsraten.

Beispiel 6.11

(i) Es sei $\phi = \mathbb{1} \in \mathbb{R}_H^{n+1}$ und $\phi^{(1)}, \phi^{(2)} \in \mathbb{R}_H^{n+1}$ gegeben durch

$$\phi_j^{(1)} = (-1)^j \quad \text{bzw.} \quad \phi_j^{(2)} = 2^j, \quad j = 0, 1, \dots, n.$$

Dann gilt

$$\frac{\phi_{j+1}^{(1)}}{\phi_j^{(1)}} + \frac{\phi_{j+1}^{(2)}}{\phi_j^{(2)}} = -1 + 2 = 1 = \frac{\phi_{j+1}}{\phi_j}, \quad j = 0, 1, \dots, n - 1,$$

d. h. $\phi_\Delta^{(1)} + \phi_\Delta^{(2)} = \mathbb{1}_\Delta$, die Menge $\Phi = \{\phi^{(1)}, \phi^{(2)}\}$ beschreibt also eine 2-Zerlegung von ϕ.

(ii) Legt man als ϕ die ersten $n + 1$ Glieder der FIBONACCI-Folge zugrunde (siehe auch Beispiel 6.3, S. 181), so ist durch

$$\phi^{(1)} := (2, 1, 1, \ldots, 1) \in \mathbb{R}_H^{n+1}$$

bzw.

$$\phi^{(2)} := (2, \phi_0^{-1}, \phi_1^{-1}, \ldots, \phi_{n-1}^{-1}) \in \mathbb{R}_H^{n+1}$$

eine 2-Zerlegung $\Phi = \{\phi^{(1)}, \phi^{(2)}\}$ von ϕ definiert. Es gilt nämlich für $j = 0$

$$\frac{\phi_1^{(1)}}{\phi_0^{(1)}} + \frac{\phi_1^{(2)}}{\phi_0^{(2)}} = \frac{1}{2} + \frac{1}{2} = 1 = \frac{\phi_1}{\phi_0}$$

und für $j \geq 1$ (siehe (6.7))

$$\frac{\phi_{j+1}^{(1)}}{\phi_j^{(1)}} + \frac{\phi_{j+1}^{(2)}}{\phi_j^{(2)}} = 1 + \frac{\phi_{j-1}}{\phi_j} = \frac{\phi_{j+1}}{\phi_j}.$$

(iii) Zu einem gegebenen Verbleibensprofil $p(x, n) \in \mathbb{R}_H^{n+1}$ betrachten wir $m \geq 1$ verschiedene Ausscheideursachen, aufgrund derer eine heute x-jährige Person aus dem Kollektiv ausscheiden kann. Die einjährigen Ausscheidewahrscheinlichkeiten seien jeweils durch Profile

$$q_{x:}^{(k)} := (q_{x:0}^{(k)}, q_{x:1}^{(r)}, \ldots, q_{x:j}^{(k)}, \ldots, q_{x:n-1}^{(k)}, 0) \quad k = 1, 2, \ldots, m$$

quantifiziert. Hierin seien $q_{x:j}^{(k)} > 0$, $j = 0, 1, \ldots, n - 1$. Unter der Annahme, dass die verschiedenen Ausscheideursachen stochastisch unabhängig voneinander sind, gilt dann also für das durch $p(x, n)$ implizierte Profil $q_{x:}$:

$$q_{x:} = \sum_{k=1}^{m} q_{x:}^{(k)} + \mathbb{1}_n.$$

In einem Kapitalanlageprofil $r(x, n)$ nehmen wir an, dass $i_{x:j} \neq 0$ für $j = 0, 1, \ldots, n - 1$. Nun sei $\phi := v(x, n) \circ p(x, n)$. Mit den Festlegungen

$$\phi_0^{(k)} := 1, \quad k = 1, 2, \ldots, m + 1$$

und

$$\phi_j^{(1)} := {}_j v_x$$

bzw.

$$\phi_j^{(k+1)} := {}_jv_x \cdot \prod_{t=0}^{j-1} - q_{x:t}^{(k)}, \quad j = 1, 2, \ldots, n, \quad k = 1, 2, \ldots, m$$

ermittelt man:

$$\frac{\phi_{j+1}^{(1)}}{\phi_j^{(1)}} + \sum_{k=1}^{m} \frac{\phi_{j+1}^{(k+1)}}{\phi_j^{(k+1)}} = v_{x:j} - v_{x:j} \cdot \sum_{k=1}^{m} q_{x:j}^{(k)} = v_{x:j} - v_{x:j} \cdot (1 - p_{x:j}) = v_{x:j} \cdot p_{x:j}$$

$$= \frac{\phi_{j+1}}{\phi_j}.$$

Somit stellt $\Phi = \{\phi^{(1)}, \phi^{(2)}, \ldots, \phi^{(m+1)}\}$ eine $(m+1)$-Zerlegung von ϕ dar. Speziell für den Fall $m = 1$ ergibt sich hier $\Phi = \{\phi^{(1)}, \phi^{(2)}\}$ mit

$$\phi^{(1)} = v(x, n) \quad \text{bzw.} \quad \phi_j^{(2)} := {}_jv_x \cdot \prod_{t=0}^{j-1} - q_{x:t}, \quad j = 1, 2, \ldots, n.$$

(iv) Legt man in (iii) für den Fall $m = 1$ statt $\Phi = \{\phi^{(1)}, \phi^{(2)}\}$ alternativ

$$\bar{\phi}_0^{(1)} = \bar{\phi}_0^{(2)} := 1$$

und

$$\bar{\phi}_j^{(1)} := {}_jp_x \quad \text{bzw.} \quad \bar{\phi}_j^{(2)} := {}_jp_x \cdot {}_jv_x \cdot \prod_{t=0}^{j-1}(-i_{x:t}), \quad j = 1, 2, \ldots, n$$

fest, so ergibt sich:

$$\frac{\bar{\phi}_{j+1}^{(1)}}{\bar{\phi}_j^{(1)}} + \frac{\bar{\phi}_{j+1}^{(2)}}{\bar{\phi}_j^{(2)}} = p_{x:j} - p_{x:j} \cdot v_{x:j} \cdot i_{x:j} = p_{x:j} \cdot (1 - v_{x:j} \cdot i_{x:j}) = p_{x:j} \cdot v_{x:j}$$

$$= \frac{\phi_{j+1}}{\phi_j}.$$

Also ist $\bar{\Phi} = \{\bar{\phi}^{(1)}, \bar{\phi}^{(2)}\}$ ebenfalls eine 2-Zerlegung von ϕ.

(v) Betrachtet man in (iii) anstelle von ϕ den Vektor

$$\psi := \phi^{-1} = p(x, n)^{-1} \circ r(x, n) \in \mathbb{R}_H^{n+1},$$

dann beschreibt ein Eintrag ψ_j gerade den finanzmathematischen Wert zum Zeitpunkt j des biometrischen Barwerts eines zu diesem Termin zugesagten Zahlungsversprechens der Höhe 1 (siehe Bemerkung 1.2, S. 26).

(a) Falls $i_{x:} \in \mathbb{R}_H^{n+1}$, so ergibt sich mit der Festlegung

$$\psi_0^{(1)} = \psi_0^{(2)} := 1$$

und

$$\psi_j^{(1)} := {}_jp_x^{-1} \quad \text{bzw.} \quad \psi_j^{(2)} := {}_jp_x^{-1} \cdot \prod_{t=0}^{j-1} i_{x:t}, \quad j = 1, 2, \ldots, n$$

schließlich

$$\frac{\psi_{j+1}^{(1)}}{\psi_j^{(1)}} + \frac{\psi_{j+1}^{(2)}}{\psi_j^{(2)}} = p_{x:j}^{-1} + p_{x:j}^{-1} \cdot i_{x:j} = p_{x:j}^{-1} \cdot (1 + i_{x:j}) = p_{x:j}^{-1} \cdot r_{x:j}$$

$$= \frac{\psi_{j+1}}{\psi_j},$$

d. h. $\Psi := \{\psi^{(1)}, \psi^{(2)}\}$ ist eine 2-Zerlegung von ψ.

(b) Auch hier liefert eine alternative Festlegung

$$\bar{\psi}_0^{(1)} = \bar{\psi}_0^{(2)} := 1$$

und

$$\bar{\psi}_j^{(1)} := {}_jr_x \quad \text{bzw.} \quad \bar{\psi}_j^{(2)} := {}_jp_x^{-1} \cdot {}_jr_x \cdot \prod_{t=0}^{j-1} q_{x:t}, \quad j = 1, 2, \ldots, n$$

dann

$$\frac{\bar{\psi}_{j+1}^{(1)}}{\bar{\psi}_j^{(1)}} + \frac{\bar{\psi}_{j+1}^{(2)}}{\bar{\psi}_j^{(2)}} = r_{x:j} + r_{x:j} \cdot p_{x:j}^{-1} \cdot q_{x:j} = r_{x:j} \cdot (1 + p_{x:j}^{-1} \cdot q_{x:j}) = r_{x:j} \cdot p_{x:j}^{-1}$$

$$= \frac{\psi_{j+1}}{\psi_j},$$

und damit eine weitere 2-Zerlegung $\bar{\Psi} = \{\bar{\psi}^{(1)}, \bar{\psi}^{(2)}\}$ von ψ.

Dass zu einem vorgegebenen $\phi \in \mathbb{R}_H^{n+1}$ stets m-Zerlegungen Φ existieren, ist Aussage des folgenden einfachen Lemmas:

Lemma 6.12

Es seien $\phi, \phi' \in \mathbb{R}_H^{n+1}$, $m \in \mathbb{N}$.

(i) Dann gibt es eine m-Zerlegung $\Phi = \{\phi^{(1)}, \phi^{(2)}, \ldots, \phi^{(m)}\} \subset \mathbb{R}_H^{n+1}$ von ϕ.

(ii) Ist $\Phi = \{\phi^{(1)}, \phi^{(2)}, \ldots, \phi^{(m)}\} \subset \mathbb{R}_H^{n+1}$, so ist Φ genau dann eine m-Zerlegung von ϕ, wenn

$$\bar{\Phi} = \phi' \circ \Phi := \{\phi' \circ \phi^{(1)}, \phi' \circ \phi^{(2)}, \ldots, \phi' \circ \phi^{(m)}\} \qquad (6.17)$$

eine m-Zerlegung von $\bar{\phi} := \phi' \circ \phi$ ist.

(iii) Φ ist genau dann eine m-Zerlegung von ϕ, wenn

$$\sum_{k=1}^{m} (\phi^{-1})_\Delta \circ \phi_\Delta^{(k)} + \mathbb{1}_n = \mathbb{1}.$$

(iv) Für eine gegebene m-Zerlegung $\Phi = \{\phi^{(1)}, \phi^{(2)}, \ldots, \phi^{(m)}\}$ von ϕ lässt sich ϕ darstellen als

$$\phi = \sum_{k=1}^{m} \alpha^{(k)} \circ \phi^{(k)}.$$

Hierbei ist

$$\alpha^{(k)} = \alpha_k \cdot \phi \circ \phi^{(k)^{-1}}$$

mit beliebigen Zahlen $\alpha_k \neq 0$, $k = 1, 2, \ldots, m$, die $\sum_{k=1}^{m} \alpha_k = 1$ erfüllen.

(v) Ist $\{\phi^{(1)}, \phi^{(2)}, \ldots, \phi^{(m)}\} \subset \mathbb{R}_H^{n+1}$ derart, dass der Vektor

$$\phi := \sum_{k=1}^{m} \phi^{(k)}$$

H-invertierbar ist, dann ist

$$\Phi := \{\beta^{(1)} \circ \phi^{(1)}, \beta^{(2)} \circ \phi^{(2)}, \ldots, \beta^{(m)} \circ \phi^{(m)}\}$$

mit

$$\beta_j^{(k)} := \begin{cases} 1, & \text{für} \quad j = 0, \\ \prod_{t=0}^{j-1} \phi_t^{-1} \cdot \phi_t^{(k)}, & \text{für} \quad j = 1, \ldots, n \end{cases}$$

eine m-Zerlegung von ϕ.

Beweis.

(i) *Für $m = 1$ ist $\Phi = \{\phi^{(1)}\} := \{\phi\}$ eine 1-Zerlegung von ϕ. Es sei nun $m \geq 2$ und $\Phi := \{\phi^{(1)}, \phi^{(2)}, \ldots, \phi^{(m-1)}\}$ eine $(m-1)$-Zerlegung von ϕ. Man betrachte nun irgendeinen der H-invertierbaren Vektoren $\phi^{(k)} \in \Phi$, etwa $\phi^{(m-1)}$. Wir bestimmen für*

$\phi^{(m-1)}$ *eine 2-Zerlegung* $\bar{\Phi} = \{\phi^{(0)}, \phi^{(m)}\}$. *Dazu setze man etwa*

$$\phi_0^{(0)} = \phi_0^{(m)} := \phi_0^{(m-1)}$$

und wähle induktiv für j = 0, 1, . . . , n−1 nacheinander Werte $\phi_{j+1}^{(0)} \neq 0$ *und* $\phi_{j+1}^{(m)} \neq 0$
derart, dass

$$\frac{\phi_{j+1}^{(0)}}{\phi_j^{(0)}} + \frac{\phi_{j+1}^{(m)}}{\phi_j^{(m)}} = \frac{\phi_{j+1}^{(m-1)}}{\phi_j^{(m-1)}}.$$

Eine solche Wahl ist stets möglich. Das so definierte Paar $\{\phi^{(0)}, \phi^{(m)}\}$ *H-invertierbarer Vektoren stellt damit eine 2-Zerlegung von* $\phi^{(m-1)}$ *dar.*
Damit ist aber $\Phi' := \{\phi^{(1)}, \phi^{(2)}, \ldots, \phi^{(m-2)}, \phi^{(0)}, \phi^{(m)}\}$ *eine m-Zerlegung von* ϕ*. Mit*
der Umnummerierung $\phi^{(m-1)} := \phi^{(0)}$ *folgt (i).*

(ii) *Klar, aus der Definition einer Zerlegung.*
(iii) *Indem man in (ii) speziell* $\phi' := \phi^{-1}$ *setzt, ist also* $\phi^{-1} \circ \Phi$ *eine m-Zerlegung des
H-invertierbaren Vektors* $\mathbb{1}$*. Wegen* $\mathbb{1}_\Delta = \mathbb{1} - \mathbb{1}_n$*, ergibt sich dann unmittelbar die
Aussage.*
(iv) *Wegen* $\alpha_0^{(k)} \neq 0$, $\sum_{k=1}^m \alpha_k = 1$ *erhält man (iv) durch einfaches Nachrechnen.*
(v) *Zieht man für* ϕ_Δ *die Darstellung (6.5) aus Lemma 6.2 (v) heran, also*

$$\phi_\Delta = \sum_{k=1}^m \phi^{-1} \circ \phi^{(k)} \circ \phi_\Delta^{(k)},$$

ergibt sich

$$(\beta^{(k)} \circ \phi^{(k)})_\Delta = \beta_\Delta^{(k)} \circ \phi_\Delta^{(k)} = \phi^{-1} \circ \phi^{(k)} \circ \phi_\Delta^{(k)}.$$

∎

Wegen Lemma 6.12 (i) können wir uns einen vorgegebenen H-invertierbaren Vektor
ϕ also stets aus „irgendwelchen" anderen H-invertierbaren Vektoren auf diese Weise
„zusammengesetzt" vorstellen, sofern sich deren Veränderungsraten additiv verhalten.
Sowohl aus den Beispielen als auch der Art der Konstruktion von Φ in Lemma 6.12 wird
klar, dass derartige „Zusammensetzungen" von ϕ allerdings nicht eindeutig sind.

Aber auch umgekehrt kann eine Menge von H-invertierbaren Vektoren in diesem
Sinne einen anderen H-invertierbaren Vektor „zusammensetzen".

Korollar 6.13

Für $m \geq 2$ sei $\Phi := \{\phi^{(1)}, \phi^{(2)}, \ldots, \phi^{(m)}\} \subset \mathbb{R}_H^{n+1}$ mit der Eigenschaft

$$\sum_{k=1}^m \frac{\phi_{j+1}^{(k)}}{\phi_j^{(k)}} \neq 0, \quad j = 0, 1, \ldots, n-1.$$

Dann gibt es ein $\phi \in \mathbb{R}_H^{n+1}$ derart, dass Φ eine m-Zerlegung von ϕ ist.

Beweis. *Wegen* $\phi_0^{(k)} \neq 0$, $k = 1, 2, \ldots, m$ *gibt es Zahlen* $\alpha_0^{(k)}$ *mit*

$$\phi_0 := \sum_{k=1}^{m} \phi_0^{(k)} \cdot \alpha_0^{(k)} \neq 0.$$

Nachdem ϕ_0 auf eine solche Weise festgelegt wurde, setze für $j = 1, 2, \ldots, n$ dann induktiv:

$$\phi_j := \phi_{j-1} \cdot \left(\sum_{k=1}^{m} \frac{\phi_j^{(k)}}{\phi_{j-1}^{(k)}} \right).$$

Der so definierte Vektor $\phi \in \mathbb{R}^{n+1}$ erfüllt die geforderte Eigenschaft. ∎

Die Voraussetzung in Korollar 6.13 ist natürlich stets erfüllt, wenn $\phi^{(k)} > 0$ mit $k = 1, 2, \ldots, m$.

Ähnlich wie in Beispiel 6.10, in welchem das „Zusammenlegen" disjunkter Kollektive illustriert wurde, sollen diesmal Kapitalanlagen „zusammengelegt" werden.

Beispiel 6.14

Wir gehen von $m = 2$ verschiedenen Kapitalanlageprofilen $r^{(1)}(x, n)$ und $r^{(2)}(x, n)$ aus. Deren zugehörige Wachstumsraten seien durch die Zinssatzprofile $i_{x:}^{(1)}$ bzw. $i_{x:}^{(2)}$ beschrieben. Zum Zeitpunkt $t = 0$ werden zwei Kapitale $K_0^{(1)} > 0$, $K_0^{(2)} > 0$ entsprechend den Profilen $r^{(1)}(x, n)$ bzw. $r^{(2)}(x, n)$ angelegt. Auf diese Weise gibt ein Eintrag $K_j^{(k)}$ im Profil

$$K^{(k)} = (K_0^{(k)}, K_1^{(k)}, \ldots, K_n^{(k)}) > 0, \quad k = 1, 2$$

den Wert des Anfangskapitals $K_0^{(k)}$ zum Zeitpunkt j an.

Aus den beiden Anlageprofilen soll nun das Profil der „gemischten Aufzinsungsfaktoren"

$$r_{x:}^{mix} = (r_{x:0}^{mix}, r_{x:1}^{mix}, \ldots, r_{x:n-1}^{mix}, 0)$$

bestimmt werden, mit dem das Kapital $K_0^{(1)} + K_0^{(2)}$ zum Zeitpunkt $t = 0$ angelegt wird und mit dem man dann zum Zeitpunkt j den Wert $K_j^{(1)} + K_j^{(2)}$ beobachten kann. Für

$$K^{mix} := K^{(1)} + K^{(2)}$$

ergibt sich mit (6.5) (siehe Lemma 6.2 (v), S. 179):

$$r_{x:}^{\mathrm{mix}} = (K^{\mathrm{mix}})^{-1} \circ \left(K^{(1)} \circ r_{x:}^{(1)} + K^{(2)} \circ r_{x:}^{(2)} \right).$$

Setzt man dann also die beiden Vektoren $\beta^{(k)} \in \mathbb{R}^{n+1}$ durch

$$\beta_0^{(k)} := 1 \quad \text{und} \quad \beta_j^{(k)} := \prod_{t=0}^{j-1} \frac{K_t^{(k)}}{K_t^{\mathrm{mix}}}, \quad j = 1, 2, \ldots, n, \quad k = 1, 2$$

fest (siehe Lemma 6.12 (v)), dann ist

$$\Phi = \left\{ \beta^{(1)} \circ r^{(1)}(x, n), \beta^{(2)} \circ r^{(2)}(x, n) \right\}$$

eine 2-Zerlegung des gemeinsamen Anlageprofils $r^{\mathrm{mix}}(x, n)$. Durch diese 2-Zerlegung setzt sich also – nicht überraschend – das Profil $r_{x:}^{\mathrm{mix}}$ der Aufzinsungs-faktoren für die zusammengelegte Kapitalanlage als Konvexkombination der beiden Profile $r_{x:}^{(1)}$ und $r_{x:}^{(2)}$ zusammen.

Zu einem gegebenen Vektor $\phi \in \mathbb{R}_H^{n+1}$ und einer Menge $\Phi = \{\phi^{(1)}, \phi^{(2)}, \ldots, \phi^{(m)}\} \subset \mathbb{R}_H^{n+1}$ setzen wir

$$P := (\phi^{(1)^{-1}})_\Delta \circ \phi_\Delta \in \mathbb{R}^{n+1} \tag{6.18}$$

und

$$Q^{(k)} := -(\phi^{(1)^{-1}})_\Delta \circ \phi_\Delta^{(k)} \in \mathbb{R}^{n+1}, \quad k = 2, 3, \ldots, m, \tag{6.19}$$

sowie

$$Q := \sum_{k=2}^{m} Q^{(k)} + \mathbb{1}_n \in \mathbb{R}^{n+1}. \tag{6.20}$$

Mit diesen Festlegungen können wir dann charakterisieren, wann Φ eine m-Zerlegung von ϕ beschreibt:

Lemma 6.15: Charakterisierung von Zerlegungen

Für $m \geq 2$ seien $\phi \in \mathbb{R}_H^{n+1}$ und $\Phi = \{\phi^{(1)}, \phi^{(2)}, \ldots, \phi^{(m)}\} \subset \mathbb{R}_H^{n+1}$ gegeben. Die Vektoren P und Q seien wie in (6.18) bis (6.20) definiert. Dann sind die folgenden Aussagen gleichwertig:

(i) $\Phi =$ ist eine m-Zerlegung von ϕ.

(ii) $P + Q = \mathbb{1}$.

(iii) Für alle $j = 1, 2, \ldots, n$ gilt

$$\sum_{t=0}^{j-1} \frac{\phi_t}{\phi_t^{(1)}} \cdot Q_t = \frac{\phi_0}{\phi_0^{(1)}} - \frac{\phi_j}{\phi_j^{(1)}}. \tag{6.21}$$

Beweis. *(i) $\Leftrightarrow$ (ii): Φ ist eine m-Zerlegung von ϕ genau dann, wenn*

$$\phi_\Delta^{(1)} = \phi_\Delta - \sum_{k=2}^{m} \phi_\Delta^{(k)}.$$

Nach Lemma 6.12 ist Φ eine m-Zerlegung von ϕ aber auch genau dann, wenn $\bar{\Phi} = (\phi^{(1)})^{-1} \circ \Phi$ eine m-Zerlegung von $\bar{\phi} = (\phi^{(1)})^{-1} \circ \phi$ ist. Das bedeutet aber, Φ ist eine m-Zerlegung von ϕ genau dann, wenn

$$\mathbb{1} - \mathbb{1}_n = (\phi^{(1)^{-1}})_\Delta \circ \phi_\Delta^{(1)} = (\phi^{(1)^{-1}})_\Delta \circ \left(\phi_\Delta - \sum_{k=2}^{m} \phi_\Delta^{(k)} \right)$$

$$= (\phi^{(1)^{-1}})_\Delta \circ \phi_\Delta - \sum_{k=2}^{m} (\phi^{(1)^{-1}})_\Delta \circ \phi_\Delta^{(k)}$$

$$= P + \sum_{k=2}^{m} Q^{(k)}.$$

Das heißt aber gerade $P + Q = \mathbb{1}$.

(ii) $\Rightarrow$ (iii): Es sei $1 \le j \le n$. Dann gilt

$$\sum_{t=0}^{j-1} \frac{\phi_t}{\phi_t^{(1)}} \cdot Q_t = \sum_{t=0}^{j-1} \frac{\phi_t}{\phi_t^{(1)}} \cdot (1 - P_t) = \sum_{t=0}^{j-1} \frac{\phi_t}{\phi_t^{(1)}} - \sum_{t=1}^{j} \frac{\phi_{t-1}}{\phi_{t-1}^{(1)}} \cdot \left(\frac{\phi_t}{\phi_{t-1}} \cdot \frac{\phi_{t-1}^{(1)}}{\phi_t^{(1)}} \right)$$

$$= \sum_{t=0}^{j-1} \frac{\phi_t}{\phi_t^{(1)}} - \sum_{t=1}^{j-1} \frac{\phi_t}{\phi_t^{(1)}} - \frac{\phi_j}{\phi_j^{(1)}} = \frac{\phi_0}{\phi_0^{(1)}} - \frac{\phi_j}{\phi_j^{(1)}}.$$

(iii) $\Rightarrow$ (ii): Für $j = 1$ erhält man

$$\frac{\phi_0}{\phi_0^{(1)}} \cdot Q_0 = \sum_{t=0}^{j-1} \frac{\phi_t}{\phi_t^{(1)}} \cdot Q_t = \frac{\phi_0}{\phi_0^{(1)}} - \frac{\phi_1}{\phi_1^{(1)}}, \quad d.h. \quad Q_0 = 1 - P_0.$$

Für $2 \le j \le n$ haben wir:

$$\frac{\phi_{j-1}}{\phi_{j-1}^{(1)}} \cdot Q_{j-1} = \sum_{t=0}^{j-1} \frac{\phi_t}{\phi_t^{(1)}} \cdot Q_t - \sum_{t=0}^{j-2} \frac{\phi_t}{\phi_t^{(1)}} \cdot Q_t = \frac{\phi_{j-1}}{\phi_{j-1}^{(1)}} - \frac{\phi_j}{\phi_j^{(1)}},$$

woraus sich unmittelbar $Q_j = 1 - P_j$ ergibt. Für $j = n$ gilt:

$$1 = Q_n = 1 - P_n.$$

∎

Wir nehmen die folgende Konvention vor: Ist $m = 2$, so schreiben wir anstelle von $Q^{(2)}$ einfach Q, d. h. $Q := Q^{(2)} + \mathbb{1}_n$. Das nächste Beispiel macht deutlich, dass nicht notwendigerweise $P_j \geq 0$ bzw. $Q_j \geq 0$ gelten muss.

Beispiel 6.16

(i) Wir betrachten ϕ und die 2-Zerlegung $\Phi = \{\phi^{(1)}, \phi^{(2)}\}$ von ϕ aus Beispiel 6.11 (i) (siehe S. 194). Hier erhalten wir aus (6.18) bis (6.20) dann für $m = 2$ und $j = 0, 1, \dots, n-1$

$$Q_j = -\frac{\phi^{(2)}_{j+1}}{\phi^{(2)}_j} \cdot \frac{\phi^{(1)}_j}{\phi^{(1)}_{j+1}} = 2 \quad \text{bzw.} \quad P_j = \frac{\phi_{j+1}}{\phi_j} \cdot \frac{\phi^{(1)}_j}{\phi^{(1)}_{j+1}} = -1.$$

(ii) Stellt ϕ die ersten $n + 1$ Glieder der FIBONACCI-Folge dar, dann rechnen wir für die Zerlegung $\Phi = \{\phi^{(1)}, \phi^{(2)}\}$ von ϕ in Beispiel 6.11 (ii) aus:

$$Q_0 := -1 \quad \text{und} \quad P_0 = 2$$

und für $1 \leq j \leq n-1$

$$Q_j = -\frac{\phi^{(2)}_{j+1}}{\phi^{(2)}_j} \cdot \frac{\phi^{(1)}_j}{\phi^{(1)}_{j+1}} = -\frac{\phi_{j-1}}{\phi_j} \quad \text{bzw.} \quad P_j = \frac{\phi_{j+1}}{\phi_j} \cdot \frac{\phi^{(1)}_j}{\phi^{(1)}_{j+1}} = \frac{\phi_{j+1}}{\phi_j}.$$

Für die Analyse einer Kapitalanlage wird im nachfolgenden Beispiel das Zinssatzprofil $i_{x:}$ in eine „fixe" und eine „variable" Komponente zerlegt. Unter der fixen Komponente könnte man sich in einem versicherungstechnischen Kontext etwa einen „Garantiezinssatz" vorstellen, mit der variablen Komponente gedanklich einen „Überschusszinssatz" verbinden.

Beispiel 6.17

Eine x-jährige Person legt zum Zeitpunkt $t = 0$ ein Kapital der Höhe 1 an. Diese Kapitalanlage besitze eine Laufzeit n und werde „nominal" mit einem jährlich konstanten Zinssatz $i > -1$ verzinst („Garantiezins"). Der tatsächliche Zinssatz $i_{x:j}$ des Jahres $j + 1$ weicht allerdings von i ab (bspw. als Rechnungsgrundlagen 2. Ordnung), d. h. für das Profil der „tatsächlichen" Zinssätze $i_x = (i_{x:0}, i_{x:1}, \dots, i_{x:n-1}, -1)$ gilt

$$i_{x:j} = i + \Delta_{x:j}, \quad j = 0, 1, \dots, n-1,$$

wobei $\Delta_{x;j} \neq 0$ diese Zinssatzabweichung beschreiben soll (bspw. könnte für $\Delta_{x;j} > 0$ ein „Zinsüberschuss" verstanden werden). Es werde hierbei angenommen, dass auch $i_{x;j} > -1$ gilt. Dann induziert $i_{x;}$ ein Kapitalanlageprofil $\phi = r(x, n)$ mit einem zugehörigen Profil $r_{x;}$ jährlicher Aufzinsungsfaktoren. Durch eine Festlegung

$$\phi_0^{(1)} = \phi_0^{(2)} = \phi_0 := 1$$

und

$$\phi_j^{(1)} := (1 + i)^j \quad \text{bzw.} \quad \phi_j^{(2)} := \prod_{k=0}^{j-1} \Delta_{x;k}, \quad j = 1, 2, \ldots, n$$

ist $\Phi = \left\{ \phi^{(1)}, \phi^{(2)} \right\}$ eine 2-Zerlegung von ϕ. Für $j = 0, 1, \ldots, n - 1$ ergibt sich

$$P_j = \frac{\phi_{j+1}}{\phi_j} \cdot \frac{\phi_j^{(1)}}{\phi_{j+1}^{(1)}} = \frac{r_{x;j}}{1 + i} \quad \text{bzw.} \quad Q_j = -\frac{\phi_{j+1}^{(2)}}{\phi_j^{(2)}} \cdot \frac{\phi_j^{(1)}}{\phi_{j+1}^{(1)}} = -\frac{\Delta_{x;j}}{1 + i}.$$

Mit (6.21) erhält man

$$\sum_{t=0}^{j-1} \frac{\phi_t}{\phi_t^{(1)}} \cdot Q_t = \sum_{t=0}^{j-1} \frac{{}_t r_x}{(1 + i)^t} \cdot \frac{-\Delta_{x;t}}{1 + i} = 1 - \frac{{}_j r_x}{(1 + i)^j} = \frac{(1 + i)^j - {}_j r_x}{(1 + i)^j},$$

das damit als ein Maß für die „Anlagesensitivität" angesehen werden kann. Die Größe beschreibt für jeden Zeitpunkt j die relative Abweichung des Wertes einer j-jährigen Kapitalanlage von der Kapitalanlage mit „nominalem" Zinssatz.

Im nächsten Beispiel kommen wir auf verschiedene Zerlegungen zurück, die vor einem versicherungstechnischen Hintergrund bereits in vorangegangen Beispielen aufgetaucht sind. Im Besonderen sollen dabei auch hier die unterschiedlichen Bedeutungen, die jeweils mit den Größen P und Q verbunden werden, illustriert werden.

Beispiel 6.18

(i) Im Beispiel 6.11 (iii) (siehe S. 194) mit dem H-invertierbaren Vektor $\phi := v(x, n) \circ p(x, n)$ ergibt sich aus der dort angegebenen 2-Zerlegung $\Phi = \{\phi^{(1)}, \phi^{(2)}\}$ für die Vektoren P und Q und $j = 0, 1, \ldots, n - 1$ speziell:

$$P_j = \frac{\phi_{j+1}}{\phi_j} \cdot \frac{\phi_j^{(1)}}{\phi_{j+1}^{(1)}} = \left(\frac{{}_{j+1}v_x \cdot {}_{j+1}p_x}{{}_j v_x \cdot {}_j p_x} \right) \cdot \left(\frac{{}_j v_x}{{}_{j+1}v_x} \right) = p_{x;j}$$

und

$$Q_j = -\frac{\phi_{j+1}^{(2)}}{\phi_j^{(2)}} \cdot \frac{\phi_j^{(1)}}{\phi_{j+1}^{(1)}} = -\left(-\frac{v_{x:j} \cdot q_{x:j}}{v_{x:j}}\right) = q_{x:j}.$$

Hier haben die Vektoren P und Q also einen „rein biometrischen" Charakter. Der Zusammenhang (6.21) in Lemma 6.12 liefert hier:

$$\sum_{t=0}^{j-1} \frac{\phi_t}{\phi_t^{(1)}} \cdot Q_t = \sum_{t=0}^{j-1} \frac{_t v_x \cdot {_t p_x}}{_t v_x} \cdot q_{x:t} = \sum_{t=0}^{j-1} {_t p_x} \cdot q_{x:t} = 1 - \frac{_j v_x \cdot {_j p_x}}{_j v_x} = 1 - {_j p_x}.$$

Diese Größe drückt also in diesem speziellen Fall die Wahrscheinlichkeit aus, bis zum Zeitpunkt j nicht mehr dem Kollektiv anzugehören bzw. bis zum Zeitpunkt j aus dem Kollektiv auszuscheiden. Sie entspricht damit dem relativen Anteil der bis zum Zeitpunkt j ausgeschiedenen Personen.

(ii) „Vertauscht" man bei der Festlegung von P bzw. Q die beiden Vektoren $\phi^{(1)}$ und $\phi^{(2)}$, d. h.

$$\phi_0^{(1)} = \phi_0^{(2)} := 1$$

und

$$\phi_j^{(1)} := {_j v_x} \cdot \prod_{k=0}^{j-1}(-q_{x:k}) \quad \text{bzw.} \quad \phi_j^{(2)} := {_j v_x}, \quad j = 1, 2, \ldots, n,$$

so ergibt sich

$$P = p_{x:} \circ q_{x:}^{-1} \quad \text{und} \quad Q = -q_{x:}^{-1}.$$

(iii) Für die zweite 2-Zerlegung $\bar{\Phi} = \{\bar{\phi}^{(1)}, \bar{\phi}^{(2)}\}$ von ϕ in Beispiel 6.11 (iii) erhält man für $j = 0, 1, \ldots, n - 1$:

$$\bar{P}_j = \frac{\phi_{j+1}}{\phi_j} \cdot \frac{\bar{\phi}_j^{(1)}}{\bar{\phi}_{j+1}^{(1)}} = \left(\frac{_{j+1} v_x \cdot {_{j+1} p_x}}{_j v_x \cdot {_j p_x}}\right) \cdot \left(\frac{_j p_x}{_{j+1} p_x}\right) = v_{x:j}$$

und

$$\bar{Q}_j = -\frac{\phi_{j+1}^{(2)}}{\bar{\phi}_j^{(2)}} \cdot \frac{\bar{\phi}_j^{(1)}}{\phi_{j+1}^{(1)}} = -\left(-\frac{p_{x:j} \cdot v_{x:j} \cdot i_{x:j}}{p_{x:j}}\right) = v_{x:j} \cdot i_{x:j}.$$

Bei dieser 2-Zerlegung von ϕ haben also die Größen $\bar{P}_j$ bzw. $\bar{Q}_j$ einen „rein finanztechnischen" Charakter. Zum einen werden die jährlichen Abzinsungsfaktoren, zum anderen die jährlichen Diskontraten wiedergegeben.

Hier liefert die Gleichung (6.21) aus Lemma 6.12 dann:

$$\sum_{t=0}^{j-1} \frac{\phi_t}{\bar{\phi}_t^{(1)}} \cdot \bar{Q}_t = \sum_{t=0}^{j-1} \frac{{}_tv_x \cdot {}_tp_x}{{}_tp_x} \cdot v_{x:t} \cdot i_{x:t} = \sum_{t=0}^{j-1} {}_tv_x \cdot v_{x:t} \cdot i_{x:t}$$

$$= 1 - \frac{{}_jv_x \cdot {}_jp_x}{{}_jp_x} = 1 - {}_jv_x.$$

Legt man ein Kapital zum Zeitpunkt $t = 0$ in einen Zerobond an, so kann diese Größe als der relative Zuwachs des angelegten Kapitals bis zum Zeitpunkt j aufgefasst werden.

(iv) Für den H-invertierbaren Vektor

$$\psi = p(x, n)^{-1} \circ r(x, n)$$

und die zugehörige 2-Zerlegung $\bar{\Psi} = \{\bar{\psi}^{(1)}, \bar{\psi}^{(2)}\}$ aus Beispiel 6.11 (v) erhalten wir:

$$P_j = \frac{\psi_{j+1}}{\psi_j} \cdot \frac{\bar{\psi}_j^{(1)}}{\bar{\psi}_{j+1}^{(1)}} = p_{x:j}^{-1}$$

und

$$Q_j = -\frac{\bar{\psi}_{j+1}^{(2)}}{\bar{\psi}_j^{(2)}} \cdot \frac{\bar{\psi}_j^{(1)}}{\bar{\psi}_{j+1}^{(1)}} = -\frac{q_{x:j}}{p_{x:j}}.$$

In diesem Fall beschreibt also P das Profil der einjährigen biometrischen Barwertfaktoren (siehe Bemerkung 1.2, S. 26). Q stellt hier das Profil der Vererbungsfaktoren dar (siehe dazu auch Beispiel 6.5, S. 182).

Für die Interpretation des Ausdrucks $P + Q = \mathbb{1}$ betrachten wir

$$\frac{1}{p_{x:j}} = 1 + \frac{q_{x:j}}{p_{x:j}}, \quad j = 0, 1, \dots, n-1.$$

Besitzt also zum Zeitpunkt j jede der ${}_j\ell_x$ Personen eines Kollektivs ein Kapital von K, welches bei Ausscheiden am Ende der Periode $j + 1$ auf die dann verbliebenen ${}_{j+1}\ell_x$ (also nicht ausgeschiedenen) Personen „vererbt" werden kann, so setzt sich das Kapital $K \cdot \frac{{}_j\ell_x}{{}_{j+1}\ell_x}$ einer einzelnen dieser ${}_{j+1}\ell_x$ nicht ausgeschiedenen Personen erwartungsgemäß aus ihrem jeweilig zu Beginn der Periode vorhandenen Kapital K und ihrem „Erbanteil" $K \cdot \frac{{}_jd_{x:j}}{{}_{j+1}\ell_x}$ zusammen, d. h.

$$K \cdot \frac{1}{p_{x:j}} = K + K \cdot \frac{q_{x:j}}{p_{x:j}}.$$

Bemerkung 6.19. *In Beispiel 6.18 (i) kann man natürlich auch $m \geq 2$ stochastisch voneinander unabhängige Ausscheideursachen berücksichtigen (siehe dazu auch Abschnitte 2.3 und 6.1). Sind diesbezüglich m Profile*

$$q_{x:}^{(k)} = \left(q_{x:0}^{(k)}, q_{x:1}^{(k)}, \ldots, q_{x:n-1}^{(k)}, 0\right), \quad k = 2, 3, \ldots, m+1$$

einjähriger Ausscheidewahrscheinlichkeiten einer heute x-jährigen Person aufgrund der Ausscheideursache $k-1$ gegeben und ist $q_{x:}^{(k)} + \mathbb{1}_n > \mathbb{0}$, $k = 2, 3, \ldots, m$, so ist $\Phi = \{\phi^{(1)}, \phi^{(2)}, \ldots, \phi^{(m+1)}\}$ mit

$$\phi_0^{(k)} = \phi_0 := 1, \quad k = 1, 2, \ldots, m+1$$

und

$$\phi_j^{(1)} := {}_j v_x \quad bzw. \quad \phi_j^{(k)} := (-1)^j \cdot {}_j v_x \cdot \prod_{t=0}^{j-1} q_{x:t}^{(k)}, \quad j = 1, 2, \ldots, n, \quad k = 2, 3, \ldots, m+1$$

eine $(m+1)$-Zerlegung von $\phi = v(x,n) \circ p(x,n)$. Das Analogon zu dem algebraischen Zusammenhang $P + Q = P + \sum_{r=2}^{m+1} Q^{(r)} + \mathbb{1}_n = \mathbb{1}$ im Charakterisierungslemma 6.15 (ii) entspricht hierbei dann

$$p_{x:} + \sum_{k=2}^{m} q_{x:}^{(k)} + \mathbb{1}_n = \mathbb{1}.$$

Wie wir bereits im ersten Teil und anhand einiger Beispiele gesehen haben, spielt ein spezieller H-invertierbarer Vektor des Typs $\phi = v(x,n) \circ p(x,n)$ eine zentrale Rolle für die Kalkulation und Analyse von Lebensversicherungen. Die mit ihm verbundenen wahrscheinlichkeitstheoretischen Identitäten

$$p_{x:} + q_{x:} = \mathbb{1}$$

einerseits, und der finanzmathematische Sachverhalt

$$r_{x:} + (-i_{x:}) = \mathbb{1}$$

andererseits, sind dabei essentiell, um zahlreiche versicherungstechnische Zusammenhänge formal herzuleiten.

Vor dem Hintergrund von Beispiel 6.18 stellt sich die grundsätzliche Frage, ob sich all diese bestehenden Zusammenhänge allein wegen der *inhaltlichen* (also den wahrscheinlichkeitstheoretischen bzw. finanzmathematischen) Tatsachen ergeben, oder ob sie nicht bereits schon durch die zugrunde liegende *formale* Struktur

$$P + Q = \mathbb{1}$$

algebraisch begründet werden können. Es wird sich herausstellen, dass sich derartige Fragen durch den „allgemeineren Zugang" über H-invertierbare Vektoren ϕ zusammen mit zugehörigen m-Zerlegungen klären lassen.

7 ϕ-Orthogonalität

Indem wir die Algebra ($\mathbb{R}^{n+1}$, $\circ$) zusätzlich mit einem Skalarprodukt versehen, werden wir in die Lage versetzt, H-invertierbare Vektoren heranzuziehen, um mit ihnen auf eine strukturell einheitliche Weise Vektoren $T \in \mathbb{R}^{n+1}$ zu bewerten. Eine spezielle Bedeutung kommt dabei denjenigen Vektoren T zu, deren Bewertung gerade den Wert „0" ergibt. Sie bilden sogenannte Orthogonalräume. Es stellt sich heraus, dass die verschiedenen Charakterisierungsmöglichkeiten und Eigenschaften von Elementen dieser Orthogonalräume *die* zentrale Rolle bei der „Einbettung" versicherungstechnischer Zusammenhänge in allgemeinere algebraische Strukturen spielen.

7.1 ϕ-Bewertungen

Die Algebra ($\mathbb{R}^{n+1}$, $\circ$) versehen wir im Weiteren nun zusätzlich mit einer speziellen Bilinearform. Die Abbildung

$$\langle \cdot, \cdot \rangle : \mathbb{R}^{n+1} \times \mathbb{R}^{n+1} \longrightarrow \mathbb{R}$$

mit

$$\langle T, T' \rangle := \sum_{j=0}^{n} T_j \cdot T'_j$$

für zwei beliebige Vektoren $T = (T_0, T_1, \ldots, T_n)$ und $T' = (T'_0, T'_1, \ldots, T'_n) \in \mathbb{R}^{n+1}$ beschreibt dabei das *kanonische Skalarprodukt* (oder auch das kanonische innere Produkt) auf $\mathbb{R}^{n+1}$. Offenbar gilt

(i) $\langle T, T' \rangle = \langle T', T \rangle$ für alle $T, T' \in \mathbb{R}^{n+1}$,

(ii) $\langle T + T'', T' \rangle = \langle T, T' \rangle + \langle T'', T' \rangle$ für alle $T, T', T'' \in \mathbb{R}^{n+1}$,

(iii) $\langle a \cdot T, T' \rangle = a \cdot \langle T, T' \rangle$ für alle $T, T' \in \mathbb{R}^{n+1}$, $a \in \mathbb{R}$,

(iv) $\langle T, T \rangle \geq 0$ für alle $T \in \mathbb{R}^{n+1}$ und $\langle T, T \rangle = 0$ genau dann, wenn $T = \mathbb{O}$.

Der Vektorraum $\mathbb{R}^{n+1}$ zusammen mit einem Skalarprodukt $\langle \cdot, \cdot \rangle$ wird üblicherweise als *Euklidischer Vektorraum* bezeichnet. Mit ihm stehen zahlreiche, aus der (zwei- und dreidimensionalen) Geometrie bekannte Begriffe, wie Länge (einer Strecke), Winkel (zwischen zwei Strecken) oder Abstand (zweier Punkte/Strecken voneinander) in abstrakter Form auch für höher-dimensionale Räume zur Verfügung. Da zudem für $T \in \mathbb{R}^{n+1}$ durch

$$\|T\| := \sqrt{\langle T, T \rangle}$$

eine *Norm* von T definiert ist, lassen sich auch topologische Eigenschaften (wie etwa Stetigkeit oder Konvergenz) untersuchen.

https://doi.org/10.1515/9783110740905-010

Mittels des Skalarprodukts haben wir zudem eine einfache Darstellungsmöglichkeit für die „Bewertung" von Vektoren $T \in \mathbb{R}^{n+1}$. Für $\phi \in \mathbb{R}_H^{n+1}$ und $T \in \mathbb{R}^{n+1}$ nennen wir die Größe

$$\langle \phi, T \rangle = \sum_{j=0}^{n} \phi_j \cdot T_j$$

die ϕ-Bewertung von T. Für $j \in \{0, 1, \ldots, n\}$ nennen wir die Größe

$$\langle \phi, T \rangle_j := \frac{1}{\phi_j} \cdot \langle \phi, T \rangle$$

die ϕ-Bewertung von T bezüglich j.

Die ϕ-Bewertung von T bezüglich j normiert also bei der Summation jeden einzelnen der Einträge von T mit ϕ_j. Wir können damit also eine ϕ-Bewertung von T bezüglich j ebenfalls als eine $\tilde{\phi}$-Bewertung von T auffassen, wobei $\tilde{\phi}$ dem H-invertierbaren Vektor

$$\tilde{\phi} := \frac{1}{\phi_j} \cdot \phi$$

entspricht.

Sofort sieht man, dass die Abbildungen

$$\langle \phi, \cdot \rangle : \mathbb{R}^{n+1} \longrightarrow \mathbb{R} \quad \text{und} \quad \langle \phi, \cdot \rangle_j : \mathbb{R}^{n+1} \longrightarrow \mathbb{R}$$

lineare Funktionen sind und dass für $j < n$

$$\langle \phi, T \rangle_j = \frac{\phi_{j+1}}{\phi_j} \cdot \langle \phi, T \rangle_{j+1} \tag{7.1}$$

gilt.

Bewertungen von Beitrags- oder Leistungsprofilen bei der Kalkulation von Lebensversicherungsverträgen lassen sich offenbar durch Skalarprodukte darstellen.

Beispiel 7.1: Bewertungsfunktionen eines Lebensversicherungsvertrages

Beschreiben $\mathcal{R} = \{p(x, n), r(x, n), C\}$ die Rechnungsgrundlagen eines Lebensversicherungsvertrages, so induzieren $p(x, n)$, $r(x, n)$ für $t = 0, 1, \ldots, n$ die Bewertungsfunktionen $_t W_x(\cdot)$ (siehe dazu Ausdruck (2.3) auf S. 40).

Entspricht $T \in \mathbb{R}^{n+1}$ dem Beitragsprofil B oder dem Leistungsprofil L eines Lebensversicherungsvertrages, so ist

$$_t W_x(T) := (_t v_x \cdot {}_t p_x)^{-1} \cdot \sum_{j=0}^{n} {}_j v_x \cdot ({}_j p_x \cdot T_j)$$

$$= (_t v_x \cdot {}_t p_x)^{-1} \cdot \sum_{j=0}^{n} (p(x, n) \circ v(x, n) \circ T)_j \,.$$

Mit

$$\phi = v(x, n) \circ p(x, n) \in \mathbb{R}_H^{n+1}$$

besitzen diese Funktionen offenbar die Darstellung

$$_t W_x(\cdot) = \langle \phi, \cdot \rangle_t. \tag{7.2}$$

Um die ϕ-Bewertung (und auch diejenige bezüglich j) für einen beliebigen Vektor $T \in \mathbb{R}^{n+1}$ anzugeben, reicht es aus, die entsprechende Bewertung auf einzelnen, speziellen Vektoren zu kennen: Sei dazu

$$\mathcal{B} := \left\{ T^{(0)}, T^{(1)}, \ldots, T^{(k)}, \ldots, T^{(n)} \right\}$$

eine *Basis* von $\mathbb{R}^{n+1}$. Dann lässt sich bekanntlich jeder Vektor $T \in \mathbb{R}^{n+1}$ als

$$T = \sum_{k=0}^{n} \lambda_k \cdot T^{(k)}$$

repräsentieren. Hierbei sind die reellen Zahlen λ_k eindeutig bestimmt. Der Vektor $\lambda := (\lambda_0, \lambda_1, \ldots, \lambda_n) \in \mathbb{R}^{n+1}$ ergibt sich als Lösung des Gleichungssystems

$$A \cdot \lambda = T.$$

In der $(n + 1) \times (n + 1)$-Matrix A besteht die k-te Spalte gerade aus den Einträgen des entsprechenden Basisvektors $T^{(k)}$. Dies führt zur Darstellung:

$$\langle \phi, T \rangle_j = \langle \phi, \sum_{k=0}^{n} \lambda_k \cdot T^{(k)} \rangle_j = \sum_{k=0}^{n} \lambda_k \cdot \langle \phi, T^{(k)} \rangle_j.$$

Die ϕ-Bewertung (und die bezüglich j) eines Vektors $T \in \mathbb{R}^{n+1}$ ist somit eindeutig durch die ϕ-Bewertungen auf den einzelnen Basisvektoren $T^{(k)}$, $k = 0, 1, \ldots, n$ der Basis $\mathcal{B}$ und durch den Vektor λ bestimmt.

Beispiel 7.2

Vor dem Hintergrund des nachfolgenden Abschnitts, aber auch um später spezielle ϕ-Bewertungen vorzunehmen, werden wir zunächst zwei spezielle Basen $\mathcal{B}$ und $\mathcal{B}'$ von Vektoren des $\mathbb{R}^{n+1}$ benutzen, nämlich

(i) die Basis $\mathcal{B} = \{e_0, e_1, \ldots, e_j, \ldots, e_n\}$ als die Menge der „Standard-Einheits-vektoren" in $\mathbb{R}^{n+1}$ mit

$$
e_0 = \begin{pmatrix} 1 \\ 0 \\ 0 \\ 0 \\ \vdots \\ 0 \\ 0 \\ 0 \\ \vdots \\ 0 \\ 0 \end{pmatrix}, \quad e_1 = \begin{pmatrix} 0 \\ 1 \\ 0 \\ 0 \\ \vdots \\ 0 \\ 0 \\ 0 \\ \vdots \\ 0 \\ 0 \end{pmatrix}, \ldots, \quad e_j = \begin{pmatrix} 0 \\ 0 \\ 0 \\ 0 \\ \vdots \\ 0 \\ 1 \\ 0 \\ \vdots \\ 0 \\ 0 \end{pmatrix}, \ldots, \quad e_n = \begin{pmatrix} 0 \\ 0 \\ 0 \\ 0 \\ \vdots \\ 0 \\ 0 \\ 0 \\ \vdots \\ 0 \\ 1 \end{pmatrix},
$$

(ii) die Basis $\mathcal{B}' = \{\mathbb{1}_0, \mathbb{1}_1, \ldots, \mathbb{1}_j, \ldots, \mathbb{1}_n\}$ (siehe auch S. 40) mit

$$
\mathbb{1}_0 = \mathbb{1} = \begin{pmatrix} 1 \\ 1 \\ 1 \\ 1 \\ 1 \\ \vdots \\ 1 \\ 1 \\ \vdots \\ 1 \\ 1 \end{pmatrix}, \quad \mathbb{1}_1 = \begin{pmatrix} 0 \\ 1 \\ 1 \\ 1 \\ 1 \\ \vdots \\ 1 \\ 1 \\ \vdots \\ 1 \\ 1 \end{pmatrix}, \ldots, \quad \mathbb{1}_j = \begin{pmatrix} 0 \\ 0 \\ 0 \\ 0 \\ \vdots \\ 0 \\ 1 \\ 1 \\ \vdots \\ 1 \\ 1 \end{pmatrix}, \ldots, \quad \mathbb{1}_n = e_n = \begin{pmatrix} 0 \\ 0 \\ 0 \\ 0 \\ \vdots \\ 0 \\ 0 \\ 0 \\ \vdots \\ 0 \\ 1 \end{pmatrix}.
$$

7.1.1 Die ϕ-Transformierte

Neben den linearen Abbildungen $\langle \phi, \cdot \rangle$ und $\langle \phi, \cdot \rangle_j$ induziert der H-invertierbare Vektor $\phi \in \mathbb{R}_{\mathrm{H}}^{n+1}$ mit der sogenannten *ϕ-Transformierten*

$$
Z(\phi, \cdot) : \mathbb{R}^{n+1} \longrightarrow \mathbb{R}^{n+1}
$$

eine weitere lineare Abbildung. Für $T = (T_0, T_1, \ldots, T_n) \in \mathbb{R}^{n+1}$ sind die Einträge im Vektor

$$
Z(\phi, T) := (Z_0(\phi, T), Z_1(\phi, T), \ldots, Z_n(\phi, T)) \in \mathbb{R}^{n+1}
$$

hierbei durch

$$Z_j(\phi, T) := \begin{cases} \dfrac{\phi_{j+1}}{\phi_j} \cdot T_{j+1}, & j = 0, 1, \dots, n-1, \\[2ex] \dfrac{\phi_0}{\phi_n} \cdot T_0, & j = n \end{cases} \qquad (7.3)$$

festgelegt. Den Vektor $Z(\phi, T)$ nennen wir die *ϕ-Transformierte von T*. Offenbar gilt

$$Z(\phi, T) = Z(\phi, \mathbb{1}) \circ Z(\mathbb{1}, T)$$
$$= \phi^{-1} \circ Z(\mathbb{1}, \phi \circ T) = \phi^{-1} \circ Z(\mathbb{1}, \phi) \circ Z(\mathbb{1}, T).$$

In der speziellen Situation $\phi = \mathbb{1}$ beschreibt

$$Z(\mathbb{1}, T) = (T_1, T_2, \dots, T_n, T_0)$$

den sogenannten *zyklischen Links-shift von T*.

Bezüglich der Basis $\mathcal{B}$ lässt sich die ϕ-Transformierte $Z(\phi, \cdot)$ durch die $(n+1) \times (n+1)$-Matrix

$$M_\phi := \begin{pmatrix} 0 & \frac{\phi_1}{\phi_0} & 0 & 0 & \cdots & \cdots & 0 & 0 \\ 0 & 0 & \frac{\phi_2}{\phi_1} & 0 & \cdots & \cdots & 0 & 0 \\ 0 & 0 & 0 & \ddots & \ddots & & \vdots & \vdots \\ \vdots & \ddots & \ddots & \ddots & \ddots & & \vdots & \vdots \\ 0 & 0 & \cdots & 0 & 0 & \frac{\phi_i}{\phi_{i-1}} & 0 \\ \vdots & \vdots & & & \ddots & \ddots & \ddots & \vdots \\ 0 & 0 & \cdots & & \cdots & 0 & 0 & \frac{\phi_n}{\phi_{n-1}} \\ \frac{\phi_0}{\phi_n} & 0 & \cdots & & \cdots & 0 & 0 \end{pmatrix} \qquad (7.4)$$

repräsentieren, d. h. es gilt $Z(\phi, T) = M_\phi \cdot T$. Für die Determinante $\det(M_\phi)$ von M_ϕ ergibt sich (durch Entwicklung nach der ersten Spalte):

$$\det(M_\phi) = (-1)^{n+2} \cdot \frac{\phi_0}{\phi_n} \cdot \left(\frac{\phi_1}{\phi_0} \cdot \frac{\phi_2}{\phi_1} \cdot \dots \cdot \frac{\phi_{n-1}}{\phi_{n-2}} \cdot \frac{\phi_n}{\phi_{n-1}} \right) = (-1)^{n+2} \neq 0.$$

Bezeichnen wir mit I_{n+1} die Einheitsmatrix in $\mathbb{R}^{(n+1)\times(n+1)}$, so erhält man für $\lambda \in \mathbb{R}$ entsprechend:

$$\det(M_\phi - \lambda \cdot I_{n+1})$$
$$= (-1)^2 \cdot (-\lambda) \cdot (-\lambda)^n + (-1)^{n+2} \cdot \frac{\phi_0}{\phi_n} \cdot \left(\frac{\phi_1}{\phi_0} \cdot \frac{\phi_2}{\phi_1} \cdot \dots \cdot \frac{\phi_{n-1}}{\phi_{n-2}} \cdot \frac{\phi_n}{\phi_{n-1}} \right)$$
$$= (-\lambda)^{n+1} + (-1)^{n+2} = (-1)^{n+1} \cdot \left(\lambda^{n+1} - 1 \right).$$

Somit ist $\lambda = 1$ ein *Eigenwert* von $Z(\phi, \cdot)$. Wegen $\mathrm{rang}(M_\phi - I_{n+1}) = n$ ist folglich der zum Eigenwert $\lambda = 1$ gehörende *Eigenraum* $\mathrm{kern}(M_\phi - I_{n+1})$ ein 1-dimensionaler Untervektorraum von $\mathbb{R}^{n+1}$. Wegen

$$\mathrm{kern}(M_\phi - I_{n+1}) = \mathrm{span}\left\{ \phi^{-1} \right\} \qquad (7.5)$$

ist ϕ^{-1} *Eigenvektor* von $Z(\phi, \cdot)$ zum Eigenwert 1.

Setzen wir $Z^0(\phi, T) := T$, dann nennen wir für $k \geq 1$ die (rekursiv definierte) Abbildung

$$Z^k(\phi, T) := Z\left(\phi, Z^{k-1}(\phi, T)\right)$$

die *k-fache ϕ-Transformierte* von T. Offenbar ist $Z^{n+1}(\mathbb{1}, T) = T$.

Mit dem nächsten Lemma listen wir einige Eigenschaften der ϕ-Transformierten $Z(\phi, \cdot)$ auf, deren Bedeutung im nächsten Kapitel klarer wird.

Lemma 7.3

Es seien $\phi, \psi, \alpha \in \mathbb{R}_H^{n+1}$, $T, T' \in \mathbb{R}^{n+1}$ und $a, b, \in \mathbb{R}$.

(i) $Z(\phi, a \cdot T + b \cdot T') = a \cdot Z(\phi, T) + b \cdot Z(\phi, T')$.

(ii) $Z(a \cdot \phi, T) = Z(\phi, T)$, falls $a \neq 0$.

(iii) $Z(\phi \circ \psi, T \circ T') = Z(\phi, T) \circ Z(\psi, T') = Z(\psi, T') \circ Z(\phi, T)$.
Speziell gilt also:

$$Z(\phi \circ \psi, T) = Z(\phi, T) \circ Z(\psi, \mathbb{1}) \quad \text{und} \quad Z(\phi, T \circ T') = Z(\phi, T) \circ Z(\mathbb{1}, T').$$

(iv) $\alpha \circ Z(\alpha \circ \phi, T) = Z(\phi, \alpha \circ T)$.

(v) $Z(\phi, \mathbb{1}) = Z(\mathbb{1}, \phi) \circ \phi^{-1}$.

(vi) $Z(\phi, \mathbb{1}_1) = \phi_\Delta$.

(vii) $Z(\phi, \phi^{-1}) = \phi^{-1}$.

(viii) $Z(\phi \circ \psi, T) = \psi_\Delta \circ Z(\phi, T) = \phi_\Delta \circ Z(\psi, T)$, falls $T_0 = 0$.

(ix) Die folgenden Aussagen sind gleichwertig

(a) $Z(\phi, T) = Z(\psi, T)$ für alle $T \in \mathbb{R}^{n+1}$.

(b) $Z(\phi, \mathbb{1}) = Z(\psi, \mathbb{1})$.

(c) $\phi = c \cdot \psi$ für ein $c \neq 0$.

(x) Ist $\Phi = \{\phi^{(1)}, \phi^{(2)}, \ldots, \phi^{(m)}\}$ eine m-Zerlegung von ϕ und $T_0 = 0$, dann ist

$$Z(\phi, T) = \sum_{r=1}^{m} Z(\phi^{(r)}, T). \tag{7.6}$$

(xi) Für $k \in \mathbb{N}_0$ und $T \in \mathbb{R}^{n+1}$ gilt

$$Z^k(\phi, T) = \phi^{-1} \circ Z^k(\mathbb{1}, \phi \circ T) = \phi^{-1} \circ Z^k(\mathbb{1}, \phi) \circ Z^k(\mathbb{1}, T), \tag{7.7}$$

also insbesondere

$$Z^{n+1}(\phi, T) = T.$$

(xii) Für $k \in \mathbb{N}_0$ und $T \in \mathbb{R}^{n+1}$ gilt

$$\langle \phi, Z^k(\phi, T) \rangle = \langle \phi, T \rangle.$$

(xiii) Für $k_1, k_2 \in \mathbb{N}_0$ gilt

$$Z^{k_1}(\phi, Z^{k_2}(\phi, T)) = Z^{k_2}(\phi, Z^{k_1}(\phi, T)). \qquad (7.8)$$

Beweis. *Die aufgeführten Eigenschaften (i) bis (x) sind alle leicht nachzuweisen und ergeben sich unmittelbar aus der Definition der ϕ-Transformierten $Z(\phi, \cdot)$ bzw. der Eigenschaft des* HADAMARD-*Produkts.*

Zu (xi): Mit vollständiger Induktion über k macht man sich klar, dass für $j \in \{0, 1, \ldots, n\}$

$$Z_j^k(\phi, T) = \frac{1}{\phi_j} \cdot \left(\phi_{j+k} \cdot T_{j+k} \right) = \frac{1}{\phi_j} \cdot Z_j^k(\mathbb{1}, \phi) \cdot Z_j^k(\mathbb{1}, T)$$

gilt. Hierbei ist der Index $j + k$ modulo $n + 1$ zu lesen:
Für $k = 0$ gilt diese Tatsache per Definition. Nun sei angenommen, dass für $k \geq 0$ die Gleichheiten in (7.7) gelten. D. h. für alle $j \in \{0, 1, \ldots, n\}$:

$$Z_j^k(\phi, T) = \frac{\phi_{j+k}}{\phi_j} \cdot T_{j+k} = \frac{1}{\phi_j} \left(\phi_{j+k} \cdot T_{j+k} \right). \qquad (7.9)$$

gelte. Wir betrachten nun den Fall $k + 1$: Wegen

$$Z^{k+1}(\phi, T) = Z(\phi, Z^k(\phi, T)) = \phi^{-1} \circ Z(\mathbb{1}, \phi) \circ Z(\mathbb{1}, Z^k(\phi, T))$$

erhalten wir für $j = 0, 1, \ldots, n$ unmittelbar

$$\begin{aligned} Z_j^{k+1}(\phi, T) &= \frac{\phi_{j+1}}{\phi_j} \cdot Z_{j+1}^k(\phi, T) = \frac{\phi_{j+1}}{\phi_j} \cdot \frac{\phi_{(j+1)+k}}{\phi_{j+1}} \cdot T_{(j+1)+k} \\ &= \frac{\phi_{j+(k+1)}}{\phi_j} \cdot T_{j+(k+1)} = \frac{1}{\phi_j} \left(\phi_{j+(k+1)} \cdot T_{j+(k+1)} \right) \\ &= \frac{1}{\phi_j} \cdot Z_j^{k+1}(\mathbb{1}, \phi) \cdot Z_j^{k+1}(\mathbb{1}, T). \end{aligned}$$

Das heißt aber gerade, dass für $k + 1$ die Darstellung

$$Z^{k+1}(\phi, T) = \phi^{-1} \circ Z^{k+1}(\mathbb{1}, \phi \circ T) = \phi^{-1} \circ Z^{k+1}(\mathbb{1}, \phi) \circ Z^{k+1}(\mathbb{1}, T)$$

richtig ist.

Zu (xii): Es reicht aus, dies für $1 \leq k \leq n$ zu zeigen. Hier ergibt sich

$$\langle \phi, T \rangle = \sum_{j=0}^{n} \phi_j \cdot T_j = \sum_{j=k}^{n} \phi_j \cdot T_j + \sum_{j=0}^{k-1} \phi_j \cdot T_j$$

$$= \sum_{j=0}^{n-k} Z_j^k(\mathbb{1}, \phi) \cdot Z_j^k(\mathbb{1}, T) + \sum_{n-k+1}^{n} Z_j^k(\mathbb{1}, \phi) \cdot Z_j^k(\mathbb{1}, T)$$

$$= \langle \mathbb{1}, Z^k(\mathbb{1}, \phi) \circ Z^k(\mathbb{1}, T) \rangle = \langle \phi, \phi^{-1} \circ Z^k(\mathbb{1}, \phi) \circ Z^k(\mathbb{1}, T) \rangle$$

$$= \langle \phi, Z^k(\phi, T) \rangle.$$

Zu (xiii): Es gilt

$$Z^{k_1}(\phi, Z^{k_2}(\phi, T)) = \phi^{-1} \circ Z^{k_1}(\mathbb{1}, \phi \circ Z^{k_2}(\phi, T)) = \phi^{-1} \circ Z^{k_1}(\mathbb{1}, \phi) \circ Z^{k_1}(\mathbb{1}, Z^{k_2}(\phi, T))$$

$$= \phi^{-1} \circ Z^{k_1}(\mathbb{1}, \phi) \circ Z^{k_1}(\mathbb{1}, \phi^{-1} \circ Z^{k_2}(\mathbb{1}, \phi) \circ Z^{k_2}(\mathbb{1}, T))$$

$$= \phi^{-1} \circ \underbrace{Z^{k_1}(\mathbb{1}, \phi) \circ Z^{k_1}(\mathbb{1}, \phi^{-1})}_{=\mathbb{1}} \circ Z^{k_1+k_2}(\mathbb{1}, \phi) \circ Z^{k_1+k_2}(\mathbb{1}, T)$$

$$= \phi^{-1} \circ \underbrace{Z^{k_2}(\mathbb{1}, \phi) \circ Z^{k_2}(\mathbb{1}, \phi^{-1})}_{=\mathbb{1}} \circ Z^{k_2}(\mathbb{1}, Z^{k_1}(\mathbb{1}, \phi)) \circ Z^{k_2}(\mathbb{1}, Z^{k_1}(\mathbb{1}, T))$$

$$= \phi^{-1} \circ Z^{k_2}(\mathbb{1}, \phi) \circ Z^{k_2}(\mathbb{1}, \phi^{-1} \circ Z^{k_1}(\mathbb{1}, \phi) \circ Z^{k_1}(\mathbb{1}, T))$$

$$= \phi^{-1} \circ Z^{k_2}(\mathbb{1}, \phi) \circ Z^{k_2}(\mathbb{1}, Z^{k_1}(\phi, T)) = \phi^{-1} \circ Z^{k_2}(\mathbb{1}, \phi \circ Z^{k_1}(\phi, T))$$

$$= Z^{k_2}(\phi, Z^{k_1}(\phi, T)).$$

∎

7.2 Charakterisierung der ϕ-Orthogonalität; Reserven

Für einen H-invertierbaren Vektor $\phi \in \mathbb{R}_H^{n+1}$ betrachten wir nun die Menge

$$\phi^\perp := \{ T \in \mathbb{R}^{n+1} \mid \langle \phi, T \rangle = 0 \},$$

also die Menge solcher Vektoren, deren ϕ-Bewertung verschwindet. Aus geometrischer Sicht handelt es sich um die Menge aller auf ϕ „senkrecht stehender" Vektoren T. Daher sprechen wir bei $\phi^\perp$ auch von dem *Orthogonalraum von ϕ*. Einen Vektor $T \in \phi^\perp$ nennen wir *ϕ-orthogonal*.

In dem nachfolgenden Lemma rekapitulieren wir für den Orthogonalraum $\phi^\perp$ einige Eigenschaften:

Lemma 7.4

Es sei $\langle \cdot, \cdot \rangle$ ein Skalarprodukt in $\mathbb{R}^{n+1}$ und $\phi \in \mathbb{R}_H^{n+1}$.

(i) Die Menge $\phi^\perp$ ist ein Untervektorraum von $\mathbb{R}^{n+1}$ der Dimension $\dim(\phi^\perp) = n$.

(ii) Für $T' \in \mathbb{R}^{n+1}$ und $w \in \mathbb{R}^{n+1}$ mit $\langle \phi, w \rangle \neq 0$ gilt

$$T := \mathrm{pr}_w(T') = T' - \frac{\langle \phi, T' \rangle}{\langle \phi, w \rangle} \cdot w \in \phi^\perp. \tag{7.10}$$

Speziell für $w := \phi$ gilt dann

$$T := \mathrm{pr}_\phi(T') = T' - \frac{\langle \phi, T' \rangle}{\langle \phi, \phi \rangle} \cdot \phi \in \phi^\perp \tag{7.11}$$

bzw. für $w := e_j$, dem j-ten Einheitsvektor der Basis $\mathcal{B}$,

$$T := \mathrm{pr}_{e_j}(T') = T' - \langle \phi, T' \rangle_j \cdot e_j \in \phi^\perp. \tag{7.12}$$

(iii) Für $T' \in \mathbb{R}^{n+1}$ und $k_1, k_2 \in \mathbb{N}_0$ gilt

$$T := Z^{k_1}(\phi, T') - Z^{k_2}(\phi, T') \in \phi^\perp. \tag{7.13}$$

(iv) Die folgenden Aussagen sind gleichwertig:
   (a.) $T \in \phi^\perp$.
   (b.) $T' := \phi \circ \phi'^{-1} \circ T \in \phi'^\perp$ für alle $\phi' \in \mathbb{R}_H^{n+1}$.
   (c.) $Z^k(\phi, T) \in \phi^\perp$ für alle $k \in \mathbb{N}_0$.
   (d.) $\langle \phi, T \rangle_j = 0$ für alle $j = 0, 1, \ldots, n$.
   (e.) $\langle \phi, T \circ \mathbb{1}_j \rangle_j = -\langle \phi, T \circ (\mathbb{1} - \mathbb{1}_j) \rangle_j$ für alle $j = 0, 1, \ldots, n$.

Beweis. *Die Richtigkeit der formulierten Behauptungen lässt sich durch einfache Rechenübungen unmittelbar nachweisen.* ∎

Durch die Abbildungen $\mathrm{pr}_w(\cdot) : \mathbb{R}^{n+1} \longrightarrow \phi^\perp$ in (7.10) (und somit speziell durch $\mathrm{pr}_\phi(\cdot)$ bzw. $\mathrm{pr}_{e_j}(\cdot)$ in (7.11) bzw. (7.12)) werden sogenannte *Projektionen* von $\mathbb{R}^{n+1}$ auf den Untervektorraum $\phi^\perp$ beschrieben. Die spezielle Projektion (7.11) wird auch als die *Orthogonalprojektion* von T' auf $\phi^\perp$ bezeichnet. Diese Abbildungen besitzen die Idempotenz-Eigenschaft, es gilt also $\mathrm{pr}_w(\mathrm{pr}_w(T')) = \mathrm{pr}_w(T')$ für alle $T' \in \mathbb{R}^{n+1}$. Sie sind somit bezüglich des Vektorraums $\phi^\perp$ surjektiv.

7.2.1 Charakterisierungssätze ϕ-orthogonaler Vektoren

Bei den k-fachen ϕ-Transformierten $Z^k(\phi, \cdot)$ handelt es sich im Allgemeinen nicht um Projektionen von $\mathbb{R}^{n+1}$ auf den Untervektorraum $\phi^\perp$. Ihre Eigenschaften liefern dennoch eine einfache Charakterisierung eines Vektors $T \in \phi^\perp$. Diese Charakterisierung wird für das Nachfolgende zentral sein.

Satz 7.5: Allgemeiner Charakterisierungssatz

Es seien $\phi \in \mathbb{R}_H^{n+1}$, $T \in \mathbb{R}^{n+1}$ und $k \in \mathbb{N}$, $k \geq 1$ derart, dass k und $n+1$ teilerfremd sind. Dann sind die nachstehenden Aussagen gleichwertig:

(i) $T \in \phi^{\perp}$.

(ii) Zu jedem Paar $(k_1, k_2) \in \mathbb{N} \times \mathbb{N}_0$ mit $k = k_1 - k_2$ gibt es einen Vektor $R^{(k_1, k_2)} \in \mathbb{R}^{n+1}$ derart, dass

$$T = Z^{k_1}(\phi, R^{(k_1, k_2)}) - Z^{k_2}(\phi, R^{(k_1, k_2)}). \tag{7.14}$$

Beweis. *Die Teilerfremdheit von k und $n+1$ sorgt dafür, dass es zu jedem $j' \in \{0, 1, \ldots, n\}$ genau ein $j \in \{0, 1, \ldots, n\}$ gibt (und umgekehrt), welches die Eigenschaft besitzt*

$$j = j' \cdot k \quad \mathrm{mod} \ (n+1).$$

Denn wäre dies nicht so, dann gäbe es $j_1', j_2' \in \{0, 1, \ldots, n\}$, $j_1' > j_2'$ und $j \in \{0, 1, \ldots, n\}$ mit

$$j = j_1' \cdot k \quad \mathrm{mod} \ (n+1) \quad und \quad j = j_2' \cdot k \quad \mathrm{mod} \ (n+1),$$

was gleichbedeutend damit ist, dass $r_1, r_2 \in \mathbb{N}_0$ existieren, $r_1 > r_2$, sodass

$$j + r_1 \cdot (n+1) = j_1' \cdot k \quad und \quad j + r_2 \cdot (n+1) = j_2' \cdot k$$

erfüllt ist. Das aber hieße $(r_1 - r_2) \cdot (n+1) = (j_1' - j_2') \cdot k$. Aufgrund der Eindeutigkeit von Primfaktorzerlegungen für natürliche Zahlen impliziert diese Gleichheit, dass die Primfaktorzerlegungen von $(r_1 - r_2) \cdot (n+1)$ und $(j_1' - j_2') \cdot k$ übereinstimmen müssen. Da aber $(n+1)$ und k teilerfremd sind, müssen sämtliche Primfaktoren, in die $(n+1)$ zerlegt ist, in der Primfaktorzerlegung von $(j_1' - j_2')$ enthalten sein. Damit wäre aber $(j_1' - j_2') \geq n+1$, ein Widerspruch.

Anstelle eines Index j können wir also stets den zugehörigen Index $j' \cdot k_1 \in \{0, k_1, 2 \cdot k_1, \ldots, n \cdot k_1\}$ betrachten und diesen modulo $n+1$ lesen.

Den Rest des Beweises führen wir durch vollständige Induktion über k_2. Sei zunächst $k_2 = 0$, d. h. $k = k_1$.

(i) $\Rightarrow$ (ii): Es muss also die Existenz eines Vektors $R^{(k_1, 0)}$ nachgewiesen werden, für den (7.14) erfüllt ist. Dazu setze man $R_0 \in \mathbb{R}$ beliebig und definiere dann nacheinander für $j' = 0, 1, \ldots, n-1$:

$$R_{(j'+1) \cdot k_1} := \frac{\phi_{j' \cdot k_1}}{\phi_{(j'+1) \cdot k_1}} \cdot (R_{j' \cdot k_1} + T_{j' \cdot k_1}). \tag{7.15}$$

Es gilt dann mit (7.9) für $j' = 0, 1, \ldots, n-1$

$$Z_j^{k_1}(\phi, R) = Z_{j' \cdot k_1}^{k_1}(\phi, R) = \frac{\phi_{(j'+1) \cdot k_1}}{\phi_{j' \cdot k_1}} \cdot R_{(j'+1) \cdot k_1} = R_{j' \cdot k_1} + T_{j' \cdot k_1}.$$

Für $j' = n$ erhalten wir:

$$Z_j^{k_1}(\phi, R) = Z_{n \cdot k_1}^{k_1}(\phi, R) = \frac{\phi_{(n+1) \cdot k_1}}{\phi_{n \cdot k_1}} \cdot R_{(n+1) \cdot k_1} = \frac{\phi_0}{\phi_{n \cdot k_1}} \cdot R_0$$

$$= R_0 \cdot \langle \phi, e_0 \rangle_{n \cdot k_1} + 0 = R_0 \cdot \langle \phi, e_0 \rangle_{n \cdot k_1} + \langle \phi, T \rangle_{n \cdot k_1}$$

$$= \frac{1}{\phi_{n \cdot k_1}} \left(\phi_0 \cdot R_0 + \sum_{j'=0}^{n-1} \phi_{j' \cdot k_1} \cdot T_{j' \cdot k_1} \right) + T_{n \cdot k_1}$$

$$\overset{(7.15)}{=} \frac{1}{\phi_{n \cdot k_1}} \left(\phi_0 \cdot R_0 + \sum_{j'=0}^{n-1} \left(\phi_{(j'+1) \cdot k_1} \cdot R_{(j+1)' \cdot k_1} - \phi_{j' \cdot k_1} \cdot R_{j' \cdot k_1} \right) \right) + T_{n \cdot k_1}$$

$$= R_{n \cdot k_1} + T_{n \cdot k_1}.$$

Damit ergibt sich insgesamt also

$$T = Z^{k_1}(\phi, R) - R = Z^{k_1}(\phi, R) - Z^0(\phi, R),$$

der Vektor $R^{(k_1, 0)} := R$ erfüllt also (7.14) für $k_2 = 0$.

Für den Induktionsschritt sei nun angenommen, dass für $k_2 \geq 0$ ein Vektor $R^{(k_1, k_2)} \in \mathbb{R}^{n+1}$ derart existiert, dass für das Paar (k_1, k_2) mit $k = k_1 - k_2$

$$T = Z^{k_1}(\phi, R^{(k_1, k_2)}) - Z^{k_2}(\phi, R^{(k_1, k_2)}),$$

also (7.14), erfüllt ist.

Nun betrachten wir den Fall $k_2 + 1$. Da k fest ist, entspricht dies der Situation, das Paar $(k_1 + 1, k_2 + 1)$ zu untersuchen. Setzt man

$$R^{(k_1+1, k_2+1)} := Z^n(\mathbb{1}, R^{(k_1, k_2)}) \circ Z^n(\mathbb{1}, \phi) \circ Z(\mathbb{1}, \phi^{-1}),$$

so führt dies zu

$$Z(\phi, R^{(k_1+1, k_2+1)}) = \phi^{-1} \circ Z(\mathbb{1}, \phi) \circ Z(\mathbb{1}, R^{(k_1+1, k_2+1)})$$

$$= \phi^{-1} \circ Z(\mathbb{1}, \phi) \circ Z(\mathbb{1}, Z^n(\mathbb{1}, R^{(k_1, k_2)}) \circ Z^n(\mathbb{1}, \phi) \circ Z(\mathbb{1}, \phi^{-1}))$$

$$= \phi^{-1} \circ Z(\mathbb{1}, \phi) \circ Z(\mathbb{1}, Z^n(\mathbb{1}, R^{(k_1, k_2)}) \circ Z(\mathbb{1}, Z^n(\mathbb{1}, \phi) \circ Z(\mathbb{1}, \phi^{-1})))$$

$$= \phi^{-1} \circ Z(\mathbb{1}, \phi) \circ Z^{n+1}(\mathbb{1}, R^{(k_1, k_2)}) \circ Z^{n+1}(\mathbb{1}, \phi) \circ Z(\mathbb{1}, \phi^{-1})$$

$$= R^{(k_1, k_2)}.$$

Mit der Induktionsvoraussetzung erhalten wir damit dann eine Darstellung für T als

$$T = Z^{k_1}(\phi, R^{(k_1, k_2)}) - Z^{k_2}(\phi, R^{(k_1, k_2)})$$

$$= Z^{k_1}(\phi, Z(\phi, R^{(k_1+1, k_2+1)})) - Z^{k_2}(\phi, Z(\phi, R^{(k_1+1, k_2+1)}))$$
$$= Z^{k_1+1}(\phi, R^{(k_1+1, k_2+1)}) - Z^{k_2+1}(\phi, R^{(k_1+1, k_2+1)}).$$

(ii) ⇒ (i): Für $T' = R^{(k_1, k_2)}$ ergibt sich diese Beweisrichtung unmittelbar aus Eigenschaft
(7.13) in Lemma 7.4. ∎

Für alles Folgende wollen wir nun im Allgemeinen Charakterisierungssatz speziell den Fall $k = 1$ und hierbei – noch spezieller – die Situation $k_1 = 1$ und $k_2 = 0$ wählen. Da die Teilerfremdheit von k und $n + 1$ dann trivialerweise erfüllt ist, wird Satz 7.5 zu:

Satz 7.6: Spezieller Charakterisierungssatz

Es sei $\phi \in \mathbb{R}_H^{n+1}$ und $T \in \mathbb{R}^{n+1}$. Dann sind die beiden nachstehenden Aussagen gleichwertig:

(i) $T \in \phi^\perp$.
(ii) Es gibt einen Vektor $R \in \mathbb{R}^{n+1}$ derart, dass

$$T = Z(\phi, R) - R. \tag{7.16}$$

Beweis. *Folgt direkt aus dem Allgemeinen Charakterisierungssatz 7.5 mit $k_1 = 1$ und $k_2 = 0$.* ∎

Einen Vektor R, der die Bedingung (7.16) erfüllt, nennen wir eine *Reserve von T bezüglich ϕ*. Wenn ϕ aus dem Kontext hervorgeht, sprechen wir einfach von *der Reserve von T*.

Zwar ist die ϕ-Transformierte $Z(\phi, R)$ durch ϕ und R eindeutig festgelegt, aus dem Beweis des Allgemeinen Charakterisierungssatzes 7.5 erkennt man aber, dass R als Reserve von T selbst nicht eindeutig ist, da eine der Komponenten – im Beweis wurde R_0 gewählt – beliebig festgelegt werden kann. Nach einer solchen Festlegung sind die übrigen Einträge von R dann eindeutig bestimmt. Diese erfüllen mit (7.15) offenbar die Rekursion

$$R_{j+1} := \frac{\phi_j}{\phi_{j+1}} \cdot (T_j + R_j), \quad j = 0, 1, \ldots, n - 1. \tag{7.17}$$

Im Fall $R_0 = 0$ nennen wir R die *Standard-Reserve* von T (bezüglich ϕ). In diesem Fall erhalten wir $Z_n(\phi, R) = 0$. Mit $\mathcal{R}(\phi, T)$ bezeichnen wir die Menge der Reserven von T.

Im nächsten Lemma stellen wir Eigenschaften von Reserven zusammen:

Lemma 7.7

Es sei $\phi \in \mathbb{R}_H^{n+1}$, $T, T' \in \phi^\perp$ und $a, b \in \mathbb{R}$. Dann gilt:

(i) $\mathcal{R}(\phi, T) = R + \mathrm{span}\{\phi^{-1}\}$. Hierbei ist R irgendeine Reserve von T. Die Menge $\mathcal{R}(\phi, T)$ ist also ein *affiner Unterraum* von $\mathbb{R}^{n+1}$.

(ii) $0 \in \mathcal{R}(\phi, T)$ genau dann, wenn $T = 0$.

(iii) Ist $R \in \mathcal{R}(\phi, T)$ dann sind folgende Aussagen gleichwertig:
    (a) $R = 0$.
    (b) $I := \{k \mid R_k = 0\} \neq \emptyset$ und $T = 0$.

(iv) Die folgenden Aussagen sind gleichwertig:
    (a) $R \in \mathcal{R}(\phi, T)$.
    (b) Für alle $j \in \{0, 1, \dots, n\}$ gilt:

$$R_j = R_0 \cdot \langle \phi, e_0 \rangle_j - \langle \phi, T \circ \mathbb{1}_j \rangle_j. \tag{7.18}$$

    (c) Für alle $j \in \{0, 1, \dots, n\}$ gilt:

$$R_j = R_0 \cdot \langle \phi, e_0 \rangle_j + \langle \phi, T \circ (\mathbb{1} - \mathbb{1}_j) \rangle_j. \tag{7.19}$$

    (d) Für alle $m, j \in \{0, 1, \dots, n\}$ gilt:

$$\phi_m \cdot R_m - \phi_j \cdot R_j = \langle \phi, T \circ (\mathbb{1}_j - \mathbb{1}_m) \rangle. \tag{7.20}$$

    (e) Für alle $j \in \{0, 1, \dots, n\}$ gilt:

$$\widehat{T}^{(1)} := T \circ (\mathbb{1} - \mathbb{1}_j) + \big(R_0 \cdot \langle \phi, e_0 \rangle_j - R_j \big) \cdot e_j \in \phi^\perp$$

    und

$$\widehat{T}^{(2)} := T \circ \mathbb{1}_j + \big(R_j - R_0 \cdot \langle \phi, e_0 \rangle_j \big) \cdot e_j \in \phi^\perp.$$

(v) Ist $R \in \mathcal{R}(\phi, T)$ und $R' \in \mathcal{R}(\phi, T')$, dann ist $a \cdot R + b \cdot R' \in \mathcal{R}(\phi, a \cdot T + b \cdot T')$.

(vi) Ist $\phi' \in \mathbb{R}_H^{n+1}$, dann gilt:

$$R \in \mathcal{R}(\phi, T) \quad \text{genau dann, wenn} \quad R' := \phi'^{-1} \circ \phi \circ R \in \mathcal{R}(\phi', \phi'^{-1} \circ \phi \circ T).$$

(vii) Für $R \in \mathbb{R}^{n+1}$ ist $R \in \mathcal{R}(\phi, Z(\phi, R) - R)$.

(viii) Es seien $R, R' \in \mathbb{R}^{n+1}$ zwei beliebige Vektoren. Dann sind folgende Aussagen gleichwertig:
    (a.) $R' \in \mathcal{R}(\phi, Z(\phi, R) - R)$.
    (b.) $R \in \mathcal{R}(\phi, Z(\phi, R') - R')$.
    (c.) $R - R' \in \mathrm{span}\{\phi^{-1}\}$.

(ix) Zu $T' \in \mathbb{R}^{n+1}$ hat eine Reserve R von

$$\text{pr}_{e_0}(T') = T' - \langle \phi, T' \rangle_0 \cdot e_0 \in \phi^\perp \tag{7.21}$$

die Eigenschaft

$$R_j = R_0 \cdot \langle \phi, e_0 \rangle_j - \langle \phi, T' \circ \mathbb{1}_j \rangle_j, \quad j = 1, 2, \dots, n. \tag{7.22}$$

Beweis. (*i*) *Es seien* $R, R' \in \mathcal{R}(\phi, T)$. *Also gilt wegen* (7.16)

$$R - R' = Z(\phi, R) - Z(\phi, R') = Z(\phi, (R - R')).$$

Diese Gleichheit gilt genau dann, wenn $R - R'$ Eigenvektor von $Z(\phi, \cdot)$ zum Eigenwert $\lambda = 1$ ist. Mit (7.5) ist also $R' \in R + span\{\phi^{-1}\}$.

(*ii*) *Ergibt sich unmittelbar aus* (7.16).

(*iii*) (*a.*) ⇒ (*b.*): *Ergibt sich aus* (*ii*).

(*b.*) ⇒ (*a.*): *Da $\mathbb{0} = Z(\phi, R) - R$, ist R eine Element des Eigenraums von $Z(\phi, \cdot)$ zum Eigenwert $\lambda = 1$, d. h. $R = a \cdot \phi^{-1}$ für ein $a \in \mathbb{R}$. Da $\phi^{-1} \in \mathbb{R}_H^{n+1}$ und $R_k = 0$ für ein k $(0 \le k \le n)$, muss $a = 0$ gelten, d. h. $R = \mathbb{0}$.*

(*iv*) (*a.*) ⇒ (*b.*):
Es ist

$$\langle \phi, T \circ \mathbb{1}_j \rangle = \sum_{k=j}^{n} \phi_k \cdot T_k = -\sum_{k=0}^{j-1} \phi_k \cdot T_k = -\left(\sum_{k=0}^{j-1} \phi_{k+1} \cdot R_{k+1} - \phi_k \cdot R_k \right)$$
$$= -\phi_j \cdot R_j + \phi_0 \cdot R_0.$$

Das ist nichts anderes als (7.18).

(*b.*) ⇒ (*c.*): *Dies lässt sich wegen $\langle \phi, T \circ \mathbb{1}_j \rangle_j = -\langle \phi, T \circ (\mathbb{1} - \mathbb{1}_j) \rangle_j$ (Lemma 7.4 (iv)) unmittelbar folgern.*

(*c.*) ⇒ (*d.*): *Man rechnet aus*

$$\phi_m \cdot R_m - \phi_j \cdot R_j = (\phi_m \cdot R_m - R_0 \cdot \langle \phi, e_0 \rangle) - (\phi_j \cdot R_j - R_0 \cdot \langle \phi, e_0 \rangle)$$
$$= \langle \phi, T \circ (\mathbb{1} - \mathbb{1}_m) \rangle - (\langle \phi, T \circ (\mathbb{1} - \mathbb{1}_j) \rangle)$$
$$= \langle \phi, T \circ (\mathbb{1} - (\mathbb{1}_m - \mathbb{1}_j)) \rangle = \langle \phi, T \circ (\mathbb{1}_j - \mathbb{1}_m) \rangle.$$

(*d.*) ⇒ (*a.*): *Wähle zunächst $m = j + 1$. Dann liefert die Darstellung in (iii) für $0 \le j \le n - 1$:*

$$\phi_{j+1} \cdot R_{j+1} - \phi_j \cdot R_j = \langle \phi, T \circ (\mathbb{1} - (\mathbb{1}_{j+1} - \mathbb{1}_j)) \rangle = \phi_j \cdot T_j.$$

Für den Fall $m = 0, j = n$ heißt (iii):

$$\phi_0 \cdot R_0 - \phi_n \cdot R_n = \langle \phi, T \circ (\mathbb{1} - (\mathbb{1} - \mathbb{1}_n)) \rangle = \langle \phi, T \circ \mathbb{1}_n \rangle = \phi_n \cdot T_n.$$

Dies bedeutet aber

$$T + R = Z(\phi, R), \quad \text{also} \quad R \in \mathcal{R}(T, \phi).$$

(b.) $\Leftrightarrow$ (d.): Die Gleichwertigkeit der beiden Aussagen weist man durch einfaches Ausrechnen nach.

(v) *Für Reserven $R \in \mathcal{R}(\phi, T)$ bzw. $R' \in \mathcal{R}(\phi, T')$ sind die zugehörigen ϕ-Transformierten $Z(\phi, R)$ bzw. $Z(\phi, R')$ durch (7.3) bestimmt und liefern über (7.16) eine entsprechende Darstellung für T bzw. T'. Mit der Linearität von $Z(\phi, \cdot)$ ergibt sich (v) unmittelbar.*

(vi) *Wegen $T \in \phi^{\perp}$ ist ${\phi'}^{-1} \circ \phi \circ T \in {\phi'}^{\perp}$. Es gilt $R \in \mathcal{R}(\phi, T)$ genau dann, wenn $T + R = Z(\phi, R)$. Dies ist genau dann der Fall, wenn*

$$ {\phi'}^{-1} \circ \phi \circ T + {\phi'}^{-1} \circ \phi \circ R = {\phi'}^{-1} \circ \phi \circ Z(\phi, T). $$

Für die rechte Seite der Gleichung ergibt sich aber

$$ {\phi'}^{-1} \circ \phi \circ Z(\phi, R) = {\phi'}^{-1} \circ \phi \circ Z(\phi, \mathbb{1}) \circ Z(\mathbb{1}, R) = Z(\phi', {\phi'}^{-1}) \circ Z(\mathbb{1}, \phi) \circ Z(\mathbb{1}, R) $$

$$ = Z(\phi' \circ \mathbb{1} \circ \mathbb{1}, {\phi'}^{-1} \circ \phi \circ R), $$

also $R' := {\phi'}^{-1} \circ \phi \circ R \in \mathcal{R}(\phi', {\phi'}^{-1} \circ \phi \circ T)$.

(vii) *Klar, wegen der trivialen Identität $(Z(\phi, R) - R) + R = Z(\phi, R)$ für alle $R \in \mathbb{R}^{n+1}$.*

(viii) *Ist $R' \in \mathcal{R}(\phi, Z(\phi, R) - R)$, so ist dies gleichwertig mit $Z(\phi, R) - R + R' = Z(\phi, R')$, d. h. $Z(\phi, R') - R' + R = Z(\phi, R)$, also $R \in \mathcal{R}(\phi, Z(\phi, R') - R')$.*

Wegen $R \in Z(\phi, R) - R$, ist $R' \in Z(\phi, R) - R$ nach (i) gleichbedeutend mit $R' = R + \lambda \cdot \phi^{-1}$ für ein geeignetes λ. Dies bedeutet gerade $R' - R \in \mathrm{span}\{\phi^{-1}\}$.

(ix) *Es sei $R_0 \in \mathbb{R}$ beliebig vorgegeben, dann ergibt sich in der Reserve R von $\mathrm{pr}_{e_0}(T') \in \phi^{\perp}$ für $j \geq 1$:*

$$ \begin{aligned} R_j &= R_0 \cdot \langle \phi, e_0 \rangle_j - \langle \phi, \mathrm{pr}_{e_0}(T') \circ \mathbb{1}_j \rangle_j \\ &= R_0 \cdot \langle \phi, e_0 \rangle_j - \langle \phi, (T' - \langle \phi, T' \rangle_0 \cdot e_0) \circ \mathbb{1}_j \rangle_j \\ &= R_0 \cdot \langle \phi, e_0 \rangle_j - \langle \phi, T' \circ \mathbb{1}_j \rangle_j. \end{aligned} $$

Wegen (7.19) haben wir für R_j in diesem Fall die alternative Darstellung als:

$$ \begin{aligned} R_j &= R_0 \cdot \langle \phi, e_0 \rangle_j + \langle \phi, pr_{e_0}(T') \circ (\mathbb{1} - \mathbb{1}_j) \rangle_j \\ &= R_0 \cdot \langle \phi, e_0 \rangle_j + \langle \phi, (T'_0 - \langle \phi, T' \rangle_0) \cdot e_0 \rangle_j + \langle \phi, pr_{e_0}(T') \circ (\mathbb{1}_1 - \mathbb{1}_j) \rangle_j \\ &= (R_0 - \langle \phi, T' \rangle_0) \cdot \langle \phi, e_0 \rangle_j + \langle \phi, T' \circ (\mathbb{1} - \mathbb{1}_j) \rangle_j. \end{aligned} \quad (7.23) $$

∎

Indem man die Tatsachen nutzt, dass sich für einen *beliebigen* H-invertierbaren Vektor ϕ ein *beliebiger* Vektor $R \in \mathbb{R}^{n+1}$ stets als Reserve des ϕ-orthogonalen Vektors $T := Z(\phi, R) - R$ auffassen lässt (siehe dazu Lemma 7.7 (vii)) und man daher für R zwei Darstellungen, nämlich gemäß (7.18) bzw. (7.19) zur Verfügung hat, lassen sich „Null-Einträge" eines Vektors im $\mathbb{R}^{n+1}$ charakterisieren.

Korollar 7.8

Es seien $R \in \mathbb{R}^{n+1}$ beliebig. Es sei $t, m \in \mathbb{N}$ mit $0 \leq t < m \leq n$. Dann sind die Aussagen (i) und (ii) gleichwertig:

(i) $R_j = 0$ für $t \leq j \leq m$.

(ii) (a) $I := \{k \mid R_k = 0\} \neq \emptyset$,

    (b) Für einen beliebigen, H-invertierbaren Vektor $\phi \in \mathbb{R}_H^{n+1}$ gilt im Vektor
$T := Z(\phi, R) - R$, dass $T_j = 0$ für alle j mit $t \leq j \leq m - 1$,

    (c) $\langle \phi, T \circ \mathbb{1}_k \rangle = \langle \phi, T \circ \mathbb{1}_m \rangle$ für alle $k \in I$.

Beweis. *Da für einen beliebigen Vektor $\phi \in \mathbb{R}_H^{n+1}$ der Vektor R eine Reserve von $T :=$ $Z(\phi, R) - R \in \phi^\perp$ darstellt, ergibt sich aus der komponentenweisen Betrachtung von (7.16):*

$$\phi_j \cdot T_j = \phi_{j+1} \cdot R_{j+1} - \phi_j \cdot R_j, \quad j = 0, 1, \ldots, n - 1 \qquad (7.24)$$

und

$$\phi_n \cdot T_n = \phi_0 \cdot R_0 - \phi_n \cdot R_n.$$

(i) $\Rightarrow$ (ii): Mit $t < m \leq n$, führt (7.24) (wegen $\phi_j \neq 0$) zu $T_j = 0$ für $t \leq j \leq m - 1$. Für $k \in I$ liefern die Darstellungen von R_k, R_m in (7.18) sofort

$$0 = \phi_k \cdot R_k - \phi_m \cdot R_m = -\langle \phi, T \circ \mathbb{1}_k \rangle + \langle \phi, T \circ \mathbb{1}_m \rangle.$$

Also gilt Aussage (ii).

(ii) $\Rightarrow$ (i): Es gelte also $I \neq \emptyset$ und $\langle \phi, T \circ \mathbb{1}_k \rangle = \langle \phi, T \circ \mathbb{1}_m \rangle$ für alle $k \in I$. Aus $T_j = 0$ für $t \leq j \leq m - 1$ folgt

$$\langle \phi, T \circ (\mathbb{1}_j - \mathbb{1}_m) \rangle = 0 \quad \text{für } t \leq j \leq m.$$

Somit ergibt sich dann für alle j mit $t \leq j \leq m$:

$$\begin{aligned}
\phi_j \cdot R_j &= \phi_j \cdot R_j - \phi_k \cdot R_k \\
&= \langle \phi, T \circ \mathbb{1}_k \rangle - \langle \phi, T \circ \mathbb{1}_j \rangle = \langle \phi, T \circ \mathbb{1}_m \rangle - \langle \phi, T \circ \mathbb{1}_j \rangle \\
&= -\langle \phi, T \circ (\mathbb{1}_j - \mathbb{1}_m) \rangle = 0.
\end{aligned}$$

Wegen $\phi_j \neq 0$ folgt $R_j = 0$. Also gilt (i). ∎

Bemerkung 7.9. *Für $t = 0$ und $m = n$ fällt die Aussage von Korollar 7.8 übrigens mit der Aussage (iii) in Korollar 7.7 zusammen.*

Um Aussagen darüber zu gewinnen, wie sich die Einträge R_j von R „zwischen" zwei seiner Nulleinträge $R_t = 0$ und $R_m = 0$ verhalten, können ebenfalls die Darstellungen (7.18) bzw. (7.19) genutzt werden. Im Besonderen können dadurch Informationen über „Vorzeichenbeziehungen" gewonnen werden, welche zwischen den Komponenten in R und denen in T bestehen.

Korollar 7.10

Es sei $R \in \mathbb{R}^{n+1}$, $\phi \in \mathbb{R}_H^{n+1}$ und $T := Z(\phi, R) - R$. Weiterhin sei $0 \le t < m \le n$. Dann gilt:

(i) Ist $R_t = 0$ oder $R_m = 0$ und haben in der Menge $I = \{k \mid t \le k < m\}$ die Größen $\phi_k \cdot T_k$ dieselben Vorzeichen, so besitzen die Größen $\phi_j \cdot R_j$ für $t < j < m$ dieselben Vorzeichen.

(ii) Ist $R_t = R_m = 0$ und verschwindet R auf I nicht identisch, dann gibt es $t_1, t_2 \in I$ mit $T_{t_1} \neq 0$, $T_{t_2} \neq 0$ derart, dass $\phi_{t_1} \cdot T_{t_1}$ und $\phi_{t_2} \cdot T_{t_2}$ unterschiedliche Vorzeichen besitzen.

(iii) Ist $R_t = R_m = 0$, $R_j \neq 0$ für $t < j < m$ und wechseln die Größen $\phi_k \cdot T_k$ auf der Menge I genau einmal das Vorzeichen, so besitzen die Größen $\phi_j \cdot R_j$ für $t < j < m$ dieselben Vorzeichen.

(iv) Ist $R_t = R_m = 0$ und es gebe t_1, t_2 derart, dass $T_{j_1} \neq 0$ für ein $j_1 \in I_1 := \{k \mid t \le k < t_1\}$ und $T_{j_2} \neq 0$ für ein $j_2 \in I_2 := \{k \mid t_2 \le k < m\}$. Besitzen die Größen $\phi_k \cdot T_k$ auf $I_1 \cup I_2$ dasselbe Vorzeichen, dann besitzen die Größen $\phi_{t_1} \cdot R_{t_1}$ und $\phi_{t_2} \cdot R_{t_2}$ verschiedene Vorzeichen.

(v) Ist $R_t = R_m = 0$ und finden in t_1 bzw. t_2 ($t < t_1 < t_2 < m$) genau zwei Vorzeichenwechsel der Größen $\phi_k \cdot T_k$ auf der Menge I statt, so findet genau ein Vorzeichenwechsel der Größen $\phi_j \cdot R_j$ auf I statt.

Beweis. *Der Beweis benutzt die einfache Tatsache, dass sich aufgrund des Zusammenhangs (7.20) die Einträge R_j in der Reserve R auf zwei verschiedene Weisen darstellen lassen.*

(i) *Ist $R_t = 0$, dann hat R_j für $t \le j \le m$ mit (7.20) die Darstellung*

$$\phi_j \cdot R_j = \langle \phi, T \circ (\mathbb{1}_t - \mathbb{1}_j) \rangle \tag{7.25}$$

Da auf der Menge I die Vorzeichen der Größen $\phi_k \cdot T_k$ identisch sind, heißt dies, dass die Größen $\phi_j \cdot R_j$ auf I dasselbe Vorzeichen wie etwa $\phi_t \cdot T_t$ besitzen.

Ist $R_m = 0$, dann hat R_j für $t \le j < m$ mit (7.20) die entsprechende Darstellung

$$\phi_j \cdot R_j = -\langle \phi, T \circ (\mathbb{1}_j - \mathbb{1}_m) \rangle. \tag{7.26}$$

In diesem Fall besitzen die Größen $\phi_j \cdot R_j$ auf I dasselbe Vorzeichen wie $-\phi_j \cdot T_j$, und (wegen $\phi_j \neq 0$) damit R_j das Vorzeichen von $-T_j$.

(ii) *Da R auf I nicht identisch verschwindet, gibt es j mit t < j < m und $R_j \neq 0$. Mit der Darstellung (7.25) existiert dann mindestens ein Index t_1, $t \leq t_1 < j$ derart, dass $T_{t_1} \neq 0$.*

Mit der Darstellung (7.26) für R_j liegt mindestens ein weiterer Index t_2 vor, $j \leq t_2 < m$, der die Eigenschaft $T_{t_1} \neq 0$ besitzt.

Sofern für alle $t_k \neq$ Größen $\phi_k \cdot T_k$ auf I dasselbe Vorzeichen besitzen würden, würde (7.25) und (7.26) zu dem Widerspruch $R_j = -R_j$ führen. Also gibt es mindestens einen Index t_2, der auch die Eigenschaft besitzt $\phi_{t_2} \cdot T_{t_2} = -\phi_{t_1} \cdot T_{t_1}$.

(iii) *Findet genau einmal in I ein solcher Vorzeichenwechsel statt, dann sei t_1 ($t < t_1 < m$) der kleinste Index mit der Eigenschaft, dass $\phi_t \cdot T_t$ und $\phi_{t_1} \cdot T_{t_1}$ verschiedene Vorzeichen haben. Dann gilt mit (7.25) für alle $t < j < t_1$, dass $\phi_j \cdot R_j$ dasselbe Vorzeichen hat wie $\phi_t \cdot T_t$. Wegen $R_{t+1} \neq 0$, ist auch $\phi_t \cdot T_t \neq 0$.*

Für $t_1 \leq j < m$ hat $\phi_j \cdot R_j$ wegen (7.26) dasselbe Vorzeichen wie $-\phi_{m-1} \cdot T_{m-1}$. Da $R_{m-1} \neq 0$, ist $-\phi_{m-1} \cdot T_{m-1} \neq 0$. Das Vorzeichen von $-\phi_{m-1} \cdot T_{m-1}$ entspricht dem von $-\phi_{t_1} \cdot T_{t_1}$ und damit dem von $\phi_t \cdot T_t$.

(iv) *Nach (i) hat $\phi_{t_1} \cdot R_{t_1} = \langle \phi, T \circ (\mathbb{1}_t - \mathbb{1}_{t_1}) \rangle$ dasselbe Vorzeichen wie $\phi_{j_1} \cdot T_{j_1} \neq 0$ und $\phi_{t_2} \cdot R_{t_2} = -\langle \phi, T \circ (\mathbb{1}_{t_2} - \mathbb{1}_m) \rangle$ dasselbe Vorzeichen wie $-\phi_{j_2} \cdot T_{j_2} \neq 0$, das also somit dem Vorzeichen von $-\phi_{j_1} \cdot T_{j_1}$ entspricht.*

(v) *O. B. d. A. sei auf I*

$$\phi_j \cdot T_j \begin{cases} \leq 0, & t \leq j < t_1, \\ \geq 0, & t_1 \leq j < t_2, \\ \leq 0, & t_2 \leq j < m. \end{cases}$$

Für $t < j < t_1$ gilt dann mit (7.25): $\phi_j \cdot R_j = \langle \phi, T \circ (\mathbb{1}_t - \mathbb{1}_j) \rangle \leq 0$. Für $t_2 \leq j < m$ gilt entsprechend mit (7.26): $R_j = -\langle \phi, T \circ (\mathbb{1}_j - \mathbb{1}_m) \rangle \geq 0$. Für $t_1 \leq j < t_2$ ist mit (7.25): $R_j \leq R_{j+1}$. Nun untersuchen wir im einzelnen die folgenden vier Fälle

(a) $\phi_{t_1} \cdot T_{t_1} = \phi_{t_2} \cdot T_{t_2} = 0$.

Eine solche Situation kann nicht auftreten, da dies in t_2 keinen Vorzeichenwechsel bedeuten würde.

(b) $\phi_{t_1} \cdot T_{t_1} = 0$, $\phi_{t_2} \cdot T_{t_2} < 0$.

Dann ist $\phi_k \cdot T_k < 0$ auf I_1 und $\phi_k \cdot T_k < 0$ auf I_2.

Mit (7.25) gilt dann für $t < j \leq t_1$: $\phi_j \cdot R_j \leq \phi_{t_1} \cdot R_{t_1} < 0$ und mit (7.26) $\phi_{t_2} \cdot R_{t_2} > 0$. Für $t_1 \leq j < t_2$ ist $\phi_j \cdot T_j = 0$ und daher mit (7.25) $\phi_j \cdot R_j = \phi_{t_1} \cdot R_{t_1} < 0$.

Also findet in t_2 der (einzige) Vorzeichenwechsel der Größen $\phi_k \cdot R_k$ auf I statt.

(c) $\phi_{t_1} \cdot T_{t_1} > 0$, $\phi_{t_2} \cdot T_{t_2} = 0$.

Dann ist $\phi_k \cdot T_k = 0$ auf I_2 und $\phi_k \cdot T_k \leq 0$ auf I_1. Für $t_1 \leq k < t_2$ ist $\phi_k \cdot T_k > 0$. Mit (7.26) ergibt sich, dass $\phi_j \cdot R_j = 0$ auf I_2 und $\phi_j \cdot R_j < 0$ falls $t_1 \leq j < t_2$.

   i. *Wäre $\phi_k \cdot T_k = 0$ auf I_1, so wäre mit (7.25) $\phi_{t_1} \cdot R_{t_1} = 0$, ein Widerspruch. Dieser Fall ist also nicht möglich*

   ii. *Also ist $\phi_k \cdot T_k < 0$ auf I_1. Dann ist mit (7.25) auch $\phi_j \cdot R_j < 0$ auf I_1, also $\phi_j \cdot R_j < 0$ für alle $t < j < t_2$.*

Da mit (7.26) $\phi_{t_2} \cdot R_{t_2} = 0$ gilt, findet also in t_2 der (einzige) Vorzeichenwechsel von $\phi_j \cdot R_j$ auf I statt.

(d) $\phi_{t_1} \cdot T_{t_1} > 0$, $\phi_{t_2} \cdot T_{t_2} < 0$. *Dann ist* $\phi_k \cdot T_k \le 0$ *auf* I_1 *sowie* $\phi_k \cdot T_k < 0$ *auf* I_2
und $\phi_j \cdot T_j > 0$ *für* $t_1 \le j < t_2$.
Mit (7.25) ist dann $\phi_j \cdot R_j \le 0$ *für alle* $j \in I_1$. *Mit (7.26) ergibt sich* $\phi_j \cdot R_j > 0$
für $j \in I_2$. *Daher existiert mit (7.25) genau ein* t^* *mit* $t_1 \le t^* < t_2$, *derart dass*
$\phi_{t^*} \cdot R_{t^*} < 0$ *und* $\phi_{t^*+1} \cdot R_{t^*+1} > 0$, *beide Ausdrücke also verschiedene Vorzeichen*
besitzen.

∎

Das nächste Lemma formuliert einen Zusammenhang zwischen den Orthogonalräumen zweier H-invertierbarer Vektoren $\phi^{\perp}$ und $\phi'^{\perp}$ und dem Orthogonalraum $(\phi \circ \phi')^{\perp}$. Eine derartige „Kombination" H-invertierbarer Vektoren ϕ und ϕ' kann durch eine entsprechende „Kombination" von Elementen T, T' der zugehörigen Orthogonalräume charakterisiert werden.

Lemma 7.11

Es seien $\phi, \phi', \alpha, \beta \in \mathbb{R}_H^{n+1}$.

(i) Ist $T \in (\phi \circ \alpha)^{\perp}$, so gilt

$$R \in \mathscr{R}(\phi \circ \alpha, T) \quad \text{genau dann, wenn} \quad R \circ \alpha \in \mathscr{R}(\phi, T \circ \alpha).$$

(ii) Ist $\bar{\phi} := (\phi \circ \alpha) + (\phi' \circ \beta) \in \mathbb{R}_H^{n+1}$, $\bar{T} \in \mathbb{R}^{n+1}$ und $w' \notin \phi'^{\perp}$. Dann sind die beiden folgenden Aussagen gleichwertig:

(a.) $\bar{T} \in \bar{\phi}^{\perp}$.

(b.) $T' := \bar{T} \circ \beta + \dfrac{\langle \phi, \bar{T} \circ \alpha \rangle}{\langle \phi', w' \rangle} \cdot w' \in \phi'^{\perp}$.

(iii) Ist $\bar{T} \in \bar{\phi}^{\perp}$ und speziell $w' = e_j \notin \phi'^{\perp}$, $T := \mathrm{pr}_{e_j}(\bar{T} \circ \alpha)$, dann hat $\bar{T}$ eine Darstellung

$$\bar{T} = \bar{\phi}^{-1} \circ (T \circ \phi + T' \circ \phi').$$

Sind R, R' Reserven von T (bezüglich ϕ) und T' (bezüglich ϕ'), so ist

$$\bar{R} := \bar{\phi}^{-1} \circ (R \circ \phi + R' \circ \phi') \tag{7.27}$$

eine Reserve von $\bar{T}$ (bezüglich $\bar{\phi}$).
Sind R, R' jeweils Standard-Reserven von T bzw. T', so ist $\bar{R}$ Standard-Reserve von $\bar{T}$.

(iv) Ist $\bar{T} \in \bar{\phi}^{\perp}$ und speziell $w' = \phi \notin \phi'^{\perp}$. Es sei $T := \mathrm{pr}_{\phi'}(\bar{T} \circ \alpha)$ eine Projektion auf $\phi^{\perp}$. Dann hat $\bar{T}$ eine Darstellung

$$\bar{T} = \bar{\phi}^{-1} \circ (T \circ \phi + T' \circ \phi').$$

Sind R, R' Reserven von T (bezüglich ϕ) und T' (bezüglich ϕ'), so ist

$$\bar{R} := \bar{\phi}^{-1} \circ (R \circ \phi + R' \circ \phi')$$

eine Reserve von $\bar{T}$ (bezüglich $\bar{\phi}$).

Sind R, R' Standard-Reserven von T bzw. T', so ist $\bar{R}$ Standard-Reserve von $\bar{T}$.

Beweis.

(i) *Mit $R \in \mathcal{R}(\phi \circ \alpha, T)$ gilt $T + R = Z(\phi \circ \alpha, R)$. Ausnutzen der Eigenschaften der ϕ-Transformierten (siehe Lemma 7.3) führt zu*

$$T \circ \alpha + R \circ \alpha = \alpha \circ (T + R) = \alpha \circ Z(\alpha \circ \phi, R) = Z(\phi, R \circ \alpha),$$

also $R \circ \alpha \in \mathcal{R}(\phi, \alpha \circ T)$.

(ii) *„(a.) $\Rightarrow$ (b.)": Es gilt*

$$\begin{aligned} 0 = \langle \bar{\phi}, \bar{T} \rangle &= \langle ((\phi \circ \alpha + \phi' \circ \beta), \bar{T} \rangle \\ &= \langle \phi, \bar{T} \circ \alpha \rangle + \langle \phi', \bar{T} \circ \beta \rangle, \end{aligned}$$

und somit $\langle \phi, \bar{T} \circ \alpha \rangle = -\langle \phi', \bar{T} \circ \beta \rangle$. Damit folgt sofort:

$$\langle \phi', T' \rangle = \langle \phi', \bar{T} \circ \beta \rangle + \frac{\langle \phi', w' \rangle}{\langle \phi', w' \rangle} \cdot \langle \phi, \bar{T} \circ \alpha \rangle = 0,$$

d. h. $T' \in \phi'^{\perp}$.

„(b.) $\Rightarrow$ (a.)": Gilt umgekehrt $T' \in \phi'^{\perp}$, so haben wir

$$\begin{aligned} \langle \phi \circ \alpha + \phi' \circ \beta, \bar{T} \rangle &= \langle \phi, \bar{T} \circ \alpha \rangle + \langle \phi', \bar{T} \circ \beta \rangle \\ &= \langle \phi, \bar{T} \circ \alpha \rangle + \langle \phi', T' \rangle - \langle \phi, \bar{T} \circ \alpha \rangle = 0, \end{aligned}$$

also $\bar{T} \in \bar{\phi}^{\perp}$.

(iii) *Offenbar ist $T := \mathrm{pr}_{e_j}(\bar{T} \circ \alpha) \in \phi^{\perp}$. Für die speziellen Vektoren T, T' aus (iii) erhalten wir dann*

$$\begin{aligned} T \circ \phi + T' \circ \phi' &= \mathrm{pr}_{e_j}(\bar{T} \circ \alpha) \circ \phi + T' \circ \phi' \\ &= \bar{T} \circ \alpha \circ \phi - \frac{\langle \phi, \bar{T} \circ \alpha \rangle}{\langle \phi, e_j \rangle} \cdot e_j \circ \phi + \bar{T} \circ \beta \circ \phi' + \frac{\langle \phi, \bar{T} \circ \alpha \rangle}{\langle \phi', e_j \rangle} \cdot e_j \circ \phi' \\ &= \bar{T} \circ (\alpha \circ \phi + \beta \circ \phi') = \bar{T} \circ \bar{\phi}, \end{aligned}$$

also

$$\bar{T} = \bar{\phi}^{-1} \circ (T \circ \phi + T' \circ \phi') \in \bar{\phi}^{\perp}.$$

Da $R \in \mathscr{R}(\phi, T)$ und $R' \in \mathscr{R}(\phi', T')$ haben wir

$$\phi \circ (T + R) + \phi' \circ (T' + R') = \phi \circ Z(\phi, R) + \phi' \circ Z(\phi', R')$$
$$= Z(\mathbb{1}, \phi \circ R) + Z(\mathbb{1}, \phi' \circ R').$$

Setzen wir nun

$$\bar{R} := \bar{\phi}^{-1} \circ (\phi \circ R + \phi \circ R'), \tag{7.28}$$

so ergibt sich (wieder durch Ausnutzen der Eigenschaften der ϕ-Transformierten in Lemma 7.3)

$$\begin{aligned}\bar{T} + \bar{R} &= \bar{\phi}^{-1} \circ \left((T \circ \phi + T' \circ \phi') + (R \circ \phi + R' \circ \phi')\right)\\ &= \bar{\phi}^{-1} \circ Z(\mathbb{1}, \phi \circ R) + Z(\mathbb{1}, \phi' \circ R')\\ &= \bar{\phi}^{-1} \circ \left(Z(\mathbb{1}, \phi \circ R + \phi' \circ R')\right)\\ &= Z(\bar{\phi}, \bar{\phi}^{-1} \circ (\phi \circ R + \phi' \circ R'))\\ &= Z(\bar{\phi}, \bar{R}),\end{aligned}$$

d. h. $\bar{R}$ ist eine Reserve von $\bar{T}$.

Ist $R_0 = R_0' = 0$, so liefert die Darstellung (7.28) von $\bar{R}$ natürlich auch $\bar{R}_0 = 0$.

(iv) Für diese speziellen Vektoren ergibt sich :

$$\begin{aligned}T \circ \phi + T' \circ \phi' &= \mathrm{pr}_{\phi'}(\bar{T} \circ \alpha) \circ \phi + T' \circ \phi'\\ &= \bar{T} \circ \alpha \circ \phi - \frac{\langle \phi, \bar{T} \circ \alpha \rangle}{\langle \phi, \phi' \rangle} \cdot \phi' \circ \phi + \bar{T} \circ \beta \circ \phi' + \frac{\langle \phi, \bar{T} \circ \alpha \rangle}{\langle \phi', \phi \rangle} \cdot \phi \circ \phi'\\ &= \bar{T} \circ (\alpha \circ \phi + \beta \circ \phi') = \bar{T} \circ \bar{\phi}.\end{aligned}$$

Der Rest des Beweises verläuft wie im Beweis zu (iii). ∎

7.2.2 Der allgemeine Invarianzsatz von Schärf

In [Sch41] gibt Schärf einen *Allgemeinen Invarianzsatz* an, mit dem er die Frage beantwortet, unter welchen Bedingungen zwei Lebensversicherungsverträge identische Deckungskapitale besitzen. Dieser dazu dort ebenfalls zunächst „versicherungsunabhängig" formulierte Satz 1 ergibt sich leicht als unmittelbare Konsequenz aus Korollar 7.8.

Satz 7.12: Allgemeiner Invarianzsatz

Es seien ϕ, ϕ' H-invertierbar, $T \in \phi^\perp$, $T' \in \phi'^\perp$. R bzw. R' seien Reserven von T bzw. T', $I := \{k \mid R_k = R'_k\} \neq \emptyset$. Es sei

$$\hat{T} := (T - T') - \big(Z(\phi, R') - Z(\phi', R')\big). \tag{7.29}$$

Es seien weiterhin $0 \le t < m \le n$.
Dann sind die folgenden Aussagen gleichwertig:

(i) $R_j = R'_j$ für $t \le j \le m$.
(ii) $\hat{T}_j = 0$ für $t \le j \le m - 1$ und $\langle \phi, \hat{T} \circ \mathbb{1}_k \rangle = \langle \phi, \hat{T} \circ \mathbb{1}_m \rangle$ für alle $k \in I$.

Beweis. *Offenbar ist*

$$\hat{T} := (T - T') - \big(Z(\phi, R') - Z(\phi', R')\big)$$
$$= (Z(\phi, R) - R) - (Z(\phi', R') - R') - \big(Z(\phi, R') - Z(\phi', R')\big)$$
$$= Z(\phi, (R - R')) - (R - R').$$

Also ist $\hat{R} := R - R'$ eine Reserve (bezüglich ϕ) von $\hat{T}$. Die Behauptung ergibt sich dann unmittelbar durch Anwendung des Korollars 7.8 auf den Vektor $\hat{R}$ und den Vektor $\hat{T}$, für den $\hat{R}$ eine Reserve bezüglich ϕ darstellt. ∎

Im folgenden Korollar ist der Spezialfall $t = 0$ und $m = n$ des Satzes 7.12 notiert. Es charakterisiert identische Reserven von Vektoren aus unterschiedlichen Orthogonalräumen.

Korollar 7.13

Es seien ϕ, ϕ' H-invertierbar, $T \in \phi^\perp$, $T' \in \phi'^\perp$. R bzw. R' seien Reserven von T bzw. T' derart, dass $I := \{k \mid R_k = R'_k\} \neq \emptyset$. Der Vektor $\hat{T}$ sei wie in (7.29) festgelegt. Dann sind die folgenden Aussagen gleichwertig:

(i) $R' = R$,
(ii) $\hat{T} = \mathbb{0}$.

Beweis. *Mit denselben Notationen wie in Satz 7.12 ist $\hat{R} := R - R'$ Reserve von $\hat{T}$. Da $I := \{k \mid \hat{R}_k = 0\} \neq \emptyset$ ist die Behauptung unmittelbare Konsequenz der Aussage (iii) in Korollar 7.7.* ∎

Bemerkung 7.14.

(i) *Im ursprünglich geführten Beweis des allgemeinen Invarianzsatzes von* SCHÄRF *(siehe [Sax58]) wird die zentrale Tatsache nicht benutzt, dass $\hat{T} \in \phi^\perp$. Stattdessen werden dort zum Beweis sogenannte Änderungszahlen herangezogen. Um diese festzulegen, werden dazu zunächst vier endliche Folgen*

$$R_0, R_1, \ldots, R_n \quad und \quad R_0', R_1', \ldots, R_n'$$

bzw.

$$E_0, E_1, \ldots, E_n \quad und \quad E_0', E_1', \ldots, E_n'$$

angegeben, von denen verlangt wird, dass $E_j, E_j' \neq 0, j = 0, 1, \ldots, n$. Sie induzieren dann zwei neue Zahlenfolgen

$$T_j := \frac{E_{j+1}}{E_j} \cdot R_{j+1} - R_j \quad bzw. \quad T_j' := \frac{E_{j+1}'}{E_j'} \cdot R_{j+1}' - R_j', \quad j = 0, 1, \ldots, n-1$$

und damit letztlich die Änderungszahlen

$$g_j := T_j - T_j' - \left(\frac{E_{j+1}}{E_j} - \frac{E_{j+1}'}{E_j'} \right) \cdot R_{j+1}', \quad j = 0, 1, \ldots, n-1.$$

In unserer Terminologie entsprechen die Größen E_j bzw. E_j' gerade jeweils den Einträgen zweier H-invertierbarer Vektoren ϕ bzw. ϕ'. Größen T_n bzw. T_n' (und damit auch g_n) sind bei SCHÄRF *allerdings nicht definiert. Mit den zusätzlichen rein technischen Festlegungen*

$$T_n := \frac{E_0}{E_n} \cdot R_0 - R_n \quad und \quad T_n' := \frac{E_0'}{E_n'} \cdot R_0' - R_n'$$

wäre dort dann $T = (T_0, T_1, \ldots, T_n) \in \phi^\perp$ und $T' = (T_0', T_1', \ldots, T_n') \in \phi'^\perp$. Dann entspräche der Vektor g der Größen g_j gerade dem Vektor

$$\hat{T} = T - T' - (Z(\phi, R') - Z(\phi', R'))$$

gemäß (7.29).

(ii) *Die in [Sch41] präsentierten Vorzeichensätze (Satz 2 bis Satz 5 in [Sch41]), die* SCHÄRF *im Kontext seines Invarianzsatzes formuliert, ergeben sich unmittelbar aus Korollar 7.10.*

Im affinen Teilraum $\mathcal{R}(\phi, T)$ stellt neben der Standard-Reserve die *norm-minimale Reserve* $\hat{R}$ eine weitere spezielle Reserve von T dar. Sie hat die Eigenschaft

$$\|\hat{R}\| = \min_{R \in \mathcal{R}(\phi, T)} \|R\| \tag{7.30}$$

und ist eindeutig bestimmt. Offenbar hat $\hat{R}$ für eine (beliebig) vorgegebene Reserve $R \in \mathscr{R}(\phi, T)$ eine Darstellung als

$$\hat{R} = R - \frac{\langle \phi^{-1}, R \rangle}{\langle \phi^{-1}, \phi^{-1} \rangle} \cdot \phi^{-1},$$

stellt also die Orthogonalprojektion von R auf den Untervektorraum $\phi^{-1^{\perp}}$ dar (vgl. dazu auch (7.11), S. 217). Dass sich $\hat{R}$ auf diese Weise ermitteln lässt, macht man sich auch dadurch klar, indem man Lemma 7.7 (viii) (c.) nutzt, also die Tatsache, dass sich $\hat{R}$ für ein geeignetes $\hat{\lambda} \in \mathbb{R}$ als

$$\hat{R} = R + \hat{\lambda} \cdot \phi^{-1}$$

schreiben lässt. Um $\hat{\lambda}$ zu bestimmen, wählt man den Ansatz

$$f(\lambda) := \|R(\lambda)\|^2 = \|R + \lambda \cdot \phi^{-1}\|^2.$$

Die Minimalitätsbedingung

$$\frac{\partial f}{\partial \lambda} = 2 \cdot \langle \phi^{-1}, R + \lambda \cdot \phi^{-1} \rangle \overset{!}{=} 0$$

führt dann zu

$$\hat{\lambda} = -\frac{\langle \phi^{-1}, R \rangle}{\langle \phi^{-1}, \phi^{-1} \rangle}.$$

Eine Reserve R von T ist also genau dann norm-minimal, wenn $R \in \phi^{-1^{\perp}}$, also Element des Orthogonalraums ist, der zum Eigenvektor ϕ^{-1} der ϕ-Transformierten $Z(\phi, \cdot)$ gehört.

7.2.3 Beispiele φ-orthogonaler Vektoren und deren Reserven

Mit den nachfolgenden Beispielen ϕ-orthogonaler Vektoren T und deren Reserven wollen wir illustrieren, dass diese in der Realität in vielfacher Weise auftreten und sich prinzipiell immer dann ergeben, wenn im Rahmen von (hier: diskreten) zeitlichen Abläufen bzw. zeitabhängigen Prozessen für diese in irgendeiner Weise „Bewertungen" vorgenommen werden.

Beispiel 7.15: „Reserve" eines Produktions- und Nachfrageprozesses

Wir betrachten ein Unternehmen, welches für die einzelnen Perioden $[j, j+1[$ der Zukunft festgelegt hat, welche Anzahlen u_j eines bestimmten Gutes innerhalb dieses Zeitraums produziert werden sollen. Bekannt sei weiterhin, welche Nachfrage d_j in den einzelnen Perioden erwartet werden kann. Für diese Produktionsplanung seien folgende Annahmen getroffen:

(i) Der Planungshorizont des Unternehmens beträgt n Perioden.

(ii) Zum Zeitpunkt j stehen die Produktionsmengen $u_j \geq 0$ des Gutes bereit.

(iii) Die Nachfragemenge nach dem Gut in Periode $[j - 1, j[$ sei $d_j \geq 0$, (deterministisch) bekannt und werde – wenn möglich – zu Beginn der Periode j, also zum Zeitpunkt $j - 1$, befriedigt.

(iv) Zu Beginn (Zeitpunkt $t = 0$) befinde sich eine Menge c_0 des Gutes „auf Lager" (Lagerbestand).

Setzen wir nun $T = (T_0, T_1, \ldots, T_n)$ mit

$$T_j := u_j - d_j, \quad j = 0, 1, \ldots, n$$

und $\phi := \mathbb{1} \in \mathbb{R}_H^{n+1}$, so beschreibt T_j den Produktionsüberschuss ($T_j \geq 0$) bzw. Nachfrageüberschuss ($T_j \leq 0$) im Zeitpunkt j. Der Wert $\langle \phi, T \rangle$ gibt dann den gesamtem Produktionsüberschuss ($\langle \phi, T \rangle \geq 0$) bzw. Nachfrageüberschuss ($\langle \phi, T \rangle \leq 0$) im Planungszeitraum $[0, n]$ an. Es sei angenommen, dass $\langle \phi, T \rangle \leq 0$, also ein Gesamtnachfrageüberschuss besteht.

Wegen (7.12) ist

$$\mathrm{pr}_{e_0}(T) = T - \langle \phi, T \rangle_0 \cdot e_0 \in \phi^{\perp}.$$

Die Größe $\mathrm{pr}_{e_0}(T)$ beschreibt dann einen „modifizierten" Produktions- oder Nachfrage-Prozess, bei dem bereits im Zeitpunkt $t = 0$ *zusätzlich* der Gesamtnachfrageüberschuss zur Verfügung steht.

(i) Legt man in diesem modifizierten Prozess $R_0 := \langle \phi, T \rangle_0$ fest (die Reserve zum Zeitpunkt $t = 0$ gibt also den Gesamtnachfrageüberschuss wieder), so erhalten wir dann über (7.23) für $j \geq 1$ in der Reserve R von $\mathrm{pr}_{e_0}(T)$:

$$\begin{aligned}
R_j &= (R_0 - \langle \phi, T \rangle_0) \cdot \langle \phi, e_0 \rangle_j + \langle \phi, T \circ (\mathbb{1} - \mathbb{1}_j) \rangle_j \\
&= (\langle \phi, T \rangle - \langle \mathbb{1}, T \rangle_0) \cdot \langle \mathbb{1}, e_0 \rangle_j + \langle \phi, T \circ (\mathbb{1} - \mathbb{1}_j) \rangle_j \\
&= \sum_{k=0}^{j-1} T_k,
\end{aligned}$$

und damit den Produktionsüberschuss ($R_j \geq 0$) bzw. den Nachfrageüberschuss ($R_j \leq 0$) innerhalb der ersten j Perioden (unmittelbar vor der Produktion u_j bzw. der Nachfrage d_j).

(ii) In der Standard-Reserve R von $\mathrm{pr}_{e_0}(T)$ ergibt sich mit (7.22) für $j \geq 1$

$$R_j = -\sum_{k=j}^{n} T_k.$$

In diesem Fall beschreibt also R_j den Nachfrageüberschuss ($R_j \geq 0$) bzw. den Produktionsüberschuss ($R_j \leq 0$) der letzten $n - j$ Perioden (einschließlich der Produktion u_j bzw. der Nachfrage d_j).

(iii) Durch die Festlegung $R_0 := I + \langle \phi, T \rangle$ wird mit R_0 die Höhe des Lagerbestands am Ende des Planungszeitraums wiedergegeben. In diesem Fall ergibt sich für $j \geq 1$:

$$R_j = (R_0 - \langle \phi, T \rangle_0) \cdot \langle \phi, e_0 \rangle_j + \langle \phi, T \circ (\mathbb{1} - \mathbb{1}_j) \rangle_j$$

$$= c_0 + \langle \phi, T \circ (\mathbb{1} - \mathbb{1}_j) \rangle_j = c_0 + \sum_{k=0}^{j-1} T_k$$

und damit der Lagerbestand am Ende der Periode j (unmittelbar vor der Produktion u_j bzw. der Nachfrage d_j).

In ähnlicher Weise wie sich die Lagerung von Gütermengen innerhalb eines Produktions- und Nachfrageprozesses verhält, kann die Entwicklung von „Geldmengen" im Rahmen eines Investitions- und Finanzierungsprozesses interpretiert werden. Die „Nachfragen" stellen hier Auszahlungen dar, die „Produktionen" sind mit Einzahlungen zu assoziieren.

Geht man davon aus, dass sich ein „Lagerbestand" an Gütern im Laufe einer Periode messbar verändern kann (so könnten beispielsweise Güter bei Lagerung „verderben"), wäre die „Verzinsung" des Kapitals ein entsprechendes Analogon hierzu.

Beispiel 7.16: „Reserve" eines Investitions- und Finanzierungsprozesses

Wir betrachten einen Investitions- und Finanzierungsprozess, bei dem zum Zeitpunkt $t = 0$ der Betrag A an eine heute x-jährige Person als Kredit ausgezahlt wird. Es ist vereinbart, während der kommenden n Jahre zu den Zeitpunkten $j = 0, 1, \ldots, n$ Rückzahlungsraten in Höhe von B_j zu leisten und damit den Kredit vollständig zurückzuzahlen. Die Rückzahlungsraten setzen sich aus einem Zinsanteil und einem Tilgungsanteil zusammen. Zinsen werden jährlich am Ende (nachschüssig) auf die zu Beginn eines Jahres noch bestehende Restschuld erhoben. Die jährlichen Zinssätze seien durch ein Zinsprofil

$$i_{x:} = (i_{x:0}, i_{x:1}, \ldots, i_{x:n-1}, -1)$$

gegeben ($i_{x:j} > -1$ für $j = 0, 1, \ldots, n - 1$). Durch die Zahlungen B_j wird ein Profil

$$B = (B_0 - A, B_1, \ldots, B_n) \in \mathbb{R}^{n+1}$$

und durch das Zinsprofil $i_{x;}$ gemäß (1.10) ein Kapitalanlageprofil $r(x, n) \in \mathbb{R}_H^{n+1}$ induziert. Setzen wir

$$\phi = r(x, n)^{-1} = ({}_0 v_x, {}_1 v_x, \ldots, {}_j v_x, \ldots, {}_n v_x) \in \mathbb{R}_H^{n+1},$$

so ist mit (7.21) $B \in \phi^\perp$. Legt man für B die Standard-Reserve zugrunde, d. h. $R_0 := 0$, so gilt mit (7.23) für $j \geq 1$:

$$R_j = (R_0 - \langle \phi, B \rangle_0) \cdot \langle \phi, e_0 \rangle_j + \langle \phi, B \circ (\mathbb{1} - \mathbb{1}_j) \rangle_j$$

$$= -A + {}_j r_x \cdot \sum_{k=0}^{j-1} {}_k v_x \cdot B_k = -{}_j r_x \cdot \sum_{k=j}^{n} {}_k v_x \cdot B_k.$$

R_j lässt sich also gerade als „Kontostand" zum Zeitpunkt j interpretieren, d. h. $-R_j$ ist die Höhe der *Restschuld* zum Zeitpunkt j.

Wird die Verzinsung des Kapitals bzw. der Zahlungen zusätzlich noch an die Bedingung des Erlebens der betrachteten jeweiligen Zahlungstermine gebunden, so lässt sich für ein solches Zahlungsversprechen ebenfalls eine „Reserve" angeben.

Beispiel 7.17: „Reserve" des Prozesses einer Leibrentenzahlung

Es sei vereinbart, einer heute x-jährigen Person eine sofort beginnende, lebenslange, jährlich vorschüssig zahlbare Leibrente der konstanten Höhe A auszuzahlen. Für die Bewertung dieses Zahlungsversprechens werde ein Verbleibensprofil $p(x, \omega - x)$ und ein Anlageprofil $r(x, \omega - x)$ herangezogen. Mit den Festlegungen

$$\phi := p(x, \omega - x) \circ r^{-1}(x, \omega - x) \in \mathbb{R}^{(\omega - x)+1}$$

und

$$T' := -A \cdot \mathbb{1} \in \mathbb{R}^{(\omega - x)+1}$$

ergibt sich gemäß (7.12)

$$\mathrm{pr}_{e_0}(T') = T' - \langle \phi, T' \rangle_0 \cdot e_0 \in \phi^\perp.$$

In der Standard-Reserve R von $\mathrm{pr}_{e_0}(T')$ erhalten wir mit (7.22) dann für $j \geq 1$:

$$R_j = -\langle \phi, T' \circ \mathbb{1}_j \rangle_j = A \cdot \langle \phi, \mathbb{1}_j \rangle_j = \frac{A}{\phi_j} \cdot \langle \phi, \mathbb{1}_j \rangle.$$

Unterstellt man für das Kapitalanlageprofil nun zusätzlich eine konstante Zinsstruktur (d. h. $r_{x;j} = (1 + i)$, $j = 0, 1, \ldots, \omega - x$) und wird Stationarität im Profil $p_{x;}$

der einjährigen Verbleibenswahrscheinlichkeiten angenommen, so ergibt sich mit (7.19) für die Reserve im Zeitpunkt j:

$$R_j = A \cdot \frac{1}{_jp_x \cdot r^{-j}} \cdot {}_{j|}\ddot{a}_x = A \cdot \ddot{a}_{x+j}.$$

Die Reserve dieses lebenslänglichen Zahlungsprozesses zum Zeitpunkt j entspricht für diesen Spezialfall also gerade dem A-fachen des vorschüssigen Leibrentenbarwertfaktors einer $(x + j)$-jährigen Person (siehe Kap. 5).

Auch die rein biometrische Betrachtung des zeitlichen Abbaus einer Personengesamtheit bzw. das Ausscheiden von Personen aus einem Kollektiv induziert eine „Reserve". Im nachfolgenden Beispiel führt diese auf eine bekannte Größe.

Beispiel 7.18: „Reserve" eines Alterungsprozesses

Wir betrachten eine Sterbetafel und hierin speziell den H-invertierbaren Vektor

$$\phi = ({}_0\ell_x, {}_1\ell_x, \dots, {}_{\omega-x}\ell_x),$$

in dem die Größe $_j\ell_x$ die Anzahl der lebenden Personen des (ganzzahligen) Alters $x + j$ in der Generation der heute x-jährigen Personen beschreibt. Die Größe

$$\langle \phi, \mathbb{1} \rangle_0 = \frac{1}{_0\ell_x} \cdot \sum_{k=0}^{n} {}_k\ell_x$$

lässt sich für diese Sterbetafel (bis auf einen Summanden $-\frac{1}{2}$) als die *fernere Lebenserwartung* $\overset{\circ}{e}_x$ einer heute x-jährigen Person interpretieren (siehe etwa [Kah18]). Wegen (7.12) gilt

$$\mathrm{pr}_{e_0}(\mathbb{1}) = \mathbb{1} - \langle \phi, \mathbb{1} \rangle_0 \cdot e_0 \in \phi^{\perp}.$$

Somit ist auch $-\mathrm{pr}_{e_0}(\mathbb{1}) \in \phi^{\perp}$. Ist R die Standardreserve von $-\mathrm{pr}_{e_0}(\mathbb{1})$, so erhält man aufgrund von (7.18) für $j = 1, 2, \dots, n$ die Einträge:

$$R_j = -\langle \phi, -\mathrm{pr}_{e_0}(\mathbb{1}) \circ \mathbb{1}_j \rangle_j = \langle \phi, \mathbb{1}_j \rangle_j = \frac{1}{_j\ell_x} \cdot \sum_{k=j}^{n} {}_k\ell_x.$$

Sie entsprechen also (wieder bis auf einen Summanden $-\frac{1}{2}$) der ferneren Lebenserwartung einer $(x + j)$-jährigen Person in der Generation der heute x-jährigen Personen, drücken hier also die „Rest-Lebenserwartung" der heute x-jährigen Person im Alter $x + j$ aus.

In der Physik treffen wir häufig auf Abläufe, in denen „Gleichgewichtsbedingungen" zu berücksichtigen sind. Die „Bewertung" eines solchen zeitabhängigen Prozesses verschwindet dabei häufig. In solchen Situationen existiert demnach ebenfalls eine „Reserve". Die nachfolgenden beiden Beispiel sollen dies – jeweils im zeitdiskreten Fall – illustrieren.

Beispiel 7.19: „Reserven" aufgrund der Einwirkung von Kräften

Wir betrachten einen physikalischen Körper K der Masse M (Einheit [kg]) während des Zeitintervalls $[0, n]$ (Einheit: [s]), welcher sich zum Zeitpunkt $t = 0$ im (unbewegten) Ruhezustand auf der Erdoberfläche befinden möge.

Bis zum Zeitpunkt n sollen nun auf „diskontinuierliche Weise" (also nur zu den diskreten Zeitpunkten j) neben der Schwerkraft (die senkrecht „nach unten" gerichtet ist) eine Kraft F_j (Einheit [kg m s^{-2}]) senkrecht „nach oben" einwirken.

Die Größe T_j beschreibe die durch F_j und die Schwerkraft hervorgerufene Höhenveränderung des Körpers (Einheit: [m]) während des (kleinen) Zeitraums $[j, j + 1[$. Der Körper ändert in einem solchen Intervall seine Höhe „nach oben", falls $T_j > 0$ bzw. „nach unten", falls $T_j \leq 0$. Die Wirkung der Kräfte sei derart, dass sich K zum Zeitpunkt n wieder „unten" auf der Erdoberfläche befindet. Für $T := (T_0, T_1, \ldots, T_{n-1}, 0)$ gilt dann $\langle 1, T \rangle = 0$.

(i) Bezeichnen wir mit g – wie üblich – die Erdbeschleunigung (Einheit [m s^{-2}]) und setzt man $\phi = M \cdot g \cdot 1$, dann ist $T \in \phi^\perp$ und für $j \in \{1, 2, \ldots, n\}$ entspricht ein Eintrag

$$R_j = R_0 + \langle \phi, T \circ (1 - 1_j) \rangle_j = \sum_{k=0}^{j-1} T_k$$

in der Reserve R von T gerade der *Höhe* (Einheit [m]), auf der sich K zum Zeitpunkt j oberhalb des Bezugspunktes $-R_0$ befindet. In der Standard-Reserve ist $R_0 = 0$, d. h. der Bezugspunkt entspricht dem Punkt auf der Erdoberfläche, in dem sich K zum Zeitpunkt $t = 0$ befindet.

(ii) Setzt man $\phi' := M \cdot 1$, dann ist $T' := T \circ g \cdot 1 \in \phi'^\perp$. Die physikalische Einheit von T' ist offenbar [m^2 s^{-2}], d. h. $\sqrt{|T'_j|}$ stellt eine Geschwindigkeit dar. Für die Standard-Reserve R' von T' ergibt sich hier

$$R'_j = \langle \phi', T' \circ (1 - 1_j) \rangle_j = g \cdot \sum_{k=0}^{j-1} T_k, \quad j \in \{1, 2, \ldots, n\}.$$

Wegen $R'_j = g \cdot R_j$ beschreibt $\sqrt{2 \cdot R'_j}$ also gerade die sogenannte *Aufprallge-schwindigkeit* (Einheit [m s^{-1}]) des Körpers K, wenn dieser aus der Höhe R_j frei fallend auf der Erde aufschlagen würde.

(iii) Setzt man $\phi'' := \mathbb{1}$, dann ist $T'' := 2 \cdot g^{-1} \cdot T \in \phi''^{\perp}$. Die physikalische Einheit von T'' ist hier [s^2], damit stellt $\sqrt{T''_j}$ eine zeitliche Größe dar. In der Standard-Reserve R'' von T'' ergibt sich (nicht überraschend)

$$R''_j = \langle \mathbb{1}, T'' \circ (\mathbb{1} - \mathbb{1}_j) \rangle_j = 2 \cdot g^{-1} \cdot \sum_{k=0}^{j-1} T_k = 2 \cdot g^{-1} \cdot R_j, \quad j \in \{1, 2, \ldots, n\}.$$

Die Größe $\sqrt{R''_j}$ beschreibt hier die *Fallzeit* (Einheit [s]), d. h. die Zeit, die der Körper benötigen würde, bis er aus der Höhe R_j frei fallend auf der Erde aufschlagen würde.

(iv) Offenbar ist auch $T''' := M \cdot g \cdot T \in \mathbb{1}^{\perp}$. Hier erhalten wir für $j \in \{1, 2, \ldots, n\}$ in der Standard-Reserve R''' von T''':

$$R'''_j = \langle \mathbb{1}, T''' \circ (\mathbb{1} - \mathbb{1}_j) \rangle_j = M \cdot g \cdot \sum_{k=0}^{j-1} T_k = M \cdot g \cdot R_j = M \cdot R'_j.$$

Physikalisch stellt die Größe R'''_j also nichts anderes dar, als die *potentielle Energie* (Einheit [kg m^2 s^{-2}]) des Körpers K zum Zeitpunkt j.

Abschließend betrachten wir vor dem Hintergrund der sogenannte Raketengrundgleichung ein weiteres Beispiel. Hierin lässt sich sowohl die Reserve R als auch die Reserve R' der Projektion $\mathrm{pr}_{e_0}(R)$ physikalisch interpretieren.

Beispiel 7.20: Reserven beim Flug einer Rakete

Wir betrachten einen (idealisierten) Raketenflug innerhalb des Zeitintervalls $[0, n]$. Das Zeitintervall sei in hinreichend viele, äquidistante Teilintervalle zerlegt (die Länge eines Teilintervalls sei $[j, j+1[$, Einheit [s]).

Die Rakete befinde sich im Zeitpunkt $j = 0$ im (unbewegten) Ruhezustand auf der Erdoberfläche und besitze zu diesem Zeitpunkt die Gesamtmasse $M^{(r)} + M^{(f)}$, wobei $M^{(r)}$ die Masse des reinen Raketenkörpers und $M^{(f)}$ die Masse des geladenen Treibstoffs beschreibt (Einheit [kg]).

Nun wird die Rakete senkrecht „abgeschossen", indem Treibstoff verbrannt wird. Die gerichtete Beschleunigung der Rakete nach oben wird hierbei durch den Rückstoß bewirkt, der durch das Verbrennen des Treibstoffs erfolgt. Wir gehen vereinfachend davon aus, dass der Treibstoff diskontinuierlich nur in den diskreten Zeit*punkten* verbrannt werden kann. Zu einem solchen Zeitpunkt möge die Rakete die (konstante) Menge ΔM (Einheit [kg]) des Treibstoffs verbrennen und somit entsprechend viel an ihrer Gesamtmasse verlieren. Die Geschwindigkeit $-v^{(f)}$ (Einheit [m s^{-1}]), mit der die Rückstoßgase aus der Rakete senkrecht nach unten austreten, sei ebenfalls als konstant angenommen. Solange Treibstoff vorhanden ist, erfährt die Rakete dadurch also einen zusätzlichen Impuls mit $v^{(f)} \cdot \Delta M$, weshalb die Geschwindigkeit der Rakete nach oben gerichtet zunimmt.

Um die Erdanziehung für eine (diskontinuierliche) formale Modellierung zu berücksichtigen, unterstellen wir, dass auch diese nur in den diskreten Zeit*punkten* wirkt und während des Beobachtungsintervalls konstant ist. Durch die Wirkung der Erdanziehungskraft ändert die Rakete somit die Geschwindigkeit in jedem Zeitpunkt j jeweils um $v^{(g)}$ nach unten gerichtet. Diese Geschwindigkeitsänderung ist unabhängig von der Masse M_j, welche die Rakete zum Zeitpunkt j besitzt.

Wir gehen davon aus, dass die beiden einzigen Kräfte, die den Flug der Rakete beeinflussen, durch diese Rückstoß-Beschleunigung nach oben einerseits und durch die Erdbeschleunigung g nach unten andererseits gegeben sind. Die Rakete wird sich also im Intervall $[j, j + 1[$ gleichförmig senkrecht nach oben bzw. nach unten bewegen.

Es sei nun

$$k = \frac{M^{(f)}}{\Delta M} \quad \text{bzw.} \quad n := \frac{v^{(f)}}{v^{(g)}} \cdot \ln\left(\frac{M^{(r)} + M^{(f)}}{M^{(r)}}\right).$$

Offenbar entspricht dann $k - 1$ dem Zeitpunkt, zu dem der Treibstoff der Rakete „aufgebraucht" ist, weshalb ab diesem Zeitpunkt keine Beschleunigung nach oben mehr stattfinden kann. Wir nehmen an, dass alle gegebenen Daten derart gewählt sind, dass k und n ganzzahlig sind und dass $n > k - 1$.

Nun setze man $\phi := \mathbb{1}$ und

$$T_j := \begin{cases} v^{(f)} \cdot \ln\left(\dfrac{M^{(r)} + M^{(f)} - \Delta M \cdot j}{M^{(r)} + M^{(f)} - \Delta M \cdot (j + 1)}\right) - v^{(g)}, & 0 \le j \le k - 1 \\ -v^{(g)}, & k \le j \le n - 1 \\ 0, & k = n. \end{cases}$$

Für den Zeitpunkt j beschreibt T_j eine Geschwindigkeit*änderung* (Einheit [m s^{-1}]). Bis einschließlich des Zeitpunkts $k-1$ (Ende der Treibstoffverbrennung) wird diese einerseits durch das (logarithmische) Verhältnis der Gesamtmasse der Rakete zu Beginn und am Ende der Periode $j + 1$, andererseits durch $v^{(g)}$ bestimmt. Nachdem der Treibstoff aufgebraucht ist ($j \ge k$), wirkt bis zum Zeitpunkt $n - 1$ (einschließlich) nur noch die Erdbeschleunigung und beschreibt somit eine Geschwindigkeitsänderung nach unten.

Es sei $T_j \geq 0$ für $j = 0, 1, \ldots, k-1$ unterstellt (was gewährleistet, dass die Rakete mittels Verbrennung des Treibstoffs auch tatsächlich „abheben" kann). Man rechnet nun:

$$\langle \phi, T \rangle = \sum_{j=0}^{k-1} T_j + \sum_{j=k}^{n} T_j$$

$$= \sum_{j=0}^{k-1} v^{(f)} \cdot \ln \left(\frac{M^{(r)} + M^{(f)} - \Delta M \cdot j}{M^{(r)} + M^{(f)} - \Delta M \cdot (j+1)} \right) - \sum_{j=0}^{n-1} v^{(g)}$$

$$= v^{(f)} \cdot \ln \left(\frac{M^{(r)} + M^{(f)}}{M^{(r)}} \right) - n \cdot v^{(g)} = 0,$$

d. h. $T \in \phi^{\perp}$. Als Standardreserve zum Zeitpunkt j ergibt sich somit

$$R_j = \langle \mathbb{1}, T \circ (\mathbb{1} - \mathbb{1}_j) \rangle_j$$

$$= \begin{cases} v^{(f)} \cdot \ln \left(\dfrac{M^{(r)} + M^{(f)}}{M^{(r)} + M^{(f)} - \Delta M \cdot j} \right) - v^{(g)} \cdot j, & 0 \leq j < k \\ v^{(f)} \cdot \ln \left(\dfrac{M^{(r)} + M^{(f)}}{M^{(r)}} \right) - v^{(g)} \cdot j, & j \geq k. \end{cases}$$

Hierbei drückt R_j gerade die *Geschwindigkeit* aus, welche die Rakete zum Zeitpunkt j (in unserem Modell somit dann auch während des Zeitraums $[j, j+1[$) besitzt.

Entsprechend der *Raketengrundgleichung* von Ziolkowsky (siehe [MF17]) lässt sich deren Geschwindigkeit zu einem (beliebigen) Zeitpunkt $t \geq 0$ nämlich schreiben als:

$$v(t) = \begin{cases} v^{(f)} \cdot \ln \left(\dfrac{M^{(r)} + M^{(f)}}{M^{(r)} + M^{(f)} - \Delta M \cdot t} \right) - g \cdot t, & 0 \leq t < k \\ v^{(f)} \cdot \ln \left(\dfrac{M^{(r)} + M^{(f)}}{M^{(r)}} \right) - g \cdot t, & t \geq k. \end{cases}$$

Für $0 \leq j \leq k-1$, also für den Zeitraum der Treibstoffverbrennung, gilt $R_j \geq 0$, da hier $T_j \geq 0$. Für $k \leq j < n$, also nach dem vollständigen Verbrauch des Treibstoffs, gilt dann

$$R_j \geq v^{(f)} \cdot \ln \left(\frac{M^{(r)} + M^{(f)}}{M^{(r)}} \right) - v^{(g)} \cdot j \geq v^{(f)} \cdot \ln \left(\frac{M^{(r)} + M^{(f)}}{M^{(r)}} \right) - v^{(g)} \cdot n = 0,$$

also $R \geq 0$. Da die Rakete im Sekundenintervall $[j, j+1[$ mit Geschwindigkeit R_j fliegt, ändert sich während dieser Zeit deren Flughöhe um den Betrag $|R_j|$ nach oben. Wegen $R_n = 0$ hat sie als zum Zeitpunkt n gerade ihre *maximale Flughöhe* erreicht.

Nun betrachten wir

$$\mathrm{pr}_{e_0}(R) := R - \langle \mathbb{1}, R \rangle \cdot e_0 \in \phi^\perp$$

mit zugehöriger Standard-Reserve R'. Wegen

$$\ln\left(\frac{M^{(r)} + M^{(f)}}{M^{(r)} + M^{(f)} - \Delta M \cdot j}\right) = -\ln\left(1 - \frac{\Delta M \cdot j}{M^{(r)} + M^{(f)}}\right)$$

ergibt sich mit (7.22) für $1 \le j \le n$:

$$R'_j = -\langle \mathbb{1}, R \circ \mathbb{1}_j \rangle_j = -\langle \mathbb{1}, R \circ \mathbb{1}_j \rangle = \langle \mathbb{1}, R \circ (\mathbb{1} - \mathbb{1}_j) \rangle - \langle \mathbb{1}, R \rangle.$$

Somit wird durch

$$R'_j + \langle \mathbb{1}, R \rangle = \begin{cases} -v^{(f)} \cdot \sum\limits_{s=0}^{j-1} \ln\left(1 - \dfrac{\Delta M \cdot s}{M^{(r)} + M^{(f)}}\right) \\ \qquad\qquad - \dfrac{(j-1) \cdot j}{2} \cdot v^{(g)}, & j < k \\[2em] -v^{(f)} \cdot \left(\sum\limits_{s=0}^{k-1} \ln\left(1 - \dfrac{\Delta M \cdot s}{M^{(r)} + M^{(f)}}\right) \right. \\ \qquad \left. + \ln\left(1 - \dfrac{M^{(f)}}{M^{(r)} + M^{(f)}}\right) \cdot (j-k)\right) & j \ge k \\ \qquad\qquad - \dfrac{(j-1) \cdot j}{2} \cdot v^{(g)}, \end{cases}$$

gerade die *Flughöhe* der Rakete zum Zeitpunkt j beschrieben.

8 Algebraische Verallgemeinerung des Äquivalenzprinzips

Bisher haben wir H-invertierbare Vektoren und deren Zerlegungen kennengelernt. Auf der Grundlage des Skalarproduktes wurden Bewertungen mittels dieser Vektoren durchgeführt. Die ϕ-Orthogonalität von Vektoren des $\mathbb{R}^{n+1}$ zusammen mit den ϕ-Transformierten $Z(\phi, \cdot)$ führte dann auf den Begriff der Reserve. In diesem Abschnitt wollen wir nun ϕ-orthogonale Vektoren genauer untersuchen, indem wir eine Äquivalenzrelation angeben, die sich gewissermaßen auf eine „natürliche Weise" anbietet.

Diese Äquivalenzrelation, zusammen mit dem *Speziellen Charakterisierungssatz* ist die Grundlage dafür, dass sämtliche Ergebnisse, die wir im ersten Teil des Buches als „Technische Kalkulation von Lebensversicherungsverträgen" präsentiert haben, von einer algebraischen Warte aus allgemeingültig erzielt werden können.

8.1 ϕ-Äquivalenz

In diesem Abschnitt wollen wir ϕ-orthogonale Vektoren T weiter spezifizieren, indem wir Differenzen zweier Vektoren im $\mathbb{R}^{n+1}$ in den Blick nehmen.

Gegeben sei ein H-invertierbarer Vektor $\phi \in \mathbb{R}^{n+1}$. Wir nennen *das Paar* (T, T') von Vektoren $T, T' \in \mathbb{R}^{n+1}$ ϕ-*äquivalent*, falls

$$T - T' \in \phi^{\perp}.$$

Man sieht unmittelbar eine strukturelle Eigenschaft ein, die mit dem Begriff der ϕ-Äquivalenz verbunden ist:

Lemma 8.1

Es sei $\phi \in \mathbb{R}^{n+1}$ H-invertierbar. Dann ist „ϕ-Äquivalenz" eine Äquivalenzrelation auf $\mathbb{R}^{n+1} \times \mathbb{R}^{n+1}$.

Beweis. *Es müssen die folgenden drei Eigenschaften für das Vorliegen einer Äquivalenzrelation gezeigt werden:*
(i) (Reflexivität): Für alle $T \in \mathbb{R}^{n+1}$ ist das Paar (T, T) ϕ-äquivalent.
(ii) (Symmetrie): Ist (T, T') ϕ-äquivalent, so ist auch (T', T) ϕ-äquivalent.
(iii) (Transitivität): Sind (T, T') und (T', T'') ϕ-äquivalent, so ist auch (T, T'') ϕ-äquivalent.
Die Eigenschaften (i) und (ii) sind unmittelbar klar. Eigenschaft (iii) ergibt sich ebenfalls sofort, da $T - T'' = (T - T') + (T' - T'')$. ∎

https://doi.org/10.1515/9783110740905-011

Bezüglich dieser Äquivalenzrelation zerfällt $\mathbb{R}^{n+1}$ damit als Vektorraum in (disjunkte) *Äquivalenzklassen* (vgl. z. B. [Fis20]). Für $T \in \mathbb{R}^{n+1}$ besteht die Äquivalenzklasse

$$[T]_\phi := \{T' \mid T - T' \in \phi^\perp\}$$

von T gerade aus den Vektoren T' mit $\langle \phi, T' \rangle = \langle \phi, T \rangle$. Da jeder Vektor $R \in \mathbb{R}^{n+1}$ auf eindeutige Weise seine ϕ-Transformierte $Z(\phi, R)$ induziert, ergibt sich mit dem Speziellen Charakterisierungssatz 7.6

$$[T]_\phi = \left\{T' \mid T' = T + R - Z(\phi, R),\ \text{mit } R \in \mathbb{R}^{n+1}\right\}. \tag{8.1}$$

Das nachfolgende Lemma listet eine Reihe von Eigenschaften im Zusammenhang mit derartigen Äquivalenzklassen auf. Diese lassen sich mit der Definition der ϕ-Äquivalenz von Paaren von Vektoren, der Tatsache, dass $\phi^\perp$ ein Vektorraum ist und den Eigenschaften des Skalarprodukts unmittelbar zeigen. Wir beweisen sie daher nicht im Einzelnen.

Lemma 8.2

Es seien $\phi, \phi' \in \mathbb{R}^{n+1}$ zwei H-invertierbare Vektoren und $a, b \in \mathbb{R}$.

(i) Folgende Aussagen sind gleichwertig
  (a.) $T' \in [T]_\phi$.
  (b.) $Z^k(\phi, T') \in [T]_\phi$, für $k \in \mathbb{N}_0$.
  (c.) $a \cdot T' \in [a \cdot T]_\phi$.
  (d.) $T' \in [T]_{a \cdot \phi}$, sofern $a \neq 0$.
  (e.) $T' \circ \phi \in [T \circ \phi]_\mathbb{1}$.

(ii) Ist $T' \in [T]_\phi$ und $\widehat{T}' \in [\widehat{T}]_\phi$, so gilt

$$a \cdot T' + b \cdot \widehat{T}' \in [a \cdot T + b \cdot \widehat{T}]_\phi.$$

(iii) Ist $T' \in [T]_\phi$ und $T' \in [T]_{\phi'}$, dann gilt

$$T' \in [T]_{a \cdot \phi + b \cdot \phi'},$$

sofern $a \cdot \phi + b \cdot \phi'$ H-invertierbar ist.

(iv) $\langle \phi, T' \rangle = \langle \phi', T \rangle$ genau dann, wenn $T' \in [\phi' \circ \phi^{-1} \circ T]_\phi$.

(v) Ist $T' \in [T]_\phi$, $R \in \mathscr{R}(T - T')$ und $T'' \in \mathbb{R}^{n+1}$, dann sind folgende Aussagen gleichwertig:
  (a.) $T'' \in [T]_\phi$.
  (b.) $T'' \in [T']_\phi$.
  (c.) Es gibt ein $\bar{R} \in \mathbb{R}^{n+1}$ mit $R - \bar{R} = T' - T'' + Z(\phi, R - \bar{R})$.

(vi) Ist $T' \in [T]_\phi$ und $R \in \mathcal{R}(\phi, T - T')$. Dann gilt für

$$\tilde{T} := T + R \quad \text{bzw.} \quad \tilde{T}' := T' + Z(\phi, R) :$$

   (a.) $\tilde{T}' \in [\tilde{T}]_\phi$,
   (b.) Für die Standard-Reserve $\tilde{R}$ von $\tilde{T} - \tilde{T}'$ gilt: $\tilde{R} = \mathbb{0}$.
(vii) Für jedes $T \in \mathbb{R}^{n+1}$ und jedes $w \in \mathbb{R}^{n+1}$ mit $\langle \phi, w \rangle \neq 0$ gilt

$$\frac{\langle \phi, T \rangle}{\langle \phi, w \rangle} \cdot w \in [T]_\phi.$$

(viii) Ist $T' \in [T]_\phi$, dann sind die beiden folgenden Aussagen gleichwertig:
   (a.) $R \in \mathcal{R}(\phi, T - T')$
   (b.) Es gibt Reserven

$$R^{(T)} \in \mathcal{R}(\phi, T - \langle \phi, T \rangle_0 \cdot e_0) \quad \text{bzw.} \quad R^{(T')} \in \mathcal{R}(\phi, T' - \langle \phi, T' \rangle_0 \cdot e_0)$$

   derart, dass

$$R = R^{(T)} - R^{(T')}. \tag{8.2}$$

(ix) Für jedes $T \in \mathbb{R}^{n+1}$ und jedes $k \in \mathbb{N}_0$ ist

$$Z^k(\phi, T) \in [T]_\phi.$$

(x) Ist $T' \in [T]_\phi$, dann ist R eine Reserve von $T - T'$ genau dann, wenn

$$\tilde{R} := R - T'$$

eine Reserve von $T - Z(\phi, T')$ ist.

Nachdem die ϕ-Äquivalenz zunächst allgemein für Paare (T, T') von Vektoren $T, T' \in \mathbb{R}^{n+1}$ eingeführt wurde, ermöglicht uns die spezielle Setzung von T und T' als Beitrags- und Leistungsprofil B bzw. L zusammen mit der ϕ-Orthogonalität und dem Speziellen Charakterisierungssatz 7.6 die Übertragung auf die Lebensversicherungstechnik aus dem ersten Teil des Buches.

8.2 ϕ-Äquivalenz und deren Bezug zu Lebensversicherungen

Legen wir vor einem versicherungstechnischen Hintergrund wieder

$$\phi = v(x, n) \circ p(x, n) \in \mathbb{R}_H^{n+1}$$

als einen durch die Rechnungsgrundlagen $\mathcal{R} = \{p(x, n), r(x, n), C\}$ induzierten, H-invertierbaren Vektor zugrunde und fassen die Vektoren T und T' speziell als (ausreichende) Beitrags- bzw. Leistungsprofile

$$B = (B_0, B_1, \ldots, B_n) \quad \text{bzw.} \quad L = (L_0, L_1, \ldots, L_n)$$

auf, so sind wegen (7.2) offenbar die beiden Aussagen

- B und L erfüllen das Äquivalenzprinzip und
- (B, L) sind ϕ-äquivalent

gleichwertig (siehe Beispiel 7.1, S. 210). Diese Gleichwertigkeit bedeutet, dass jeder Lebensversicherungsvertrag (B, L) *aus technischer Sicht* als ein Element eines durch die Rechnungsgrundlagen $\mathcal{R}$ bestimmten Orthogonalraums $\phi^\perp$ aufgefasst werden kann.

Darüber hinaus entspricht für diesen Fall der Spezielle Charakterisierungssatz 7.6 dem Satz 2.2 im ersten Teil des Buches. Das Deckungskapitalprofil V_x in Satz 2.2 korrespondiert in dieser Situation mit der Standard-Reserve R in Satz 7.6.

Somit wird erneut deutlich, dass sich im versicherungstechnischen Kontext *die Existenz* eines „Deckungskapitals" nicht aufgrund der in $\phi = v(x, n) \circ p(x, n)$ enthaltenen biometrischen bzw. finanztechnischen Informationen ergibt, sondern auf den *strukturellen Eigenschaften* der H-Invertierbarkeit von ϕ und der ϕ-Orthogonalität von $T = B - L$ beruht. In einem solchen Fall, wenn also ϕ über Rechnungsgrundlagen $\mathcal{R} = \{p(x, n), r(x, n), C\}$ beschrieben wird und $T = B - L$ die Differenz aus einem Beitrags- und einem Leistungsprofil darstellt, die dem versicherungstechnischen Äquivalenzprinzip genügen, werden wir zukünftig davon sprechen, dass das Paar (B, L) *eine ϕ-Versicherung* beschreibt oder dass B und L zu einer ϕ-Versicherung gehören.

Jeder Vektor $T \in \mathbb{R}^{n+1}$ (und damit auch jeder Vektor $T \in \phi^\perp$) lässt sich darstellen als $T = T' - T''$, wobei $T', T'' \geq 0$. Sofern also im Folgenden Bezug auf eine ϕ-Versicherung (B, L) genommen wird (also $T = B - L$), gehen wir davon aus, dass die Nicht-Negativität der zugehörigen Beitrags- bzw. Leistungsprofile B bzw. L gegeben ist.

Der Zusammenhang (7.16) des Speziellen Charakterisierungssatzes 7.6, also

$$T + R = Z(\phi, R),$$

stellt eine *allgemeine Form von Bilanzgleichungen* dar, die im versicherungstechnischen Spezialfall zu den THIELE'schen Bilanzgleichungen (2.13)

$$B + V_x = L + Z_x$$

führen. Diese allgemeine Form von Bilanzgleichungen selbst wiederum kann als eine spezielle Ausprägung des Zusammenhangs (7.14)

$$B + Z^{k_1}(\phi, V_x) = L + Z^{k_2}(\phi, V_x)$$

des Allgemeinen Charakterisierungssatzes 7.5 aufgefasst werden.

Im versicherungstechnischen Kontext bedeutet Lemma 8.2 (vi) (b.): Für eine gegebene ϕ-Versicherung (B, L) ist zu jedem Zeitpunkt j die Größe $\tilde{B}_j := B_j + {}_jV_x$ ein natürlicher Beitrag für eine zu erwartende Versicherungsleistung der $(j+1)$-ten Periode in Höhe von $\tilde{L}_j = L_j + p_{x:j} \cdot v_{x:j} \cdot {}_{j+1}V_x$ (siehe auch Bemerkung 2.5, S. 47).

Ist $T \in \phi^\perp$, so gilt für $j = 0, 1, \ldots, n$ stets

$$R_j = R_0 \cdot \langle \phi, e_0 \rangle_j - \langle \phi, T \circ \mathbb{1}_j \rangle_j$$

(siehe (7.18) in Lemma 7.7). Die Einträge der Standard-Reserve R von T bezüglich ϕ sind also gerade die negativen ϕ-Bewertungen von $T \circ \mathbb{1}_j$ bezüglich j. Im Zusammenhang mit einer ϕ-Versicherung (B, L) drückt sich hier die bekannte „Definition" des *(prospektiven) Deckungskapitals* aus (siehe Abschnitt 2.1, S. 46). Für die ϕ-Versicherung (B, L) wird (7.18) dann nämlich zu

$$ {}_jV_x = \left({}_jp_x \cdot {}_jv_x \right)^{-1} \cdot \left(\sum_{k=j}^{n} {}_kp_x \cdot {}_kv_x \cdot (L_k - B_k) \right).$$

Für die alternative Darstellung von R_j in (7.19) als

$$R_j = R_0 \cdot \langle \phi, e_0 \rangle_j + \langle \phi, T \circ (\mathbb{1} - \mathbb{1}_j) \rangle_j$$

ergibt sich

$$ {}_jV_x = \left({}_tp_x \cdot {}_jv_x \right)^{-1} \cdot \left(\sum_{k=0}^{j-1} {}_kp_x \cdot {}_kv_x \cdot (B_k - L_k) \right)$$

und beschreibt also gerade das *retrospektive Deckungskapital.*

Übersetzt in die Sprache der Versicherungstechnik drückt Lemma 8.2 (v) aus: Sind zu einem vorgegebenen Beitragsprofil B zwei unterschiedliche Leistungsprofile L' und L'' derart gegeben, dass (B, L') bzw. (B, L'') jeweils ϕ-Versicherungen mit Deckungskapitalprofil V'_x bzw. V''_x sind, dann müssen sich die Unterschiede $L' - L''$ der Profile der Versicherungsleistungen in den unterschiedlichen Deckungskapitalprofilen widerspiegeln, d. h.

$$L' - L'' = (V''_x - V'_x) + (Z'_x - Z''_x).$$

Man erhält mit (8.1) eine „Konstruktionsvorschrift", wie man für $T \in \mathbb{R}^{n+1}$ sämtliche zu T ϕ-äquivalente Vektoren T' angeben kann. Hat T die Bedeutung (irgendeines) Beitragsprofils B, so kann man $[B]_\phi$ in (8.1) als die Menge derjenigen Leistungsprofile L auffassen, die zusammen mit dem Beitragsprofil B und $R_0 := 0$ *(zumindest technisch)* eine ϕ-Versicherung ergeben könnte. Entsprechend lässt sich – umgekehrt – $[L]_\phi$ in (8.1) als die Menge derjenigen (ausreichenden) Beitragsprofile B interpretieren, durch die ein gegebenes (ausreichendes) Leistungsprofil L (aus *technischer* Sicht) versichert werden könnte. In einem solchen Sinne können also *Lebensversicherungen als Äquivalenzklassen* aufgefasst werden.

In (8.2) (siehe Lemma 8.2 (viii), S. 245) drückt sich die in der Versicherungstechnik bekannte Tatsache aus, dass das Deckungskapital als Differenz zweier spezieller Deckungskapitale aufgefasst werden kann (siehe dazu Formel (2.22) in Korollar 2.6, S. 48).

Lemma 7.7 (ii) (siehe S. 221) stellt die algebraische Version für die Charakterisierung natürlicher Beiträge bzw. für das Vorliegen des strengen Äquivalenzprinzips dar (siehe Korollar 2.6 (i), S. 48). Eine natürliche Beitragszahlung für eine ϕ-Versicherung liegt genau dann vor, wenn das Deckungskapitalprofil V_x identisch verschwindet.

Vor diesem Hintergrund kann man für eine ϕ-Versicherung (B, L) die Größe $\|V_x\|$ des zugehörigen Deckungskapitals V_x als ein Maß für die „Abweichung" des Beitragsprofils B von der Zahlung natürlicher Beiträge interpretieren. Eine untere Schranke für diese Maßzahl bildet dabei $\|\widehat{V}_x\|$, die Norm des norm-minimalen Deckungskapitals $\widehat{V}_x$ in (7.30).

In einem versicherungstechnischen Zusammenhang kann es für eine ϕ-Versicherung (B, L) ebenfalls bedeutungsvoll sein, dass die (Standard-) Reserve V_x keine negativen Einträge besitzt (siehe dazu auch [Bra86] oder auch [Mau92], wo aus versicherungstechnischer Sicht dazu Bedingungen angegeben werden). Auch Korollar 7.10, S. 225, gibt hierzu Informationen. Das folgende Resultat liefert eine – wiederum allgemeinere – Charakterisierung, wann dies der Fall ist:

Satz 8.3

Es sei ϕ H-invertierbar und $T \in \phi^\perp$. Die Matrix M_ϕ sei entsprechend (7.4) definiert (siehe S. 213). Dann gibt es eine Reserve $R \geq 0$ von T genau dann, wenn das System von Ungleichungen

$$\left(M_\phi - I_{n+1}\right)^T y \geq 0, \quad \langle T, y \rangle < 0$$

unlösbar ist.

Beweis. *Siehe [Sch94].* ∎

Die Aussage des Satzes 8.3 geht auf das *Lemma von Farkas* [Far02] zurück. Es ist von zentraler Bedeutung für die Lösbarkeit linearer Optimierungsprobleme. Indem wir in unserer Situation für gegebenes $T = B - L \in \phi^\perp$ speziell das lineare Optimierungsproblem

$$\min R_0$$

$$\text{u. d. N.} \quad Z(\phi, R) - R = T$$

$$R \geq 0$$

betrachten, lässt sich damit feststellen, ob es überhaupt eine nicht-negative Lösung R gibt. Wenn die Standard-Reserve diese Eigenschaft besitzt, hat der optimale Zielfunktionswert dieses Problems den Wert 0.

Für den versicherungstechnischen Spezialfall kann man mit der Eigenschaft (x) in Lemma 8.2 (siehe S. 245) auch das „gezillmerte Netto-Deckungskapitalprofil" $\tilde{V}_x$ eines Versicherungsvertrages entsprechend (3.40), S. 109 technisch erklären.

Beispiel 8.4: „Gezillmertes Nettodeckungskapital"

Für die Kalkulation eines Lebensversicherungsvertrages gehen wir von Rechnungsgrundlagen $\mathcal{R}^{(1)} = \{r(x, n), p(x, n), C\}$ mit $C = (\alpha^z, \alpha^\gamma, \beta, \gamma, L^\sigma)$ aus. Es sei $\phi := v(x, n) \circ p(x, n)$. B und L seien die Beitrags- bzw. Leistungsprofile einer (Netto-) ϕ-Versicherung, V_x das zugehörige Netto-Deckungskapital.
   Durch

$$L^{\alpha^z} = \alpha^z \cdot S = (\alpha_0^z \cdot S, 0, 0, \ldots, 0)$$

wird bekanntlich dann das Leistungsprofil der ZILLMER-Kosten ausgedrückt, welches durch das Profil B^{α^z} versichert wird. Das Profil $V_x^{\alpha^z}$ sei das zu dieser ZILLMER-Kostenversicherung $(B^{\alpha^z}, L^{\alpha^z})$ gehörige Deckungskapital. Dann beschreibt

$$B^z = B + B^{\alpha^z}$$

das Profil der gezillmerten Nettoprämien (siehe S. 109).
   Legen wir in Lemma 8.2 (x) fest:

- $T := B^{\alpha^z}$,
- $T' := L^{\alpha^z}$,
- $R := V_x^{\alpha^z}$,

so kann nach Lemma 8.2 (v) (b.) mit B^{α^z} auch das Leistungsprofil

$$\tilde{L} := Z(\phi, T') = Z(\phi, L^{\alpha^z}) = (0, 0, \ldots, 0, {}_n p_x^{-1} \cdot {}_n r_x \cdot \alpha_0^z \cdot S)$$

versichert werden. Dieses Leistungsprofil $\tilde{L}$ sieht als einzige Leistung eine Ablaufleistung in Höhe des auf den Zeitpunkt n finanzmathematisch aufgezinsten biometrischen Barwertes der ZILLMER-Kosten vor.

Mit Lemma 8.2 (x) wissen wir dann, dass

$$\tilde{V}_x := \tilde{R} = R - T' = V_x^{\alpha^z} - L^{\alpha^z}$$

eine Reserve für die ϕ-Versicherung $(B^{\alpha^z}, \tilde{L})$ darstellt. Wie bereits in Bemerkung 3.13 angesprochen, beachte man, dass $\tilde{V}_x$ im Allgemeinen *kein* Deckungskapital-profil (keine Reserve) der ZILLMER-Kostenversicherung $(B^{\alpha^z}, L^{\alpha^z})$ ist. Offenbar ist

$$_0\tilde{V}_x = -\alpha_0^z \cdot S < 0 \quad \text{und} \quad _j\tilde{V}_x = {_jV_x^{\alpha^z}}, \text{ für } j = 1, 2, \dots, n.$$

In diesem Fall entspricht

$$\tilde{V}_x^z = V_x + \tilde{V}_x = V_x + V_x^{\alpha^z} - L^{\alpha^z}$$

gerade dem „gezillmerten Netto-Deckungskapital"-Profil in (3.40) der ϕ-Versiche-rung $(B + B^{\alpha^z}, L + L^{\alpha^z})$.

Auf eine algebraisch ausgesprochen triviale Weise kann man übrigens einen weiteren in der Versicherungstechnik bekannten Zusammenhang herleiten.

Beispiel 8.5: Prämiendifferenzformel

Hat man $T \in \phi^\perp$ und $T'' \in \mathbb{R}^{n+1}$ derart, dass $\langle \phi, T'' \circ \mathbb{1}_j \rangle = 0$ für ein j gilt, dann gilt offenbar $T' := T'' \circ \mathbb{1}_j \in \phi^\perp$ und somit für den j-ten Eintrag R_j in der Reserve R von T:

$$\begin{aligned}
R_j &= R_0 \cdot \langle \phi, e_0 \rangle_j - \langle \phi, T \circ \mathbb{1}_j \rangle_j = R_0 \cdot \langle \phi, e_0 \rangle_j - \langle \phi, T \circ \mathbb{1}_j \rangle_j + 0 \\
&= R_0 \cdot \langle \phi, e_0 \rangle_j - \langle \phi, (T - T') \circ \mathbb{1}_j \rangle_j \\
&= R_0 \cdot \langle \phi, e_0 \rangle_j + \langle \phi, (T' - T) \circ \mathbb{1}_j \rangle_j.
\end{aligned} \tag{8.3}$$

Dieser triviale Zusammenhang spiegelt aus einer versicherungstechnischen Per-spektive die algebraische Version einer „Prämiendifferenzformel" wider (siehe dazu auch Formel (4.9), S. 115).

Sind nämlich sowohl (B, L) als auch $(B' \circ \mathbb{1}_j, L \circ \mathbb{1}_j)$ zwei ϕ-Versicherungen, so wird (8.3) mit $T := B - L$ und $T' = (B' - L) \circ \mathbb{1}_j$ in diesem speziellen Fall (der Standard-Reserve mit $R_0 = {_0V_x} = 0$) zu

$$_jV_x = -\langle \phi, (T - T') \circ \mathbb{1}_j \rangle_j = \langle \phi, (B' - B) \circ \mathbb{1}_j \rangle_j.$$

Basieren sowohl das Beitragsprofil B als auch das Beitragsprofil B' auf den spe-ziellen Darstellungen $B = b \cdot u$ bzw. $B' = b' \cdot u$ mit $u \in \mathbb{R}_+^{n+1}$ (also mit einem identischen Zahlungsprofil u für B und B'), dann führt dies zu

$$_jV_x = (b' - b) \cdot \langle \phi, u \circ \mathbb{1}_j \rangle_j.$$

Ist – nun noch spezieller – $u = (1, \ldots, 1, 0) = \mathbb{1} - \mathbb{1}_n$, die Zinsstruktur in $r(x, n)$ konstant (also $_jr_x = (1 + i)^j$) und die durch $p(x, n)$ induzierten Verbleibenswahrscheinlichkeiten stationär, so ergibt sich die aus der traditionellen Literatur bekannte Prämiendifferenzformel

$$_jV_x = (b' - b) \cdot \langle \phi, (\mathbb{1} - \mathbb{1}_n) \circ \mathbb{1}_j \rangle_j = (b' - b) \cdot \ddot{a}_{\overline{x+j,n-j|}},$$

die etwa in [Ort16] als eine *„elegante Darstellung für das Deckungskapital"* hervorgehoben wird.

In Lemma 7.7 (v) (siehe S. 221) wurden mehrere gleichwertige Charakterisierungen einer Reserve R aufgezeigt. Im Besonderen wurden hierbei auch zwei Vektoren

$$\widehat{T}^{(1)} := T \circ (\mathbb{1} - \mathbb{1}_j) + \left(R_0 \cdot \langle \phi, e_0 \rangle_j - R_j \right) \cdot e_j \in \phi^\perp$$

und

$$\widehat{T}^{(2)} := T \circ \mathbb{1}_j + \left(R_j - R_0 \cdot \langle \phi, e_0 \rangle_j \right) \cdot e_j \in \phi^\perp$$

hervorgehoben. Interpretiert man diese beiden Vektoren in einem versicherungstechnischen Kontext durch Paare äquivalenter Beitrags- und Leistungsprofile, so lassen sich hier die Vorgänge „Kündigung einer Versicherung", aber auch ein Vorgang „verspäteter Eintritt in einen Versicherungsvertrag" erkennen.

Beispiel 8.6: Kündigung einer Versicherung; späterer Eintritt in eine Versicherung

Wir fassen die beiden Vektoren $\widehat{T}^{(1)}$ und $\widehat{T}^{(2)}$ wegen $\langle \phi, \widehat{T}^{(1)} \rangle = 0$ bzw. $\langle \phi, \widehat{T}^{(2)} \rangle = 0$ als zwei ϕ-Versicherungen $(\widehat{B}^{(1)}, \widehat{L}^{(1)})$ bzw. $(\widehat{B}^{(2)}, \widehat{L}^{(2)})$ auf. Diese ergeben sich aus der ϕ-Versicherung (B, L) mit $T = B - L$ (und $R_0 = 0$) durch

$$\widehat{B}^{(1)} = (B_0, B_1, \ldots, B_{j-1}, 0, \ldots, 0) \quad \text{und} \quad \widehat{L}^{(1)} = (L_0, L_1, \ldots, L_{j-1}, R_j, 0, \ldots, 0)$$

bzw.

$$\widehat{B}^{(2)} = (0, 0, \ldots, 0, B_j + R_j, B_{j+1}, \ldots, B_n)$$

und

$$\widehat{L}^{(2)} = (0, 0, \ldots, 0, L_j, L_{j+1}, \ldots, L_n).$$

Sie lassen sich folgendermaßen interpretieren:

- $\widehat{T}^{(1)} = \widehat{B}^{(1)} - \widehat{L}^{(1)}$: Die ϕ-Versicherung $(\widehat{B}^{(1)}, \widehat{L}^{(1)})$ entsteht dadurch, dass die ϕ-Versicherung (B, L) – entgegen der ursprünglichen Vereinbarung – zum Zeitpunkt j beendet wird. Ab dem Zeitpunkt j (einschließlich) werden also weder die ursprünglich vereinbarten Beiträge gezahlt, noch die ursprünglich vereinbarten Leistungen erbracht. In einem solchen Fall stünde zum Zeitpunkt j die Reserve $R_j = {}_jV_x$ als eine „Ablauf-Leistung" zur Verfügung (siehe dazu auch Abschnitt 4.2.3, S. 139).
- $\widehat{T}^{(2)} = \widehat{B}^{(2)} - \widehat{L}^{(2)}$: Die ϕ-Versicherung $(\widehat{B}^{(2)}, \widehat{L}^{(2)})$ entsteht dadurch, dass in der ϕ-Versicherung (B, L) – entgegen der ursprünglichen Vereinbarung – in den ersten $j - 1$ Jahren sowohl auf die Zahlung von Beiträgen als auch auf die Erbringung von Leistungen verzichtet wird. Um die ϕ-Versicherung (B, L) für den Zeitraum ab Zeitpunkt j wie ursprünglich vereinbart zu beginnen, ist es zum Zeitpunkt j nötig, zusätzlich einen einmaligen *Beitrag* der Höhe $R_j = {}_jV_x$ zu leisten.

Mit den Aussagen des Lemmas 7.11 ist es im versicherungstechnischen Kontext möglich, mehrere Rechnungsgrundlagen miteinander zu „kombinieren" und das Ergebnis einer solchen „Kombination" selbst wieder für die Kalkulation von Versicherungen heranzuziehen. Das nachfolgende Beispiel aus dem Bereich der Pensionsversicherungsmathematik soll illustrieren, auf welche Weise die Kalkulation eines Lebensversicherungsvertrages in einem Gesamtbestand G (Kollektiv der Aktiven *und* der Invaliden) sich durch „Kombination" zweier Verträge im Aktivenbestand bzw. im Invalidenbestand realisieren lässt (siehe dazu auch Beispiel 6.10, S. 192). Das Beispiel lässt sich in analoger Weise auf die Situation übertragen, dass ein Unisex-Versicherungsvertrag als Kombination zweier geschlechtsspezifischer Verträge repräsentiert werden soll.

Beispiel 8.7: Bewertung im Gesamtbestand durch Bewertung in Einzelbeständen

Bezug nehmend auf Beispiel 6.10 gehen wir auch hier von zwei personen-disjunkten Kollektiven aus, dem *Aktivenbestand* (A) und dem *Invalidenbestand* (I). Liegen für beide Kollektive jeweils (durch Ausscheideordnungen induzierte) Rechnungsgrundlagen $\mathcal{R}^{(A)} = \{p^{(A)}(x, n), r(x, n), 0\}$ der Aktiven und entsprechend $\mathcal{R}^{(I)} = \{p^{(I)}(x, n), r(x, n), 0\}$ der Invaliden vor und werden beide Kollektive zu einem *Gesamtbestand* (G) zusammengelegt, so gilt mit „Konsistenzgleichung" (6.16)

$$p^{(G)}(x, n) = \frac{{}_0\ell_x^{(A)}}{{}_0\ell_x^{(G)}} \cdot p^{(A)}(x, n) + \left(1 - \frac{{}_0\ell_x^{(A)}}{{}_0\ell_x^{(G)}}\right) \cdot p^{(I)}(x, n).$$

$\mathcal{R}^{(G)} = \{p^{(G)}(x, n), r(x, n), 0\}$ stellt also die Rechnungsgrundlagen für die Kalkulation einer Lebensversicherung im Gesamtbestand dar. Sie erfolgt also mit

$$\phi^{(G)} = \underbrace{p^{(1)}(x, n) \circ v(x, n)}_{:=\phi} \circ \tau \cdot \mathbb{1} + \underbrace{p^{(2)}(x, n) \circ v(x, n)}_{:=\phi'} \circ (1 - \tau) \cdot \mathbb{1}.$$

Offenbar ist $\phi^{(G)}$ von der Struktur $\bar{\phi} = \phi \circ \alpha + \phi' \circ \beta$, wie sie auch in Lemma 7.11 benutzt wird. Für diese allgemeine Darstellung ist hier dann speziell

$$\alpha = \tau \cdot \mathbb{1}, \quad \beta = (1 - \tau) \cdot \mathbb{1}, \quad \text{wobei} \quad \tau = \frac{_0\ell_x^{(A)}}{_0\ell_x^{(G)}}$$

gewählt. Entsprechend der in Lemma 7.11 präsentierten Zusammenhänge lassen sich also zwei „zugehörige" $\phi^{(A)}$- bzw. $\phi^{(I)}$-Versicherungen $(B^{(A)}, L^{(A)})$ und $(B^{(I)}, L^{(I)})$ im Aktiven- bzw. im Invalidenbestand angeben:

Für jeden Vektor w mit $\langle \phi', w \rangle \neq 0$, $\langle \phi, w \rangle \neq 0$ bestimmen nämlich

$$B^{(A)} = \tau \cdot \left(B^{(G)} - \frac{\langle \phi, B^{(G)} \rangle}{\langle \phi, w \rangle} \cdot w \right) \quad \text{und} \quad L^{(A)} = \tau \cdot \left(L^{(G)} - \frac{\langle \phi, L^{(G)} \rangle}{\langle \phi, w \rangle} \cdot w \right)$$

bzw.

$$B^{(I)} = (1 - \tau) \cdot B^{(G)} + \tau \cdot \frac{\langle \phi, B^{(G)} \rangle}{\langle \phi', w \rangle} \cdot w$$

und

$$L^{(I)} = (1 - \tau) \cdot L^{(G)} + \tau \cdot \frac{\langle \phi, L^{(G)} \rangle}{\langle \phi', w \rangle} \cdot w$$

derartige Paare $(B^{(A)}, L^{(A)})$ bzw. $(B^{(I)}, L^{(I)})$. Offenbar gelten für Prämien und Leistungen in den jeweiligen Beständen dann die Relationen:

$$B^{(A)} + B^{(I)} = B^{(G)} + \tau \cdot \langle \phi, B^{(G)} \rangle \cdot \left(\frac{1}{\langle \phi', w \rangle} - \frac{1}{\langle \phi, w \rangle} \right) \cdot w$$

bzw.

$$L^{(A)} + L^{(I)} = L^{(G)} + \tau \cdot \langle \phi, L^{(G)} \rangle \cdot \left(\frac{1}{\langle \phi', w \rangle} - \frac{1}{\langle \phi, w \rangle} \right) \cdot w.$$

Liegt der Spezialfall $w := e_0$ vor, so ist

$$B^{(A)} + B^{(I)} = B^{(G)} \quad \text{und} \quad L^{(A)} + L^{(I)} = L^{(G)}.$$

Beschreiben hier dann $V_x^{(G)}$, $V_x^{(A)}$, $V_x^{(I)}$ die zu den jeweiligen Versicherungen gehörenden Deckungskapitalprofile, so besteht mit (7.27) in Lemma 7.11 (iii) der Zusammenhang

$$V_x^{(G)} = (p^{(G)}(x, n))^{-1} \circ \left(V_x^{(A)} \circ p^{(A)}(x, n) + V_x^{(I)} \circ p^{(I)}(x, n) \right).$$

8.3 Zerlegungen ϕ-äquivalenter Vektoren

In Unterkapitel 6.2 hatten wir uns mit m-Zerlegungen H-invertierbarer Vektoren beschäftigt und mit Lemma 6.12 zur Charakterisierung derartiger Zerlegungen gesehen, dass der in der Versicherungstechnik standardmäßig vorliegende wahrscheinlichkeitstheoretische Zusammenhang $p_{x:} + q_{x:} = \mathbb{1}$ auch als Spezialfall eines algebraischen Zusammenhangs $P + Q = \mathbb{1}$ angesehen werden kann.

In diesem Abschnitt wollen wir die Eigenschaften einer m-Zerlegung Φ von ϕ benutzen, um deren „algebraische Konsequenz" auf Paare (T, T') ϕ-äquivalenter Vektoren deutlich zu machen. Für den versicherungstechnischen Spezialfall ergeben sich dann – wie nicht anders zu erwarten ist – bestens bekannte Zusammenhänge. Wir beweisen dazu:

Satz 8.8: Zerlegungssatz

Es seien $\phi \in \mathbb{R}_H^{n+1}$, $T' \in [T]_\phi$ und R die Standard-Reserve von $T - T'$. Für $m \geq 2$ sei

- $\Phi = \left\{ \phi^{(1)}, \phi^{(2)}, \dots, \phi^{(m)} \right\}$ eine m-Zerlegung von ϕ und
- $T'^{(1)}, T'^{(2)}, \dots, T'^{(m)} \in \mathbb{R}^{n+1}$ derart gegeben, dass $T' = \sum_{k=1}^m T'^{(k)}$.

Dann gibt es $T^{(1)}, T^{(2)}, \dots, T^{(m)} \in \mathbb{R}^{n+1}$ mit den Eigenschaften:

(i) $T'^{(1)} \in [T^{(1)}]_{\phi^{(1)}}$,

(ii) $T'^{(k)} \in [T^{(k)} - R]_{\phi^{(k)}}$, $k = 2, 3, \dots, m$,

(iii) $T = \sum_{k=1}^m T^{(k)}$,

(iv) Ist $I \subset \{1, 2, \dots, m\}$ und $\bar{I} := \{1, 2, \dots, m\} \setminus I$ sowie $I, \bar{I} \neq \emptyset$, dann gilt

$$\sum_{k \in I} T'^{(k)} - \sum_{k \in \bar{I}} T^{(k)} \in \left[\sum_{k \in I} T^{(k)} - \sum_{k \in \bar{I}} T'^{(k)} \right]_\phi.$$

Beweis. *Für $1 \leq k \leq m$ seien $Z(\phi^{(k)}, R)$ die $\phi^{(k)}$-Transformierten von R. Setzt man*

$$T^{(1)} := T'^{(1)} + Z(\phi^{(1)}, R) - R,$$

$$T^{(k)} := T'^{(k)} + Z(\phi^{(k)}, R), \quad k \geq 2, \tag{8.4}$$

dann liefert Satz 7.6 unmittelbar

$$T'^{(1)} \in [T^{(1)}]_{\phi^{(1)}} \quad und \quad T'^{(k)} \in [T^{(r)} - R]_{\phi^{(k)}},$$

d. h. es gilt (i) und (ii). Weiterhin ergibt sich

$$T^{(1)} + \sum_{k=2}^{m} T^{(k)} = \left(T'^{(1)} + Z(\phi^{(1)}, R) - R \right) + \sum_{k=2}^{m} \left(T'^{(k)} + Z(\phi^{(k)}, R) \right).$$

Mit (7.6), also $Z(\phi, R) = \sum_{k=1}^{m} Z(\phi^{(k)}, R)$, erhält man damit (iii), d. h.

$$T = \sum_{k=1}^{m} T^{(k)}.$$

Eigenschaft (iv) ist eine unmittelbare Konsequenz aus (i) bis (iii). ∎

Das (vorgegebene) m-Tupel $(T'^{(1)}, T'^{(2)}, \ldots, T'^{(m)})$ nennen wir eine *m-Zerlegung von T'*. Da R der Standardreserve von $T - T'$ entspricht, nennen wir das über (8.4) festgelegte m-Tupel $(T^{(1)}, T^{(2)}, \ldots, T^{(m)})$ die zu $(T'^{(1)}, T'^{(2)}, \ldots, T'^{(m)})$ und Φ gehörende *Standard-m-Zerlegung von T*.

Bemerkung 8.9.

(i) *Die durch die m-Zerlegung Φ induzierte Festlegung (6.18) für P (bzw. (6.20) für $Q^{(k)}$ und Q), zusammen mit den Eigenschaften der ϕ-Transformierten (siehe Lemma 7.3, S. 214) liefert dann für die Standard-m-Zerlegung von T auch die Darstellungen*

$$T + R = T' + Z(\phi, R) = T' + P \circ Z(\phi^{(1)}, R)$$

$$= P \circ \left(T' + Z(\phi^{(1)}, R) \right) + Q \circ T'.$$

Für $k = 1$ ergibt sich

$$T^{(1)} = T'^{(1)} + Z(\phi^{(1)}, R) - R$$

$$= T'^{(1)} + (\phi_\Delta^{(1)} \circ Z(\mathbb{1}, R) - R)$$

bzw. für $k \geq 2$

$$T^{(k)} = T'^{(k)} + Z(\phi^{(k)}, R)$$

$$= T'^{(k)} - Q^{(k)} \circ Z(\phi^{(1)}, R)$$

$$= T'^{(k)} - Q^{(k)} \circ \phi_\Delta^{(1)} \circ Z(\mathbb{1}, R). \tag{8.5}$$

(ii) Im Fall m = 2 erhält man

$$T^{(2)} = P \circ \left((T' - T'^{(1)})\right) + Q \circ \left((T' - T'^{(1)}) - Z(\phi^{(1)}, R)\right).$$

Die dargestellten Eigenschaften von m-Zerlegungen Φ von ϕ werden nachfolgend an Beispielen illustriert, insbesondere um dann bekannte Zusammenhänge in der Versicherungstechnik aufzuzeigen.

Beispiel 8.10: Zerlegung der Rückzahlungsraten eines Kredits

Wir kommen auf den Investitions- und Finanzierungsprozess aus Beispiel 7.16 zurück (siehe S. 234). Setzen wir dort voraus, dass $i_{x:j} \neq 0, j = 0, 1, \ldots, n$, so ist für den H-invertierbaren Vektor $\phi = v(x, n)$ offenbar die Menge $\Phi = \{\phi^{(1)}, \phi^{(2)}\}$ mit

$$\phi^{(1)} = \mathbb{1} \quad \text{und} \quad \phi_j^{(2)} = \begin{cases} 1, & j = 0, \\ {}_jv_x \cdot \prod_{k=0}^{j-1}(-i_{x:k}), & j = 1, 2, \ldots, n \end{cases}$$

eine 2-Zerlegung von ϕ. Legt man nun für

$$T = (B_0, B_1, \ldots, B_n) \quad \text{und} \quad T' = (A, 0, \ldots, 0)$$

speziell $T'^{(1)} := T'$ fest (d. h. $(T', \mathbb{0})$ entspricht der vorgegebenen 2-Zerlegung von T'), so ergibt sich für die zugehörige Standard-2-Zerlegung $(T^{(1)}, T^{(2)})$ von T nach (8.4):

$$T^{(1)} = T' + Z(\mathbb{1}, R) - R \quad \text{bzw.} \quad T^{(2)} = Z(\phi^{(2)}, R).$$

Für deren Einträge erhält man damit also:

$$T_j^{(1)} = \begin{cases} A + R_1, & j = 0, \\ R_{j+1} - R_j, & j = 1, 2, \ldots, n-1, \\ -R_n, & j = n \end{cases}$$

und

$$T_j^{(2)} = -v_{x:j} \cdot i_{x:j} \cdot R_{j+1}.$$

Im Beispiel 7.16 wurde die Größe R_j als die Höhe des Schuldenkontos identifiziert, d. h. $-R_j$ beschreibt die Restschuld des Kredits zum Zeitpunkt j. In diesem Sinne stellt also die Komponente $T_j^{(1)}$ gerade den *Tilgungsanteil* dar, also denjenigen Betrag, der zum Zeitpunkt j für die Tilgung der Restschuld verwendet wird. Satz

8.8 (ii) sagt hier gerade

$$\sum_{j=0}^{n} T_j^{(1)} = \langle \phi^{(1)}, T^{(1)} \rangle = \langle \phi^{(1)}, T'^{(1)} \rangle = \langle \phi^{(1)}, T' \rangle = A,$$

d. h. am Ende der Laufzeit ist der Kredit durch die Summe aller Tilgungsanteile $T_j^{(1)}$ vollständig getilgt.

Die Größe $T_j^{(2)}$ kann als der *Zinsanteil* aufgefasst werden. Er ist offenbar derjenige Anteil am Rückzahlungsbetrag B_j, der zum Zeitpunkt j aufgrund der bestehenden Restschuld $-R_j$ und der vorgenommenen Tilgung $T_j^{(1)}$ für die Zahlung der Zinsen fällig wird.

Wurde im vorherigen Beispiel die Zerlegung von ϕ rein „finanztechnisch" vorgenommen, so werden in der Lebensversicherung zusätzlich biometrische Informationen bei einer Zerlegung von ϕ berücksichtigt. Die Analogie, die zwischen der „Zerlegung der Rückzahlungsraten" eines Kredits und der (traditionellen) „Prämienzerlegung" eines Lebensversicherungsvertrages besteht, wird sofort offensichtlich und verwundert nicht vor dem Hintergrund der Analogie, die zwischen Ausscheidewahrscheinlichkeiten und Zinssätzen besteht.

Beispiel 8.11: Prämienzerlegung einer Lebensversicherung

Hier kommen wir auf die Situation in Abschnitt 2.3 zurück, bei der Lebensversicherungen mit $m \geq 1$ Ausscheideursachen angesprochen wurden. Wir betrachten den Spezialfall $\phi = v(x, n) \circ p(x, n)$, wobei $p(x, n)$ durch

$$q_{x:} = \sum_{k=2}^{m+1} q_{x:}^{(k)} + \mathbb{1}_n$$

kanonisch induziert sein soll. Es sei (B, L) eine ϕ-Versicherung mit Leistungsprofil

$$L = L^{(0)} + v_{x:} \circ \sum_{k=2}^{m+1} q_{x:}^{(k)} \circ L^{(k,1)}$$

und Deckungskapitalprofil V_x. Die Menge $\Phi = \left\{ \phi^{(1)}, \phi^{(2)}, \dots, \phi^{(m+1)} \right\}$ mit

$$\phi_0^{(k)} := \phi_0 = 1, \quad k = 1, 2, \dots, m + 1$$

und

$$\phi_j^{(1)} := {}_j v_x$$

bzw.

$$\phi_j^{(k)} := {}_jv_x \cdot \prod_{t=0}^{j-1} - q_{x:t}^{(k)}, \quad j = 1, 2, \ldots, n, \quad k = 2, 3, \ldots, m + 1,$$

stellt dann eine $(m + 1)$-Zerlegung von ϕ dar (siehe Bemerkung 6.19). Mit

$$T'^{(k)} := \begin{cases} L^{(0)}, & k = 1, \\ q_{x:}^{(k-1)} \circ v_{x:} \circ L^{(k-1,1)}, & k =, 2, \ldots, m + 1, \end{cases}$$

ist $\left\{ T'^{(1)}, T'^{(2)}, \ldots, T'^{(m+1)} \right\}$ eine $(m+1)$-Zerlegung von $T := L$. Gemäß (8.4) ergibt sich damit als Standard-$(m + 1)$-Zerlegung $\{T^{(1)}, T^{(2)}, \ldots, T^{(m+1)}\}$ von $T := B$

$$T^{(1)} = T'^{(1)} + Z(\phi^{(1)}, R) - R$$
$$= L^{(0)} + v_{x:} \circ Z(\mathbb{1}, V_x) - V_x$$
$$= B^{(s)},$$

also das zur Versicherung gehörende *Profil der Sparbeiträge* sowie für $2 \le k \le m + 1$:

$$T^{(k)} = T'^{(k)} + Z(\phi^{(k)}, R) = q_{x:}^{(k)} \circ v_{x:} \circ L^{(k-1,1)} + \phi_\Delta^{(k)} \circ Z(\mathbb{1}, R)$$
$$= q_{x:}^{(k)} \circ v_{x:} \circ L^{(k-1,1)} - q_{x:} \circ v_{x:} \circ Z(\mathbb{1}, V_x)$$
$$= q_{x:}^{(k)} \circ v_{x:} \circ \left(L^{(k-1,1)} - Z(\mathbb{1}, V_x) \right)$$
$$= B^{(r,k-1)},$$

also das *Profil der Risikoprämien* für die Ausscheideursache $k-1$ der Versicherung (siehe dazu auch (2.35), S. 57). Der j-te Eintrag

$$-\frac{\phi_j^{(k)}}{\phi_{j+1}^{(k)}} \cdot \left(T'^{(k)}_j + Z_j(\phi^{(k)}, R) \right)$$

im Vektor $(-\phi^{(k)^{-1}})_\Delta \circ T^{(k)}$ entspricht im versicherungstechnischen Kontext dem *riskierten Kapital*

$$L_j^{(k-1,1)} - {}_{j+1}V_x$$

der Periode $j + 1$ für die Ausscheideursache $k + 1$ (siehe (2.36), S. 57).

Mit dem nächsten Beispiel wollen wir uns auf das vorherige beziehen, allerdings eine andere Zerlegung des Leistungsprofils L zugrunde legen. Um die Darstellungen etwas einfacher zu gestalten, setzen wir hier zusätzlich auch $m = 1$ voraus, d. h. nur eine Ausscheideursache werde berücksichtigt.

Beispiel 8.12: Prämienzerlegung bei alternativer Leistungszerlegung

Vor einem versicherungstechnischen Hintergrund betrachten wir wieder den Spezialfall $\phi = v(x, n) \circ p(x, n)$, eine ϕ-Versicherung (B, L) sowie für $m = 1$ die 2-Zerlegung $\Phi = \{\phi^{(1)}, \phi^{(2)}\}$ von ϕ mit

$$\phi_0^{(1)} = \phi_0^{(2)} = \phi_0 := 1$$

und

$$\phi_j^{(1)} := {}_j v_x \quad \text{bzw.} \quad \phi_j^{(2)} := {}_j v_x \cdot \prod_{k=0}^{j-1} - q_{x:k}, \quad j = 1, 2, \ldots, n$$

(siehe dazu Beispiel 6.11, S. 194). Nicht nur das Paar $(L^{(0)}, v_{x:} \circ q_{x:} \circ L^{(1)})$, sondern auch das Paar $(V_x, L - V_x)$ stellt offenbar eine 2-Zerlegung von $T' = L$ dar. Als hierzu gehörende Standard-2-Zerlegung $(T^{(1)}, T^{(2)})$ von $T = B$ erhalten wir mit (8.4) in diesem Fall

$$T^{(1)} = T'^{(1)} + Z(\phi^{(1)}, R) - R = V_x + Z(v(x, n), V_x) - V_x = v_{x:} \circ Z(\mathbb{1}, V_x)$$

$$= B^{(s)} + V_x - L^{(0)}$$

bzw.

$$T^{(2)} = B - T^{(1)} = B - v_{x:} \circ Z(\mathbb{1}, V_x).$$

Der Eintrag

$$T_j^{(1)} = v_{x:j} \circ Z_j(\mathbb{1}, V_x) = B_j^{(s)} + {}_j V_x - L_j^{(0)}$$

beschreibt also gerade den *Kapitalstock* im Zeitpunkt j, der (aufgezinst mit Faktor $r_{x:j}$) zum Deckungskapital ${}_{j+1} V_x$ im Zeitpunkt $j + 1$ führt (siehe dazu (2.26), S. 50). Der Eintrag

$$T_j^{(2)} = B_j - v_{x:j} \cdot {}_{j+1} V_x = B_j^{(r)} + \left(L_j^{(0)} - {}_j V_x \right)$$

beschreibt die Höhe desjenigen Beitragsteils von B_j, der zum Zeitpunkt j *nicht* zur Bildung des Kapitalstocks herangezogen werden kann. Dies aus dem Grund, weil zum Zeitpunkt j einerseits eine Beitragszahlung von $B_j^{(r)}$ für die einjährige Versicherung des Risikokapitals notwendig ist und andererseits (mit der Komponente $L_j^{(0)} - {}_jV_x$) derjenige Teil der Verbleibensleistung $L_j^{(0)}$, der bei Fälligkeit im Zeitpunkt j nicht aus dem vorhandenen Deckungskapital ${}_jV_x$ aufgebracht werden muss.

Nicht nur die Leistungsprofile L können „alternativ" zerlegt werden, sondern auch die durch Rechnungsgrundlagen $\mathcal{R}$ implizierten H-invertierbaren Vektoren $\phi = v(x, n) \circ p(x, n)$ bieten bekanntermaßen verschiedene Möglichkeiten der Zerlegung (siehe Abschnitt 6.2). In den folgenden beiden Beispielen soll ϕ auf unterschiedliche Weisen zerlegt werden und die Konsequenzen für die dadurch induzierten verschiedenen Beitragszerlegungen illustriert werden.

Beispiel 8.13: Prämienzerlegung bei einer alternativen ϕ-Zerlegung

Zieht man die alternative 2-Zerlegung $\bar{\Phi}$ von ϕ aus Beispiel 6.11 von S. 194 heran, d. h.

$$\bar{\phi}_0^{(1)} = \bar{\phi}_0^{(2)} := 1$$

und

$$\bar{\phi}_j^{(1)} := {}_jp_x \quad \text{bzw.} \quad \bar{\phi}_j^{(2)} := {}_jp_x \cdot {}_jv_x \cdot \prod_{k=0}^{j-1}(-i_{x:k}), \quad j = 1, 2, \ldots, n,$$

so ergibt sich für $T = B$ und $T' = L$:

(i) Zu der 2-Zerlegung $(L^{(0)}, q_{x:} \circ v_{x:} \circ L^{(1)})$ von L erhalten wir als zugehörige Standard-2-Zerlegung $(T^{(1)}, T^{(2)})$ von B

$$T^{(1)} = T'^{(1)} + Z(\bar{\phi}^{(1)}, R) - R = L^{(0)} + p_{x:} \circ Z(\mathbb{1}, V_x) - V_x.$$

Der Eintrag $T_j^{(1)}$ entspricht – unter Berücksichtigung der Auszahlung von $L^{(0)}$ – also einer Zuzahlung zum Deckungskapital ${}_jV_x$ derart, dass zum Zeitpunkt $j + 1$ das *erwartete* Deckungskapital $p_{x:j} \cdot {}_{j+1}V_x$ zur Verfügung steht. $T^{(1)}$ stellt in diesem Sinne also einen „biometrischen" Sparbeitrag dar.

Der Eintrag $T_j^{(2)}$ im Vektor

$$T^{(2)} = T' - T'^{(1)} + Z(\bar{\phi}^{(2)}, R) = T'^{(2)} + \bar{\phi}_\Delta^{(2)} \circ Z(\mathbb{1}, R)$$

$$= q_{x:} \circ v_{x:} \circ L^{(1)} - p_{x:} \circ v_{x:} \circ i_{x:} \circ Z(\mathbb{1}, V_x)$$

$$= q_{x:} \circ v_{x:} \circ \left(L^{(1)} - p_{x:} \circ q_{x:}^{-1} \circ i_{x:} \circ Z(\mathbb{1}, V_x)\right)$$

kann hier als ein „Risikobeitrag" interpretiert werden. Das zugehörige „riskierte Kapital" besteht hier aus der Differenz aus der (vom Kollektiv zu erbringenden) Ausscheideleistung und dem (vom Kollektiv beim Ausscheiden ererbten, vorschüssig verzinsten) Zinsanteil auf das Deckungskapital $_{j+1}V_x$ (siehe auch Beispiel 6.6, S. 183).

(ii) Die 2-Zerlegung $(V_x, L - V_x)$ von L aus Beispiel 8.12 führt in diesem Fall zur Standard-2-Zerlegung $(T^{(1)}, T^{(2)})$ von B mit

$$T^{(1)} = T'^{(1)} + Z(\bar{\phi}^{(1)}, R) - R = p_{x:} \circ Z(\mathbb{1}, V_x)$$

und

$$T^{(2)} = B - p_{x:} \circ Z(\mathbb{1}, V_x).$$

Der Anteil $T_j^{(1)} = p_{x:j} \cdot {}_{j+1}V_x$ am Beitrag B_j entspricht also dem auf den Zeitpunkt j bezogenen biometrischen Wert des zum Zeitpunkt j erfolgten Zahlungsversprechens an die heute x-jährige Person, zum Zeitpunkt $j + 1$ das Deckungskapital zu leisten.

Im letzten Beispiel dieses Abschnitts wird das Kapitalanlageprofil $r(x, n)$ zerlegt und deren Wirkung auf zugehörige Prämienanteile interpretiert.

Beispiel 8.14: Prämienzerlegung bei einer Zerlegung des Anlageprofils

Für $\phi = v(x, n) \circ p(x, n)$ betrachten wir wieder eine ϕ-Versicherung (B, L). Das Anlageprofil $r(x, n)$ werde – wie in Beispiel 6.17, S. 203 – durch das Zinsprofil

$$i_{x:} = (i_{x:0}, i_{x:1}, \dots, i_{x:n-1}, -1) \quad \text{mit} \quad i_{x:j} = i + \Delta_{x:j}$$

induziert. Die Größe i beschreibt hier beispielsweise einen (während der Laufzeit konstanten) Garantiezinssatz, die Größe $\Delta_{x:j}$ die Abweichung von dieser festen Größe in Periode $j + 1$ (etwa als Zinsüberschuss im Zusammenhang mit Rechnungsgrundlagen 2. Ordnung). Mit den Annahmen $\Delta_{x:j} \neq 0$, $i_{x:j} > -1$ und $i > -1$ sowie der Setzung

$$v_0^{(1)}(x, n) := v_0^{(2)}(x, n) := {}_0 v_x = 1$$

und

$$v_j^{(1)}(x, n) := (1 + i)^{-j} \quad \text{bzw.} \quad v_j^{(2)}(x, n) := \prod_{k=0}^{j-1} (-\Delta_{x:k}) \cdot {}_j v_x \cdot (1 + i)^{-j}$$

für $j = 1, 2, \ldots, n$ ist $\left\{ v^{(1)}(x, n), v^{(2)}(x, n) \right\}$ eine 2-Zerlegung von $v(x, n)$. Daher ist nach (6.17) $\Phi = \left\{ \phi^{(1)}, \phi^{(2)} \right\}$ mit

$$\phi^{(1)} := v^{(1)}(x, n) \circ p(x, n) \quad \text{bzw.} \quad \phi^{(2)} := v^{(2)}(x, n) \circ p(x, n)$$

eine 2-Zerlegung von ϕ.

Zu der 2-Zerlegung $(L^{(0)}, q_{x:} \circ v_{x:} \circ L^{(1)})$ von L liefert dann (8.4) die Standard-2-Zerlegung $(T^{(1)}, T^{(2)})$ von B, nämlich:

$$T^{(1)} = T'^{(1)} + Z(\phi^{(1)}, R) - R = L^{(0)} + (1 + i)^{-1} \cdot p_{x:} \circ Z(\mathbb{1}, V_x) - V_x \qquad (8.6)$$

und

$$
\begin{aligned}
T^{(2)} &= T'^{(2)} + Z(\phi^{(2)}, R) \\
&= q_{x:} \circ v_{x:} \circ L^{(1)} - (1 + i)^{-1} \cdot \Delta_{x:} \circ v_{x:} \circ p_{x:} \circ Z(\mathbb{1}, V_x) \\
&= q_{x:} \circ v_{x:} \circ L^{(1)} - (1 + i)^{-1} \cdot \Delta_{x:} \circ v_{x:} \circ (\mathbb{1} - q_{x:}) \circ Z(\mathbb{1}, V_x) \\
&= q_{x:} \circ v_{x:} \circ \left(L^{(1)} + (1 + i)^{-1} \cdot \Delta_{x:} \circ Z(\mathbb{1}, V_x) \right) \\
&\qquad\qquad\qquad\qquad - (1 + i)^{-1} \cdot \Delta_{x:} \circ v_{x:} \circ Z(\mathbb{1}, V_x) \\
&= q_{x:} \circ v_{x:} \circ \left(L^{(1)} + (r_{x:} \cdot (1 + i)^{-1} - \mathbb{1}) \circ Z(\mathbb{1}, V_x) \right) \\
&\qquad\qquad\qquad\qquad - (1 + i)^{-1} \cdot \Delta_{x:} \circ v_{x:} \circ Z(\mathbb{1}, V_x) \\
&= q_{x:} \circ v_{x:} \circ \left(L^{(1)} - Z(\mathbb{1}, V_x) \right) \\
&\qquad - (1 + i)^{-1} \cdot v_{x:} \circ (r_{x:} \circ q_{x:} \circ Z(\mathbb{1}, V_x) + \Delta_{x:} \circ Z(\mathbb{1}, V_x)).
\end{aligned}
$$

Zur Interpretation der Größen $T^{(1)}$ bzw. $T^{(2)}$ betrachten wir jeweils deren j-ten Eintrag. Für $T^{(1)}$ ist dann mit (8.6):

$$\left(T_j^{(1)} - L_j^{(0)} + {}_jV_x \right) \cdot (1 + i) = p_{x:j} \cdot {}_{j+1}V_x.$$

Bei $T_j^{(1)}$ handelt es sich also um eine Art „Sparbeitrag". Dieser entspricht dem Anteil am Beitrag B_j, der dafür sorgt, dass ein Kapitalstock der Höhe $T_j^{(1)} - L_j^{(0)} + {}_jV_x$ zur Verfügung steht, der wegen der garantierten Verzinsung das *erwartete* Deckungskapital für den Zeitpunkt $j + 1$ bereitstellt.

Um $T^{(2)}$ als eine Art „Risikoprämienprofil" zu interpretieren, schreiben wir

$$
\begin{aligned}
T^{(2)} &= T'^{(2)} + Z(\phi^{(2)}, R) \\
&= q_{x:} \circ v_{x:} \circ L^{(1)} - (1 + i)^{-1} \cdot \Delta_{x:} \circ v_{x:} \circ p_{x:} \circ q_{x:} \circ q_{x:}^{-1} \circ Z(\mathbb{1}, V_x) \\
&= q_{x:} \circ v_{x:} \circ \left(L^{(1)} - (1 + i)^{-1} \cdot \Delta_{x:} \circ Z(\mathbb{1}, V_x) \circ p_{x:} \circ q_{x:}^{-1} \right).
\end{aligned}
$$

Also gilt für die j-te Komponente:

$$T_j^{(2)} = q_{x:j} \cdot v_{x:j} \cdot \left(L_j^{(1)} - p_{x:j} \cdot q_{x:j}^{-1} \cdot \left((1+i)^{-1} \cdot \Delta_{x:j} \cdot {}_{j+1}V_x \right) \right).$$

Vor dem Hintergrund von Beispiel 8.13 können wir in dem Ausdruck

$$p_{x:j} \cdot q_{x:j}^{-1} \cdot \left((1+i)^{-1} \cdot \Delta_{x:j} \cdot {}_{j+1}V_x \right)$$

die Größe $(1+i)^{-1} \cdot \Delta_{x:j} \cdot {}_{j+1}V_x$ als den durch Vererbung entstandenen „Zinsüberschuss-Anteil" des Deckungskapitals ${}_{j+1}V_x$ erkennen. In diesem Sinne beschreibt

$$L_j^{(1)} - (1+i)^{-1} \cdot \Delta_{x:j} \circ Z_j(\mathbb{1}, V_x) \circ p_{x:_j} \circ q_{x:_j}^{-1}$$

ein entsprechendes „riskiertes Kapital". Es besteht hier aus der Differenz aus der (vom Kollektiv zu erbringenden) Ausscheideleistung $L_j^{(1)}$ und dem (vom Kollektiv beim Ausscheiden ererbten und vorschüssig verzinsten) Zinsüberschussanteil auf das Deckungskapital ${}_{j+1}V_x$.

8.4 Eine algebraische Version des Satzes von HATTENDORF

In Abschnitt 2.2 hatten wir im Zusammenhang mit der Beitragszerlegung als Lemma 2.11 den Satz von HATTENDORF rekapituliert. In seiner klassischen Version besagte dieses Theorem, dass ein Kollektiv von Lebensversicherungsverträgen in keiner Periode Verluste zu erwarten hat und dass die Verluste verschiedener Perioden miteinander unkorreliert sind.

Um diese Aussagen vor einem algebraischen Hintergrund zu beleuchten, betrachten wir wieder einen H-invertierbaren Vektor ϕ zusammen mit einer 2-Zerlegung $\Phi = \{\phi^1, \phi^{(2)}\}$. Die Vektoren P und Q seien wie in (6.18) und (6.20) bestimmt. Es sei $T' \in [T]_\phi$ mit Standard-Reserve R gegeben. Für einen beliebigen Vektor $\bar{T}' \in \mathbb{R}^{n+1}$ sei $T'^{(2)} := Q \circ \phi_\Delta^{(1)} \circ \bar{T}'$. Mit $T'^{(1)} := T' - T'^{(2)}$ stellt das Paar $(T'^{(1)}, T'^{(2)})$ dann eine 2-Zerlegung von T' dar. Nach Satz 8.8 erfüllt die zugehörige Standard-2-Zerlegung $(T^{(1)}, T^{(2)})$ von T dann

$$T'^{(1)} \in [T^{(1)}]_{\phi^{(1)}} \quad \text{und} \quad T'^{(2)} = T' - T'^{(1)} \in [T^{(2)} - R]_{\phi^{(2)}}.$$

Setzen wir nun

$$\Delta^{(1)} := T'^{(1)} + Z(\phi^{(1)}, R) - (T + R)$$
$$\Delta^{(2)} := T'^{(1)} + \phi_\Delta^{(1)} \circ \bar{T}' - (T + R)$$

und – rein formal –

$$\Delta := P \circ \Delta^{(1)} + Q \circ \Delta^{(2)} \tag{8.7}$$

$$\widehat{\Delta} := P \circ \left((\Delta^{(1)} - \Delta) \circ (\Delta^{(1)} - \Delta) \right)$$
$$+ Q \circ \left((\Delta^{(2)} - \Delta) \circ (\Delta^{(2)} - \Delta) \right),$$

dann ergibt sich:

Lemma 8.15: Satz von HATTENDORF (algebraische Version)

Es gilt:

(i) $\Delta = \mathbb{O}$.
(ii) $\widehat{\Delta} = P \circ Q \circ \phi_\Delta^{(1)} \circ \phi_\Delta^{(1)} \circ \left(T'^{(2)} - Z(\mathbb{1}, R) \right) \circ \left(T'^{(2)} - Z(\mathbb{1}, R) \right).$

Beweis. *(i) Es ist*

$$\Delta^{(1)} = T'^{(1)} + Z(\phi^{(1)}, R) - (T^{(1)} + T^{(2)} + R).$$

Da $T'^{(1)} \in [T^{(1)}]_{\phi^{(1)}}$ *gilt (siehe hierzu (8.4), S. 255)*

$$T^{(1)} + R = T'^{(1)} + Z(\phi^{(1)}, R)$$

und somit $\Delta^{(1)} = -T^{(2)}$. *Aufgrund der Darstellung (8.5) für* $T^{(2)}$ *(siehe S. 255) erhält man*

$$\Delta^{(1)} = -T^{(2)} = -Q \circ \left(\phi_\Delta^{(1)} \circ \bar{T}' - Z(\phi^{(1)}, R) \right).$$

Mit der Tatsache, dass $P = \phi_\Delta \circ (\phi^{(1)})^{-1}$ *und* $P + Q = \mathbb{1}$ *gilt, rechnet man*

$$\Delta^{(2)} = T'^{(1)} + \phi_\Delta^{(1)} \circ \bar{T}' - (T + R) = T'^{(1)} + \phi_\Delta^{(1)} \circ \bar{T}' - (T' - Z(\phi, R))$$
$$= -T'^{(2)} + \phi_\Delta^{(1)} \circ \bar{T}' - P \circ Z(\phi^{(1)}, R)$$
$$= -Q \circ \phi_\Delta^{(1)} \circ \bar{T}' + \mathbb{1} \circ \phi_\Delta^{(1)} \circ \bar{T}' - P \circ Z(\phi^{(1)}, R)$$
$$= P \circ \left(\phi_\Delta^{(1)} \circ \bar{T}' - Z(\phi^{(1)}, R) \right).$$

Damit ist aber unmittelbar

$$\Delta = P \circ \Delta^{(1)} + Q \circ \Delta^{(2)}$$
$$= (P \circ Q - Q \circ P) \circ \left(\phi_\Delta^{(1)} \circ \bar{T}' - Z(\phi^{(1)}, R) \right) = \mathbb{O}.$$

(ii) Mit (i) erhält man

$$\widehat{\Delta} = P \circ \Delta^{(1)} \circ \Delta^{(1)} + Q \circ \Delta^{(2)} \circ \Delta^{(2)}$$
$$= P \circ Q \circ Q \circ \left(\left(\phi_\Delta^{(1)} \circ \bar{T}' - Z(\phi^{(1)}, R) \right) \circ \left(\phi_\Delta^{(1)} \circ \bar{T}' - Z(\phi^{(1)}, R) \right) \right)$$
$$+ Q \circ P \circ P \circ \left(\left(\phi_\Delta^{(1)} \circ \bar{T}' - Z(\phi^{(1)}, R) \right) \circ \left(\phi_\Delta^{(1)} \circ \bar{T}' - Z(\phi^{(1)}, R) \right) \right) \tag{8.8}$$
$$= P \circ Q \circ \phi_\Delta^{(1)} \circ \phi_\Delta^{(1)} \circ \left(\bar{T}' - Z(\mathbb{1}, R) \right) \circ \left(\bar{T}' - Z(\mathbb{1}, R) \right)$$
$$= -Z(\mathbb{1}, \phi) \circ \phi_\Delta^{(2)} \circ \left(\bar{T}' - Z(\mathbb{1}, R) \right) \circ \left(\bar{T}' - Z(\mathbb{1}, R) \right).$$

Ein Eintrag Δ_j im Vektor Δ in (8.7) entspricht in der klassischen Formulierung gerade dem erwarteten Verlust $E(\Theta_j)$ der Periode $j + 1$ (siehe (2.30), S. 55). Der Eintrag $\hat{\Delta}_j$ im Vektor $\hat{\Delta}$ aus (8.8) würde dann gerade den j-ten Summanden in der Darstellung (2.32) für $\mathrm{Var}(\Omega)$ des Gesamtverlustes Ω wiedergeben. Der Kovarianz $\mathrm{Cov}(\Theta_k, \Theta_j)$ in (2.31) würde für $k < j$ algebraisch der Ausdruck

$$\Delta_k^{(1)} \cdot \frac{\phi_j}{\phi_0} \cdot \frac{\phi_0^{(1)}}{\phi_j^{(1)}} \cdot \left(P_j \cdot \Delta_j^{(1)} + Q_j \cdot \Delta_j^{(2)} \right) = \Delta_k^{(1)} \cdot \frac{\phi_j}{\phi_0} \cdot \frac{\phi_0^{(1)}}{\phi_j^{(1)}} \cdot \Delta_j$$

entsprechen. Dieser Ausdruck verschwindet offenbar aufgrund von Lemma 8.15 (i).

8.5 Eine algebraische Version des Satzes von CANTELLI

Wir wollen Korollar 7.13 (siehe S. 230) nutzen, um eine allgemeine algebraische Version des Satzes von CANTELLI zu formulieren und auf einfache Weise zu beweisen (siehe [Can14; Sax55; Rei90]). Dazu betrachten wir die folgende Situation:

- Es seien $\phi \in \mathbb{R}_H^{n+1}$, $T' \in [T]_\phi$ und R die Standard-Reserve von $T - T'$.
- Für $m \geq 1$ sei $\Phi := \{\bar{\phi}, \phi^{(m+1)}\}$ eine 2-Zerlegung von ϕ und $\bar{\Phi} := \{\phi^{(1)}, \phi^{(2)}, \ldots, \phi^{(m)}\}$ eine m-Zerlegung von $\bar{\phi}$.
- Es sei $(T'^{(1)}, T'^{(2)}, \ldots, T'^{(m+1)})$ eine Zerlegung von T'.
- Für $\bar{T}' := T' - T'^{(m+1)}$ sei $\bar{T} \in \mathbb{R}^{n+1}$ derart, dass $\bar{T}' \in [\bar{T}]_{\bar{\phi}}$. $\bar{R}$ sei die Standard-Reserve von $\bar{T} - \bar{T}'$.

Mit diesen Bezeichnungen haben wir dann:

Korollar 8.16: Algebraische Version des Satzes von CANTELLI

Es gilt:

(i) $\bar{T} \in [T]_{\bar{\phi}}$ genau dann, wenn $Z(\phi^{(m+1)}, R) \in [-T'^{(m+1)}]_{\bar{\phi}}$.
(ii) Die folgenden beiden Aussagen sind gleichwertig:
    a.) $T'^{(m+1)} = -Z(\phi^{(m+1)}, R)$.
    b.) $T = \bar{T}$ genau dann, wenn $R = \bar{R}$.

Beweis. *Offenbar ist $\bar{\Phi} \cup \{\phi^{(m+1)}\}$ eine $(m+1)$-Zerlegung von ϕ und es gilt mit (7.6) in Lemma 7.3 (siehe S. 214):*

$$T + R = T' + Z(\sum_{k=1}^{m+1} \phi^{(k)}, R) \quad bzw. \quad \bar{T} + \bar{R} = \bar{T}' + Z(\sum_{k=1}^{m} \phi^{(k)}, \bar{R}),$$

also

$$(T - \bar{T}) + (R - \bar{R}) = T'^{(m+1)} + Z(\phi^{m+1}, R) + Z(\bar{\phi}, (R - \bar{R})). \tag{8.9}$$

(i) *Ist $\bar{T} \in [T]_{\bar{\phi}}$, d.h. $T + \hat{R} = \bar{T} + Z(\bar{\phi}, \hat{R})$ für ein $\hat{R} \in \mathbb{R}^{n+1}$, so wird (8.9) zu*

$$(R - \bar{R} - \hat{R}) = T'^{(m+1)} + Z(\phi^{m+1}, R) + Z(\bar{\phi}, (R - \bar{R} - \hat{R})),$$

was nichts anderes heißt, als $Z(\phi^{(m+1)}, R) \in [-T'^{(m+1)}]_{\bar{\phi}}$.

Umgekehrt, falls also $Z(\phi^{(m+1)}, R) \in [-T'^{(m+1)}]_{\bar{\phi}}$ vorausgesetzt ist, heißt dies, dass es $\tilde{R} \in \mathbb{R}^{n+1}$ gibt, mit der Eigenschaft $\tilde{R} = T'^{(m+1)} + Z(\phi^{m+1}, R) + Z(\bar{\phi}, \tilde{R})$. Also wird aus (8.9):

$$(T - \bar{T}) + (R - \bar{R} - \tilde{R}) = Z(\bar{\phi}, (R - \bar{R} - \tilde{R})),$$

d.h. $\bar{T} \in [T]_{\bar{\phi}}$. Es gilt also (i).

(ii) *Gilt Aussage a.), ist also $T'^{(m+1)} = -Z(\phi^{m+1}, R)$, so wird (8.9) zu*

$$(T - \bar{T}) + (R - \bar{R}) = Z(\bar{\phi}, (R - \bar{R})).$$

Für $T' := (T - \bar{T})$, $R' := (R - \bar{R})$ und $\bar{\phi}$ und aufgrund der Tatsache dass $R_0 = \bar{R}_0 = 0$, liefert Korollar 7.13: $T' = \mathbb{0}$ genau dann, wenn $R' = \mathbb{0}$, und somit Aussage b.). Gilt – nun umgekehrt – die Aussage b.), so bedeutet dies für (8.9)

$$\mathbb{0} = T' + Z(\phi^{(m+1)}, R),$$

also a.). ∎

Vor dem Hintergrund der durch die $(m+1)$-Zerlegung $\bar{\Phi} \cup \{\phi^{(m+1)}\}$ induzierten Festlegungen der Vektoren $P, Q^{(1)}, \ldots, Q^{(m+1)}$ bedeutet $T'^{(m+1)} = -Z(\phi^{(m+1)}, R)$ wegen (8.5) nichts anderes als

$$T'^{(m+1)} = Q^{(m+1)} \circ Z(\phi^{(1)}, R) = Q^{(m+1)} \circ \phi_\Delta^{(1)} \circ Z(\mathbb{1}, R).$$

Bemerkung 8.17. *Offenbar ist das Resultat unabhängig von m, der gewählten m-Zerlegung $\bar{\Phi}$ von $\bar{\phi}$ und auch unabhängig von $(T'^{(1)}, T'^{(2)}, \ldots, T'^{(m)})$, d.h. der m-Zerlegung von $\bar{T}'$.*

8.6 Störung der ϕ-Äquvalenz; eine algebraische Version der Kontributionsformel

Das Problem, dem wir uns in diesem Abschnitt widmen wollen, besteht darin, die Abhängigkeit der Vektoren T, T', ϕ und R voneinander aus algebraischer Sicht zu untersuchen. Es sollen hierbei im Besonderen die Auswirkungen in den Blick genommen werden, welche durch „Störungen" in einem (oder mehrerer) dieser Objekte entstehen. Im Besonderen soll auf geeignete Weise gegebenenfalls „Äquivalenz wieder hergestellt" werden.

Im versicherungstechnischen Bereich wurde in diesem Kontext von sogenannten *Variationsproblemen* gesprochen ([Ber23; Sch41; Sch43; Sax55; Lee56; Rei90; MH99]). Hierbei wurden derartige Untersuchungen dadurch motiviert, dass die Rechnungsgrundlagen $\mathcal{R}^{(1)}$ für die Erstkalkulation einer Lebensversicherung im Allgemeinen vorsichtig gewählt werden (sollen). Für das Lebensversicherungsunternehmen ist es daher zum einen aus Risikogesichtspunkten von hohem Interesse (oder sogar notwendig), die Auswirkungen, z. B. auf Deckungskapitale oder Prämien, in Abhängigkeit von eintretenden Änderungen („Variationen") bei den ursprünglich verwendeten Verbleibens- und/oder Anlageprofilen zu ermitteln und auf diese Weise deren „Sensitivität" zu quantifizieren. Mittlerweile sind dazu zahlreiche Stochastik- und finanzmathematisch basierte, methodische Konzepte entwickelt worden, die in der aktuariellen Praxis – zumindest teilweise – auch zum Einsatz kommen (siehe etwa [Var01; Bif05; Cou+07; MS07; Bjö09; Cou10; Wan+10; RR19]). Neben derartigen Risikountersuchungen ist es für das Lebensversicherungsunternehmen „aus praktischer Sicht" notwendig, dem Eintritt einer solchen „Störung" ggf. Maßnahmen entgegenzusetzen, um damit das Äquivalenzprinzip (und damit die dauernde Erfüllbarkeit der Leistungsansprüche) sicherzustellen. Genau mit diesem Aspekt wollen wir uns hier beschäftigen.

Der Invarianzsatz von SCHÄRF (Satz 7.12, siehe auch [Sch41]) kann als ein grundlegendes Resultat im Sinne der „Reaktion auf Störungen" aufgefasst werden, da er Bedingungen dafür angibt, wann zwei (mit verschiedenen Rechnungsgrundlagen kalkulierte) Versicherungsverträge dasselbe Deckungskapitalprofil besitzen. Konsequenzen, die sich daraus für spezielle Lebensversicherungstypen ergeben, wurden in [Sch41] analysiert. Auch die algebraische Version des Satzes von CANTELLI (Korollar 8.16) gehört zu einem derartigen Resultat, da dieser im versicherungstechnischen Spezialfall Bedingungen dafür bereit stellt, wann Prämien- und Deckungskapitalprofile trotz „Störung" der Ausscheidewahrscheinlichkeiten unverändert bleiben (siehe auch [Rei90]).

In Kapitel 4 des ersten Teils dieses Buches sind wir im Rahmen der „Neubewertung von Versicherungsverträgen" darauf eingegangen, wie spezielle „Änderungen" in den Daten (bezogen auf Informationen, mit denen die Erstkalkulation einer Versicherung durchgeführt wurde) während der Laufzeit eines Vertrages zur Sicherstellung des

Äquivalenzprinzips kompensiert werden können/müssen. Derartiges wollen wir hier nun wiederum aus einem algebraischen Blickwinkel formulieren.

Gegeben seien $\phi \in \mathbb{R}_H^{n+1}$, $T, T' \in \mathbb{R}^{n+1}$ so, dass $T' \in [T]_\phi$. Die Objekte ϕ, T und T' seien nun aus irgendeinem Grund einzeln oder in Kombination „gestört", was zur Konsequenz hat, anstelle von ϕ, T und T' nunmehr modifizierte Objekte

$$\psi := \phi + \Delta\phi \in \mathbb{R}_H^{n+1} \quad \text{bzw.} \quad \bar{T} := T + \Delta T \quad \text{bzw.} \quad \bar{T}' := T' + \Delta T'$$

zu berücksichtigen.

Ist R eine ϕ-Reserve von $T - T'$, so führen die Modifikationen, die durch derartige Störungen induziert werden etwa dazu, dass in der Regel die ursprünglich bestehende Identität

$$T - T' = Z(\phi, R) - R \tag{8.10}$$

nicht mehr gilt, d. h.

$$\bar{T} - \bar{T}' = T - (T' + \Delta T' - \Delta T) \neq Z(\psi, R) - R,$$

also $T' + (\Delta T' - \Delta T) \notin [T]_\psi$.

In Abhängigkeit von $\bar{T}$ und $\bar{T}'$ soll nun der Ausdruck

$$G := \bar{T} - \bar{T}' + R - Z(\psi, R) \tag{8.11}$$

untersucht werden. Wir wollen dabei – ohne die Allgemeinheit einzuschränken – davon ausgehen, dass $\Delta T := \mathbb{O}$, also $\bar{T} = T$. Aufgrund von (8.1) gilt dann: $G = \mathbb{O}$ genau dann, wenn $\bar{T}' \in [T]_\psi$. Daher kann G als der Vektor der „Störungen" von $\bar{T}'$ zu $[T]_\psi$, also von $T - \bar{T}'$ zum Vektorraum $\psi^\perp$, aufgefasst werden. Wegen (8.10) und (8.11) hat G die Darstellung

$$G = T' - \bar{T}' + Z(\phi, R) - Z(\psi, R) = \Delta T' - Z(\psi, R).$$

Um G genauer zu analysieren, wollen wir nun für $m \geq 2$ zwei m-Zerlegungen von T' bzw. $\bar{T}'$ heranziehen. Dazu seien zunächst

$$\Phi = \{\phi^{(1)}, \phi^{(2)}, \dots, \phi^{(m)}\} \quad \text{und} \quad \Psi = \{\psi^{(1)}, \psi^{(2)}, \dots, \psi^{(m)}\}$$

zwei beliebige m-Zerlegungen von ϕ bzw. ψ vorgegeben, ebenso seien $m - 1$ beliebige Vektoren $\{T'^{(2)}, T'^{(3)}, \dots, T'^{(m)}\} \subset \mathbb{R}^{n+1}$ beliebig gewählt. Mit den Festlegungen

$$T'^{(1)} := T' + \sum_{k=2}^{m} \phi_\Delta^{(k)} \circ T'^{(k)} \quad \text{und} \quad T''^{(1)} := \bar{T}' + \sum_{k=2}^{m} \psi_\Delta^{(k)} \circ T'^{(k)}$$

werden dann

$$(T'^{(1)}, -\phi_\Delta^{(2)} \circ T'^{(2)}, \dots, -\phi_\Delta^{(m)} \circ T'^{(m)})$$

bzw.

$$(T''^{(1)}, -\psi_\Delta^{(2)} \circ T'^{(2)}, \ldots, -\psi_\Delta^{(m)} \circ T'^{(m)})$$

zu einer m-Zerlegung von T' bzw. zu einer m-Zerlegung von $\bar{T}'$.

Ist R als Reserve von $T - T'$ (bezüglich ϕ) speziell die Standard-Reserve, so lässt sich dann Folgendes zeigen:

Satz 8.18

Es gilt

$$G = G^{(0)} + G^{(1)} + G^{(2)} + \ldots + G^{(m)} \qquad (8.12)$$

mit

(i) $G^{(0)} = \left(T + R - T''^{(1)}\right) \circ \left(\mathbb{1} - \psi_\Delta^{(1)} \circ (\phi^{(1)})_\Delta^{-1}\right)$,

(ii) $G^{(1)} = \psi_\Delta^{(1)} \circ (\phi^{(1)^{-1}})_\Delta \circ \left(T'^{(1)} - T''^{(1)}\right)$,

(iii) $G^{(k)} = \psi_\Delta^{(1)} \circ \left(Q^{(k)} - Q'^{(k)}\right) \circ \left(T'^{(k)} - Z(\mathbb{1}, R)\right)$ für $k = 2, 3, \ldots, m$.

Beweis. *Zum Beweis nutzen wir die sich für die Zerlegungen Φ bzw. Ψ jeweils ergebenden Festlegungen von P und Q bzw. P' und Q' (siehe Bestimmungsgleichungen (6.18) und (6.20), S. 201), sowie den elementaren Zusammenhang*

$$T - T' + R - Z(\phi, R) - (T''^{(1)} - T''^{(1)}) = \mathbb{0}.$$

Damit rechnet man dann aus:

$$
\begin{aligned}
G &= G - \psi_\Delta^{(1)} \circ (\phi^{(1)})_\Delta^{-1} \circ \mathbb{0} = T - \bar{T}' + R - Z(\psi, R) \\
&\quad - \psi_\Delta^{(1)} \circ (\phi^{(1)})_\Delta^{-1}) \circ \left(T - T' - (T''^{(1)} - T''^{(1)}) + R - Z(\phi, R)\right) \\
&= T - \left(T''^{(1)} - \sum_{k=2}^{m} \psi_\Delta^{(k)} \circ T'^{(k)}\right) + R - Z(\psi, R) \\
&\quad - \psi_\Delta^{(1)} \circ (\phi^{(1)})_\Delta^{-1}) \circ \left(T - T' - (T''^{(1)} - T''^{(1)}) + R - Z(\phi, R)\right) \\
&= \underbrace{\left(T + R - T''^{(1)}\right) \circ \left(\mathbb{1} - \psi_\Delta^{(1)} \circ (\phi^{(1)})_\Delta^{-1}\right)}_{G^{(0)}} + \sum_{k=2}^{m} \psi_\Delta^{(k)} \circ T'^{(k)} - Z(\psi, R) \\
&\quad - \psi_\Delta^{(1)} \circ (\phi^{(1)^{-1}})_\Delta \circ \left(-(T'^{(1)} - \sum_{k=2}^{m} \phi_\Delta^{(k)} \circ T'^{(k)}) + T''^{(1)} - Z(\phi, R)\right) \\
&= G^{(0)} + \sum_{k=2}^{m} \psi_\Delta^{(k)} \circ T'^{(k)} - \psi_\Delta^{(1)} \circ (\phi^{(1)^{-1}})_\Delta \circ \left(\sum_{k=2}^{m} \phi_\Delta^{(k)} \circ T'^{(k)}\right)
\end{aligned}
$$

$$- Z(\psi, R) + \psi_\Delta^{(1)} \circ ({\phi^{(1)}}^{-1})_\Delta \circ Z(\phi, R) + \underbrace{\psi_\Delta^{(1)} \circ ({\phi^{(1)}}^{-1})_\Delta \circ (T'^{(1)} - T''^{(1)})}_{G^{(1)}}$$

$$= G^{(0)} + G^{(1)}$$

$$+ \psi_\Delta^{(1)} \circ \left((\psi^{(1)})_\Delta^{-1} \circ \sum_{k=2}^m \psi_\Delta^{(k)} \circ T'^{(k)} - \sum_{k=2}^m ({\phi^{(1)}}^{-1})_\Delta \circ \phi_\Delta^{(k)} \circ T'^{(k)} \right)$$

$$- (\psi^{(1)})_\Delta^{-1} \circ \psi_\Delta^{(1)} \circ Z(\psi, R) + \psi_\Delta^{(1)} \circ ({\phi^{(1)}}^{-1})_\Delta \circ Z(\phi, R)$$

$$= G^{(0)} + G^{(1)} + \psi_\Delta^{(1)} \circ \left(\sum_{k=2}^m -Q'^{(k)} \circ T'^{(k)} + \sum_{k=2}^m Q^{(k)} \circ T'^{(k)} \right)$$

$$- P' \circ Z(\psi^{(1)}, R) + P \circ Z(\psi^{(1)}, R)$$

$$= G^{(0)} + G^{(1)} + \psi_\Delta^{(1)} \circ \sum_{k=2}^m (Q^{(k)} - Q'^{(k)}) \circ T'^{(k)} + Z(\psi^{(1)}, R) \circ (\mathbb{1} - Q - (\mathbb{1} - Q'))$$

$$= G^{(0)} + G^{(1)} + \psi_\Delta^{(1)} \circ \sum_{k=2}^m (Q^{(k)} - Q'^{(k)}) \circ T'^{(k)}$$

$$- \psi_\Delta^{(1)} \circ Z(\mathbb{1}, R) \circ \sum_{k=2}^m (Q^{(k)} - Q'^{(k)})$$

$$= G^{(0)} + G^{(1)} + \sum_{k=2}^m \underbrace{\psi_\Delta^{(1)} \circ \left(Q^{(k)} - Q'^{(k)} \right) \circ \left(T'^{(k)} - Z(\mathbb{1}, R) \right)}_{G^{(k)}}$$

$$= G^{(0)} + G^{(1)} + \sum_{k=2}^m G^{(k)}. \qquad \blacksquare$$

In Abschnitt 4.3.1 haben wir im Zusammenhang mit der Bestimmung eines periodenbezogenen, versicherungstechnischen Ergebnisses die Kontributionsformel (4.33) angegeben (siehe S. 154). Es wird nicht verwundern, dass sich diese Formel als Spezialfall des Satzes 8.18 herausstellt:

Beispiel 8.19: Versicherungstechnische Kontributionsformel

Wir gehen davon aus, dass $\mathcal{R}^{(1)} = \{p(x, n), r(x, n), C\}$ die Rechnungsgrundlagen 1. Ordnung für die Erstkalkulation einer Lebensversicherung beschreiben, d. h. $\phi = v(x, n) \circ p(x, n)$.

Ähnlich wie in Abschnitt 2.3 sei hier unterstellt, dass es zwei voneinander unabhängige Ursachen gibt, um aus dem Kollektiv auszuscheiden, etwa „Tod" und „Invalidität". Die entsprechenden einjährigen Ausscheidewahrscheinlichkeiten seien durch die Profile $q_{x:}^{(1)}$ und $q_{x:}^{(2)}$ gegeben. Zu den Profilen $L^{(0)}, L^{(1,1)}, L^{(2,1)}$ von Verbleibens- und Ausscheideleistungen (bei Tod bzw. bei Invalidität) und den Kostensatzprofilen C seien ausreichende Leistungs- bzw. Beitragsprofile

$$L^{(a)} = L + L^{(K)} = L^{(0)} + v_{x:} \circ q_{x:}^{(1)} \circ L^{(1,1)} + v_{x:} \circ q_{x:}^{(2)} \circ L^{(2,1)} + L^{(K)}$$

bzw.

$$B^{(a)} = B + B^{(K)}$$

ermittelt, so dass $(B^{(a)}, L^{(a)})$ eine ϕ-Versicherung ist. Das Profil $V_x^{(a)}$ entspreche dem zugehörigen ausreichenden Deckungskapital.

Werden während der Laufzeit des Vertrages (etwa zum Zeitpunkt t) anstelle der ursprünglichen Rechnungsgrundlagen $\mathcal{R}^{(1)}$ neue, „realistische" Profile

$$r'(x, n), \quad q_{x:}'^{(1)}, \quad q_{x:}'^{(2)} \quad \text{und} \quad L'^{(K)}$$

unterstellt, so führt dies zunächst zu einem modifizierten Profil $q'_{x:} := q_{x:}'^{(1)} + q_{x:}'^{(2)} + \mathbb{1}_n$ einjähriger Ausscheidewahrscheinlichkeiten und damit auf kanonische Weise zu einem modifizierten Verbleibensprofil $p'(x, n)$. Mit den Kostensatzprofilen $C' := (0, 0, 0, 0, L'^{(K)})$ werden also insgesamt neue Rechnungsgrundlagen $\mathcal{R}^{(2)} = \{p'(x, n), r'(x, n), C'\}$ induziert. $\mathcal{R}^{(2)}$ legt dann den H-invertierbaren Vektor $\psi = v'(x, n) \circ p'(x, n)$ fest.

Für $m = 3$ seien nun die beiden 3-Zerlegungen $\Phi = \{\phi^{(1)}, \phi^{(2)}, \phi^{(3)}\}$ von ϕ bzw. $\Psi = \{\psi^{(1)}, \psi^{(2)}, \psi^{(3)}\}$ von ψ jeweils entsprechend Beispiel 6.11 (ii) gewählt (siehe S. 194), d. h.

$$\phi_0^{(k)} := \psi_0^{(k)} := 1, \quad k = 1, 2, 3$$

und

$$\phi_j^{(1)} := {}_j v_x, \qquad \phi_j^{(k+1)} := {}_j v_x \cdot \prod_{t=0}^{j-1} - q_{x:t}^{(k)}, \quad j = 1, 2, \ldots, n, \quad k = 1, 2$$

bzw.

$$\psi_j^{(1)} := {}_j v'_x, \qquad \psi_j^{(k+1)} := {}_j v'_x \cdot \prod_{t=0}^{j-1} -q_{x:t}'^{(k)}, \quad j = 1, 2, \ldots, n, \quad k = 1, 2.$$

Legt man nun speziell fest:

- $T := B^{(a)}$
- $T' := L + L^{(K)} = L^{(0)} + L^{(K)} + v_{x:} \circ q_{x:}^{(1)} \circ L^{(1,1)} + v_{x:} \circ q_{x:}^{(2)} \circ L^{(2,1)},$
- $\bar{T}' := L'^{(a)} = L^{(0)} + L^{(K)} + v'_{x:} \circ q_{x:}'^{(1)} \circ L^{(1,1)} + v'_{x:} \circ q_{x:}'^{(2)} \circ L^{(2,1)}$

- $T'^{(2)} := -L^{(1,1)}$ und
- $T'^{(3)} := -L^{(2,1)}$,

so ist $T'^{(1)} = L^{(0)} + L^{(K)}$ bzw. $T''^{(1)} = L^{(0)} + L'^{(K)}$. Mit diesen Größen lässt sich nun Satz 8.18 anwenden. Der Ausdruck (8.11) wird für einen festen Zeitpunkt t dann zu:

$$
\begin{aligned}
G_t &= T_t + R_t - \bar{T}' - Z_t(\psi, R) \\
&= B_t^{(a)} + {}_t V_x^{(a)} - \left(L_t^{(0)} + v'_{x:t} \cdot q'^{(1)}_{x:t} \cdot L_t^{(1,1)} + v'_{x:t} \cdot q'^{(2)}_{x:t} \cdot L_t^{(2,1)} + L'^{(K)}_t \right) \\
&\quad - v'_{x:t} \cdot p'_{x:t} \cdot {}_{t+1} V_x^{(a)}.
\end{aligned}
$$

Analog zur Größe $-\Delta_t$ in der Beziehung (4.31) entspricht G_t damit derjenigen Größe, die den (mit „neuem" Faktor $v'_{x:t}$ abgezinsten) versicherungstechnischen Gewinn bzw. Verlust der ϕ-Versicherung $(B^{(a)}, L^{(a)})$ in Periode $t + 1$ beschreibt (siehe S. 154). Mit (8.12) ergibt sich also

$$
G_t \cdot r'_{x:t} = (G^{(0)} + G^{(1)} + G^{(2)} + G^{(3)}) \cdot r'_{x:t}. \tag{8.13}
$$

Wegen

$$
r'_{x:t} = \left(\frac{\psi^{(1)}_{t+1}}{\psi^{(1)}_t} \right)^{-1} = \frac{\psi^{(1)}_t}{\psi^{(1)}_{t+1}}
$$

erhält man dann für die einzelnen Komponenten von G_t:

$$
\begin{aligned}
G_t^{(0)} \cdot r'_{x:t} &= \left(T + R - T''^{(1)} \right) \circ \left(\mathbb{1} - \psi^{(1)}_\Delta \circ (\phi^{(1)})^{-1}_\Delta \right)_t \cdot \frac{\psi^{(1)}_t}{\psi^{(1)}_{t+1}} \\
&= \left(B_t^{(a)} + {}_t V_x^{(a)} - \left(L^{(0)} + L'^{(K)} \right) \right) \cdot \left(\frac{\psi^{(1)}_t}{\psi^{(1)}_{t+1}} - \frac{\phi^{(1)}_t}{\phi^{(1)}_{t+1}} \right) \\
&= \left(B_t^{(a)} + {}_t V_x^{(a)} - \left(L_t^{(0)} + L'^{(K)}_t \right) \right) \cdot (i'_{x:t} - i_{x:t}) \\
&= g^Z_{x:t},
\end{aligned}
$$

$$
\begin{aligned}
G_t^{(1)} \cdot r'_{x:t} &= \frac{\psi^{(1)}_t}{\psi^{(1)}_{t+1}} \cdot \left(\psi^{(1)}_\Delta \circ (\phi^{(1)^{-1}})_\Delta \circ (T'^{(1)} - T''^{(1)}) \right)_t = \frac{\phi^{(1)}_t}{\phi^{(1)}_{t+1}} \cdot \left(L^{(K)} - L'^{(K)} \right)_t \\
&= (1 + i_{x:t}) \cdot \left(L^{(K)} - L'^{(K)} \right)_t \\
&= g^K_{x:t}
\end{aligned}
$$

$$
G_t^{(2)} \cdot r'_{x:t} = \frac{\psi^{(1)}_t}{\psi^{(1)}_{t+1}} \cdot \left(\psi^{(1)}_\Delta \circ (Q^{(2)} - Q'^{(2)}) \circ \left(T'^{(2)} - Z(\mathbb{1}, R) \right) \right)_t
$$

$$= \left(L_t^{(1,1)} - {}_{t+1}V_x^{(a)}\right) \cdot (q_{x:t}^{(1)} - q'^{(1)}_{x:t})$$

$$= g_{x:t}^{1,R},$$

$$G_t^{(3)} \cdot r'_{x:t} = \frac{\psi_t^{(1)}}{\psi_{t+1}^{(1)}} \cdot \left(\psi_\Delta^{(1)} \circ (Q^{(3)} - Q'^{(3)}) \circ \left(T'^{(3)} - Z(\mathbb{1}, R)\right)\right)_t$$

$$= \left(L_t^{(2,1)} - {}_{t+1}V_x^{(a)}\right) \cdot (q_{x:t}^{(2)} - q'^{(2)}_{x:t})$$

$$= g_{x:t}^{2,R}.$$

Der Zusammenhang (8.13) gibt also im versicherungstechnischen Kontext gerade die Kontributionsformel wieder. Hierin bezeichnet für die Periode $t + 1$ dann $g_{x:t}^Z$ den Zinsgewinn bzw. -verlust, $g_{x:t}^K$ den Kostengewinn bzw. -verlust und $g_{x:t}^{k,R}$ für $k = 1, 2$ die jeweiligen Risikogewinne bzw. -verluste aufgrund der Ausscheideursache „Tod" ($k = 1$) bzw. „Invalidität" ($k = 2$).

8.7 Wiederherstellung gestörter ϕ-Äquivalenz

Im vorherigen Abschnitt haben wir uns mit der Analyse des Vektors G als Konsequenz einer Störung in den Daten ϕ, T bzw. T' befasst. Mit (8.11) wird daraus trivialerweise klar

$$T' + \Delta T' \in [T + G]_\psi,$$

d. h. durch eine „Korrektur" von T zu $\bar{T} := T + G$ kann für das Paar $(\bar{T}, \bar{T}')$ ψ-Äquivalenz erreicht werden. In diesem Abschnitt wollen wir ein allgemeineres Konzept vorstellen, wie „Äquivalenz" bei gestörten Daten wiederhergestellt werden kann.

In einem versicherungstechnischen Kontext haben wir derartige Fragen in Kapitel 4 im Zusammenhang mit der Neubewertung eines Versicherungsvertrages während seiner Laufzeit beantwortet. Es wird natürlich nicht verwundern, dass auch die dort vorgestellten Neubewertungsvarianten von einer allgemeineren algebraischen Warte aus betrachtet werden können, und sich der hier gewählte Zugang zudem als „recht einfach" herausstellt.

Für eine allgemeinere Betrachtung machen wir zwei Ansätze, die beide auf die Eigenschaften ψ-äquivalenter Vektoren zurückgehen (siehe dazu Lemma 8.2, S. 244). Der erste Ansatz verwendet Projektionen vom Typ (7.10), im zweiten Ansatz werden die ϕ- bzw. ψ-Transformierten $Z(\phi, \cdot)$ bzw. $Z(\psi, \cdot)$ zusammen mit der Eigenschaft (7.13) benutzt. Es sei dazu

$$\bar{T} = T + \Delta T, \quad \bar{T}' = T' + \Delta T' \quad \text{und} \quad \bar{R} = R + \Delta R.$$

Wir stellen die Forderung, einen Vektor $\Delta \in \mathbb{R}^{n+1}$ derart zu bestimmen, dass

$$\bar{T}' \in [\bar{T} + \Delta R + \Delta]_\psi.$$

1. Ansatz:

Hier legen wir einen Vektor $\Delta^{(1)}$ mit

$$\bar{T} + \bar{R} + \Delta^{(1)} - \bar{T}' \in \psi^\perp$$

fest, indem wir die Tatsache benutzen, dass für beliebige $w \notin \psi^\perp$ und beliebige Vektoren $\tilde{T} \in \mathbb{R}^{n+1}$

$$\frac{\langle \psi, \tilde{T} \rangle}{\langle \phi, w \rangle} \cdot w \in [\tilde{T}]_\psi$$

gültig ist (siehe dazu Eigenschaft (vii) in Lemma 8.2). Ziehen wir nun zwei derartige Vektoren w, w' heran und stellen die Bedingung:

$$\Delta^{(1)} \stackrel{!}{=} a \cdot w - a' \cdot w' \tag{8.14}$$

für geeignete Zahlen $a, a' \in \mathbb{R}$, so haben wir:

Lemma 8.20

Es seien $w, w' \in \mathbb{R}^{n+1}$ derart, dass $w, w' \notin \psi^\perp$. Dann gibt es Zahlen $a, a' \in \mathbb{R}$ derart, dass

$$\langle \psi, (\bar{T} + \Delta R - \bar{T}') + (a \cdot w - a' \cdot w') \rangle = 0,$$

d. h. $\bar{T}' \in [\bar{T} + \Delta R + \Delta^{(1)}]_\psi$.

Beweis. *Man wähle $\lambda \in \mathbb{R}$ beliebig und setze*

$$c := -\frac{\langle \psi, \bar{T} + \Delta R - \bar{T}' \rangle}{\langle \psi, w \rangle} = -\left(\frac{\langle \psi, T - T' \rangle}{\langle \psi, w \rangle} + \frac{\langle \psi, \Delta T + \Delta R - \Delta T' \rangle}{\langle \psi, w \rangle} \right)$$

und

$$a := c - \lambda \quad bzw. \quad a' := \lambda \cdot \frac{\langle \psi, w \rangle}{\langle \psi, w' \rangle}. \tag{8.15}$$

Dann gilt offenbar:

$$\langle \psi, (\bar{T} + \Delta R - \bar{T}') + \Delta^{(1)} \rangle$$
$$= \langle \psi, (\bar{T} + \Delta R - \bar{T}') + (a \cdot w - a' \cdot w') \rangle$$
$$= \langle \psi, \bar{T} + \Delta R - \bar{T}' \rangle + a \cdot \langle \psi, w \rangle + a' \cdot \langle \psi, w' \rangle$$
$$= \langle \psi, \bar{T} + \Delta R - \bar{T}' \rangle + (c - \lambda) \cdot \langle \psi, w \rangle + \lambda \cdot \frac{\langle \psi, w \rangle}{\langle \psi, w' \rangle} \cdot \langle \psi, w' \rangle$$
$$= \langle \psi, \bar{T} + \Delta R - \bar{T}' \rangle + c \cdot \langle \psi, w \rangle = 0.$$

∎

2. Ansatz:

Hier legen wir einen Vektor $\Delta^{(2)}$ fest, der die Eigenschaft

$$\bar{T} + \Delta R - \bar{T}' + \Delta^{(2)} \in \psi^{\perp}$$

erfüllen soll, benutzen aber diesmal die Tatsache, dass für einen *beliebigen* Vektor $R' \in \mathbb{R}^{n+1}$

$$R' \in [Z(\psi, R')]_{\psi}$$

gilt. Ist also R' vorgegeben, so fordern wir hier, $\Delta^{(2)} \in \mathbb{R}^{n+1}$ derart zu bestimmen, dass

$$\bar{T} + \Delta R - \bar{T}' + \Delta^{(2)} \overset{!}{=} Z(\psi, R') - R'. \tag{8.16}$$

Es ergibt sich damit unmittelbar:

$$\Delta^{(2)} = Z(\psi, R') - Z(\phi, R) - (R' - R) - (\Delta T + \Delta R - \Delta T'). \tag{8.17}$$

Wählt man etwa speziell $R' := R$, so heißt das

$$\Delta^{(2)} = Z(\psi, R) - Z(\phi, R) - (\Delta T + \Delta R - \Delta T')$$

und führt zu

$$\bar{T} + \Delta R + \Delta^{(2)} + R = \bar{T}' + Z(\psi, R).$$

Wählt man – alternativ dazu – beispielsweise $R' := \bar{R}$, so ermittelt man

$$\Delta^{(2)} = Z(\psi, \bar{R}) - Z(\phi, R) - \Delta T + \Delta T'.$$

Für beide Beispiele gilt natürlich $\bar{T}' \in [\bar{T} + \Delta R + \Delta^{(2)}]_{\psi}$.

Durch die Wahlmöglichkeiten von w bzw. w' bei der Festlegung von $\Delta^{(1)}$ oder – alternativ – die Möglichkeit R' für eine Festlegung von $\Delta^{(2)}$ irgendwie vorzugeben, sind die beiden „Korrektur-Vektoren" $\Delta^{(1)}$ und $\Delta^{(2)}$ nicht eindeutig bestimmt. Sie müssen daher auch nicht identisch sein. Es überrascht allerdings nicht, dass es einen Zusammenhang zwischen beiden gibt.

Lemma 8.21

(i) Gilt für $\Delta^{(1)}$, dass $\bar{T}' \in [\bar{T} + \Delta R + \Delta^{(1)}]_{\psi}$, so gibt es $R' \in \mathbb{R}^{n+1}$ derart, dass sich für $\Delta^{(2)}$ in (8.17) ergibt: $\Delta^{(2)} = \Delta^{(1)}$.

(ii) Erfüllt $\Delta^{(2)}$ den Zusammenhang (8.17), so gibt es $w, w' \in \mathbb{R}^{n+1}$ mit $\langle \psi, \bar{w} \rangle \neq 0$, $\langle \psi, w \rangle \neq 0$ und Zahlen $a, a' \in \mathbb{R}$ derart, dass $\Delta^{(1)} = \Delta^{(2)}$.

Beweis. *(i) Die Behauptung lässt sich für $(\bar{T} + \Delta R - \bar{T}') + \Delta^{(1)} \in \psi^{\perp}$ unmittelbar aus dem Speziellen Charakterisierungssatz 7.6 schließen.*
(ii) Für $w := \Delta^{(2)}$ ist mit (8.16)

$$\langle \psi, w \rangle = \langle \psi, \Delta^{(2)} \rangle = \langle \psi, Z(\psi, R') - R' - (\bar{T} + \Delta R - \bar{T}') \rangle$$
$$= -\langle \psi, (\bar{T} + \Delta R - \bar{T}') \rangle \neq 0$$

und es ergibt sich daher mit (8.15)

$$c = -\left(\frac{\langle \psi, \bar{T} + \Delta R - \bar{T}' \rangle}{\langle \psi, w \rangle} \right) = 1.$$

Setzt man $w' := w$, so folgt für beliebiges $\lambda \in \mathbb{R}$

$$\Delta^{(1)} = (c - \lambda) \cdot w + \lambda \cdot \frac{\langle \psi, w \rangle}{\langle \psi, w' \rangle} \cdot w' = \Delta^{(2)},$$

also die Behauptung.   ∎

Mit den nachfolgenden Beispielen wollen wir bei der Wiederherstellung der ϕ-Äquivalenz bekannte Sachverhalte aufgreifen, die wir im Rahmen von Kalkulationen während der Vertragslaufzeit angesprochen haben. In diesen Beispielen werden Modifikationen in den Rechnungsgrundlagen unterstellt. Zunächst sollen Beitrags- und Leistungsprofil keiner Änderung unterzogen werden. Versicherungstechnisch gehören bestimmte der im Kapitel 4 dargestellten Fälle in diese Beispielkategorien.

Beispiel 8.22: $\Delta T = \Delta T' = \Delta R = \mathbb{O}$

Hier sei $T = B$ das Beitragsprofil, $T' = L$ das Leistungsprofil einer ϕ-Versicherung $(\phi = v(x, n) \circ p(x, n))$. Wegen $\Delta T' = \mathbb{O}$, induzieren die „gestörten" Rechnungsgrundlagen $\psi = v'(x, n) \circ p'(x, n)$ offenbar keine Änderungen im Leistungsprofil L, d. h. $L^{(1)} = \mathbb{O}$.

Mit dem ersten Ansatz, also der Bestimmung von

$$\Delta^{(1)} := a \cdot w - a' \cdot w',$$

wird dann sofort klar, dass es – zumindest aus technischer Sicht – mannigfaltige Möglichkeiten gibt, das durch die Verwendung von ψ anstelle von ϕ hervorgerufene „gestörte Äquivalenzprinzip" wieder herzustellen. In diesem Fall ist

$$(L + a' \cdot w') \in [B + a \cdot w]_{\psi}.$$

Die Vektoren w bzw. w' lassen sich also als *Intensitätsprofile* auffassen, mit denen eine Änderung der Prämienzahlungen und/oder eine Änderung der Leistungserbringung realisiert werden kann. Die *technische Bedingung*, die bei einer Festlegung für w bzw. w' gestellt wird, liegt darin, dass beide nicht dem Vektorraum $\psi^\perp$ angehören.

Neben dieser technischen „Freiheit" bei der Wahl von w bzw. w' gibt es eine weitere ebenfalls technische „Freiheit", λ in (8.15) und somit die beiden Größen a bzw. a' festzulegen. Die beiden Größen a bzw. a' stellen so etwas wie „Referenzbeiträge" bzw. „Referenzleistungen" dar. Man hat damit die Möglichkeit an der Hand, bei der Wiederherstellung des Äquivalenzprinzips eher die Prämienseite oder eher die Leistungsseite des Versicherungsvertrages zu betonen: Speziell für $\lambda = c$ führt die Modifikation des Leistungsprofils L zu $L' = L + c \cdot w'$ zu einer ψ-Versicherung (B, L'). Im Falle $\lambda = 0$ ist mit $B' = B + c \cdot w$ das Paar (B', L) eine ψ-Versicherung.

Im zweiten Ansatz, d. h. bei einer Festlegung von $\Delta^{(2)}$ entsprechend (8.17), also durch

$$\Delta^{(2)} := Z(\psi, R') - Z(\phi, R) - (R' - R),$$

spiegelt sich aus versicherungstechnischer Sicht gerade die *Zuzahlung zum Deckungskapital* V_x wider (siehe (4.12), S. 116). Ist nämlich V_x das Deckungskapital der ϕ-Versicherung (B, L), so wird im Falle $R' := R = V_x$

$$\Delta^{(2)} = Z(\psi, V_x) + L - B - R.$$

Beachte hierbei: zwar gilt $L \in [B + \Delta^{(2)}]_\psi$, allerdings wird durch die „Zuzahlung" $\Delta^{(2)}$ das Paar (B, L) *nicht* zu einer ψ-Versicherung. Insbesondere stellt $V_x + \Delta^{(2)}$ *kein* Deckungskapital im Sinne von (2.13) dar.

Im nächsten Beispiel besteht die „Störung" in einer Veränderung der Rechnungsgrundlagen $\mathcal{R}$ und des Leistungsprofils L. Durch eine geeignete Zuzahlung zum Deckungskapital wird das Äquivalenzprinzip (technisch) wiederhergestellt.

Beispiel 8.23: $\Delta T = \Delta R = \mathbb{0}$

Für $T = B$ und $T' = L$ wird in einem versicherungstechnischen Zusammenhang hier die Situation beschrieben, dass für eine gegebene ϕ-Versicherung (B, L) sowohl ϕ (in $\psi = v'(x, n) \circ p'(x, n)$) als auch das Leistungsprofil L (in $\bar{L} = L + \Delta L$) modifiziert vorliegt.

Derartige Fälle wurden im ersten Teil des Buches im Abschnitt 4.2.1 aber auch im Zusammenhang mit der Analyse versicherungstechnischer Ergebnisse im Abschnitt 4.3.1 behandelt. Mit dem ersten Ansatz ist $\Delta^{(1)}$ entsprechend (8.14) derart festzulegen, dass $\bar{L} \in [B + \Delta^{(1)}]_\psi$, um so also das Beitragsprofil B in $\bar{B} = B + \Delta^{(1)}$ zu ändern.

Bei gegebenem Zahlungsprofil u und Prämienprofil $B = b \cdot u$ beschreibt bekanntlich die Größe

$$b' = \frac{\langle \psi, \bar{L} \rangle}{\langle \psi, u \rangle}$$

den konstruktiven Referenzbeitrag (siehe (4.4), S. 114) unter dem neuen Rechnungsgrundlagen ψ bzw. den neuem Leistungsprofil $\bar{L}$. Setzt man nun $w \notin \psi^\perp$ und $\lambda = 0$, so ergibt sich mit

$$\Delta^{(1)} = c \cdot w$$

für c aus (8.15):

$$c = -\left(\frac{\langle \psi, B - \bar{L} \rangle}{\langle \psi, w \rangle} \right) = -\left(\frac{\langle \psi, b \cdot u \rangle}{\langle \psi, w \rangle} - \frac{\langle \psi, \bar{L} \rangle}{\langle \psi, w \rangle} \right)$$

$$= -\left(\frac{\langle \psi, b \cdot u \rangle}{\langle \psi, u \rangle} - \frac{\langle \psi, \bar{L} \rangle}{\langle \psi, u \rangle} \right) \cdot \frac{\langle \psi, u \rangle}{\langle \psi, w \rangle} = (b' - b) \cdot \frac{\langle \psi, u \rangle}{\langle \psi, w \rangle},$$

d. h. die Darstellung von c erfolgt in diesem Spezialfall über eine *Prämiendifferenzformel* (4.9) (siehe dazu auch S. 115).

Entspricht V_x dem Deckungskapital der ϕ-Versicherung (B, L), so ergibt sich für $\Delta^{(2)}$ bei Verwendung des zweiten Ansatzes und $R' = R = V_x$ aus (8.17)

$$\Delta^{(2)} = Z(\psi, R) - Z(\phi, R) + \Delta L.$$

Das Profil $\Delta^{(2)} - \Delta L$ kann hier also wieder als ein Vektor von Zuzahlungen zum Deckungskapitalprofil V_x aufgefasst werden.

Im abschließenden Beispiel dieses Kapitels wird ein Versicherungsvertrag betrachtet, für den sich sowohl die Rechnungsgrundlagen als auch das Beitragsprofil ändern.

Beispiel 8.24: $\Delta T' = \Delta R = \mathbb{O}$

Im versicherungstechnischen Zusammenhang wird hier die Situation beschrieben, dass für eine gegebene ϕ-Versicherung (B, L) mit $T = B$ und $T' = L$ sowohl ϕ (in $\psi = v'(x, n) \circ p'(x, n)$) als auch das Beitragsprofil B modifiziert zu $\bar{B} = B + \Delta B$ vorliegt.

Mit dem ersten Ansatz ist $\Delta^{(1)}$ entsprechend (8.14) derart festzulegen, dass $L + \Delta^{(1)} \in [B + \Delta B]_\psi$, um so das Leistungsprofil L in $\bar{L} = L + \Delta^{(1)}$ zu ändern. Für ein gegebenes Zahlungsprofil u entsprechen wiederum

$$b = \frac{\langle \phi, L \rangle}{\langle \phi, u \rangle}$$

dem Referenzbeitrag der ϕ-Versicherung (B, L) bzw.

$$b' := \frac{\langle \psi, \bar{B} \rangle}{\langle \psi, u \rangle}$$

dem konstruktiven Referenzbeitrag bezogen auf das modifizierte Beitragsprofil $\bar{B}$. Legt man $w = w' \notin \psi^{\perp}$ fest und wählt speziell $\lambda = c$ (d. h. $\Delta^{(1)} = -c \cdot w'$), so zeigt auch hier der Zusammenhang (8.15)

$$c = -\left(\frac{\langle \psi, \bar{B} - L \rangle}{\langle \psi, w' \rangle} \right) = -\left(\frac{\langle \psi, b' \cdot u \rangle}{\langle \psi, w' \rangle} - \frac{\langle \psi, L \rangle}{\langle \psi, w' \rangle} \right)$$

$$= -\left(\frac{\langle \psi, b' \cdot u \rangle}{\langle \psi, u \rangle} - \frac{\langle \psi, L \rangle}{\langle \psi, u \rangle} \right) \cdot \frac{\langle \psi, u \rangle}{\langle \psi, w' \rangle} = (b - b') \cdot \frac{\langle \psi, u \rangle}{\langle \psi, w' \rangle},$$

dass c über eine Prämiendifferenzformel bestimmt werden kann. Nach der Ermittlung von $\bar{L}$ geben dann die Abschnitte 3.2 bzw. 3.5 Auskunft darüber, wie zugehörige Profile $\bar{L}^{(0)}$ bzw. $\bar{L}^{(1)}$ bestimmt werden können.

9 Unterjährige Bewertung von Profilen; *m*-Expansionen von ϕ

Das in der Praxis verwendete versicherungstechnische Instrumentarium basiert in der Regel auf einem jahreweise diskreten Ansatz. Nun besteht allerdings häufig der Wunsch, auch *unterjährige Zahlungsweisen* (beispielsweise monatliche Beitragszahlung, monatliche Versicherungsleistungen) abzubilden, d. h. insbesondere diese zu bewerten, um mit ihnen kalkulieren zu können. Vor dem Hintergrund der von uns vorgestellten Kalkulationsstruktur lässt sich ein derartiger Wunsch *strukturell* problemlos realisieren: festzulegen sind einzig die Periodenlänge (die dann wiederum die Periodenanzahl bestimmt) und korrespondierende, periodenbezogene Rechnungsgrundlagen.

Eng verbunden mit dem Wunsch, unterjährig zu kalkulieren, besteht offensichtlich auch ein großes Interesse daran, zu untersuchen, wie sich in einem solchen Fall die „unterjährigen Bewertungen" von Versicherungsleistungen (bzw. -prämien) zu deren „jährlicher Bewertung" verhalten. Jedenfalls findet man in der versicherungstechnischen Literatur zahlreiche Publikationen, die sich mit dieser Thematik beschäftigen (siehe etwa [Neu90; Neu99; Fod03; Wag05; Fod05]). Offenbar war (oder ist) es aus Sicht der Praxis notwendig, derartige Zusammenhänge zu kennen und für die Kalkulation (und die rechentechnische Verwaltung) entsprechender Lebensversicherungsverträge zu nutzen.

Eine Problematik, die sich in diesem Zusammenhang für die versicherungstechnische Praxis allerdings tatsächlich ergibt, besteht darin, dass die Rechnungsgrundlagen $\mathcal{R}$ typischerweise nur jahresbezogene Informationen enthalten. Bei einer unterjährigen Betrachtung wären also entweder „neue" *unterjährige Rechnungsgrundlagen* zu generieren oder – alternativ – eine Methodik festzulegen, wie aus den Informationen vorliegender „jährlicher" Rechnungsgrundlagen schließlich unterjährige Rechnungsgrundlagen gewonnen werden sollen.

Im folgenden Abschnitt wollen wir die zweite Alternative allgemeiner aufgreifen, indem wir zu einem vorgegebenen, H-invertierbaren Vektor ϕ sogenannte *m-Expansionen*, d. h. „verlängerte" (H-invertierbare) Vektoren erzeugen und diese für Bewertungen heranziehen. Werden für „kürzer" festgelegte (unterjährige) Perioden die Rechnungsgrundlagen (hier speziell die Verbleibens- und Kapitalanlageprofile) aus den Rechnungsgrundlagen $\mathcal{R}$ für die „längeren" (Jahres-) Perioden durch eine bestimmte *Methode* gewonnen, so ist zu erwarten, dass die gewählte Methode unmittelbaren Einfluss auf den Zusammenhang zwischen einer jährlichen und einer unterjährigen Bewertung von Beitrags- oder Leistungsprofilen hat. Die kurze Übersicht in diesem Kapitel soll illustrieren, dass sich all diese – im versicherungstechnischen Spezialfall bekannten – Sachverhalte wieder aus allgemeiner gültigen algebraischen Zusammenhängen ergeben.

https://doi.org/10.1515/9783110740905-012

In diesem Abschnitt wollen wir unterstellen, dass die Werte ϕ_j, $j = 0, 1, \ldots, n$ eines Vektors $\phi \in \mathbb{R}_H^{n+1}$ dadurch entstanden sind, dass eine stetige Funktion ϕ mit

$$\phi : [0, n] \longrightarrow \mathbb{R}$$

an den Stellen $\{0, 1, \ldots, n\}$ ausgewertet wurde, d. h.

$$\phi_j = \phi(j), \quad j = 0, 1, \ldots, n.$$

Zusätzlich *setzen* wir $\phi_{n+1} := 0$. Um nun ϕ in einer gewissen Weise aufgrund der Kenntnis dieser $n + 2$ Werte zu „rekonstruieren", bedient man sich häufig der Methode der *Interpolation*. Durch eine derartige Methode lässt sich dann eine *Interpolationsfunktion* angeben (die hier ebenfalls mit ϕ bezeichnet werden soll), welche auf dem gesamten Intervall $[0, n + 1[$ definiert ist, und die an den „Stützstellen" $j = 0, 1, \ldots, n$ mit den vorgegebenen Werten $\phi(j) := \phi_j$ übereinstimmt.

Ein allgemeiner Ansatz für die Angabe einer solchen Funktion ϕ könnte darin bestehen, dass für $j = 0, 1, \ldots, n$ auf dem jeweiligen Intervall $[j, j + 1]$ gefordert wird:

$$\phi(j + h) \overset{!}{=} \phi_j + f_j(h) \cdot (\phi_{j+1} - \phi_j), \quad h \in [0, 1], \tag{9.1}$$

wobei hier (irgendwelche) Funktionen $f_j : [0, 1] \to \mathbb{R}$ vorgegeben sein sollen, die die Eigenschaft $f_j(0) = 0$ und $f_j(1) = 1$ erfüllen. Da $\phi_j \neq 0$, $j = 0, 1, \ldots, n$, führt (9.1) übrigens unmittelbar zu der Darstellung

$$\phi(j + h) = \phi_j \cdot \left(1 + f_j(h) \cdot \left(\frac{\phi_{j+1}}{\phi_j} - 1 \right) \right) = \phi_j \cdot (1 + f_j(h) \cdot s_j). \tag{9.2}$$

Hierbei beschreibt $s = (s_0, s_1, \ldots, s_{n-1}, -1)$ den Vektor der Wachstumsraten von ϕ.

Die Antwort auf die Frage, wie gut die Interpolationsfunktion ϕ die „tatsächliche Funktion ϕ" wiedergibt, hängt bei einem derartigen Ansatz entscheidend von den Festlegungen der Funktionen f_j ab, also davon, welcher strukturelle Verlauf für die Funktion ϕ jeweils „stückweise" auf den Intervallen $[j, j + 1]$ unterstellt wird.

Vor dem Hintergrund eines diskreten Modellansatzes werden wir dementsprechend nun eine solche „Rekonstruktion" von ϕ vornehmen. Zu diesem Zweck sei $\phi = (\phi_0, \phi_1, \ldots, \phi_n) \in \mathbb{R}_H^{n+1}$, $\phi_{n+1} := 0$. Für $j \in 0, 1, \ldots, n$ und $m \geq 1$ nennen wir einen Vektor

$$\phi(j, m) := (\phi_0, \phi_1, \ldots, \phi_j, \phi_{j+\frac{1}{m}}, \phi_{j+\frac{2}{m}}, \ldots, \phi_{j+\frac{m-1}{m}}, \phi_{j+1}, \phi_{j+2}, \ldots, \phi_n) \in \mathbb{R}^{n+m}$$

eine *m-Expansion (von ϕ)* im Intervall $[j, j + 1[$ und sagen *ϕ ist im Intervall $[j, j + 1[$ m-expandiert*. Wir schreiben $\phi(\cdot, m)$, falls ϕ in sämtlichen Intervallen $[j, j + 1[\subset [0, n + 1]$ m-expandiert ist.

Eine m-Expansion $\phi(j, m)$ im Intervall $[j, j + 1[$ können wir also so auffassen, dass zunächst das Intervall $[j, j + 1[$ durch $m - 1$ zusätzliche Punkte (hier sei angenommen: äquidistant) „unterteilt" werde und diesen Unterteilungspunkten $j + \frac{l}{m}$ für $l = 1, 2, \ldots, m - 1$ dann Werte $\phi_{j+\frac{l}{m}}$ zugewiesen werden. Diese können beispielsweise die Werte sein, die sich durch eine Interpolation von ϕ auf dem Intervall $[j, j + 1]$ ergeben. Offenbar ist $\phi(\cdot, m) \in \mathbb{R}^{(n+1) \cdot m}$.

9.1 Stückweise lineare Interpolation

Die Methode *stückweiser linearer Interpolation* stellt den einfachsten und in der Praxis am häufigsten genutzten Ansatz dar. Hinsichtlich des *strukturellen* Verlaufs der Funktion ϕ wird angenommen, dass benachbarte Werte (j, ϕ_j) und $(j + 1, \phi_{j+1})$ „linear", d. h. im entsprechenden Funktionsgraphen durch eine „Strecke" miteinander verbunden werden. In (9.1) entspricht dies also der Situation $f_j(h) = h$ für $j = 0, 1, \ldots, n$. Es ergibt sich dann für $j = 0, 1, \ldots, n$ und $0 \le h \le 1$

$$\phi_{j+h} = (1 - h) \cdot \phi_j + h \cdot \phi_{j+1}.$$

Der Graph von ϕ stellt in diesem Fall auf dem Intervall $[0, n + 1]$ einen Polygonzug dar. Die Form dieser Interpolationsfunktion erscheint zwar recht einfach, hat manchmal allerdings den analytischen Nachteil, dass ϕ in den Stützstellen $0, 1, \ldots, n$ nicht differenzierbar ist. Ist $\phi_j \ne 0, j = 0, 1, \ldots, n$, so hat ϕ_{j+h} mit (9.2) offenbar die Darstellung

$$\phi_{j+h} = \phi_j \cdot (1 + h \cdot s_j). \tag{9.3}$$

Für einen fixierten Wert von h mit $0 \le h \le 1$ definieren wir die Größe

$$\frac{\phi_{j+h}}{\phi_j} = (1 + h \cdot s_j)$$

als die *h-Veränderungsrate von ϕ bezüglich j* und als *h-Wachstumsrate bezüglich j* die Größe

$$s_j(h) := \frac{\phi_{j+h} - \phi_j}{\phi_j} = \frac{(h \cdot \phi_{j+1} + (1 - h) \cdot \phi_j) - \phi_j}{\phi_j} = h \cdot \frac{\phi_{j+1} - \phi_j}{\phi_j} = h \cdot s_j.$$

Die h-Wachstumsraten sind also auf den einzelnen Teilintervallen $[j, j + 1] \subset [0, n + 1]$ jeweils lineare Funktionen in h.

Bemerkung 9.1.
(i) Ist $\Phi = \{\phi^{(1)}, \phi^{(2)}\}$ eine 2-Zerlegung von ϕ (siehe Abschnitt 6.2), so ergibt sich aus (9.3) unmittelbar

$$\frac{\phi_{j+h}}{\phi_j} = 1 + h \cdot \left(\frac{\phi_{j+1}}{\phi_j} - 1 \right) = 1 + h \cdot \left(\frac{\phi_{j+1}^{(1)}}{\phi_j^{(1)}} + \frac{\phi_{j+1}^{(2)}}{\phi_j^{(2)}} - 1 \right)$$

$$= 1 + h \cdot \left(\frac{\phi_{j+1}^{(1)}}{\phi_k^{(1)}} \cdot (1 - Q_j) - 1 \right) = 1 + h \cdot \left(\frac{\phi_{j+1}^{(1)}}{\phi_j^{(1)}} \cdot P_j - 1 \right)$$

und damit die Darstellung

$$\phi_{j+h} = \phi_j \cdot \left((1 - h) + h \cdot P_j \cdot \frac{\phi_{j+1}^{(1)}}{\phi_j^{(1)}} \right).$$

Es ist also

$$s_j(h) = -h \cdot \left(1 - P_j \cdot \frac{\phi_{j+1}^{(1)}}{\phi_j^{(1)}} \right).$$

(ii) *Ist* $\phi = \psi \circ \psi'$ *für zwei H-invertierbare Vektoren* ψ, ψ', *so gilt für* $h \in \,]0, 1[$ *im Allgemeinen*

$$\phi_{j+h} \neq \psi_{j+h} \cdot \psi'_{j+h}.$$

(iii) *Ist* $\phi_{j+h} \cdot (\phi^{-1})_{j+h} \neq 0$ *für* $h \in \,]0, 1[$, *so ist im Allgemeinen*

$$\phi_{j+h} \cdot (\phi^{-1})_{j+h} \neq 1.$$

(iv) *Besitzen* ϕ_j *und* ϕ_{j+1} *dasselbe Vorzeichen, so ist* $\phi_{j+h} \cdot (\phi^{-1})_{j+h} \neq 0$ *für alle* $h \in [0, 1]$.

(v) *Ist* $\phi \in \mathbb{R}_H^{n+1}$ *so gilt für* $h \in [0, 1[$:

$$\phi_{n+h} \neq 0.$$

(vi) *Ist* $\phi > \mathbb{0}$, $m \geq 1$, *dann ist* $\phi(\cdot, m) \in \mathbb{R}_H^{(n+1)\cdot m}$.

Beispiel 9.2

(i) Legen wir für ϕ das Kapitalanlageprofil $r(x, n)$ aus Beispiel 6.4 auf S. 181 zugrunde, so ergibt sich bei linearer Interpolation auf den Intervallen $[j, j+1]$ für die zugehörige Veränderungsrate

$$\frac{\phi_{j+h}}{\phi_j} := \frac{h \cdot {}_{j+1}r_x + (1 - h) \cdot {}_j r_x}{{}_j r_x} = 1 + \frac{h \cdot {}_{j+1}r_x - h \cdot {}_j r_x}{{}_j r_x} = 1 + h \cdot i_{x:j},$$

also der *linearisierte, unterjährige Aufzinsungsfaktor* für die Periode $j + 1$. Als h-Wachstumsrate erhält man folglich

$$s_j(h) = \frac{\phi_{j+h}}{\phi_j} - 1 = h \cdot i_{x:j},$$

den linearisierten *unterjährigen Zinssatz* der Periode $j + 1$.

(ii) Für $\psi = p(x, n)$ erhalten wir für festes h bei linearer Interpolation auf den Intervallen $[j, j + 1]$ für die zugehörige Veränderungsrate

$$\frac{\psi_{j+h}}{\psi_j} = \frac{h \cdot {}_{j+1}p_x + (1 - h) \cdot {}_j p_x}{{}_j p_x} = 1 + \frac{h \cdot {}_{j+1}p_x - h \cdot {}_j p_x}{{}_j p_x} = 1 - h \cdot q_{x:j}$$

die *unterjährige Verbleibenswahrscheinlichkeit* und als h-Wachstumsrate

$$s_j(h) = \frac{\psi_{j+h}}{\psi_j} - 1 = -h \cdot q_{x:j},$$

die negative *unterjährige, linearisierte Ausscheidewahrscheinlichkeit*

$$_h q_{x:j} := h \cdot q_{x:j}.$$

(iii) Ist $\psi' = v(x, n) = r(x, n)^{-1}$, d. h. ψ' entspricht dem Profil finanzmathematischer Barwertfaktoren, so erhalten wir mit

$$s_j(h) = \frac{\psi'_{j+h}}{\psi'_j} - 1 = -h \cdot i_{x:j} \cdot v_{x:j}$$

die negative *unterjährige, linearisierte Diskontrate* der Periode $j + 1$.

(iv) Für $\phi := p(x, n) \circ v(x, n) = \psi \circ \psi'$ liefert (9.3) dann:

$$\phi_{j+h} = {}_j v_x \cdot {}_j p_x \cdot \left(1 - h + h \cdot v_{x:j} \cdot p_{x:j}\right)$$
$$= {}_j r_x \cdot {}_j v_x \cdot \left(1 + h \cdot (v_{x:j} \cdot p_{x:j} - 1)\right).$$

Den Ausdruck

$$s_j(h) = h \cdot (v_{x:j} \cdot p_{x:j} - 1)$$

können wir als die *unterjährige, linearisierte finanzbiometrische Diskontrate* auffassen (siehe dazu auch Beispiel 6.8, S. 187).

Man beachte, dass für $0 < h < 1$ im Allgemeinen

$$\phi_{j+h} \neq \psi_{j+h} \cdot \psi'_{j+h}$$

gilt.

Ist nun $\phi \in \mathbb{R}_H^{n+1}$ derart, dass für $m \geq 1$ eine m-Expansion $\phi(\cdot, m)$ ebenfalls H-invertierbar ist, so lassen sich für $\phi(\cdot, m)$ sämtliche Überlegungen, die wir in den vorherigen Kapiteln durchgeführt hatten, natürlich auf $\phi(\cdot, m)$ übertragen, einzig die Dimension ist nun eine andere. Im Besonderen lassen sich $\phi(\cdot, m)$-Bewertungen von Vektoren $T' \in \mathbb{R}^{(n+1)\cdot m}$ vornehmen. Zur Darstellung einer solchen Bewertung von T' ziehen wir dann das Skalarprodukt $\langle \cdot, \cdot \rangle$ in $\mathbb{R}^{(n+1)\cdot m}$ heran. Wir benutzen dabei dieselbe Schreibweise $\langle \cdot, \cdot \rangle$ wie für das Skalarprodukt in $\mathbb{R}^{n+1}$. Die Dimension des Vektorraums, in welchem das Skalarprodukt jeweils „operiert", soll aus dem jeweiligen Kontext hervorgehen.

Im Folgenden wollen wir einen bestimmten Typ von Vektor $T' \in \mathbb{R}^{(n+1)\cdot m}$ bewerten. Zu einem vorgegebenen Vektor

$$T = (T_0, T_1, \ldots, T_n) \in \mathbb{R}^{n+1}$$

definieren wir den *durch T und m induzierten Vektor*

$$T' = \frac{1}{m} \cdot (\underbrace{T_0, T_0, \ldots T_0}_{m-\text{mal}}, \underbrace{T_1, T_1, \ldots T_1}_{m-\text{mal}}, \ldots, \underbrace{T_n, T_n, \ldots, T_n}_{m-\text{mal}}) \in \mathbb{R}^{(n+1)\cdot m}. \qquad (9.4)$$

Wird die m-Expansion durch stückweise lineare Interpolation von ϕ entsprechend (9.3) erzeugt, dann können wir den Zusammenhang zwischen der ϕ-Bewertung von T und der $\phi(\cdot, m)$-Bewertung des induzierten Vektors T' angeben.

Satz 9.3

Es sei $\phi \in \mathbb{R}_H^{n+1}$ mit zugehörigem Vektor $s = (s_0, s_s, \ldots, s_{n-1}, -1)$ der Wachstumsraten und

$$\phi_{j+\frac{l}{m}} = \phi_j \cdot \left(1 + \frac{l}{m} \cdot s_j\right), \quad j = 0, 1, \ldots, n, \quad l = 1, 2, \ldots, m-1.$$

Der Vektor $T' \in \mathbb{R}^{(n+1)\cdot m}$ sei der durch $T \in \mathbb{R}^{n+1}$ und m induzierte Vektor. Dann gilt

$$\langle \phi(m, \cdot), T' \rangle = \langle \phi, T \rangle + (1 - a_1) \cdot \langle \phi, s \circ T \rangle$$
$$= a_1 \cdot \langle \phi, T \rangle + (1 - a_1) \cdot \langle \phi, \phi_\Delta \circ T \rangle \qquad (9.5)$$

mit

$$a_1 = \left(1 - \frac{m-1}{2m}\right).$$

Beweis.

$$\langle \phi(m, \cdot), T' \rangle = \frac{1}{m} \cdot \sum_{j=0}^{n} \sum_{l=0}^{m-1} \phi_{j+\frac{l}{m}} \cdot T_j = \frac{1}{m} \cdot \left(\sum_{j=0}^{n} \phi_j \cdot T_j \cdot \sum_{l=0}^{m-1} \left(1 + \frac{l}{m} \cdot s_j\right) \right)$$

$$= \frac{1}{m} \cdot \sum_{j=0}^{n} \phi_j \cdot T_j \cdot \left(m + \frac{s_j}{m} \cdot \sum_{l=0}^{m-1} l \right)$$

$$= \langle \phi, T \rangle + \frac{m-1}{2m} \cdot \sum_{j=0}^{n} \phi_j \cdot s_j \cdot T_j$$

$$= \langle \phi, T \rangle + \frac{m-1}{2m} \cdot \langle \phi, s \circ T \rangle$$

$$= \langle \phi, T \rangle + \frac{m-1}{2m} \cdot \langle \phi, (\phi_\Delta - \mathbb{1}) \circ T \rangle$$

$$= a_1 \cdot \langle \phi, T \rangle + (1 - a_1) \cdot \langle \phi, \phi_\Delta \circ T \rangle.$$

∎

Die $\phi(\cdot, m)$-Bewertung von T' ist also stets eine Konvexkombination der ϕ-Bewertung von T bzw. $\phi_\Delta \circ T$. Die beiden nachfolgenden einfachen Beispiele sollen diesen Zusammenhang durch einen Bezug zu bekannten versicherungstechnischen Sachverhalten illustrieren. Die triviale Tatsache $\langle \phi, s \rangle = -\phi_0$ ist hierbei jeweils essentiell.

Beispiel 9.4: Fernere Lebenserwartung

Für eine gegebene Sterbetafel mit Schlussalter ω betrachten wir das Profil

$$\phi = ({}_0\ell_x, {}_1\ell_x, \ldots, {}_{\omega-x}\ell_x) \in \mathbb{R}^{\omega-x+1}.$$

Bei linearer Interpolation lässt sich durch (9.3) ein Eintrag $\phi_{j,l}(\cdot, m)$ in dessen m-Expansion $\phi(\cdot, m)$ interpretieren als die Anzahl der lebenden Personen in der Generation einer heute x-jährigen Person, die das vollendete Alter $x + j$ erreicht, zusätzlich aber auch noch $\frac{l}{m}$-tel des Folgejahres erlebt haben. Die stückweise Linearität der Interpolation unterstellt hierbei, dass die $({}_j\ell_x - {}_{j+1}\ell_x)$ Todesfälle des Jahres $j + 1$ während dieses Zeitraums gleichverteilt auftreten. Für den von $T := \mathbb{1} \in \mathbb{R}^{\omega-x+1}$ und m induzierten Vektor $T' = \mathbb{1} \in \mathbb{R}^{(\omega-x)\cdot m}$ erhalten wir mit (9.5)

$$\langle \phi(m, \cdot), T' \rangle = \left(1 - \frac{m-1}{2m}\right) \cdot \langle \phi, \mathbb{1} \rangle + \frac{m-1}{2m} \cdot \langle \phi, \phi_\Delta \circ \mathbb{1} \rangle$$

$$= \langle \phi, \mathbb{1} \rangle + \frac{m-1}{2m} \cdot \langle \phi, s \rangle$$

$$= \langle \phi, \mathbb{1} \rangle - \frac{m-1}{2m} \cdot \phi_0.$$

Damit ergibt sich für $\langle \phi(m, \cdot), T' \rangle_0$ der Ausdruck

$$\langle \phi(m, \cdot), T' \rangle_0 = \frac{1}{\phi_0} \cdot \left(\langle \phi, \mathbb{1} \rangle - \frac{m-1}{2m} \cdot \phi_0 \right) = \langle \phi, \mathbb{1} \rangle_0 - \frac{m-1}{2m},$$

welcher für $m \to \infty$ die *fernere Lebenserwartung*

$$\mathring{e}_x = \langle \phi, \mathbb{1} \rangle_0 - \frac{1}{2}$$

einer heute x-jährigen Person widerspiegelt (siehe auch Beispiel 7.18).

Während das vorangehende Beispiel rein biometrisch den Abbau einer Personengesamtheit im Zeitablauf betrachtet, soll nunmehr ein Prämienprofil eines Lebensversicherungsvertrages bewertet werden.

Beispiel 9.5: Bewertung von Profilen bei monatlicher Zahlungsweise

Beschreibt $\mathcal{R} = \{p(x, n), r(x, n), C\}$ die Rechnungsgrundlagen eines Lebensversicherungsvertrages der Laufzeit n für eine x-jährige Person, so kann man den H-invertierbaren Vektor $\phi = p(x, n) \circ v(x, n)$ auf dem Intervall $[0, n]$ gemäß (9.3) interpolieren.

In diesem Fall liefert (mit $m = 12$) die 12-Expansion $\phi(\cdot, 12)$ von ϕ eine Möglichkeit, *Profile von Monatsbeiträgen* zu bewerten. Ist ein solches Prämienprofil so wie in (9.4) strukturiert, dass es also durch $m = 12$ ein (Jahres-) Prämienprofil $B = b \cdot u$ induziert wird, dann lässt sich mit (9.5) die „monatsweise Bewertung" des Profils B' auf die Bewertung der „Jahresprämien" B zurückführen. Es ergibt sich dann:

$$\langle \phi(\cdot, 12), B' \rangle = b \cdot \left(1 - \frac{11}{24} \right) \cdot \langle \phi, u \rangle + b \cdot \frac{11}{24} \cdot \langle \phi, \phi_\Delta \circ u \rangle.$$

Gilt für das Zahlungsprofil u nun speziell $u = \mathbb{1}$, d. h. bei dem (Jahres-) Beitragsprofil B handelt es sich um ein Profil von (Jahres-) Prämien in konstanter Höhe b, die zu jedem Zeitpunkt j der Laufzeit zu leisten sind, so entspricht das induzierte (Monats-) Prämienprofil B' dem Profil für eine laufende monatlich bis zum Zeitpunkt $n + \frac{11}{12}$ zu zahlende Prämie der Höhe von $\frac{b}{12}$. Damit erhalten wir aus (9.5) als Bewertung

$$\langle \phi(m, \cdot), B' \rangle = b \cdot \left(\langle \phi, \mathbb{1} \rangle - \frac{11}{24} \cdot \phi_0 \right) = b \cdot \left(\langle \phi, \mathbb{1} \rangle - \frac{11}{24} \right).$$

Der „Korrekturterm" $\frac{11}{24}$ ist offenbar sowohl vom Alter x der versicherten Person als auch der Laufzeit n des Vertrages unabhängig. Siehe dazu auch [Neu90] und das spätere Beispiel 9.8, S. 292.

Zwei H-invertierbare Vektoren $\psi, \psi' \in \mathbb{R}^{n+1}$ seien gemäß (9.3) jeweils auf dem Intervall $[0, n]$ stückweise linear interpoliert. Für $m \geq 1$ betrachten wir die zugehörigen m-Expansionen $\psi(\cdot, m)$ und $\psi'(\cdot, m)$ in $\mathbb{R}^{(n+1)\cdot m}$ und den sich daraus ergebenden Vektor

$$\phi(\cdot, m) := \psi(\cdot, m) \circ \psi'(\cdot, m).$$

Offenbar gilt

$$\phi_{j,0}(\cdot, m) = \psi_{j,0}(\cdot, m) \cdot \psi'_{j,0}(\cdot, m) = \phi_j \cdot \psi_j, \quad j = 0, 1, \ldots, n,$$

d. h. wir können $\phi(\cdot, m)$ als eine m-Expansion des H-invertierbaren Vektors $\phi = \psi \circ \psi'$ auffassen. Diese ergibt sich im Allgemeinen allerdings *nicht* aufgrund einer linearen Interpolation von ϕ.

Für $T \in \mathbb{R}^{n+1}$ wollen wir in dieser Situation wieder den Zusammenhang zwischen $\langle \phi(\cdot, m), T' \rangle$ und $\langle \phi, T \rangle$ feststellen. Es gilt:

Satz 9.6

Es seien $\psi, \psi' \in \mathbb{R}_H^{n+1}$, s, s' die zugehörigen Vektoren der Wachstumsraten, $T \in \mathbb{R}^{n+1}$. Der Vektor $T' \in \mathbb{R}^{(n+1)\cdot m}$ sei der durch T und m gemäß (9.4) induzierte

Vektor. Ist

$$\phi(\cdot, m) := \psi(\cdot, m) \circ \psi'(\cdot, m),$$

dann gilt

$$\langle \phi(m, \cdot), T' \rangle = \langle \phi, T \rangle + a_1 \cdot \langle \phi, (s + s') \circ T \rangle + a_2 \cdot \langle \phi, s \circ s' \circ T \rangle.$$

Hierbei ist

$$a_1 = \frac{m - 1}{2 \cdot m} \quad \text{und} \quad a_2 = \frac{(2m - 1) \cdot (m - 1)}{6 \cdot m^3}.$$

Beweis.

$$\langle \phi(m, \cdot), T' \rangle = \frac{1}{m} \cdot \sum_{j=0}^{n} \sum_{l=0}^{m-1} \phi_{j + \frac{l}{m}} \cdot T_j$$

$$= \frac{1}{m} \cdot \sum_{j=0}^{n} \sum_{l=0}^{m-1} \psi_{j + \frac{l}{m}} \cdot \psi'_{j + \frac{l}{m}} \cdot T_j$$

$$= \frac{1}{m} \cdot \sum_{j=0}^{n} \phi_j \cdot T_j \cdot \sum_{l=0}^{m-1} \left(1 + \frac{l}{m} \cdot s_j \right) \cdot \left(1 + \frac{l}{m} \cdot s'_j \right)$$

$$= \frac{1}{m} \cdot \sum_{j=0}^{n} \phi_j \cdot T_j \cdot \sum_{l=0}^{m-1} \left(1 + \frac{l}{m} \cdot (s_j + s'_j) + \frac{l^2}{m^2} \cdot s_j \cdot s'_j \right)$$

$$= \frac{1}{m} \cdot \left(m \cdot \sum_{j=0}^{n} \phi_j \cdot T_j + \sum_{j=0}^{n} \phi_j \cdot T_j \cdot \sum_{l=0}^{m-1} \left(\frac{l}{m} \cdot (s_j + s'_j) + \frac{l^2}{m^2} \cdot s_j \cdot s'_j \right) \right)$$

$$= \langle \phi, T \rangle + \sum_{j=0}^{n} \phi_j \cdot T_j \cdot \frac{1}{m} \cdot \sum_{l=0}^{m-1} \left(\frac{l}{m} \cdot (s_j + s'_j) + \frac{l^2}{m^2} \cdot s_j \cdot s'_j \right)$$

$$= \langle \phi, T \rangle + \sum_{j=0}^{n} \phi_j \cdot T_j \cdot \frac{1}{m} \cdot \left(\frac{m - 1}{2} \cdot (s_j + s'_j) + \frac{(2m - 1) \cdot (m - 1)}{6 \cdot m^2} \cdot s_j \cdot s'_j \right)$$

$$= \langle \phi, T \rangle + a_1 \cdot \langle \phi, (s + s') \circ T \rangle + a_2 \cdot \langle \phi, s \circ s' \circ T \rangle.$$

∎

Für den Fall $\psi' = \mathbb{1}$, $T_n = 0$ zeigt sich (nicht verwunderlich), dass Satz 9.3 als Spezialfall von Satz 9.6 angesehen werden kann.

Für $\psi, \psi' \in \mathbb{R}_H^{n+1}$ betrachten wir nun speziell $\phi := \psi \circ \psi'^{-1}$. Gemeinhin unterscheidet sich die auf eine stückweise lineare Interpolation des Vektors ϕ zurückzuführende m-Expansion $\phi(\cdot, m)$ von dem HADAMARD-Produkt $\psi(\cdot, m) \circ \psi'(\cdot, m)^{-1}$ der einzelnen (auf ψ bzw. ψ'^{-1}) zurückgehenden linear interpolierten m-Expansionen $\psi(\cdot, m)$ und $\psi'^{-1}(\cdot, m)$. Ist in dieser Situation die durch stückweise lineare Interpolation gewonnene m-Expansion $\psi'(\cdot, m)$ von ψ' allerdings H-invertierbar, d. h. es existiert der Vektor $\psi'(\cdot, m)^{-1} \in \mathbb{R}^{(n+1)\cdot m}$, so wird durch

$$\phi'(\cdot, m) := \psi(\cdot, m) \circ \psi'(\cdot, m)^{-1} \tag{9.6}$$

eine weitere m-Expansion $\phi'(\cdot, m)$ von $\psi \circ {\psi'}^{-1}$ induziert.

In einer solchen Situation ergibt sich für den Zusammenhang einer $\phi'(\cdot, m)$-Bewertung von T' und einer ϕ-Bewertung von T:

Satz 9.7

Es seien $\psi, \psi' \in \mathbb{R}^{n+1}$ H-invertierbar mit zugehörigen Vektoren von Wachstumsraten s und s'. $T' \in \mathbb{R}^{(n+1)\cdot m}$ sei der durch $T \in \mathbb{R}^{n+1}$ und m gemäß (9.4) induzierte Vektor. Ist

$$\phi'(\cdot, m) := \psi(\cdot, m) \circ \psi'(\cdot, m)^{-1},$$

dann gilt

$$\langle \phi'(\cdot, m), T' \rangle = \langle \phi, (\mathbb{1} - \beta) \circ T \rangle + \langle \phi, \phi_\Delta \circ \beta \circ T \rangle$$
$$= \langle \phi, T \rangle + \langle \phi, (\phi_\Delta - \mathbb{1}) \circ \beta \circ T \rangle. \tag{9.7}$$

Hierbei ist $\beta = (\beta_0, \beta_1, \ldots, \beta_{n-1}, 0) \in \mathbb{R}^{n+1}$ mit

$$\beta_j := \frac{1}{m} \cdot \frac{\psi'_{j+1}}{\psi'_j} \cdot \sum_{l=0}^{m-1} \frac{l}{m + l \cdot s'_j}, \quad j = 0, 1, \ldots, n-1. \tag{9.8}$$

Beweis. *Mit (9.3) haben wir die Darstellung*

$$\langle \phi'(m, \cdot), T' \rangle = \frac{1}{m} \cdot \sum_{j=0}^{n} \sum_{l=0}^{m-1} \phi_{j + \frac{l}{m}} \cdot T_j$$

$$= \frac{1}{m} \cdot \sum_{j=0}^{n} T_j \cdot \left(\sum_{l=0}^{m-1} \psi_{j + \frac{l}{m}} \cdot (\psi'_{j + \frac{l}{m}})^{-1} \right)$$

$$= \frac{1}{m} \cdot \sum_{j=0}^{n} \psi_j \cdot (\psi'_j)^{-1} \cdot T_j \cdot \left(\sum_{l=0}^{m-1} \frac{1 + \frac{l}{m} \cdot s_j}{1 + \frac{l}{m} \cdot s'_j} \right)$$

$$= \frac{1}{m} \cdot \sum_{j=0}^{n} \phi_j \cdot T_j \cdot \underbrace{\left(\sum_{l=0}^{m-1} \frac{m + l \cdot s_j}{m + l \cdot s'_j} \right)}_{=:A_j}.$$

Ist $j < n$, so ergibt sich in diesem Ausdruck für A_j:

$$A_j = \sum_{l=0}^{m-1} \frac{m + l \cdot \left(\frac{\psi_{j+1}}{\psi_j} - 1\right)}{m + l \cdot s_j'} = \sum_{l=0}^{m-1} \frac{m-l}{m + l \cdot s_j'} + \frac{l \cdot \psi_{j+1}}{\psi_j \cdot (m + l \cdot s_j')}$$

$$= \sum_{l=0}^{m-1} \frac{m + l \cdot s_j' - l \cdot s_j' - l}{m + l \cdot s_j'} + \frac{l \cdot \psi_{j+1}}{\psi_j \cdot (m + l \cdot s_j')}$$

$$= \sum_{l=0}^{m-1} 1 - \frac{l \cdot (1 + s_j')}{m + l \cdot s_j'} + \frac{l \cdot \psi_{j+1}}{\psi_j \cdot (m + l \cdot s_j')}$$

$$= \sum_{l=0}^{m-1} 1 - (1 + s_j') \cdot \frac{l}{m + l \cdot s_j'} + \frac{l \cdot \psi_{j+1}}{\psi_j \cdot (m + l \cdot s_j')}$$

$$= \sum_{l=0}^{m-1} 1 - \frac{\psi_{j+1}'}{\psi_j'} \cdot \frac{l}{m + l \cdot s_j'} + \frac{\psi_{j+1}}{\psi_j} \cdot \frac{l}{(m + l \cdot s_j')}$$

$$= \sum_{l=0}^{m-1} 1 - \frac{l}{m + l \cdot s_j'} \cdot \left(\frac{\psi_{j+1}'}{\psi_j'} - \frac{\psi_{j+1}}{\psi_j}\right)$$

$$= m - \frac{\psi_{j+1}'}{\psi_j'} \cdot \sum_{l=0}^{m-1} \frac{l}{m + l \cdot s_j'} \cdot \left(1 - \frac{\psi_j'}{\psi_{j+1}'} \cdot \frac{\psi_{j+1}}{\psi_j}\right).$$

Ist $j = n$, dann ist $s_n = s_n' = -1$ und damit

$$A_n = \sum_{l=0}^{m-1} \frac{m-l}{m-l} = m.$$

Setzt man nun

$$\beta_j := \frac{1}{m} \cdot \frac{\psi_{j+1}'}{\psi_j'} \cdot \left(\sum_{l=0}^{m-1} \frac{l}{m + l \cdot s_j'}\right), \quad j = 0, 1, \ldots, n-1,$$

so erhält man schließlich

$$\langle \phi'(\cdot, m), T'\rangle = \frac{1}{m} \cdot \left(\sum_{j=0}^{n-1} \phi_j \cdot T_j \cdot A_j + m \cdot \phi_n \cdot T_n\right)$$

$$= \langle \phi, T\rangle - \langle \phi, \beta \circ T\rangle + \sum_{j=0}^{n-1} \beta_j \cdot \phi_j \cdot \frac{\psi_j'}{\psi_{j+1}'} \cdot \frac{\psi_{j+1}}{\psi_j} \cdot T_j$$

$$= \langle \phi, T\rangle - \langle \phi, \beta \circ T\rangle + \sum_{j=0}^{n-1} \phi_{j+1} \cdot \beta_j \cdot T_j$$

$$= \langle \phi, T\rangle - \langle \phi, \beta \circ T\rangle + \langle \phi, \phi_\Delta \circ \beta \circ T\rangle$$

$$= \langle \phi, T\rangle + \langle \phi, (\phi_\Delta - \mathbb{1}) \circ \beta \circ T\rangle.$$

∎

Offenbar hängt der Vektor β in (9.8) nur von m und ψ', nicht aber von ψ ab. Diese allgemeingültige Tatsache spielt auch im folgenden Beispiel eine nicht unwesentliche Rolle.

Beispiel 9.8: Anwartschaftsbarwerte bei unterjähriger Zahlungsweise

In einem versicherungstechnischen Zusammenhang stellt Formel (9.7) eine allgemeine Version der von NEUBURGER in [Neu90] angegebenen Bewertungsformel für Prämien bei unterjährig-äquidistanter Zahlungsweise dar (siehe dazu auch [Fod03]). Dort wird von einem Verbleibensprofil $\psi = p(x, n)$ und einem Kapitalanlageprofil $\psi' = r(x, n)$ derart ausgegangen, dass $\phi = p(x, n) \circ v(x, n) = \psi \circ \psi'^{-1}$. Speziell wird dabei noch angenommen, dass

- während der Laufzeit n ein konstanter Zinssatz $i > 0$ gelten soll, d. h. $_j r_x :=$ $(1 + i)^j, j = 0, 1, \ldots, n$,
- der Prämienbewertung eine konstante, laufende, jährliche Zahlung der Höhe 1 zugrunde liegt, die unterjährig ratierlich in Höhe von $\frac{1}{m}$ jeweils zu Beginn der „Teilperiode" $[j + \frac{l}{m}, j + \frac{l+1}{m}[$ innerhalb des Jahres $j + 1$ geleistet werden soll.

Setzt man für die unterjährige Betrachtung zusätzlich voraus, dass

- die *unterjährige Verzinsung* linear, bei jährlich *nachschüssiger* Zinsberechnung erfolgt,
- und das *unterjährige Ausscheiden* innerhalb einer jeden Jahresperiode gleichverteilt ist,

so führt dies zunächst zu einer linearen Interpolation der beiden Profile ψ und ψ' (jeweils gemäß (9.3)) und zu entsprechenden m-Expansionen $\psi(\cdot, m)$ bzw. $\psi'(\cdot, m)$. Die Bewertung unterjähriger Zahlungen soll dann mit der m-Expansion

$$\phi'(\cdot, m) := \psi(\cdot, m) \circ \psi'(\cdot, m)^{-1}$$

durchgeführt werden. Wegen

$$\frac{\psi'_{j+1}}{\psi'_j} = 1 + i \quad \text{und} \quad \frac{\psi_{j+1}}{\psi_j} = p_{x+j}$$

werden für $j < n$ die Größen A_j im Beweis von Satz 9.7 zu

$$A_j = m - (1 + i) \cdot \sum_{l=0}^{m-1} \frac{l}{m + l \cdot i} \cdot \left(1 + \frac{1}{1+i} \cdot p_{x+j}\right).$$

Offenbar sind in diesem Fall die entsprechenden Größen

$$\beta_0 = \beta_j = \frac{1}{m} \cdot (1 + i) \cdot \sum_{l=0}^{m-1} \frac{l}{m + l \cdot i}$$

für jedes fixierte $m \geq 1$ von j und x unabhängig. Damit erhält man

$$\langle \phi'(\cdot, m), T' \rangle = \langle \phi, T \rangle - \beta_0 \cdot (\langle \phi, T \rangle - \langle \phi, \phi_\Delta \circ T \rangle).$$

Für den Spezialfall $T = 1 \in \mathbb{R}^{n+1}$ (also $\langle \phi, T \rangle - \langle \phi, \phi_\Delta \circ T \rangle = -\langle \phi, \phi_\Delta - 1 \rangle = \phi_0 = 1$) ergibt sich daraus unmittelbar die in [Neu90] mit der dortigen Nomenklatur dargestellten Formel für Anwartschaftsbarwerte bei m-fach unterjähriger Zahlungsweise, nämlich:

$$\langle \phi'(\cdot, m), T' \rangle = \langle \phi, T \rangle - \beta_0 \cdot \phi_0 = \langle \phi, T \rangle - \beta_0.$$

Der dort präsentierte Sachverhalt besagt, dass der Zusammenhang zwischen den Bewertungen bei jährlicher und m-fach unterjähriger Zahlungsweise (hier: Zusammenhang zwischen $\langle \phi'(\cdot, m), T' \rangle$ und $\langle \phi, T \rangle$) durch ein Korrekturglied $k^{(m)}$, hier β_0, beschrieben wird, das lediglich

- von der Anzahl m der Teilperioden eines Jahres und
- von den finanztechnischen Informationen (Jahreszinssatz i),

abhängt, *nicht* jedoch

- vom Alter x der versicherten Person,
- von der Laufzeit n oder
- von den ϕ zugrunde liegenden biometrischen Informationen.

Diese Tatsachen werden u. a. dazu benutzt, um in [Neu90] einen speziellen Invarianzsatz zu formulieren.

Für $i = 0$ (also $\psi' = 1$) ergibt sich

$$k^{(m)} = \frac{1}{m} \cdot \sum_{l=0}^{m-1} \frac{l}{m} = \frac{m - 1}{2 \cdot m}.$$

Die Größe $k^{(m)}$ entspricht dann also gerade dem „Korrekturterm" aus Satz 9.5.

In der folgenden Tabelle sind für $m = 12$ und $m = 4$ die Größen $k^{(m)}$ für verschiedene Zinssätze i aufgelistet, um ihre Abweichung zu $\frac{m-1}{2 \cdot m}$ (also dem Fall $i = 0$) zu illustrieren:

$$= \langle \phi, \mathbb{1} \rangle - k^{(12)} \cdot \left(\langle \phi, (\mathbb{1}_{t_1} - \mathbb{1}_{t_2}) \rangle - \langle \phi, \phi_\Delta \circ (\mathbb{1}_{t_1} - \mathbb{1}_{t_2}) \rangle \right)$$

$$= \langle \phi, \mathbb{1} \rangle - k^{(12)} \cdot \left(v^{t_1} \cdot {}_{t_1} p_x - v^{t_2} \cdot {}_{t_2} p_x \right).$$

9.2 Stückweise logarithmische Interpolation

Einen ebenfalls in der Praxis vorkommenden Interpolationsansatz stellt die sogenannte *logarithmische Interpolation* (siehe bspw. [Bow+97]) dar. Für einen gegebenen H-invertierbaren Vektor $\phi \in \mathbb{R}^{n+1}$, $\phi > 0$ bedeutet eine stückweise logarithmische Interpolation auf dem Intervall $[j, j+1]$, dass ϕ_{j+h} dort der Bedingung

$$\frac{\ln \phi_{j+h} - \ln \phi_j}{\ln \phi_{j+1} - \ln \phi_j} \stackrel{!}{=} h, \quad h \in [0, 1]$$

gehorchen muss, d. h. also

$$\ln \phi_{j+h} = (1 - h) \cdot \ln \phi_j + h \cdot \ln \phi_{j+1}$$

bzw.

$$\phi_{j+h} = \phi_j \cdot e^{h \cdot (\ln \phi_{j+1} - \ln \phi_j)} = \phi_j^{1-h} \cdot \phi_{j+1}^h.$$

Der Graph von ϕ wird also stückweise durch eine Exponentialfunktion beschrieben und stellt *auf einer logarithmischen Skala* im Intervall $[0, n]$ einen Polygonzug dar (lineare Interpolation der Logarithmenwerte).

Für einen fixierten Wert von h, $0 \leq h \leq 1$, erhält man als zugehörige h-Wachstumsrate $s_j(h)$ bezüglich j:

$$s_j(h) = \frac{\phi_{j+h} - \phi_j}{\phi_j} = \frac{\phi_j^{1-h} \cdot \phi_{j+1}^h}{\phi_j} - 1 = \left(\frac{\phi_{j+1}}{\phi_j} \right)^h - 1.$$

Aufgrund der Reihenentwicklung der e-Funktion ($e^h = \sum_{j=0}^\infty \frac{h^j}{j!}$) ergibt sich

$$\lim_{h \to 0} \frac{s_j(h)}{h} = \lim_{h \to 0} \frac{e^{h \cdot \ln \frac{\phi_{j+1}}{\phi_j}} - 1}{h} = \ln \frac{\phi_{j+1}}{\phi_j} = \ln \phi_{j+1} - \ln \phi_j.$$

Die Größe $\mu_j := \ln \phi_{j+1} - \ln \phi_j$ nennen wir die *Veränderungsintensität von ϕ in Periode* $j + 1$.

Beispiel 9.11

(i) Entspricht $\phi = r(x, n) \in \mathbb{R}_H^{n+1}$ einem Kapitalanlageprofil, so ergibt sich bei logarithmischer Interpolation auf den Intervallen $[j, j+1]$ für $0 \leq h \leq 1$ für die zugehörige Veränderungsrate

$$\frac{\phi_{j+h}}{\phi_j} = \frac{_j r_x^{1-h} \cdot _{j+1} r_x^h}{_j r_x} = \left(\frac{_{j+1} r_x}{_j r_x}\right)^h = (1 + i_{x:j})^h = e^{h \cdot \ln(1 + i_{x:j})},$$

also der *exponentielle, unterjährige Aufzinsungsfaktor* der Periode $j + 1$. Als zugehörige h-Wachstumsrate erhalten wir dann

$$s_j(h) = (1 + i_{x:j})^h - 1, \quad 0 \le h \le 1$$

und damit den zugehörigen *unterjährigen Zinssatz* (bei Verzinsung zum Zeitpunkt $j + h$). Als Veränderungsintensität μ_j von ϕ in Periode $j + 1$ resultiert daraus

$$\mu_j = \ln \phi_{j+1} - \ln \phi_j = \ln \frac{\phi_{j+1}}{\phi_j} = \ln(1 + i_{x:j}).$$

Diese Größe wird üblicherweise als *Zinsintensität* bezeichnet. Es gilt also $e^{\mu_j} - 1 = i_{x:j}$.

(ii) Für $\phi = p(x, n)$ erhalten wir bei logarithmischer Interpolation auf den Intervallen $[j, j + 1]$ für die j-te Veränderungsrate

$$\frac{\phi_{j+h}}{\phi_j} = \frac{_j p_x^{1-h} \cdot _{j+1} p_x^h}{_j p_x} = p_{x:j}^h = (1 - q_{x:j})^h = e^{h \cdot \ln(1 - q_{x:j})}$$

die *exponentielle, unterjährige Verbleibenswahrscheinlichkeit* und als zugehörige h-Wachstumsrate

$$s_j(h) = \frac{\phi_{j+h}}{\phi_j} - 1 = -(1 - p_{x:j}^h),$$

deren mit -1 multiplizierter Wert die entsprechenden *unterjährige Ausscheidewahrscheinlichkeiten*

$$_h q_{x:j} = 1 - p_{x:j}^h$$

beschreiben. Als Veränderungsintensität μ_j von ϕ in Periode $j + 1$ erhalten wir

$$\mu_j = \ln \phi_{j+1} - \ln \phi_j = \ln \frac{\phi_{j+1}}{\phi_j} = \ln p_{x:j} = \ln(1 - q_{x:j}) < 0,$$

(es gilt also $e^{\mu_j} - 1 = -q_{x:j}$) deren ebenfalls mit -1 multiplizierter Wert (also $-\mu_j$) wir als *Ausscheideintensität* bezeichnen.

Ist eine m-Expansion $\phi(\cdot, m)$ von ϕ auf eine stückweise logarithmische Interpolation von ϕ zurückzuführen und wurde $T' \in \mathbb{R}^{(n+1) \cdot m}$ durch $T \in \mathbb{R}^{n+1}$ und m gemäß (9.4) induziert, so haben wir bezüglich des Zusammenhangs zwischen der ϕ-Bewertung von T und der $\phi(\cdot, m)$-Bewertung von T' die folgende Aussage:

Satz 9.12

Es sei $\phi = (\phi_0, \phi_1, \ldots, \phi_n) > 0$, $m \geq 1$ und

$$\phi_{j+\frac{l}{m}} = \phi_j^{1-\frac{l}{m}} \cdot \phi_{j+1}^{\frac{l}{m}}, \quad j = 0, 1, \ldots, n-1, \quad l = 0, 1, \ldots, m-1.$$

$T' \in \mathbb{R}^{(n+1) \cdot m}$ sei durch $T \in \mathbb{R}^{n+1}$ und m gemäß (9.4) induziert. Dann gilt

$$\langle \phi(\cdot, m), T' \rangle = \frac{1}{m} \cdot \langle \phi, \beta \circ T \rangle.$$

Hierbei ist $\beta = (\beta_0, \beta_1, \ldots, \beta_{n-1}, 1) \in \mathbb{R}^{n+1}$ für $j = 0, 1, \ldots, n-1$ gegeben durch

$$\beta_j := \begin{cases} m, & \text{falls } s_j = 0, \\ \dfrac{s_j}{(1 + s_j)^{\frac{1}{m}} - 1}, & \text{sonst.} \end{cases} \tag{9.11}$$

Beweis. *Wir rechnen:*

$$\langle \phi(m, \cdot), T' \rangle = \frac{1}{m} \cdot \sum_{j=0}^{n} \sum_{l=0}^{m-1} \phi_{j+\frac{l}{m}} \cdot T_j$$

$$= \frac{1}{m} \cdot \left(\sum_{j=0}^{n} \phi_j \cdot T_j + \sum_{j=0}^{n-1} \sum_{l=1}^{m-1} \phi_{j+\frac{l}{m}} \cdot T_j \right)$$

$$= \frac{1}{m} \cdot \left(\langle \phi, T \rangle + \sum_{j=0}^{n} \sum_{l=1}^{m-1} \phi_j^{1-\frac{l}{m}} \cdot \phi_{j+1}^{\frac{l}{m}} \cdot T_j \right)$$

$$= \frac{1}{m} \cdot \left(\langle \phi, T \rangle + \sum_{j=0}^{n-1} \sum_{l=1}^{m-1} \phi_j \cdot \frac{1}{\phi_j^{\frac{l}{m}}} \cdot \phi_{j+1}^{\frac{l}{m}} \cdot T_j \right)$$

$$= \frac{1}{m} \cdot \left(\langle \phi, T \rangle + \sum_{j=0}^{n-1} \phi_j \cdot T_j \cdot \sum_{l=1}^{m-1} \frac{\phi_{j+1}^{\frac{l}{m}}}{\phi_j^{\frac{l}{m}}} \right)$$

$$= \frac{1}{m} \cdot \left(\langle \phi, T \rangle + \sum_{j=0}^{n-1} \phi_j \cdot T_j \cdot \left(\sum_{l=0}^{m-1} \left(\frac{\phi_{j+1}}{\phi_j} \right)^{\frac{l}{m}} - 1 \right) \right)$$

$$= \frac{1}{m} \cdot \left(\phi_n \cdot T_n + \sum_{j=0}^{n-1} \phi_j \cdot T_j \cdot \sum_{l=0}^{m-1} \left(\frac{\phi_{j+1}}{\phi_j} \right)^{\frac{l}{m}} \right).$$

Für $j < n$ und $s_j \neq 0$ gilt aber

$$\sum_{l=0}^{m-1} \left(\frac{\phi_{j+1}}{\phi_j} \right)^{\frac{l}{m}} = \sum_{l=0}^{m-1} \left((1 + s_j)^{\frac{1}{m}} \right)^l$$

$$= \frac{\left((1 + s_j)^{\frac{1}{m}} \right)^m - 1}{(1 + s_j)^{\frac{1}{m}} - 1} = \frac{s_j}{(1 + s_j)^{\frac{1}{m}} - 1},$$

sofern $j < n$ und $s_j = 0$ gilt

$$\sum_{l=0}^{m-1} \left((1 + s_j)^{\frac{1}{m}} \right)^l = m.$$

Setzt man also β_j entsprechend (9.11), so ergibt sich damit sofort

$$\langle \phi(m, \cdot), T' \rangle = \frac{1}{m} \cdot \left(\phi_n \cdot T_n + \sum_{j=0}^{n-1} \phi_j \cdot T_j \cdot \beta_j \right)$$

$$= \langle \phi, \beta \circ T \rangle.$$

∎

Beispiel 9.13

Wir gehen wieder davon aus, dass $\phi = v(x, n) \circ p(x, n)$ und nehmen hierbei zusätzlich an, dass

- während der Laufzeit n des Versicherungsvertrages ein konstanter Jahreszinssatz $i > 0$ gilt, d. h. $_j r_x := (1 + i)^j, j = 0, 1, \ldots, n$,
- der Bewertung eine konstante jährliche Zahlung der Höhe 1 zugrunde liegt, die unterjährig ratierlich in Höhe von $\frac{1}{m}$ jeweils zu Beginn der Teilperiode $[j + \frac{l}{m}, j + \frac{l+1}{m}[$ innerhalb des Jahres $j + 1$ geleistet werden soll,
- eine geometrische Verzinsung am Ende jeder Teilperiode erfolgt (unterjähriger Zinseszinseffekt) und
- das *unterjährige Ausscheiden* der x-jährigen Person aus dem Kollektiv in jeder Teilperiode $[j, j + 1[$ aufgrund einer während diese Zeitraums konstanten Sterbeintensität $-\mu_{x+j} > 0$ erfolgt.

Sofern die heute x-jährige Person bis zum Zeitpunkt $x + j$ im Kollektiv verbleibt, beträgt die Wahrscheinlichkeit $_{\frac{l}{m}} p_{x:j}$ auch bis zum Zeitpunkt $j + \frac{l}{m}$ zu verbleiben also

$$\tfrac{1}{m}p_{x:j} = (p_{x:j})^{\frac{1}{m}}.$$

Der Wert $\tfrac{1}{m}v_{x:j}$ einer Zahlung der Höhe 1, die zum Zeitpunkt $j + \tfrac{1}{m}$ geleistet wird, beträgt bezogen auf den Zeitpunkt j:

$$\tfrac{1}{m}v_{x:j} = (1 + i)^{-\frac{1}{m}}.$$

Die Größe $(1 + i)^{\frac{1}{m}}$ wird oft auch als *der zu i konforme Zinssatz* (bei m-fach unterjähriger Verzinsung) bezeichnet.

Es ergibt sich dann mit $s_j = p_{x:j} \cdot (1 + i)^{-1} - 1$ für $j = 0, 1, \ldots, n - 1$:

$$\beta_j = \frac{s_j}{(1 + s_j)^{\frac{1}{m}} - 1} = \frac{p_{x:j} \cdot (1 + i)^{-1} - 1}{(p_{x:j})^{\frac{1}{m}} \cdot (1 + i)^{-\frac{1}{m}} - 1}.$$

10 Verallgemeinerte Kommutationswerte und Barwertfaktoren

In Kapitel 5 sind wir auf die in der traditionellen versicherungstechnischen Literatur hervorgehobenen bzw. in der aktuariellen Praxis immer noch verwendeten Kommutationswerte und Barwertfaktoren eingegangen. Bereits dort hatten wir festgestellt, dass versicherungstechnische Kalkulations- und Analysetechniken ganz ohne diese Konzepte auskommen können.

Dennoch wollen wir zum Ende des zweiten Teils dieses Buches diese „Kalkulations-Objekte" noch einmal aufgreifen. Wir wollen damit illustrieren, dass sie sich als ϕ-Bewertungen speziell strukturierter Vektoren T ergeben, wobei die der Bewertung zugrunde liegenden H-invertierbaren Vektoren ϕ selbst ebenfalls wieder speziell strukturiert sind.

Viel wesentlicher als die Erkenntnis, dass Kommutationswerte und Barwertfaktoren in einem solchen Sinne also nur „Spezialfälle" wiedergeben, ist unseres Erachtens aber, dass sie mit Hilfe der „Skalarprodukt-Notation" einer einheitlichen formalen Systematik unterliegen, sich von daher entsprechend auch „einheitlich" darstellen lassen.

10.1 ϕ-Bewertungen spezieller Beitrags- und Leistungsprofile

Bereits mit Beispiel 7.1 (siehe S. 210) hatten wir illustriert, dass durch die Rechnungs-grundlagen $\mathcal{R} = \{p(x, n), r(x, n), C\}$ eines Lebensversicherungsvertrages die Funktionen $_jW_x(\cdot)$, $j = 0, 1, \ldots, n$ induziert werden, mit denen Beitrags- bzw. Leistungsprofile bewertet werden können und dass hier der Zusammenhang

$$\langle \phi, \cdot \rangle_j = {}_jW_x(\cdot), \quad j = 0, 1, \ldots, n$$

besteht. Ist zudem $\mathcal{B} = \left\{ T^{(0)}, T^{(1)}, \ldots, T^{(n)} \right\}$ irgendeine Basis von $\mathbb{R}^{n+1}$ und B bzw. L ein (ausreichendes) Beitrags- bzw. (ausreichendes) Leistungsprofil eines Lebensversicherungsvertrages, so gibt es eindeutig bestimmte Vektoren $\lambda^B, \lambda^L \in \mathbb{R}^{n+1}$ derart, dass B bzw. L die Darstellungen

$$B = \sum_{k=0}^{n} \lambda_k^B \cdot T^{(k)} \quad \text{und} \quad L = \sum_{k=0}^{n} \lambda_k^L \cdot T^{(k)}$$

besitzen. Weiterhin gilt für $j = 0, 1, \ldots, n$:

$$\langle \phi, B \rangle_j = {}_jW_x(B) = \sum_{k=0}^{n} \lambda_k^B \cdot \langle \phi, T^{(k)} \rangle_j = \sum_{k=0}^{n} \lambda_k^B \cdot {}_jW_x(T^{(k)})$$

https://doi.org/10.1515/9783110740905-013

sowie

$$\langle \phi, L \rangle_j = {}_jW_x(L) = \sum_{k=0}^{n} \lambda_k^L \cdot \langle \phi, T^{(k)} \rangle_j = \sum_{k=0}^{n} \lambda_k^L \cdot {}_jW_x(T^{(k)}).$$

Diese einfachen Zusammenhänge machen deutlich, dass die Bewertungsfunktionen ${}_jW_x(\cdot)$ auf der Grundlage eines Skalarprodukts darstellbar sind und es für eine Bewertung von B oder L grundsätzlich ausreicht, Basisvektoren des $\mathbb{R}^{n+1}$ zu bewerten. Die Basisvektoren können dabei gegebenenfalls wiederum selbst als *spezielle* Beitrags- bzw. Leistungsprofile eines Lebensversicherungsvertrages aufgefasst werden. Vor einem solchen Hintergrund wollen wir in diesem Abschnitt bestimmte Basisvektoren in $\mathbb{R}^{n+1}$ auswählen und diese dann speziellen Bewertungen mit bereits bekannten „versicherungstechnisch relevanten", H-invertierbaren Vektoren unterziehen.

Dazu geben wir – neben den beiden bereits bekannten Basen $\mathcal{B}$ und $\mathcal{B}'$ aus Beispiel 7.2 eine weitere spezielle Menge $\widehat{\mathcal{B}}$ von Vektoren des $\mathbb{R}^{n+1}$ an, nämlich $\widehat{\mathcal{B}} = \{\widehat{\mathbb{1}}_0, \widehat{\mathbb{1}}_1, \ldots, \widehat{\mathbb{1}}_j, \ldots, \widehat{\mathbb{1}}_n\}$. Hierin haben die einzelnen Elemente die Form

$$\widehat{\mathbb{1}}_0 = \begin{pmatrix} 1 \\ 2 \\ 3 \\ 4 \\ \vdots \\ j \\ j+1 \\ \vdots \\ n \\ n+1 \end{pmatrix}, \widehat{\mathbb{1}}_1 = \begin{pmatrix} 0 \\ 1 \\ 2 \\ 3 \\ \vdots \\ j-1 \\ j \\ \vdots \\ n-1 \\ n \end{pmatrix}, \ldots, \widehat{\mathbb{1}}_j = \begin{pmatrix} 0 \\ 0 \\ 0 \\ 0 \\ \vdots \\ 0 \\ 1 \\ \vdots \\ n-j \\ n-j+1 \end{pmatrix}, \ldots, \widehat{\mathbb{1}}_n = \mathbb{1}_n = e_n = \begin{pmatrix} 0 \\ 0 \\ 0 \\ 0 \\ \vdots \\ 0 \\ 0 \\ \vdots \\ 0 \\ 1 \end{pmatrix}.$$

Durch ihre besondere Struktur stehen $\mathcal{B}$, $\mathcal{B}'$ bzw. $\widehat{\mathcal{B}}$ in einer speziellen Beziehung zueinander. So gilt beispielsweise

$$\mathbb{1}_j = \sum_{k=j}^{n} e_k, \quad j = 0, 1, \ldots, n.$$

Die einzelnen Basiselemente in $\mathcal{B}'$ ergeben sich somit aus $\mathcal{B}$ durch sukzessives „Aufsummieren" der dortigen Basisvektoren. Wegen der weiteren Beziehung der Elemente in der Basis $\widehat{\mathcal{B}}$, nämlich

$$\widehat{\mathbb{1}}_j = \sum_{k=j}^{n} \mathbb{1}_k = \sum_{k=j}^{n} \sum_{l=k}^{n} e_l, \quad j = 0, 1, \ldots, n,$$

benutzt man bei der Verwendung von $\widehat{\mathcal{B}}$ auch den Terminus „*doppelte Aufsummierung*".

Für die Bewertungen legen wir, neben einem Profil von Diskontierungsfaktoren

$$v(x, n) := ({}_0v_x, {}_1v_x, \ldots, {}_jv_x, \ldots, {}_nv_x) \in \mathbb{R}_H^{n+1},$$

drei weitere spezielle H-invertierbare Vektoren π, ψ und ϕ zugrunde. Die Einträge $_j\ell_x > 0$ des Vektors

$$\pi := \ell(x, n) = (_0\ell_x, {}_1\ell_x, \ldots, {}_j\ell_x, \ldots, {}_n\ell_x)$$

beschreiben dabei für $j = 0, 1, \ldots, n$ mit $n \leq \omega - x$ die Anzahl der Lebenden des Alters $x + j$ in der Generation einer heute ($t = 0$) x-jährigen Person. Benutzt man hier die Informationen einer Periodensterbetafel, so hat man $_j\ell_x = \ell_{x+j}$ (siehe auch Beispiel 7.18, S. 236). Der Vektor ψ ergibt sich dann als

$$\psi := \pi \circ v(x, n).$$

Wurde aus dem H-invertierbaren Vektor π ein Verbleibensprofil $p(x, n)$ gewonnen (siehe Beispiel 6.8, S. 182), so besteht zwischen ψ und dem H-invertierbaren Vektor

$$\phi = v(x, n) \circ p(x, n)$$

offenbar der Zusammenhang

$$\phi = \frac{1}{\psi_0} \cdot \psi,$$

d. h. für $T \in \mathbb{R}^{n+1}$ gilt $\langle \psi, T \rangle_0 = \langle \phi, T \rangle$.

Indem nun die *speziellen* Basisvektoren aus $\mathcal{B}$, $\mathcal{B}'$ bzw. $\widehat{\mathcal{B}}$ einer π-, ψ- bzw. ϕ-Bewertung unterzogen werden, ergeben sich typische versicherungstechnische Größen, die wir als *verallgemeinerte Kommutationswerte* bzw. *verallgemeinerte Barwertfaktoren* bezeichnen wollen. Der Begriff der „Verallgemeinerung" soll hierbei nicht nur die Tatsache ausdrücken, dass diese Größen gegenüber ihren „traditionellen" versicherungstechnischen Entsprechungen hier eine variable Zinsstruktur oder generationenabhängige Ausscheideordnungen erlauben. Vielmehr soll auch deutlich gemacht werden, dass sich diese Größen aufgrund ihrer Skalarprodukt-Repräsentation in einer „allgemeinen", *formal einheitlichen* Systematik angeben lassen. Auch wird erkennbar, dass sich bekannte aktuarielle Beziehungen, die zwischen den Kommutationswerten und Barwertfaktoren bestehen, bereits unmittelbar aufgrund intrinsischer Eigenschaften eines Skalarprodukts ergeben. Derartige Beziehungen sind damit also viel allgemeiner gültig, als es in der traditionellen versicherungstechnischen Literatur suggeriert wird.

10.2 Übersicht verallgemeinerter Kommutationswerte und Barwertfaktoren

In den folgenden Tabellen 10.1 bis 10.3 sind die Ergebnisse aufgelistet, die sich bei der Bewertung bestimmter Vektoren T aus $\mathcal{B}$, $\mathcal{B}'$ bzw. $\widehat{\mathcal{B}}$ ergeben, wenn man sie einer π-, ψ- bzw. ϕ-Bewertung unterzieht.

Neben einer inhaltlichen Beschreibung der Bewertung erfolgt auch eine Identifikation der gewonnenen Größen in der klassischen aktuariellen Notation als Kommutationswerte oder Barwertfaktoren (siehe auch Kapitel 5).

Tab. 10.1: Verallgemeinerte Kommutationswerte ($0 \le j \le n \le \omega - x$)

Skalarprodukt-repräsentant	Bezeichnung bzw. Interpretation	traditionelle Notation[1]
$\langle \pi, e_j \rangle$	Anzahl $_j\ell_x$ der lebenden Personen des Alters $x + j$ in der Generation der heute x-jährigen Person	ℓ_{x+j}
$\langle \pi, \mathbb{1}_j \rangle$	Aufsummierte Anzahl der lebenden Personen ab dem Alter $x + j$	*
$\langle \pi, \widehat{\mathbb{1}}_j \rangle$	Doppelt aufsummierte Anzahl der lebenden Personen ab dem Alter $x + j$	*
$\langle \psi, e_j \rangle$	Anzahl der auf das Alter x ($t = 0$) diskontierten, lebenden Personen des Alters $x + j$	$r^x \cdot D_{x+j}$
$\langle \psi, \mathbb{1}_j \rangle$	Aufsummierte, auf das Alter x ($t = 0$) diskontierte Anzahl der lebenden Personen ab Alter $x + j$	$r^x \cdot N_{x+j}$
$\langle \psi, \widehat{\mathbb{1}}_j \rangle$	Doppelte Summe der auf das Alter x ($t = 0$) diskontierten Anzahl ab dem Alter $x + j$ noch lebenden Personen	$r^x \cdot S_{x+j}$
$\langle \pi, e_0 - e_j \rangle$	Anzahl der heute x-jährigen Personen, die innerhalb der nächsten j Jahre ausscheiden	$\ell_x - \ell_{x+j}$
$\langle \psi, e_0 - e_j \rangle$	*	$r^x \cdot (D_x - D_{x+j})$
$\langle \psi, \mathbb{1} - \mathbb{1}_j \rangle$	*	$r^x \cdot (N_x - N_{x+j})$
$\langle \psi, \widehat{\mathbb{1}}_0 - \widehat{\mathbb{1}}_j \rangle$	*	$r^x \cdot (S_x - S_{x+j})$

Tab. 10.2: Verallgemeinerte Barwertfaktoren ($0 \le j \le j + m \le n \le \omega - x$)

Skalarprodukt-repräsentant	Bezeichnung bzw. Interpretation	traditionelle Notation
$\langle \pi, e_0 \rangle_0$	Wahrscheinlichkeit einer heute x-jährigen Person, den Zeitpunkt $t = 0$ zu erleben	$_0p_x = 1$
$\langle \pi, \mathbb{1} \rangle_0$	Fernere Lebenserwartung einer heute x-jährigen Person (bis auf den Summanden $\frac{1}{2}$)	$\overset{\circ}{e}_x + \frac{1}{2}$

---

1 Hier und im Folgenden ist $r := (1 + i)$ vorausgesetzt.

Tab. 10.2 – Fortsetzung

Skalarprodukt-repräsentant	Bezeichnung bzw. Interpretation	traditionelle Notation
$\langle \pi, e_j \rangle_0$	Wahrscheinlichkeit einer heute x-jährigen Person die nächsten j Jahre zu überleben	$_j p_x$
$\langle \pi, \mathbb{1}_j \rangle_0$	Die um j Jahre aufgeschobene fernere Lebenserwartung einer heute x-jährigen Person	$_{j|}\mathring{e}_x + \frac{1}{2}$
$\langle \pi, e_0 - e_j \rangle_0$	Wahrscheinlichkeit einer heute x-jährigen Person innerhalb der nächsten j Jahre auszuscheiden	$_j q_x$
$\langle \pi, \mathbb{1} - \mathbb{1}_j \rangle_0$	Veränderung der ferneren Lebenserwartung einer heute x-jährigen Person, nach Überleben weiterer j Jahre	$\mathring{e}_x - {}_{j|}\mathring{e}_x$
$\langle \pi, e_j - e_{j+m} \rangle_0$	Wahrscheinlichkeit einer x-jährigen Person j Jahre dem Kollektiv anzugehören und innerhalb der darauffolgenden m Jahre auszuscheiden (aufgeschobene m-jährige Ausscheidewahrscheinlichkeit)	$_j p_x - {}_{j+m} p_x$
$\langle \phi, e_j \rangle$	Barwertfaktor einer um j Jahre aufgeschobenen, einmaligen Zahlung für eine x-jährige Person	$_{j|}E_x$
	für $j = n$: Barwertfaktor einer Ablaufleistung (zum Vertragsende) für eine x-jährige Person	$_{n|}E_x$
$\langle \phi, \mathbb{1}_j - \mathbb{1}_{j+m} \rangle$	Barwertfaktor einer um j Jahre aufgeschobenen, weitere m Jahre dauernden, vorschüssig zahlbaren Leibrente für eine heute x-jährige Person	$_{j|}\ddot{a}_{\overline{x,j+m|}}$
	Für $j = 0$: Barwertfaktor einer m Jahre dauernden (temporären), sofort beginnenden, vorschüssig zahlbaren Leibrente an eine heute x-jährige Person	$\ddot{a}_{\overline{x,m|}}$
	Falls $j = 0$, $m = n$: Barwertfaktor einer bis zum Vertragsende dauernden (temporären), sofort beginnenden, vorschüssig zahlbaren Leibrente an eine heute x-jährigen Person	$\ddot{a}_{\overline{x,n|}}$
$\langle \phi, \mathbb{1}_j \rangle$	Barwertfaktor einer um j Jahre aufgeschobenen, bis zum Vertragsende vorschüssig $n - j$ Jahre zahlbaren Leibrente einer x-jährigen Person einschließlich einer Ablaufleistung	$_{j|}\ddot{a}_{\overline{x,n|}} + {}_{n|}E_x$

Tab. 10.2 – Fortsetzung

Skalarprodukt-repräsentant	Bezeichnung bzw. Interpretation	traditionelle Notation
	Falls $n = \omega - x$: Barwertfaktor einer um j Jahre aufgeschobenen, bis zum Höchstalter vorschüssig zahlbaren Leibrente einer x-jährigen Person einschließlich einer Ablaufleistung (traditionell: Barwertfaktor einer um j Jahre aufgeschobenen, „lebenslang" zahlbaren Leibrente für eine x-jährige Person)	$_{j|}\ddot{a}_x$
	Falls $j = 0$, $n = \omega - x$: Barwertfaktor einer sofort beginnenden, „lebenslang" zahlbaren Leibrente für eine x-jährige Person	$\ddot{a}_x$
$\langle \phi, \mathbb{1}_j - \mathbb{1}_{j+m} \rangle_j$	Barwertfaktor zum Zeitpunkt j einer um j Jahre aufgeschobenen, m weitere Jahre dauernden, vorschüssig zahlbaren Leibrente für eine x-jährige Person	$\ddot{a}_{\overline{x+j,m|}}$
$\langle \phi, \widehat{\mathbb{1}}_j \rangle$	Barwertfaktor einer um j Jahre aufgeschobenen, $n - j$ Jahre vorschüssig zahlbaren Leibrente einer x-jährigen Person, die, beginnend mit Betrag 1, jährlich um 1 steigt einschließlich einer Ablaufleistung	$_{j|}I\,\ddot{a}_{\overline{x,n|}} + (n - j) \cdot {}_{n|}E_x$
	Falls $n = \omega - x$: Barwertfaktor einer um j Jahre aufgeschobenen, „lebenslang" zahlbaren Leibrente für eine x-jährige Person, die, beginnend mit Betrag 1, jährlich um 1 steigt	$_{j|}I\,\ddot{a}_x$
	Falls $j = 0$, $n = \omega - x$: Barwertfaktor einer sofort beginnenden, „lebenslang" zahlbaren Leibrente für eine x-jährige Person, die, beginnend mit Betrag 1, jährlich um 1 steigt	$I\,\ddot{a}_x$

Zieht man zusätzlich zu den Basisvektoren noch die Profile

$$v_{x:} = (v_{x:0}, v_{x:1}, \ldots, v_{x:j}, \ldots, v_{x:n-1}, 0)$$

und

$$q_{x:} = (q_{x:0}, q_{x:1}, \ldots, q_{x:t}, \ldots, q_{x:n-1}, 1)$$

heran, so erhalten wir:

Tab. 10.3: Weitere verallgemeinerte Barwertfaktoren ($0 \leq j < j + m \leq n \leq \omega - x$)

Skalarprodukt-repräsentant	Bezeichnung bzw. Interpretation	traditionelle Notation
$\langle \pi, e_j \circ q_{x:} \rangle$	Anzahl der im Alter $x + j$ ausgeschiedenen Personen	d_{x+j}
$\langle \pi, \mathbb{1}_j \circ q_{x:} \rangle$	Aufsummierte Anzahl der ab Alter $x + j$ ausgeschiedenen Personen	*
$\langle \pi, \widehat{\mathbb{1}}_j \circ q_{x:} \rangle$	Doppelt aufsummierte Anzahl der ab Alter $x + j$ ausgeschiedenen Personen	*
$\langle \psi, e_j \circ v_{x:} \circ q_{x:} \rangle$	Anzahl der auf das Alter x ($t = 0$) diskontierten, im Alter von $x + j$ ausgeschiedenen Personen	$r^x \cdot C_{x+j}$
$\langle \psi, \mathbb{1}_j \circ v_{x:} \circ q_{x:} \rangle$	Aufsummierte Anzahl der auf das Alter x ($t = 0$) diskontierten und ab dem Alter von $x + j$ ausgeschiedenen Personen	$r^x \cdot M_{x+j}$
$\langle \psi, \widehat{\mathbb{1}}_j \circ v_{x:} \circ q_{x:} \rangle$	Doppelt aufsummierte Anzahl der auf das Alter x ($t = 0$) diskontierten und ab dem Alter von $x + j$ ausgeschiedenen Personen	$r^x \cdot R_{x+j}$
$\langle \phi, e_j \circ v_{x:} \circ q_{x:} \rangle$	Barwertfaktor einer um j Jahre aufgeschobenen, einjährigen Todesfallleistung für eine heute x-jährige Person	$_{j\|}A_{\overline{x,j+1}\|}$
	Falls $j = 0$: Barwertfaktor einer einjährigen Todesfallleistung für eine heute x-jährige Person	$_1A_x$
$\langle \phi, \mathbb{1}_j \circ v_{x:} \circ q_{x:} \rangle$	Barwertfaktor einer um j Jahre aufgeschobenen, in den weiteren $n - j$ Jahren zu erbringenden Todesfallleistung für eine heute x-jährige Person	$_{j\|}A_{\overline{x,n}\|}$
	Falls $j = 0$: Barwertfaktor einer sofort beginnenden, auf n Jahre abgeschlossenen, zu erbringenden Todesfallleistung für eine x-jährige Person	$_nA_x$
	Falls $n = \omega - x$: Barwertfaktor einer um j Jahre aufgeschobenen, lebenslang zu erbringenden Todesfallleistung für eine heute x-jährige Person vermindert um die Ablaufleistung	$_{j\|}A_x - {_{n\|}}E_x \cdot v$
	Falls $j = 0$, $n = \omega - x$: Barwertfaktor einer lebenslang zahlbaren Todesfallleistung für eine x-jährige Person vermindert um die Ablaufleistung	$A_x - {_{n\|}}E_x \cdot v$

Tab. 10.3 – Fortsetzung

Skalarprodukt-repräsentant	Bezeichnung bzw. Interpretation	traditionelle Notation
$\langle \phi, (\mathbb{1}_j - \mathbb{1}_{j+m}) \circ v_{x:} \circ q_{x:} \rangle$	Barwertfaktor einer um j Jahre aufgeschobenen, weitere m Jahre zu erbringenden Todesfallleistung an eine x-jährige Person	$_{j\mid m}A_x$
	Falls $j = 0$: Barwertfaktor einer sofort beginnenden, m Jahre zu erbringenden Todesfallleistung an eine x-jährige Person	$_mA_x$
	Falls $j = 0$, $m = n$: Barwertfaktor einer sofort beginnenden, bis zum Vertragsende zu erbringenden Todesfallleistung an eine x-jährige Person	$_nA_x$
$\langle \phi, \hat{\mathbb{1}}_0 \circ v_{x:} \circ q_{x:} \rangle$	Barwertfaktor einer sofort beginnenden, auf n Jahre abgeschlossenen, jährlich um den Betrag 1 steigenden Todesfallleistung für eine x-jährige Person	$_n(IA)_x$

Unter Ausnutzung der Linearität des Skalarprodukts und geeigneter „Addition der 0" erkennt man nun auch, dass sich die aus der traditionellen Literatur bekannten Identitäten zwischen den einzelnen Barwertfaktoren auf recht einfache Weise ergeben. In der klassischen Literatur heißt diese Tatsache dann oft: „die Versicherungen sind zusammengesetzt".

Auch hier zeigt sich wieder, dass nicht die finanzmathematischen bzw. biometrischen Informationen diese Zusammenhänge bestimmen, sondern dass diese intrinsisch durch die Eigenschaften eines Skalarproduktes und der H-Invertierbarkeit von ϕ festgelegt sind.

Legen wir wieder ψ und ϕ wie eben definiert zugrunde, so ergeben sich beispielhaft:

(i)

$$\langle \phi, \mathbb{1} \rangle = \langle \phi, (\mathbb{1} + \underbrace{(\mathbb{1}_j - \mathbb{1}_j)}_{=0} + \underbrace{(\mathbb{1}_{j+m} - \mathbb{1}_{j+m})}_{=0}) \rangle$$

$$= \langle \phi, \mathbb{1} - \mathbb{1}_j \rangle + \langle \phi, \mathbb{1}_j - \mathbb{1}_{j+m} \rangle + \langle \phi, \mathbb{1}_{j+m} \rangle$$

oder traditionell

$$\ddot{a}_x = \ddot{a}_{\overline{x,j|}} + {}_{j|}\ddot{a}_{\overline{x,m|}} + {}_{j+m|}\ddot{a}_x.$$

(ii)

$$\langle \phi, \mathbb{1} \circ v_{x:} \circ q_{x:} \rangle = \langle \phi, \left((\mathbb{1} + (\mathbb{1}_j - \mathbb{1}_j) + (\mathbb{1}_{j+m} - \mathbb{1}_{j+m}))\right) \circ v_{x:} \circ q_{x:} \rangle$$

$$= \langle \phi, (\mathbb{1} - \mathbb{1}_j) \circ v_{x:} \circ q_{x:} \rangle + \langle \phi, (\mathbb{1}_j - \mathbb{1}_{j+m}) \circ v_{x:} \circ q_{x:} \rangle$$

$$+ \langle \phi, \mathbb{1}_{j+m} \circ v_{x:} \circ q_{x:} \rangle$$

oder traditionell

$$A_x = {}_jA_x + {}_{j|m}A_x + {}_{j+m|}A_x.$$

Mit den verwendeten Notationen lassen sich auch traditionell verwendete Rekursions-formeln allgemeingültig (d. h. mit variabler Zinsstruktur und Nicht-Stationarität der Verbleibenswahrscheinlichkeiten) darstellen. Der triviale, für H-invertierbare Vektoren ϕ allgemeingültige Zusammenhang

$$\langle \phi, T \rangle_k = \frac{\phi_{k+1}}{\phi_k} \cdot \langle \phi, T \rangle_{k+1}$$

führt bei Anwendung auf die speziell definierten H-invertierbaren Vektoren ϕ bzw. ψ und einen Basisvektor $\mathbb{1}_j \in \mathcal{B}'$ für $k = 0$ zu:

(i) Für $j = 0$:

$$\langle \phi, \mathbb{1} \rangle = \langle \psi, \mathbb{1} \rangle_0 = \frac{\psi_1}{\psi_0} \cdot \langle \psi, \mathbb{1} \rangle_1 = 1 + \frac{\psi_1}{\psi_0} \cdot \langle \psi, \mathbb{1}_1 \rangle_1$$

$$= 1 + p_{x:0} \cdot v_{x:0} \cdot \langle \psi, \mathbb{1}_1 \rangle_1,$$

was (bei konstanten Zinssätzen und Stationarität der Überlebenswahrscheinlich-keiten) nichts anderes ist, als die bekannte Barwertfaktoren-Rekursion

$$\ddot{a}_x = 1 + (p_x \cdot v) \cdot \ddot{a}_{x+1}.$$

(ii) Für $j \geq 1$ hat man natürlich:

$$\langle \phi, \mathbb{1}_j \rangle = \langle \psi, \mathbb{1}_j \rangle_0 = \frac{\psi_1}{\psi_0} \cdot \langle \psi, \mathbb{1}_j \rangle_1$$

$$= p_{x:0} \cdot v_{x:0} \cdot \langle \psi, \mathbb{1}_j \rangle_1.$$

Diese Beziehung beschreibt die Verallgemeinerung der (klassischen) Barwertfak-toren-Rekursion

$${}_{j|}\ddot{a}_x = (p_x \cdot v) \cdot {}_{j-1|}\ddot{a}_{x+1}.$$

(iii) Aus (i) und (ii) folgt für $j \geq 1$:

$$\langle \phi, \mathbb{1} - \mathbb{1}_j \rangle = \langle \psi, \mathbb{1} - \mathbb{1}_j \rangle_0 = 1 + (p_{x:1} \cdot v_{x:1}) \cdot \langle \psi, \mathbb{1}_1 \rangle_1 - (p_{x:1} \cdot v_{x:1}) \cdot \langle \psi, \mathbb{1}_j \rangle_1$$

$$= 1 + (p_{x:1} \cdot v_{x:1}) \cdot \langle \psi, \mathbb{1}_1 - \mathbb{1}_j \rangle_1.$$

Dies stellt offenbar die Verallgemeinerung der bekannten Rekursion

$$\ddot{a}_{\overline{x,j|}} = 1 + (p_x \cdot v) \cdot (\ddot{a}_{x+1} - {}_{j-1|}\ddot{a}_{x+1})$$

dar.

(iv) Für $j \geq 1$ spiegelt die allgemeine Identität

$$\langle \phi, \mathbb{1}_j - \mathbb{1}_{j+m} \rangle = \langle \psi, \mathbb{1}_j - \mathbb{1}_{j+m} \rangle_0 = (p_{x:1} \cdot v_{x:1}) \cdot \langle \psi, \mathbb{1}_j - \mathbb{1}_{j+m} \rangle_1$$

in der traditionellen Nomenklatur nichts anderes wider als den Zusammenhang

$$_{j|} \ddot{a}_{\overline{x,j+m|}} = (p_x \cdot v) \cdot {}_{j-1|} \ddot{a}_{\overline{x+1,j+m|}}.$$

(v) Genauso wird, sofern $j \geq 1$,

$$\langle \phi, (\mathbb{1}_j - \mathbb{1}_{j+m}) \circ v_{x:} \circ q_{x:} \rangle = \langle \psi, (\mathbb{1}_j - \mathbb{1}_{j+m}) \circ v_{x:} \circ q_{x:} \rangle_0$$
$$= (p_{x:1} \cdot v_{x:1}) \cdot \langle \psi, (\mathbb{1}_j - \mathbb{1}_{j+m}) \circ v_{x:} \circ q_{x:} \rangle_1$$

im klassischen Spezialfall zu

$$_{j|m} A_x = (p_x \cdot v) \cdot {}_{j-1|m} A_{x+1}.$$

(vi) Der triviale Sachverhalt $\langle \psi, e_j \rangle_j = \langle \psi, e_{j+1} \rangle_{j+1} = 1$ liefert die Identität

$$\langle \psi, e_{j+1} \rangle = \frac{\psi_{j+1}}{\psi_j} \cdot \langle \psi, e_j \rangle,$$

die im traditionellen Fall nichts anderes ist als

$$D_{x+j+1} = p_{x+j} \cdot v \cdot D_{x+j}.$$

(vii) Wegen $q_{x:} = \mathbb{1} - p_{x:}$ ergibt sich der Zusammenhang

$$\langle \psi, e_j \circ v_{x:} \circ q_{x:} \rangle = \langle \psi, e_j \circ v_{x:} \rangle - \langle \psi, e_j \circ v_{x:} \circ p_{x:} \rangle$$
$$= \langle \psi, e_j \circ v_{x:} \rangle - \langle \psi, e_{j+1} \rangle \qquad (10.1)$$

und damit die allgemeine Version des traditionell formulierten Zusammenhangs

$$C_{x+j} = D_{x+j} \cdot v - D_{x+j+1}.$$

(viii) Für $j = 0, 1, \ldots, n-1$ gilt mit (10.1) offenbar auch

$$\langle \phi, \mathbb{1}_j \circ v_{x:} \circ q_{x:} \rangle = \langle \phi, \mathbb{1}_j \circ v_{x:} \rangle - \langle \phi, \mathbb{1}_j \circ v_{x:} \circ p_{x:} \rangle$$
$$= \langle \phi, \mathbb{1}_j \circ v_{x:} \rangle - \langle \phi, \mathbb{1}_{j+1} \rangle$$
$$= \langle \phi, e_j \rangle + \langle \phi, \mathbb{1}_j \circ (v_{x:} - \mathbb{1}) \rangle,$$

und somit für $j = 0$:

$$\langle \phi, \mathbb{1} \circ v_{x:} \circ q_{x:} \rangle = 1 + \langle \phi, \mathbb{1} \circ (v_{x:} - \mathbb{1}) \rangle. \qquad (10.2)$$

In der traditionellen Nomenklatur erkennt man in der Formel (10.2) den Zusammenhang

$$A_x = 1 - d \cdot \ddot{a}_x,$$

eine Beziehung, die beispielsweise in [Ort16] als eine „interessante Anmerkung"
zu finden ist.

Im Fall $n = \omega - x$, einer konstanten Zinsstruktur ($v_{x:k} = v$) und Stationarität der
Ausscheideordnung ($p_{x:k} = p_{x+k}$) ist in (10.2)

$$\langle \phi, \mathbb{1} \circ v_{x:} \circ q_{x:} \rangle = A_x - {}_{\omega-x|}E_x \cdot v = A_x - v \cdot \langle \phi, e_{\omega-x} \rangle$$

und

$$\langle \phi, \mathbb{1} \circ (v_{x:} - \mathbb{1}) \rangle = (v - 1) \cdot \langle \phi, \mathbb{1} - \mathbb{1}_{\omega-x} \rangle - \langle \phi, e_{\omega-x} \rangle.$$

Ebenso erkennen wir mit (7.1)

$$\langle \psi, \mathbb{1} \circ v_{x:} \circ q_{x:} \rangle_0 = \langle \psi, (e_0 + \mathbb{1}_1) \circ v_{x:} \circ q_{x:} \rangle_0$$
$$= v_{x:0} \cdot q_{x:0} + \frac{\psi_1}{\psi_0} \cdot \langle \psi, \mathbb{1}_1 \circ v_{x:} \circ q_{x:} \rangle_1,$$

traditionell also nichts anderes als die bekannten Tatsache

$$A_x = v \cdot q_x + v \cdot p_x \cdot A_{x+1}.$$

Schlussbemerkung:

Die Darstellung versicherungstechnischer Größen mittels *Skalarprodukten* aus H-
invertierbaren Vektoren π, ψ bzw. ϕ sowie speziell zu wählenden Vektoren T erlaubt
es offenbar, die verschiedenen traditionell verwendeten aktuariellen Größen in einer
einheitlichen, formalen Systematik zu beschreiben.

Insofern drängt sich der Hinweis auf, eine derartige „Skalarprodukt-Repräsentation" von aktuariellen Größen und anderen versicherungstechnischen Zusammenhängen in Überlegungen über eine Anpassung und Neufestlegung der aktuariellen
Nomenklatur mit einzubeziehen.

Dass es immer wieder Diskussionen gab, wie man die derzeitige, prinzipiell auf
das Ende des 19. Jahrhunderts zurückgehende „Halo-Notation" modifizieren könnte, verdeutlicht ein Blick in die Literatur ([EK74; Boe+75; diP76; Sak81; Wol06]). Die
Forderung, dass eine derartige Nomenklatur einer einfachen Formalisierung, einer
„Linearität" in der Darstellung und einer strukturierbaren Verwendung bei der pro-
grammiertechnischen Umsetzung der aktuariellen Funktionalitäten gehorchen sollte,
wird hierbei stets prominent hervorgehoben.

In [Gra62] wurde das Skalarprodukt in seiner heutigen Form bereits Mitte des 19.
Jahrhunderts von GRASSMANN eingeführt und dort als „inneres Produkt" bezeichnet.
Dieses Konzept stand, notabene, damit bereits als Instrument zur Verfügung noch
bevor die Halo-Nomenklatur Eingang in die aktuarielle Literatur gefunden hat, um
versicherungstechnische Zusammenhänge zu formulieren. Heutzutage gehört es – wie
überhaupt die gesamte Lineare Algebra – zum etablierten Kanon mathematischen
Grundwissens. Dass das Skalarprodukt-Konzept als Werkzeug bei der Tarifkalkulation
und -analyse bisher dennoch keine systematische Verwendung fand, bleibt daher
verwunderlich.

Epilog

[8] Hanc autem regulam saepius volumus in congregatione legi, ne quis fratrum se de ignorantia excuset.

(Regula Benedicti, Caput LXVI, De Ostiario Monasterii)

https://doi.org/10.1515/9783110740905-014

Literatur

[Act49]   Institute of Actuaries. „International Actuarial Notation". In: *Journal of the Institute of Actuaries* 75.1 (1949), S. 121–129.

[AEP11]   Fuad Aleskerov, Hasan Ersel und Dmitri Piontkovski. *Linear Algebra for Economists*. Springer Texts in Business and Economics. Springer Berlin Heidelberg, 2011.

[Akt05]   Deutsche Aktuarvereinigung (DAV)-Unterarbeitsgruppe Rentnersterblichkeit. „Herleitung der DAV-Sterbetafel 2004 R für Rentenversicherungen". In: *Blätter der DGVFM* 27.2 (2005), S. 199–313.

[Alb07]   Peter Albrecht. *Grundprinzipien der Finanz- und Versicherungsmathematik: Grundlagen und Anwendungen der Bewertung von Zahlungsströmen*. Schäffer-Poeschl, 2007.

[Alb84]   Peter Albrecht. „Ausgleich im Kollektiv und Prämienprinzipien". In: *Zeitschrift für die gesamte Versicherungswissenschaft* 73.1 (1984), S. 167–180.

[Bau+08]   Marcus Bauer u. a. *Herleitung der Sterbetafel DAV 2008 T für Lebensversicherungen mit Todesfallcharakter*. Techn. Ber. Deutsche Aktuarvereinigung (DAV), Nov. 2008.

[Ber23]   Alfred Berger. *Die Prinzipien der Lebensversicherungs-Technik*. Springer, 1923.

[Bif05]   Enrico Biffis. „Affine processes for dynamic mortality and actuarial valuations". In: *Insurance: mathematics and economics* 37.3 (2005), S. 443–468.

[Bjö09]   Tomas Björk. *Arbitrage theory in continuous time*. Oxford university press, 2009.

[Boe+75]   Carl Boehm u. a. „Thoughts on the harmonization of some proposals for a new International actuarial notation". In: *Blätter der DGVFM* 12.2 (1975), S. 99–129.

[Bow+97]   Newton L. Bowers u. a. *Actuarial Mathematics*. 2nd. Society of Actuaries, 1997.

[Bra86]   Joachim Braun. „Zur Behandlung allgemeiner Lebensversicherungen durch lineare Gleichungssysteme". In: *Blätter der DGVFM* 17.3 (1986), S. 251–267.

[Cai18]   Andrew J. G. Cairns. *Interest rate models: an introduction*. Princeton University Press, 2018.

[Can14]   Francesco P. Cantelli. „Genesi e costruzione delle tavole di mutualità". In: *Bolletino di notizie sul credito e sulla previdenza* 3/4 (1914).

[Cou+07]   Guy Coughlan u. a. *LifeMetrics: A toolkit for measuring and managing longevity and mortality risks*. Techn. Ber. JP Morgan Chase & Co., 2007.

[Cou10]   Guy Coughlan. „Longevity risk transfer: Indices and capital market solutions". In: *Handbook of Insurance-Linked Securities*. Hrsg. von Pauline Barrieu und Luca Albertini. Wiley Finance, 2010, S. 261–281.

[DHW09]   David C. M. Dickson, Mary R. Hardy und Howard R. Waters. *Actuarial Mathematics for Life Contingent Risks (International Series on Actuarial Science)*. Cambridge University Press, 2009.

[diP76]   Frank P. di Paolo. „The International Actuarial notation". In: *The Actuary* 10.3 (1976), S. 4–7.

[Dis01]   Burkhard Disch. „Die Berechnung von versicherungstechnischen Werten mit linearen Gleichungssystemen". In: *Blätter der DGVFM* 25.1 (2001), S. 29–48.

[EK74]   J. Engelfriet und A. I. M. Kool. „Beitrag zur Diskussion über eine neue internationale versicherungsmathematische Bezeichnungsweise". In: *Blätter der DGVFM* 11.3 (1974), S. 331–362.

[Eng89]   Hartmut Engbroks. „Diskussionsbeitrag zur Bewertung von Pensionsverpflichtungen". In: *Blätter der DGVFM* 19 (1989), S. 161–163.

[Far02]   Julius Farkas. „Über die Theorie der einfachen Ungleichungen". In: *J. Reine Angew. Math.* 124 (1902), S. 1–24.

[Fil09]   Damir Filipovic. *Term-Structure Models – A Graduate Course*. Springer, 2009.

https://doi.org/10.1515/9783110740905-015

[Fis20]   Gerd Fischer. *Lineare Algebra – Eine Einführung für Studienanfänger.* 19. Aufl. Springer
           Spektrum, 2020.

[Fod03]   Jürgen Fodor. „Beziehungen zwischen Barwerten mit jährlicher und unterjähriger
           Zahlungsweise: Invarianzzelle und Invarianzsatz". In: *Blätter der DGVFM* 26.2 (2003),
           S. 439–459.

[Fod05]   Jürgen Fodor. „Anwendung des Invarianzzellenkonzepts auf Barwerte mit unterjährigen
           Zinsgutschriften auf laufende Rentenzahlungen". In: *Blätter der DGVFM* 27.2 (2005),
           S. 365–370.

[Ges78]   Peter Gessner. *Überschusskraft und Gewinnbeteiligung in der Lebensversicherung.*
           Verlag Versicherungswirtschaft, 1978.

[GGM78]   Peter Gessner, Günther Gose und Eberhard Münzmay. „Modell zur Analyse der versiche-
           rungstechnischen Rückstellungen eines Lebensversicherungsbestandes". In: *Blätter
           der DGVFM* 13.4 (1978), S. 317–332.

[Gra62]   Hermann Grassmann. *Die Ausdehnungslehre: Vollständig und in strenger Form bearbei-
           tet.* Verlag von Th. Chr. Fr. Enslin, 1862.

[Hat86]   Karl Friedrich Hattendorf. „Das Risico bei der Lebensversicherung". In: *Masius' Rund-
           schau der Versicherungen* 18 (1886), S. 169–183.

[Heu18]   Klaus Heubeck. *Textband zu den Richttafeln RT2018G.* Heubeck-Richttafeln-Verlag. Köln,
           2018.

[HHD05]   Klaus Heubeck, Richard Herrmann und Garbriele D'Souza. *Die Richttafeln 2005 G –
           Modell, Herleitung, Formeln.* Techn. Ber. Heubeck-Richttafeln-Verlag, 2005.

[Hoe69]   Jan M. Hoem. „Markov chain models in life insurance". In: *Blätter der DGVFM* 9.2 (1969),
           S. 91–107.

[Hor90]   Roger A. Horn. „The Hadamard Product". In: *Matrix Theory and Applications.* Hrsg. von
           Charles R. Johnson. Bd. 40. American Mathematical Society. 1990, S. 87–170.

[IM13]   Fritz Isenbarth und Hans Münzner. *Lebensversicherungsmathematik für Praxis und
           Studium.* Springer-Verlag, 2013.

[Jew80]   William S. Jewell. „Generalized models of the insurance business (life and/or non-life
           insurance)". In: *Transactions of the 21st International Congress of Actuaries, Zurich and
           Lausanne.* Bd. S. 1980, S. 87–141.

[Kah18]   Jens Kahlenberg. *Lebensversicherungsmathematik: Basiswissen zur Technik der deut-
           schen Lebensversicherung.* Springer Fachmedien, 2018.

[Kak+85]   Peter Kakies u. a. *Methodik von Sterblichkeitsuntersuchungen.* 1985.

[Koc98]   Peter Koch. *Geschichte der Versicherungswissenschaft in Deutschland: Aus Anlass
           seines 100-jährigen Bestehens.* Verlag Versicherungswirtschaft, 1998.

[Kol00]   Michael Koller. *Stochastische Modelle in der Lebensversicherungsmathematik.*
           Springer-Lehrbuch. Springer-Verlag, 2000.

[Kor93]   Manfred Korter. „Lineare Gleichungssysteme und lineare Modelle in der Versicherungs-
           mathematik". In: *Blätter der DGVFM* 21.1 (1993), S. 27–53.

[KP96]   Hans-Georg Klein und Hubert Peters. „Rechnungsgrundlagen und Bewertungsmethoden
           nach FAS 87 und IAS 19". In: *Blätter der DGVFM* 22.4 (1996), S. 839–854.

[Lee56]   Peter Leepin. „Über den Einfluß von Änderungen der Rechnungsgrundlagen auf Prämien
           und Prämienreserven". In: *Blätter der DGVFM* 3.1 (1956), S. 3–22.

[LG51]   Robert Earl Larson und Erwin Alfred Gaumnitz. *Life insurance mathematics.* John Wiley &
           Sons, 1951.

[Lie99]   Franz Günter Liebmann. „Generationentafel für die Pensionsversicherung aufbauend
           auf einer Ausscheideordnung mit mehreren Ausscheideursachen". In: *Blätter der
           DGVFM* 24.2 (1999), S. 299–315.

[Loe94]   Horst Loebus. „Bestimmung einer angemessenen Sterbetafel für Lebensversicherungen mit Todesfallcharakter". In: *Blätter der Deutschen Gesellschaft für Versicherungsmathematik* XXI (1994), S. 497–524.

[Mau92]   Werner Mauermann. „Hinreichende Bedingungen für nichtnegative Lösungen eines linearen Gleichungssystems der Lebensversicherungsmathematik". In: *Blätter der DGVFM* 20.4 (Okt. 1992), S. 477–481.

[MF17]   Ernst Messerschmid und Stefanos Fasoulas. *Raumfahrtsysteme: Eine Einführung mit Übungen und Lösungen*. Springer Berlin Heidelberg, 2017.

[MH99]   Hartmut Milbrodt und Manfred Helbig. *Mathematische Methoden der Personenversicherung*. De Gruyter, 1999.

[Mil05]   Hartmut Milbrodt. „Eine unendliche Geschichte? Zur Mitgabe der Alterungsrückstellung in der PKV". In: *PKV Publik* 3 (2005), S. 33–35.

[MRC18]   Angus S. Macdonald, Stephen J. Richards und Iain D. Currie. *Modelling mortality with actuarial applications*. Cambridge University Press, 2018.

[MS07]   Thomas Møller und Mogens Steffensen. *Market-valuation methods in life and pension insurance*. Cambridge University Press, 2007.

[Neu74]   Edgar Neuburger. „Notitz über einen rechnerangepassten Algorithmus zur Berechnung von Prämien und Reserven". In: *Blätter der DGVFM* 11, Nr. 4 (1974), S. 641–648.

[Neu90]   Edgar Neuburger. „Unabhängigkeit von Rentenanwartschaftsbarwerten von der Zahlungsweise". In: *Blätter der Deutschen Gesellschaft für Versicherungsmathematik* XIX.3 (Apr. 1990), S. 257–267.

[Neu99]   Edgar Neuburger. „Bemerkungen zum Formelwerk der Richttafeln 1998". In: *Blätter der Deutschen Gesellschaft für Versicherungsmathematik* Band XXIV.1 (1999), S. 111–134.

[Nic03]   Andreas Nickel. *Grundlagen langfristiger Versicherungsverhältnisse*. Verlag Versicherungswirtschaft, 2003.

[Nic95]   Andreas Nickel. „Unvollkommenheit und Unvollständigkeit der Versicherungsmärkte". In: *Zeitschrift für die gesamte Versicherungswissenschaft* 84.1 (1995), S. 205–228.

[Nor99]   Ragnar Norberg. „A theory of bonus in life insurance". In: *Finance and Stochastics* 3.4 (1999), S. 373–390.

[Ort16]   Karl Michael Ortmann. *Praktische Lebensversicherungsmathematik*. 2. Aufl. Springer Spektrum, 2016.

[Pro14]   S. David Promislow. *Fundamentals of actuarial mathematics*. John Wiley & Sons, 2014.

[Rei87]   Georg Reichel. *Grundlagen der Versicherungstechnik*. Gabler, 1987.

[Rei88]   Georg Reichel. „Versicherungswirtschaft". In: *Handwörterbuch der Versicherung HdV*. Hrsg. von Dieter Farny u. a. Verlag Versicherungswirtschaft, 1988, S. 431–437.

[Rei89]   Georg Reichel. „Reine Erlebensfallversicherungen im Spannungsfeld zwischen Risiko- und Nutzentheorie". In: *Blätter der DGVFM* 19.2 (1989), S. 101–122.

[Rei90]   Georg Reichel. „Notwendige und hinreichende Bedingungen für das Theorem von Cantelli". In: *Blätter der DGVFM* 19.4 (1990), S. 289–312.

[RR19]   Marius Radermacher und Peter Recht. „A duration approach for the measurement of biometric risks in life insurance". In: *Zeitschrift für die gesamte Versicherungswissenschaft* 108.3 (2019), S. 327–345.

[Sak81]   G. B. Saksena. „Actuarial programming language". In: *Journal of the Institute of Actuaries (1886-1994)* 108.2 (1981), S. 281–283.

[Sax55]   Walter Saxer. *Versicherungsmathematik I*. Die Grundlehren der Mathematischen Wissenschaften. Springer-Verlag, 1955.

[Sax58]   Walter Saxer. *Versicherungsmathematik II*. Die Grundlehren der Mathematischen Wissenschaften. Springer-Verlag, 1958.

[Sch09]   Klaus D. Schmidt. *Versicherungsmathematik*. Springer, 2009.

[Sch41]   Henryk Schärf. „Über einige Variationsprobleme der Versicherungsmathematik". In: *Mitteilungen der Vereinigung schweizerischer Versicherungsmathematik* 41 (1941), S. 163–196.

[Sch43]   Henryk Schärf. „Über links- und rechtsstetige Stieltjes-Integrale und deren Anwendungen". In: *Mitteilungen der Vereinigung schweizerischer Versicherungsmathematik* 43 (1943), S. 127–178.

[Sch94]   Alexander Schrijver. *Theory of Linear and Integer Programming*. John Wiley & Sons, 1994.

[Str16]   Gilbert Strang. *Introduction to Linear Algebra*. Wellesley-Cambridge Press, 2016.

[Tet67]   Johann Nicolaus Tetens. „Einleitung zur Berechnung der Leibrenten und Anwartschaften die vom Leben und Tode einer oder mehrerer Personen abhängen mit Tabellen zum praktischen Gebrauch". In: *Blätter der DGVFM* 8.2 (1967), S. 239–262.

[Var01]   François de Varenne. *Insurance: from underwriting to derivatives: asset liability management in insurance companies*. John Wiley & Sons, 2001.

[Wag05]   Christian Wagner. „Fractional Independence in Modellen der Pensionsversicherung". In: *Blätter der DGVFM* 27.2 (2005), S. 169–184.

[Wag17]   Fred Wagner. *Gabler Versicherungslexikon*. Wiesbaden: Gabler Verlag, 2017.

[Wan+10]   Jennifer L. Wang u. a. „An optimal product mix for hedging longevity risk in life insurance companies: The immunization theory approach". In: *Journal of Risk and Insurance* 77.2 (2010), S. 473–497.

[Wol06]   Henk Wolthuis. „International actuarial notation". In: *Encyclopedia of Actuarial Science* 2 (2006).

[Wol70]   Karl-Heinz Wolff. *Versicherungsmathematik*. Springer, 1970.

[Wol97]   Kurt Wolfsdorf. *Versicherungsmathematik, Teil 1*. Teubner Verlag, 1997.

[Zil63]   August Zillmer. *Beiträge zur Theorie der Prämien-Reserve bei Lebens-Versicherungs-Anstalten*. Verlag von Th. von der Nahmer, 1863.

Stichwortverzeichnis

https://doi.org/10.1515/9783110740905-016

www.ingramcontent.com/pod-product-compliance
Lightning Source LLC
Chambersburg PA
CBHW072010230326
41598CB00082B/7052